Geistiges Eigentum und Wettbewerbsrecht

herausgegeben von

Peter Heermann, Diethelm Klippel,
Ansgar Ohly und Olaf Sosnitza

46

D1727866

Jan Jacob

Ausschließlichkeitsrechte an immateriellen Gütern

Eine kantische Rechtfertigung des Urheberrechts

Mohr Siebeck

Jan Jacob, geboren 1983; Studium der Rechtswissenschaft in Hamburg und Strasbourg; 2010 Promotion; seit 2010 Wissenschaftlicher Assistent am Max-Planck-Institut für ausländisches und internationales Privatrecht und Referendar am Hanseatischen Oberlandesgericht.

ISBN 978-3-16-150615-4
ISSN 1860-7306 (Geistiges Eigentum und Wettbewerbsrecht)

Die Deutsche Nationalbibliothek verzeichnet diese Publikation in der Deutschen Nationalbibliographie; detaillierte bibliographische Daten sind im Internet über *http://dnb. d-nb.de* abrufbar.

Dissertation, Hamburg 2010.

© 2010 Mohr Siebeck Tübingen.

Das Buch wurde von Gulde-Druck in Tübingen auf alterungsbeständiges Werkdruckpapier gedruckt und gebunden.

Vorwort

Die vorliegende Arbeit wurde 2010 von der Fakultät für Rechtswissenschaft der Universität Hamburg als Dissertation angenommen. Sie ist durch mehrere rechtsphilosophische Seminare meines Doktorvaters und verehrten Lehrers Prof. Dr. Michael Köhler inspiriert. Ihm gilt mein herzlicher Dank für die Ermutigung, als Jurist eine rechtsphilosophische Arbeit zu wagen, aber auch für zahlreiche fruchtbare und lehrreiche Gespräche. Danken möchte ich auch dem Philosophen Prof. Dr. Rolf W. Puster, der so freundlich war, sich auf so manche interdisziplinäre Diskussion einzulassen und mir viele wichtige Impulse gegeben hat. Herrn Prof. Dr. Tilman Repgen danke ich für die zügige Erstellung des Zweitgutachtens. Den Herren Prof. Dr. Klippel, Prof. Dr. Ohly, Prof. Dr. Heermann und Prof. Dr. Sosnitza danke ich für die Aufnahme dieser Arbeit in die Schriftenreihe. Mein Dank gilt aber auch Herrn Prof. Dr. Dr. h.c. Jürgen Basedow, der mir ermöglicht hat, die Arbeit am Max-Planck-Institut für ausländisches und internationales Privatrecht abschließen zu können. Der Studienstiftung des deutschen Volkes danke ich für die Gewährung eines Promotionsstipendiums. Der geistige Austausch mit weiteren Doktoranden und Habilitanden des rechtsphilosophischen Seminars und rechtsphilosophisch interessierten Freunden war für mich stets eine große Hilfe. Ich möchte mich hierfür bei Herrn PD Dr. Friedrich von Freier, David Hössl, Christian Marxsen, Norbert Paulo, Henning Lahmann, Niklas Marwedel und Gunnar Helmers bedanken. Wichtige Hinweise verdanke ich auch Prof. Dr. Axel Metzger und meinen Kollegen vom Max-Planck-Institut Dr. Christian Heinze, Dr. Anatol Dutta, Dr. Jan D. Lüttringhaus und Matteo Fornasier. Matthias Wühler, Pawel Rasch, Kay Schüler, Jana Illiger und Tim Stahlberg haben mich bei den Mühen der Korrektur der Arbeit unterstützt und standen mir stets als wichtige Diskussionspartner zur Verfügung. Auch ihnen allen gilt mein herzlicher Dank und verbleibende Fehler gehen auf meine Kappe. Meine Eltern Marianne und Udo Jacob haben mich während meines Studiums und der Promotion stets unterstützt. Sie sind im wahrsten Sinne des Wortes ein „immaterielles Gut". Ihnen widme ich die Arbeit.

Hamburg, August 2010   Jan Jacob

Inhaltsverzeichnis

Einleitung

Ob das Privateigentum *rechtsphilosophisch* gerechtfertigt werden kann, ist eine alte Frage.[1] Die klassische „Eigentumsfrage" drehte sich um die rechtliche Zuordnung *körperlicher Güter* zu Personen.[2] Historisch schritt die Privatisierung der Weltsubstanz jedoch voran und erfasst nunmehr – über die körperlichen Gegenstände hinaus – auch *immaterielle Güter*.[3] Die *Idee* als etwas originär Geistiges wurde neben dem Boden und der Maschine zum zentralen Produktionsgut eines modernen Wirtschaftsunternehmens.[4] „Wissen ist Macht" wusste schon Francis Bacon.[5] Und diese Macht wird von den Wissenden nur ungern preisgegeben, geschweige denn geteilt. Tat-

---

[1] Schon *Platon,* Der Staat, 417a, setzte sich in seiner Staatsschrift mit dem Thema „Eigentum" auseinander; hierzu *Hoffmann,* in: Eckl/Ludwig (Hrsg.), Was ist Eigentum?, 29–42.

[2] In der privaten Zuordnung von Gütern erblickte schon Rousseau das Grundübel der „bürgerlichen Gesellschaft", *Rousseau,* Diskurs über die Ungleichheit, 165. Auch die Gesellschaftskritik von Marx fußt auf der grundlegenden Kritik an der vermeintlich zerstörerischen Kraft privater Güterzuordnung; vgl. *Marx,* Das Kapital. Kritik der politischen Ökonomie, 574 ff. Hegel hingegen zeigt ein zwiespältiges – und insofern dialektisches – Verhältnis zum Eigentum. Das Eigentum als äußere Freiheitssphäre der Person ist für Hegel einerseits Ausdruck individueller Freiheit, andererseits aber Ursprung gesellschaftlicher Ungleichheit; vgl. *Hegel,* GPR, § 41 einerseits und §§ 243 f. andererseits. „In ungehinderter Wirksamkeit" begriffen, entwickle die durch Eigentum und Vertragsfreiheit konstituierte bürgerliche Gesellschaft eine letztlich zerstörerische Dynamik, die einzelne Subjekte aus dem Wertbildungszusammenhang ausschließt und als armen „Pöbel" zurücklässt; *Hegel,* GPR, §§ 243 f.

[3] *Schefczyk,* Juridikum 2004, 60; zur geschichtlichen Entwicklung des geistigen Eigentums siehe *Bappert,* Wege zum Urheberrecht; *Wadle,* Geistiges Eigentum – Bausteine zur Rechtsgeschichte Band I, Weinheim 1996 und Band II; *Klippel,* ZNR 1982, 132 ff.; *ders.,* in: Wadle (Hrsg.), Historische Studien zum Urheberrecht in Europa – Entwicklungslinien und Grundfragen, 121 ff.

[4] *Hettinger,* Philosophy and Public Affairs, Vol. 18, No 1, 31, 31.

[5] *Bacon,* Neues Organon, Teilband I, 80: „Scientia et potentia humana in idem coincidunt, quia ignoratio causae destituit effectum". Vgl. aber auch *Hobbes,* Vom Menschen, 28.

sächlich kennt das positive Recht zahlreiche Schutzmechanismen für immaterielle Güter, vor allem das Patent- und Urheberrecht.[6]

I. Der Begriff des geistigen Eigentums

„Geistiges Eigentum" stattet den Rechtsinhaber mit der Befugnis aus, die *äußere* Nutzung eines immateriellen Gutes durch Andere zu verbieten. Das positive Recht kennt Ausschließlichkeitsrechte an bestimmten verselbstständigten, verkehrsfähigen, geistigen – von einer körperlichen Fixierung unabhängigen und insofern immateriellen – Gütern.[7] Ein immaterielles Gut weist – anders als Sachen i.S.v. § 90 BGB – keine körperlichen Konturen auf. Die unterschiedlichen Ergebnisse geistigen Schaffens werden ihrer jeweiligen Besonderheit gemäß in unterschiedliche Teilregimes eingeordnet. Handelt es sich bei dem Ergebnis geistigen Schaffens um eine *Erfindung*, so ist das Patentgesetz oder aber das Gebrauchsmustergesetz einschlägig. Künstlerische oder wissenschaftliche *Werke* hingegen werden nach Maßgabe des Urhebergesetzes bzw. des Geschmacksmustergesetzes geschützt.

Das Urheberrecht begründet ein *Mitteilungsmonopol*, bezogen auf das konkret geschützte *Werk*.[8] Das Patentrecht hingegen monopolisiert die Nutzung der kommunizierten technischen Lehre. Der Patentinhaber kann von jedermann verlangen, die Nutzung dieses *geistigen Guts* zu unterlassen. Ob der Rechtsinhaber selbst die geschützte Idee verwerten darf, ist durch die Anerkennung eines „geistigen Eigentums" hingegen noch nicht entschieden. Dies kann im Einzelfall (etwa im Arzneimittelrecht) noch von einem eigenständigen verwaltungsrechtlichen Prüfverfahren und der anschließenden Gewährung einer Erlaubnis abhängen. Der entscheidende Rechtsinhalt ist also *negativer* Natur: die Befugnis, die Nutzung durch andere zu verbieten.[9] Hieran können sich auf sekundärer Ebene Ansprüche auf Schadensersatz (speziell: § 97 Abs. 2 UrhG bzw. § 139 Abs. 2 PatG, aber auch § 823 Abs. 1 BGB) oder auf Herausgabe des durch die rechtswidrige Verwertung Erlangten (§ 812 Abs. 1 S. 1, 2. Fall BGB) anschließen.

Gemeinsam ist Patent- und Urheberrecht auch eine wesentliche Differenz zum Eigentum an körperlichen Gegenständen: die *zeitliche Befris-*

---

[6] Geregelt im PatG und im UrhG. Weiteren Schutz gewähren das GeschmacksmusterG und das GebrauchsmusterG. Genannt seien ferner der Sorten- und Halbleiterschutz. Auch der Markenschutz fällt in den Bereich des „geistigen Eigentums".

[7] *Pierson*, in: Pierson/Ahrens/Fischer, Recht des geistigen Eigentums, 1.

[8] *Ensthaler*, Gewerblicher Rechtsschutz und Urheberrecht, 14.

[9] *Schechter/Thomas*, Intellectual Property, 5.

tung.[10] Das Eigentum an körperlichen Gegenständen endet nicht durch Zeitablauf.[11] Das „geistige Eigentum" ist im Grundsatz aber von vornherein befristet und erlischt mit Ablauf der Frist.[12] Zudem ist das Rechtsobjekt des Sacheigentums klar konturiert.[13] Es handelt sich um ein wahrnehmbares Etwas, welches meist angefasst werden kann. Durch eine physische Grenzziehung – etwa durch einen Zaun – lässt sich die Reichweite des Ausschließlichkeitsrechts für jedermann erkennbar darstellen. Das Immaterialgut hingegen ist weder physisch fassbar, noch durch physische Grenzziehung kenntlich zu machen.

Der gegenüber jedermann geltende Unterlassungsanspruch stellt eine vielfach gezogene Parallele zum Sacheigentum dar.[14] Der *Sach*eigentümer darf Handlungen Dritter verbieten, welche die Sache *beeinträchtigen* (§ 1004 BGB) und diese von einem unrechtmäßigen Besitzer vindizieren (§ 985 BGB). Doch gerade der Vindikationsanspruch des Eigentümers verdeutlicht einen zentralen Unterschied des Sacheigentums zum *geistigen Eigentum*. Der Sachbesitz des Einen schließt den Sachbesitz des Anderen aus. Abgesehen von Mitbesitz und mittelbarem Besitz kann es nur einen Besitzer geben.[15] Die sich aufdrängende Frage, wer im Konfliktfall rechtmäßig den (tatsächlichen) Besitz ausüben dürfe, wird im Zweifel zugunsten des Eigentümers entschieden. Immaterielle Güter können hingegen von einer unbestimmten Vielzahl von Personen zugleich genutzt werden.[16] Ideen sind ubiquitär.[17] Geisteswerke technischer oder ästhetischer Art kön-

---

[10] Diese Differenz zum Eigentum betont mit Blick auf das Urheberrecht auch *Lettl*, Urheberrecht, § 7 Rn. 2.

[11] Zeitlich befristet ist jedoch der Nießbrauch, der gem. § 1061 S. 1 BGB mit dem Tode des Nießbrauchers erlischt. Auch das Erbbaurecht kann durch Zeitablauf erlöschen (vgl. § 27 Abs. 1 S. 1 ErbbauRG).

[12] *Jänich*, Geistiges Eigentum – eine Komplementärerscheinung zum Sacheigentum?, 221 ff. Eine Ausnahme bildet das Markenrecht, für welches es keine fixe Schutzdauer gibt; siehe *Fezer*, Markenrecht, § 47 Rn. 1. Gleichwohl kann eine Marke dann erlöschen, wenn sie zum allgemeinen Gattungsnamen geworden ist (vgl. § 49 Abs. 2 Nr. 1 MarkenG), sich also das Verhältnis von Untertyp zu generellem Produkttypus im Laufe der Zeit umgekehrt hat.

[13] *Bouillon*, in: Hülsmann/Kinsella (Hrsg.), Property, Freedom, Society – Essays in Honor of Hans-Hermann Hoppe, 149, 150.

[14] *Jänich*, Geistiges Eigentum – eine Komplementärerscheinung zum Sacheigentum?, 201; *Claus Ahrens*, Gewerblicher Rechtsschutz, Rn. 2; *Eisenmann/Jautz*, Grundriss Gewerblicher Rechtsschutz und Urheberrecht, Rn. 5; *Beerenboom*, Le nouveau droit d' auteur, 103.

[15] Die Rechtsfigur des mittelbaren Nebenbesitzes soll hier ebenfalls außer Betracht bleiben; vgl. hierzu *Medicus/Petersen*, Bürgerliches Recht, Rn. 558 ff.

[16] *Hettinger*, Philosophy and Public Affairs, Vol. 18, No 1, 31, 34.

[17] *Troller*, Immaterialgüterecht, 55; *Wandtke*, in: Wandtke/Bullinger, Praxiskommentar zum Urheberrecht, Einl. Rn. 1; *ders.*, in: Wandtke (Hrsg.), Urheberrecht, 3. Kapitel, Rn. 31.

nen beliebig oft an jedem Ort und zu jeder Zeit gebraucht werden, ohne dass der Gebrauch des einen den Gebrauch des anderen ausschließen würde.[18]

Ebenso wie gegen das Eigentum an körperlichen Gütern, wird auch gegen die Immaterialgüterrechte Kritik gerichtet. Begrifflich wird eingewandt, dass man die Immaterialgüterrechte nicht als „geistiges Eigentum" bezeichnen dürfe.[19] Die Wortwahl sei erstens ungenau, da nicht das Eigentum geistig sei, sondern dessen Gegenstand. Zweitens handele es sich insbesondere beim Urheberrecht nicht um Eigentum im sachenrechtlichen Sinne. Doch diese terminologische Kritik am Begriff des „geistigen Eigentums" kann man überwinden, indem man den Begriff des Immaterialgüterrechts verwendet.[20] Dann wird deutlich, dass sich die Immaterialität auf das Gut und nicht auf das Recht bezieht.[21] Nicht so leicht wie die semantische Kritik an der Begriffsbildung sind inhaltliche Einwände auszuräumen. So lassen sich erstens die Einwände, die generell gegen eine private Zuordnung von Gütern erhoben wurden und immer noch erhoben werden, auch gegen Immaterialgüterrechte richten. Darüber hinaus gibt es auch spezifisch gegen Immaterialgüterrechte gerichtete Gegenargumente. So wird etwa eingewandt, positive Konsequenzen eines temporären Monopolrechts für die Volkswirtschaft seien nicht nachweisbar.[22] Außerdem bestehe aufgrund der parallelen Nutzbarkeit immaterieller Güter kein Verteilungskonflikt, der über eine exklusive Rechtszuordnung zu lösen wäre.[23] Immaterialgüterrechte würden eine *künstliche* Knappheit erzeugen.[24]

---

[18] *Troller*, Immaterialgüterecht, Bd. I, 56.

[19] *Rigamonti*, Geistiges Eigentum als Begriff und Theorie des Urheberrechts, 145; *Jänich*, Geistiges Eigentum – eine Komplementärerscheinung zum Sacheigentum?, 1.

[20] Allerdings bedient sich auch der Gesetzgeber des Begriffs des „geistigen Eigentums"; vgl. das „Gesetz zur Verbesserung der Durchsetzung von Rechten des *geistigen Eigentums*" vom 7. Juli 2008, BGBl. 2008, Teil I Nr. 28, 1191 ff. Im Folgenden wird regelmäßig von „Immaterialgüterrecht" gesprochen, ohne dass hiermit eine prinzipielle Ablehnung des Begriffs „geistiges Eigentum" verbunden wäre.

[21] *Rigamonti*, Geistiges Eigentum als Begriff und Theorie des Urheberrechts, 146.

[22] *Schefczyk*, Juridikum 1994, 60, 61 f.; *Hettinger*, Philosophy and Public Affairs, Vol. 18, No 1, 31, 48; *Cole*, Journal of Libertarian Stud., 15 (2001), 79, 101 f.; *Moglen*, The dotCommunist Manifesto; *Boldrin/Levine*, Against Intellectual Monopoly, 208.

[23] *Kinsella*, Journal of Libertarian Stud. 15 (2001), 1, 22.

[24] *Kinsella*, Journal of Libertarian Stud. 15 (2001), 1, 25.

II. Ziel und Gang der Untersuchung

In dieser Arbeit wird die rechtsphilosophische Rechtfertigung des Urheberrechts untersucht.[25] Es soll keine Gesamttheorie des Immaterialgüterrechts vorgelegt werden. Hierzu sind die positiv-rechtlichen Phänomene – vor allem mit Blick auf das Marken- und Lauterkeitsrecht – doch zu unterschiedlich. Zu viele verschiedene Fäden müssten in einer Hand zusammengeführt werden. Die Arbeit muss sich daher auf das Urheberrecht als eine der Kernmaterien des Immaterialgüterrechts beschränken.

Einführend werden ausgewählte Theorieansätze dargestellt und kritisiert (§ 2). Eingegangen wird in diesem Zusammenhang insbesondere auf die ökonomische Anreiztheorie, die Theorie vom Arbeitseigentum, die Lehre Hegels vom geistigen Eigentum, sowie die Schriften Kants und Fichtes zur Unrechtmäßigkeit des Büchernachdrucks. Die Arbeit bleibt jedoch nicht dabei stehen, sich kritisch auf vorhandene Theorien zu beziehen. Stattdessen soll der Versuch unternommen werden, auf der Grundlage der kantischen Privatrechtslehre eine eigenständige Rechtfertigung des Urheberrechts zu formulieren (§ 3).

Kant hat sich explizit zur Rechtswidrigkeit des Büchernachdrucks geäußert.[26] Seine Kernthese lautet, das Sachenrecht an dem Buch dürfe nicht mit dem persönlichen Recht des Urhebers an *„seiner Rede"* verwechselt werden.[27] Die entsprechenden Äußerungen Kants sind schon vielfach analysiert worden[28], zuletzt etwa von *Stallberg*.[29] Die Analyse konzentriert sich dabei aber meist auf die einschlägigen Textpassagen aus der Nachdruckschrift. Nur vereinzelt ist bislang versucht worden, das Urheberrecht systematisch in die allgemeine Eigentumstheorie der metaphysischen Anfangsgründe einzuordnen.[30]

Hierzu ist methodisch eine genaue Analyse und kritische Rekonstruktion der kantischen Theorie vom äußeren Mein und Dein erforderlich, wobei auch die Vorarbeiten zur Rechtslehre sowie die umfangreiche Sekundärliteratur Berücksichtigung finden müssen. Gefragt wird primär nach der *Begründbarkeit* des Urheberrechts auf der Grundlage der kantischen Theo-

---

[25] Ein ähnliches Ziel verfolgen die Arbeiten von *Stallberg*, *Oberndörfer* und *Hansen*.
[26] *Kant*, Von der Unrechtmäßigkeit des Büchernachdrucks, AA VIII, 79–87.
[27] *Kant*, MdS, Rechtslehre, § 31, AA VI, 290.
[28] *Hubmann*, UFITA 106, (1987), 145 ff.; *Rehbinder*, Urheberrecht, Rn. 29; in den historischen Kontext einordnend *Schack*, Urheber- und Urhebervertragsrecht, Rn. 112.
[29] *Stallberg*, Urheberrecht und moralische Rechtfertigung, 156 ff.
[30] Ansätze finden sich freilich bei *Schefczyk*, DZPhil 52 (2004), 739–753; *Oberndörfer*, Die philosophische Grundlage des Urheberrechts, 102–107; *Rehbinder*, Urheberrecht, Rn. 29; *Kühl*, in: Höffe (Hrsg.), Metaphysische Anfangsgründe der Rechtslehre, 117, 118.

rie. Gegen eine Aktualisierung der Privatrechtsphilosophie Immanuel Kants[31] möge man einwenden, die kantische Rechtsphilosophie sei historisch kontextualisiert und könne nicht sinnvoll auf die heutigen sozio-ökonomischen Bedingungen übertragen werden. In der Tat kann nicht bestritten werden, dass der von 1724 bis 1804 lebende Königsberger die damals vorherrschenden feudalen Produktionsverhältnisse erfahren hat und hierdurch auch in seinem Denken beeinflusst wurde.[32] Auch zahlreiche Äußerungen Kants in der Rechtslehre der „Metaphysik der Sitten" – insbesondere zum Familien- und „Gesinderecht" – lassen sich nur aufgrund des historischen Zusammenhangs erklären.[33] Aus der Zeitgebundenheit mancher praktischer Folgerungen kann jedoch nicht darauf geschlossen werden, dass das gesamte kantische Projekt, die „Metaphyischen Anfangsgründe der Rechtslehre" freizulegen, ein Anachronismus des ausgehenden 18. Jahrhunderts sei. Das spezifisch rechtsphilosophische Interesse richtet sich nach der systematischen und inhaltlichen Folgerichtigkeit der vorgelegten Rechtstheorie. Für diese charakteristisch ist die Behauptung apriorischer – und damit zeitlos gültiger – „unwandelbarer" Rechtsprinzipien.[34] Nimmt man die von Kant behauptete Apriorität der Rechtsprinzipien[35] ernst, kann und muss man ihn aus seinem historischen Kontext lösen.[36] Die Rechtsprinzipien müssen sich dann auch nach dem eigenen Anspruch Kants an gewandelten sozialen Bedingungen behaupten. Dafür, dass sie dies tatsächlich tun, spricht, dass die Zentralbegriffe der kantischen Rechtslehre, nämlich die Selbstzweckhaftigkeit der Person und schließlich die Idee des Rechtsstaats, zu dem gem. Art. 79 Abs. 3 GG unverzichtbaren Verfassungskern des Grundgesetzes zählen.

Die nachfolgenden Abschnitte der Untersuchung widmen sich konkreten inhaltlichen Konsequenzen aus der in § 3 begründeten kantisch geprägten Legitimationstheorie. So wird in § 4 auf das Urheberpersönlichkeitsrecht eingegangen und in § 5 das Ausschließlichkeitsrecht am immateriellen Gut innerhalb des kantischen Systems kategorisiert. Schließlich thematisiert § 6 Fragen wie die Sozialpflichtigkeit des Urheberrechts, dessen zeitlicher Befristung und weitere Beschränkungen des Ausschließlichkeitsrechts. In Exkursen wird auf Unterschiede und Gemeinsamkeiten zwischen Urheber- und Patentrecht eingegangen. Gerade mit Blick auf die zunehmende inter-

---

[31] Vgl. zur Rezeptionsgeschichte allgemein *Küsters*, Kants Rechtsphilosophie, 14 ff., 61 ff.

[32] *Saage*, Eigentum, Staat und Gesellschaft bei I. Kant, 64.

[33] *Kühl*, Eigentumsordnung als Freiheitsordnung, 21.

[34] Siehe *Kant*, MdS, Rechtslehre, § A, AA VI, 229.

[35] *Kant*, MdS, Rechtslehre, Einleitung II, AA VI, 215.

[36] *Kühl*, Eigentumsordnung als Freiheitsordnung, 21.

nationale bzw. europäische Vereinheitlichung des Immaterialgüterrechts[37] will die Arbeit einen Diskussionsbeitrag zu diesen – aber auch anderen – konkreten Normierungsfragen liefern.

---

[37] Vgl. *Basedow/Metzger/Heinze* (u.a.), IPRax 2007, 284 ff.; *Metzger,* in: Ohly/Bode-wig/Dreier (Hrsg.), Festschrift Gerhard Schricker zum 70. Geburtstag, 455 ff.; *Hil-ty/Geiger* (Hrsg.), Impulse für eine europäische Harmonisierung des Urheberrechts – Urheberrecht im deutsch-französischen Dialog, Berlin 2007; *Henning-Bodewig,* in: Drei-er/Kur (Hrsg.), Geistiges Eigentum im Dienst der Innovation, 125 ff.; siehe zum europä-isch-autonomen Begriff des geistigen Eigentums *Heinze,* Einstweiliger Rechtsschutz im europäischen Immaterialgüterrecht, 26 ff.

Kapitel 1

Überblick über rechtsphilosophische
Begründungsansätze

Jenseits positivistischer Rechtstheorien[1] finden sich zahlreiche Ansätze zur Begründung des Immaterialgüterrechts. Es würde den Rahmen der vorliegenden Untersuchung sprengen, wenn sie umfassend auf sämtliche Theorieansätze einginge. Zudem wurden die prominentesten Theorien bereits von Stallberg[2] systematisiert. Gleichwohl wird der Fokus nicht sofort auf die kantische Privatrechtstheorie als möglicher Grundlage des Urheberrechts gelenkt. Die theoretischen Vorzüge des gewählten Ansatzes zeigen sich nämlich gerade auch in Abgrenzung zu sonstigen Theorien. Auf die – aus der Sicht des Verfassers – wichtigsten rechtsphilosophischen Begründungsansätze soll daher im Folgenden kurz eingegangen werden.

I. Anreiztheorie

Vor allem im anglo-amerikanischen Rechtsraum dominiert ein Begründungsmodell, das nach der instrumentellen Wirkung des Immaterialgüterrechts fragt.[3] Der Grundgedanke der sogenannten Anreiztheorie findet sich schon im antiken Sybaris. Wenn man Athenäus Glauben schenkt, schrieben die Gesetze der Sybariten vor, dass „wenn ein Kochkünstler eine außerordentliche Speise erfunden habe, (...) sie vor Jahresfrist nicht nachgemacht werden (dürfe), sondern (...) das ganze Jahr nur ihm erlaubt sein (solle), damit der erste Erfinder aus seiner Kunst Nutzen ziehe und damit die andern sich auch Mühe gäben, die andern in dieser Kunst zu übertreffen"[4].

---

[1] Vgl. grundlegend hierzu *Kelsen*, Reine Rechtslehre; *Hart*, The Concept of Law.

[2] *Stallberg*, Urheberrecht und moralische Rechtfertigung.

[3] Vgl. vor allem *Cooter/Ulen*, Law & Economics, 120 ff.; *Posner*, Economic Analysis of Law, 38 ff.; *Merges/Nelson*, in: Merges (Hrsg.), Economics of Intellectual Property Law, 264, 333; *Baumol/Blinder*, Economics – Principles and Policy, 195; *Granstrand*, in: Cantwell (Hrsg.), The Economics of Patents, Volume I, 3 ff.; zur ökonomischen Theorie des geistigen Eigentums siehe aber auch *Drexl*, in: Drexl (Hrsg.), Research Handbook on Intellectual Property and Competition Law, 27 ff.

[4] *Athenäus*, XII, 20 (Mitgeteilt und übersetzt von Josef Vital Kopp), zitiert nach *Troller*, Immaterialgüterrecht, Bd. I, 10.

Freilich waren der Antike Immaterialgüterrechte unbekannt.[5] Der Kerngedanke der Anreiztheorie ist jedoch in dieser fiktiven Darstellung Athenäus' bereits ausgesprochen: Es soll dem Erfinder durch ein temporäres Ausschließlichkeitsrecht ermöglicht werden, den Nutzen aus seiner Kunst zu ziehen. Zugleich sollen andere angespornt werden, den derzeitigen *state of the art* durch eigene Innovation zu übertreffen. In diesem Sinne ist Art. 1 Sect. 8 der US-Verfassung zu verstehen. Hierin heißt es: „Congress shall have Power (…) To promote the Progress of Science and useful Arts, by securing for limited Times to Authors and Inventors the exclusive Right to their respective Writings and Discoveries." Die zeitlich befristeten, exklusiven Nutzungsrechte werden somit als *Mittel* angesehen, einen kollektiven Zweck – nämlich das Fortschreiten der Wissenschaft und der Kunst – zu befördern.

1. Darstellung

Die Anreiztheorie rechtfertigt die Institution des Immaterialgüterrechts dadurch, dass temporäre Monopolrechte an immateriellen Gütern Verteilungsprobleme am effizientesten lösten und folglich den gesamtgesellschaftlichen Nutzen förderten.

a) Marktversagen und Immaterialgüter

Das klassische Problem der Wirtschaftswissenschaften ist die Knappheit der Ressourcen und deren Allokation bei einer potentiell unendlich großen Nachfrageseite.[6] Die knappen Ressourcen sollen einer möglichst effizienten Allokation zugeführt werden.[7] Als effizient gilt dabei eine Verteilung, bei der ein möglichst hoher Grad an Bedürfnisbefriedigung erzielt wird.[8] Welches Bedürfnis der Nachfrageseite durch das knappe Gut befriedigt wird, bestimmt sich nach dem Markt. Dessen Grundprinzipien – Vertrag und Eigentum – führen dazu, dass sich für knappe Güter Preise herausbilden, zu denen die Güter erworben werden können. Derjenige Nachfrager,

---

[5] *Pahud*, Die Sozialbindung des Urheberrechts, 3; *Bappert*, Wege zum Urheberrecht, 17.

[6] *Brunner/Kehrle*, Volkswirtschaftslehre, 29; *Mankiw*, Principles of Economics, 4; *Baumol/Blinder*, Economics – Principles and Policy, 20; *Demmler*, Einführung in die Volkswirtschaftslehre, 1.

[7] *Baumol/Blinder*, Economics – Principles and Policy, 26; *Schäfer/Ott*, Lehrbuch der ökonomischen Analyse des Zivilrechts, 1.

[8] *Schäfer/Ott*, Lehrbuch der ökonomischen Analyse des Zivilrechts, 1; *Demmler*, Einführung in die Volkswirtschaftslehre, 19, sowie 207 ff. zum sogenannten *Paretokriterium*, wonach die produzierten Güter so auf die Konsumenten zu verteilen sind, dass es nicht mehr möglich ist, durch Umverteilung einen besser zu stellen, ohne dass man einen anderen schlechter stellt.

der den höchsten Preis zu zahlen bereit ist, erlangt in diesem Modell das Gut und kann dadurch sein Bedürfnis befriedigen.[9]

Diese marktabhängige Güterallokation versagt jedoch – so die Annahme der Anreiztheorie – bei immateriellen Gütern.[10] Immaterielle Güter werden nämlich als sogenannte *öffentliche Güter* angesehen.[11] Unter einem öffentlichen Gut wird ein solches verstanden, das die Eigenschaften der Nichtrivalität im Konsum und der Nichtausschließbarkeit aufweist.[12] *Nichtrivalität* bedeutet in diesem Zusammenhang, dass die Nutzung des Guts durch eine Person die Nutzung des Guts durch andere nicht ausschließt.[13] Von *Nichtausschließbarkeit* spricht man, wenn es praktisch nicht möglich ist, andere vom Gebrauch des Guts auszuschließen.[14]

Beide Eigenschaften können immateriellen Gütern zugesprochen werden, sofern sie veröffentlicht sind. *Ab der Veröffentlichung*[15] des immateriellen Gutes kann dieses nämlich praktisch von jedermann genutzt werden, ohne dass der Konsum des Erstnutzers eingeschränkt würde. Es ist eine kostenneutrale Befriedigung unendlich vieler Bedürfnisse möglich.[16] Versteht man das immaterielle Gut in diesem Sinne als ein öffentliches Gut, so ist die Grundbedingung für einen funktionsfähigen Markt nicht erfüllt: die Knappheit. Diese wird in den Wirtschaftswissenschaften relativ zu den Konsumwünschen der Menschen definiert.[17] Nur wenn es nicht der Fall ist, dass sämtliche auf das Gut gerichteten Konsumwünsche befriedigt werden können, ist es knapp.[18] Aufgrund der Nichtrivalität im Konsum trifft diese negative Voraussetzung der Knappheitsdefinition auf veröffentlichte immaterielle Güter nicht zu.

In Abwesenheit eines wirksamen Immaterialgüterschutzes würden deshalb zwar die *vorhandenen* immateriellen Güter optimal verteilt. Denn jeder Gebrauchswunsch könnte befriedigt werden, ohne dass andere Ge-

---

[9] *Brunner/Kehrle*, Volkswirtschaftslehre, 111; *Demmler*, Einführung in die Volkswirtschaftslehre, 20.

[10] *Brunner/Kehrle*, Volkswirtschaftslehre, 66.

[11] *Cooter/Ulen*, Law & Economics, 121; *Posner*, Economic Analysis of Law, 41; *Baumol/Blinder*, Economics – Principles and Policy, 266.

[12] *Mankiw*, Principles of Economics, 225; *Brunner/Kehrle*, Volkswirtschaftslehre, 392.

[13] *Mankiw*, Principles of Economics, 225; *Brunner/Kehrle*, Volkswirtschaftslehre, 393.

[14] *Mankiw*, Principles of Economics, 225; *Brunner/Kehrle*, Volkswirtschaftslehre, 392; *Baumol/Blinder*, Economics – Principles and Policy, 238.

[15] Zu Recht betont *Stallberg* diese zeitliche Schranke, Urheberrecht und moralische Rechtfertigung, 238; siehe auch *Drahos*, A Philosophy of Intellectual Property, 171.

[16] *Stallberg*, Urheberrecht und moralische Rechtfertigung, 238.

[17] *Brunner/Kehrle*, Volkswirtschaftslehre, 29.

[18] *Brunner/Kehrle*, Volkswirtschaftslehre, 29.

brauchswünsche zurücktreten müssten.[19] Allerdings käme es – so die
Anreiztheorie – zu einer suboptimalen Produktion *neuer* immaterieller Güter.[20] Ohne Immaterialgüterrechte würde der gesellschaftliche Bedarf nach
immer neuen geistigen Produktionen nur unzureichend befriedigt. Denn
jede Produktion neuer geistiger Güter würde – in Abwesenheit von Immaterialgüterrechten – die positiven Effekte, also die Gebrauchsvorteile, ex-
ternalisieren, während die Kosten stets beim Entwickler des neuen immateriellen Gutes verblieben. Aufgrund der positiven externen Effekte würden
andere Anbieter das immaterielle Gut anbieten können, ohne an den Entwicklungskosten beteiligt zu sein.[21] Diesen wäre es daher möglich, als
Trittbrettfahrer bzw. *free-rider*[22] von dem Immaterialgut zu profitieren. Da
die Kopisten somit niedrigere Preise anbieten könnten als der Schöpfer,
besteht für diesen die Gefahr, seine Entwicklungskosten nicht amortisieren
zu können. Die Aussicht hierauf würde, so die Anreiztheorie, zu einer Unterproduktion an neuen immateriellen Gütern führen. Die Funktion des
Immaterialgüterrechts soll nun darin bestehen, die natürlich nicht bestehende Knappheit rechtlich herzustellen. Hierdurch würden die positiven
externen Effekte der Nutzung immaterieller Güter internalisiert.[23]

b) Allgemeiner Nutzen als Rechtsprinzip

Um dieser ineffizienten Unterproduktion von neuen immateriellen Gütern
entgegen zu wirken, bedürfe es eines Anreizes in Form des Immaterialgüterrechts. Der Anreiz erfolge durch die Gewährung von Privilegien bzw.
temporären Monopolrechten. Durch dieses temporäre Monopolrecht habe
der Inhaber des Immaterialgüterrechts die Möglichkeit, die Erträge aus
dem Immaterialgut für eine gesetzlich festgelegte Zeit selbst zu nutzen,
ohne Gefahr zu laufen, dass Kopien und Nachbauten seine Marktstellung
beeinträchtigen.[24] Die Risiken für Forschung und Entwicklung würden
dadurch reduziert, sodass ein größerer Anreiz für Innovationen geschaffen
werde.[25]

Vorausgesetzt soll dabei *erstens* sein, dass die Arbeit des Kreativen der
Gesellschaft wegen der geschaffenen Innovationen insgesamt nutze[26] und

---

[19] *Schäfer/Ott*, Lehrbuch der ökonomischen Analyse des Zivilrechts, 617.
[20] *Stallberg*, Urheberrecht und moralische Rechtfertigung, 239.
[21] *Schäfer/Ott*, Lehrbuch der ökonomischen Analyse des Zivilrechts, 617.
[22] Hierzu allgemein *Mankiw*, Principles of Economics, 226.
[23] *Brunner/Kehrle*, Volkswirtschaftslehre, 79.
[24] Vgl. hinsichtlich des Patentrechts *Brunner/Kehrle*, Volkswirtschaftslehre, 339; siehe
auch *Schäfer/Ott*, Lehrbuch der ökonomischen Analyse des Zivilrechts, 617.
[25] *Brunner/Kehrle*, Volkswirtschaftslehre, 339.
[26] *Baumol/Blinder*, Economics – Principles and Policy, 266; *Schäfer/Ott*, Lehrbuch
der ökonomischen Analyse des Zivilrechts, 617.

zweitens, dass der kreativ Tätige durch temporäre Monopolrechte zur Arbeit angespornt werde. Die erste Voraussetzung wird damit begründet, dass Wissen und *Know-how* als Ressourcen von entscheidender Bedeutung für eine Volkswirtschaft seien.[27] Der Anreizcharakter lässt sich dadurch begründen, dass der *homo oeconomicus* nur solche Investitionen vornimmt, die für ihn ertragreich erscheinen.[28] Ohne Immaterialgüterrechte würden die Vorteile der Innovation externalisiert, während die Innovationskosten weiterhin internalisiert wären. Der auf den eigenen Vorteil bedachte *homo oeconomicus* würde bei dieser Aussicht von der Investition Abstand nehmen.

Will man aber über die empirisch-wirtschaftswissenschaftliche Analyse der Funktionsweise der Immaterialgüterrechte hinaus auch eine *normative* Aussage über die Richtigkeit von Immaterialgüterrechten machen, muss man eine *normative Prämisse* einführen. Diese besteht darin, dass dasjenige gut ist, was für alle von Nutzen ist. Diese normative Prämisse geht zurück auf den Utilitarismus.[29] Der namensgebende Begriff des Utilitarismus ist zwar der Nutzen (*utility*), doch muss dieser stets relativ zu einem Zweck verstanden werden. Einen Nutzen *an sich* gibt es nicht, sondern nur die Nützlichkeit *für* einen Zweck. Dieser Zweck besteht für den Utilitarismus in dem Glück *aller* Betroffenen.[30] Utilitaristische Theorien halten eine Gesellschaft für normativ erstrebenswert, in der das Leiden größtmöglich reduziert, die Lust aber sowohl in quantitativer wie in qualitativer Hinsicht so reich wie möglich ist.[31] Das generelle Glücksniveau wird dabei global betrachtet, unter Verrechnung individuellen Glücks und individuellen Unglücks.[32] Das subjektive Glückskonzept des Einzelnen kann im Einzelfall hinter das allgemeine Nutzenkonzept zurücktreten. Nur wenn und soweit

---

[27] *Schäfer/Ott*, Lehrbuch der ökonomischen Analyse des Zivilrechts, 617.

[28] Vgl. zur Hypothese des rational-egoistischen Menschen *Schäfer/Ott*, Lehrbuch der ökonomischen Analyse des Zivilrechts, 58 ff.

[29] So auch *Stallberg*, Urheberrecht und moralische Rechtfertigung, 231; *Hansen*, Warum Urheberrecht?, 109. Freilich dürfen die ökonomietheoretische Betrachtungsweise und der Utilitarismus nicht gleichgesetzt werden, vgl. *Schäfer/Ott*, Lehrbuch der ökonomischen Analyse des Zivilrechts, 38. Denn der ökonomischen Analyse geht es um Effizienzsteigerung, während der Utilitarismus eine Nutzenmaximierung erstrebt. Zudem sind utilitaristische Theorien nicht primär an ökonomisch definiertem Nutzen oder Allokationseffizienz orientiert; vgl. *Konrad Ott*, Moralbegründungen, 101. Diese Unterschiede dürfen jedoch nicht darüber hinwegtäuschen, dass das ökonomische Effizienzziel aus utilitaristischer Sicht erstrebenswert sein kann, vgl. *Eidenmüller,* Effizienz als Rechtsprinzip, 177 ff.

[30] *Mill*, Utilitarismus, 53.

[31] *Mill*, Utilitarismus, 37.

[32] Vgl. *Bentham*, An Introduction to the Principles of Morals and Legislation, 31: „Sum up all the values of the pleasures on the one side and those of all the pains on the other." Siehe auch *Schäfer/Ott*, Lehrbuch der ökonomischen Analyse des Zivilrechts, 38.

die Handlung des Subjekts mit allgemeinen Glücksvorstellungen überein-
stimmt, kann das Subjekt diese Handlung rechtmäßig vollziehen. Recht ist
somit jede Handlung, welche das *allgemeine* Glück befördert oder diesem
zumindest nicht zuwiderläuft. Die Anreiztheorie nimmt nun an, dass wissenschaftlicher, technischer und kultureller *Fortschritt* gesamtgesellschaftlich nützlich sei.[33] Als Mittel zur Förderung des allgemeinen Wohls müssten daher Immaterialgüterrechte eingeräumt werden.

2. Kritische Würdigung

Die utilitaristische Begründung ermöglicht eine differenzierte positiv-
rechtliche Ausgestaltung des Urheberrechts, welche insbesondere auch die
„sozialen Schranken" als Nutzerschutz verstehen kann.[34] Das Urheberrecht
kann auf diese Weise schon in der Grundlage als ein intersubjektives Verhältnis mit unterschiedlichen und wechselseitigen Berechtigungen und
Verpflichtungen begriffen werden. Der Schöpfungsakt bürdet den Nutzern
demnach nicht nur einseitige Unterlassungspflichten auf, sondern begründet auch aktive Werknutzungsrechte für die Allgemeinheit.[35] Denn das All-
gemeininteresse ist im Rahmen utilitaristischer Begründungstheorien nicht
nur Schranke, sondern Schutzgrund des Urheberrechts. Trotzdem vermögen die Prämissen der Anreiztheorie aus empirischen und normativen
Gründen nicht umfassend zu überzeugen.[36]

a) Empirische Einwände

Die Prämisse, ein temporäres Monopolrecht biete einen Anreiz für Innovation und diene daher mittelbar dem Allgemeinwohl, ist in der ökonomischen Analyse des Rechts nicht außer Streit.[37] Zum einen wird eingewandt,
kreativ Tätige bräuchten gar keinen Anreiz, um Erfindungen zu machen
oder Kunstwerke zu schaffen. Zum anderen wird der positive Effekt für
das Allgemeinwohl bezweifelt. Dieses leide nämlich unter den von Rechts
wegen ermöglichten Monopolrenditen.[38] Gerade weil bestimmte immaterielle Güter rechtlich monopolisiert seien, würde die Produktion neuer Güter
erschwert. Stets müsse man sich vergewissern, keine Immaterialgüterrechte zu verletzen. Zudem sind auch die Kosten zu berücksichtigen, die die

---

[33] *Schäfer/Ott*, Lehrbuch der ökonomischen Analyse des Zivilrechts, 617.
[34] Siehe hierzu *Hansen*, Warum Urheberrecht?, 290 ff., der freilich ein um ordo-
liberale Elemente erweitertes „integratives Rechtfertigungsmodell" vertritt.
[35] *Hansen*, Warum Urheberrecht?, 312 f.
[36] So wohl auch *Hansen*, Warum Urheberrecht?, 119.
[37] Grundlegend zu den ökonomischen Wirkungen des Patentschutzes: *Machlup*, An
economic review oft the patent system.
[38] *Boldrin/Levine*, Against Intellectual Monopoly, 208; kritisch auch *Wright*, in:
Merges (Hrsg.), Economics of Intellectual Property Law, Volume I, 457 ff.

Institutionalisierung des Immaterialgüterrechts verursacht.[39] Unternehmen würden in Abwesenheit geistigen Eigentums unter Umständen ihren Unternehmenswert und ihre Produktlinie durch einen beschleunigten Innovationszyklus schützen.[40]

Empirisch ist der Einwand, dass die Produktion neuer immaterieller Güter in Abwesenheit geistigen Eigentums sogar zunähme, nur schwer von der Hand zu weisen. Denn es fehlt an empirischem Vergleichsmaterial. Erforderlich wären zwei Gesellschaften, von denen eine über geistiges Eigentum verfügt, die andere aber nicht. Alle anderen möglichen Faktoren für die Quantität geistiger Produktion müssten weitestgehend angeglichen sein. Sodann müsste über einen festgelegten Zeitraum gemessen werden, welche Gesellschaft die meisten neuen geistigen Produktionen erzielt. Ein solcher Vergleich ist empirisch – wenn überhaupt – nur sehr schwer zu führen. Doch selbst wenn ein solcher Vergleich tatsächlich stattfinden sollte und ein Ergebnis über die unterschiedliche Quantität geistiger Produktionen erbrachte, wäre noch immer nicht die empirische Notwendigkeit geistigen Eigentums erwiesen. Der Einwand unterschiedlicher Qualität bleibt denkbar. So könnte argumentiert werden, die in Abwesenheit geistigen Eigentums geschaffenen Werke seien besonders anspruchsvoll, während das Urheberrecht der Schaffung monotoner, am kommerziellen Erfolg ausgerichteter Werke Vorschub leiste. Es könnte aber auch genau umgekehrt argumentiert werden. Denn es fehlen verallgemeinerbare Kriterien zur Bestimmung der Qualität von Kunst.

b) Erforderlichkeit des Ausschlusses von alternativen Effizienzpromotern

Überdies kann auf utilitaristischer Grundlage nur dann belastbar die Notwendigkeit von Ausschließlichkeitsrechten behauptet werden, wenn dargelegt wurde, dass diese die *beste* Möglichkeit zur Beförderung des vorausgesetzten Innovationsförderungszwecks sind.[41] Denn Ausschließlichkeitsrechte werden lediglich als Mittel zur Beförderung eines bestimmten gesellschaftlichen Nutzens begründet. Es müsste daher noch bewiesen werden, dass mögliche Alternativmittel entweder weniger Lust oder an anderer Stelle mehr Unlust erzeugen.

---

[39] *Schefczyk*, Juridikum 2004, 60, 62; *Boldrin/Levine*, Against Intellectual Monopoly, 80.

[40] *Schefczyk*, Juridikum 2004, 60, 62.

[41] Kritisch insoweit auch *Hettinger*, Philosophy and Public Affairs, Vol. 18, No 1, 31, 48; *Schefczyk*, Juridikum 2004, 60, 62.

Als ein mögliches Alternativmittel wird ein *staatliches Belohnungssystem* vorgeschlagen.[42] Der Anreiz eines Ausschließlichkeitsrechts solle durch staatlich gewährte finanzielle Belohnungen für Urheber ersetzt werden. Das Werk werde dafür unmittelbar zum kulturellen Gemeingut. Einerseits würde die Werkschaffung stimuliert, andererseits ein größtmöglicher öffentlicher Zugang zu immateriellen Gütern gewährleistet. Die Effizienz eines solchen staatlichen Belohnungssystems hinge freilich davon ab, für *welche* immateriellen Güter *welche* Belohnung gewährt wird.[43] Denkbar wäre insofern, die tatsächliche Verbreitung urheberrechtlicher Werke als Kriterium für dessen sozialen Nutzen zu bestimmen. So könnte man die Häufigkeit, in der ein bestimmtes Lied im Radio oder Fernsehen gespielt wird, mit einem festgelegten Faktor multiplizieren. Es wäre dann gewährleistet, dass – ähnlich eines urheberrechtlichen Systems – ein Anreiz zur Produktion öffentlich besonders nachgefragter Güter bestünde.

Gegner eines solchen staatlichen Belohnungssystems könnten gleichwohl auf negative Konsequenzen *jenseits* der effizienten Verteilung immaterieller Güter verweisen. Eine staatliche Verteilungsbehörde müsste Daten über die tatsächliche Kulturnutzung erheben und speichern. Betroffen wären nicht nur Darbietungen im Fernsehen oder Radio, sondern auch im Internet. Der Staat würde somit den individuellen Kulturkonsum überwachen. Zudem drohte eine ideologische Förderung bestimmter geistiger Güter.[44]

Die aufgeworfenen Fragen sind grundlegend für das Rechtsverhältnis zwischen Individuum und Staat. Ihre Beantwortung setzt normative Prämissen über Grundrechte und Staatszielbestimmungen voraus. Die scheinbar so voraussetzungsarme These, Patente und Urheberrechte seien als Anreiz zur Produktion neuer immaterieller Güter erforderlich, erweist sich daher tatsächlich als deutlich komplizierter. Zur Bestimmung der *Erforderlichkeit* setzt die Theorie eine normative Abgrenzung gegenüber einem staatlicherseits verordneten Belohnungssystem voraus, sofern ihr nicht der (schwierige) empirische Beweis der erhöhten Effizienz des geistigen Eigentums gelingt.

c) Normative Einwände gegen das Nutzenprinzip

Systematisch grundlegender sind Einwände gegen die normative Prämisse, dass alles gut sei, was allen nütze. Es ist durchaus einleuchtend, dass jeder Mensch die Vor- und Nachteile einer Handlung abwägt und hieraus eine

---

[42] *Calandrillo*, Fordham Intell. Prop. Media & Ent. L.J. 9 (1998), 301 ff.; *Breyer*, Harv. L. Rev. 84 (1970), 281, 282; *Hettinger*, Philosophy and Public Affairs, Vol. 18, No 1, 31, 48; *Schefczyk*, Juridikum 2004, 60, 62.

[43] *Stallberg*, Urheberrecht und moralische Rechtfertigung, 264.

[44] *Stallberg*, Urheberrecht und moralische Rechtfertigung, 265.

Entscheidung für oder gegen diese Handlung ableitet. Was für ihn von Vorteil sei, bemisst sich nach seinem subjektiven Glückskonzept. Die aufgrund der internen Nutzenkalkulation erzielte Entscheidung erlangt für den Abwägenden eine subjektive Verbindlichkeit.

aa) Norm unter subjektivem Vorbehalt

Utilitaristische Theorien übertragen die individuelle Nutzenkalkulation auf eine kollektive Ebene. Dessen Ergebnis beansprucht nicht mehr nur eine bloß subjektive, sondern eine *intersubjektive* Verbindlichkeit. Konsequent verschiebt sich daher auch der Maßstab, an welchem der Nutzen zu messen sei, hin zu einem überindividuellen Nutzen. Um diesen so weit wie möglich objektivierbar zu bestimmen, bilden utilitaristische Theorien Nutzenkalküle.[45] Das Nutzenkalkül gehört zum Theoriekern utilitaristischer Ethiken.[46] Es setzt eine Berechenbarkeit der miteinander zu verrechnenden Präferenzen und Interessen voraus. Man muss Kriterien angeben, anhand derer die individuelle Freude des einen relativ zu der Freude eines anderen gemessen werden kann. Ein möglicher Weg könnte in der *Monetarisierung* von Interessen bestehen. Beispielsweise könnte es Kulturnutzern große Freude bereiten, einen Film ohne Gegenleistung sehen zu können. Die Freude besteht in dem monetären Wert, den sie bereit gewesen wären auszugeben, um den Film zu sehen. Der vielfachen Freude über das ersparte Eintrittsgeld steht die Unlust der Filmhersteller gegenüber. Die Unlust kann über die Herstellungskosten quantifiziert werden. Ohne Einnahmen würden die Filmhersteller in Höhe der Herstellungskosten Verlust machen. Der Nutzen jedes einzelnen Kulturnutzers mag zwar gering sein. Multipliziert man hingegen die einzelnen Nutzenquanten kann ein Betrag herauskommen, der den monetären Verlust des Filmherstellers aufwiegt. Die überwiegende Lust der Nutzer spräche dann dafür, Kulturgüter kostenlos zur Verfügung zu stellen. Die *regelutilitaristische* Argumentation der Anreiztheorie sucht diese Konsequenz zu vermeiden. Das Argument lautet, dass in Abwesenheit geistigen Eigentums die zu konsumierenden Kulturgüter gar nicht hergestellt würden. Die *Regel*, die Benutzung und Verbreitung immaterieller Güter sei jederzeit bedingungslos möglich, unterminierte damit den Nutzen, den Kulturnutzer aus der Anwesenheit immaterieller Güter ziehen könnten. Auch wenn die einzelnen Nutzungshandlungen in der Summe einen größeren Nutzen erzielten, als der Verlust auf Seiten des Urhebers, führte doch eine entsprechende *Regel* in der Summe zu einer Reduzierung von Lust. Die Regel, neu hergestellte immaterielle Güter deren Schöpfer exklusiv zuzuweisen schüfe ein größeres Maß an Lust als

---

[45] *Konrad Ott*, Moralbegründungen, 108.
[46] *Konrad Ott*, Moralbegründungen, 108.

deren Gegenteil. Dem Urheber wäre die Unlust des Verlustes genommen und den Kulturnutzern sei es lieber, das Werk für einen bestimmten Geldbetrag zu konsumieren, als auf das Werk insgesamt zu verzichten. Denn auf den Werkkonsum könnten die Nutzer auch in Anwesenheit immaterialgüterrechtlicher Regeln verzichten. Diese regelutilitaristische Position verwickelt sich jedoch in ein Dilemma.[47] Erkennt ein Regelutilitarist, dass eine Ausnahme von der Normbefolgung die Nutzensumme insgesamt befördere, verlässt er den Theoriekern des Utilitarismus, wenn er die Regel trotzdem befolgt. Denn der Nutzen würde dann nicht mehr maximiert. Die Maximierungskomponente wäre aufgegeben. Gestattet er sich hingegen eine Ausnahme, muss er diese Ausnahme in allen Fällen zulassen, in denen der Nutzen in gleicher Weise befördert werde. Dann steht aber die utilitaristisch begründete Regel stets unter dem Vorbehalt des Normbruchs, wenn letzterer die Nutzensumme insgesamt stärker erhöht als die Normbefolgung. Der Regelutilitarismus führt dann aber wieder zum Aktutilitarismus zurück.[48] Denn der einzelne Akteur ist nach Maßgabe des Maximierungsgebots gezwungen, zu prüfen, ob ein Normbruch im konkreten Fall doch insgesamt nutzenförderlicher wäre. Dabei darf der Akteur aber nicht nur seinen eigenen Nutzen berücksichtigen, der aus der Sicht des Werknutzers *im konkreten Einzelfall* darin bestünde, das Werk kostenlos zu nutzen. Vielmehr muss der einzelne Akteur auch auf den Nutzen aller anderen, also insbesondere auch der Urheber reflektieren. Doch diese Gemeinwohlorientierung kann aus dem Nützlichkeitsprinzip nicht abgeleitet werden. Aus dem individuellen Hedonismus folgt nämlich nicht, weshalb der andere mit seiner subjektiven Glücksvorstellung als gleichberechtigt anzuerkennen ist.[49] Zudem ist die Wertung, ob ein Ausnahmefall vorliegt, in höchstem Maße unsicher und von subjektiven Einschätzungen geprägt.

bb) *Verletzung individueller Autonomie*

Ein zweiter normativer Kritikpunkt gegen utilitaristische Theorien besteht darin, dass die Verschiedenheit der einzelnen Menschen nicht ernst genommen werde.[50] Freiheit bedeutet auch, subjektiv *besondere* Zwecke setzen zu dürfen.[51] Diese Zwecke können ganz vielfältiger Art sein. Sobald diese Eingang in ein Nutzenkalkül finden, müssen diese Unterschiede um der Vergleichbarkeit willen nivelliert werden, gleich ob auf monetärer oder

---

[47] Siehe zur folgenden Argumentation *Law*, Rule-Consequentialism's Dilemma, in: Ethical Theory and Moral Practice 1999, 263–275.

[48] *Konrad Ott*, Moralbegründungen, 117.

[49] *Mahlmann*, Rechtsphilosophie und Rechtstheorie, 125.

[50] *Rawls*, Eine Theorie der Gerechtigkeit, 45.

[51] Siehe *Hegel*, GPR, § 7: „Der Wille ist die (…) *in sich* reflektierte und dadurch zur *Allgemeinheit* zurückgeführte *Besonderheit.*"

anderer Basis verglichen wird. Die Objektivierung des Nutzens verdrängt hiervon abweichende subjektive Glückskonzepte. Das Individuum wird objektiv vorausgesetzten Nutzenvorstellungen subsumiert[52]. Dies widerspricht dem Autonomieanspruch des Einzelnen.[53] Deshalb kann der „Nutzen vieler" keine Pflichten für den einzelnen begründen.[54] Gerade im urheberrechtlichen Kontext erscheint das Menschenbild eines *homo oeconomicus* als zu eindimensional.[55] Denn für Kulturschaffende stellt ihre Kunst unter Umständen einen Zweck an sich dar.

d) Fazit

Die bloße Effizienz einer bestimmten Allokation von Gütern reicht daher nicht als *normativer* Grund zur Rechtfertigung des Immaterialgüterrechts aus. Dies bedeutet keineswegs, dass die Erwägungen der wirtschaftswissenschaftlich orientierten Anreiztheorie irrelevant wären. Ob eine rechtliche Institution effizient oder ineffizient ist, ist eine berechtigte und wichtige Frage. Gerechtigkeit und Effizienz müssen sich nicht ausschließen. Gerade bei der notwendigen Feinjustierung des Rechts können und sollten ökonomisch-empirische Erwägungen eine bedeutende Rolle spielen. Zurückzuweisen ist aber die These, dass aus der Effizienz einer Regelung für einen vorausgesetzten Zweck bereits die *normative* Rechtfertigung dieser Regelung folge.

II. Belohnungstheorie

Vielfach wird die These vertreten, das „geistige Eigentum" müsse vom Staat eingeräumt werden, um dem Urheber bzw. Erfinder seinen „gerech-

---

[52] *Hansen*, Warum Urheberrecht?, 114; siehe zu diesem Einwand auch *Gesang*, Eine Verteidigung des Utilitarismus, 51 ff. und 73, der ihn durch Einbeziehung „externer Präferenzen" zu entkräften versucht. Gerechtigkeit sei im Utilitarismus eine Art von Nutzen, da sie vielen Präferenzen Befriedigung verschaffe. Das spricht dafür, dass utilitaristische Theorien Handlungsregeln aus sich heraus nicht unter Einbeziehung aller betroffenen Interessen zu begründen vermögen, sondern auf deontische Prinzipien rekurrieren müssen.

[53] Kritisch zur utilitaristischen Begründung des Immaterialgüterrechts auch *Luf,* in: Dittrich (Hrsg.), Woher kommt das Urheberrecht und wohin geht es?, 9, 15; sowie *Steinvorth*, DZPhil 52 (2004), 717, 722, der aber trotzdem meint, dass Immaterialgüterrechte direkt lediglich utilitaristisch gerechtfertigt werden könnten, 731.

[54] *Kant*, Reflexion zur Moralphilosophie, Nr. 6586, AA XIX, 97.

[55] *Hansen*, Warum Urheberrecht?, 116 f.

ten Lohn" zu sichern.[56] Es wird als Ungerechtigkeit empfunden, wenn Kopisten von wirtschaftlichen Werten ohne jeglichen Einsatz an Arbeit oder Talent profitierten.[57] Auch in einer Entscheidung des Bundesgerichtshofs aus dem Jahre 1955 heißt es: „Die Herrschaft des Urhebers über sein Werk, auf die sich sein Anspruch auf einen gerechten Lohn für eine Verwertung seiner Leistung durch Dritte gründet, wird ihm hiernach nicht erst durch den Gesetzgeber verliehen, sondern folgt aus der Natur der Sache, nämlich seinem geistigen Eigentum, das durch die positive Gesetzgebung nur seine Anerkennung und Ausgestaltung findet"[58]. Das Immaterialgüterrecht habe die Funktion, dem Urheber die Früchte der Arbeit zuzuweisen und umgekehrt andere von unberechtigten Vorteilen abzuhalten. Diese konsequentialistische Phänomenbeschreibung ist zutreffend. Das „geistige Eigentum" *hat* tatsächlich eine Verteilungsfunktion im Hinblick auf die Vorteile, die aus der geistigen Tätigkeit herrühren. Aber eine veritable Begründung, warum die Vorteile gerade dem Urheber bzw. Erfinder zugeordnet werden müssen, wird durch den bloßen Verweis auf das Gerechtigkeitsempfinden nicht geliefert. Die Vernunftgründe hinter der in Anspruch genommenen Intuition sind erst noch freizulegen. Zu kritisieren ist ferner, dass offenbleibt, wer genau wofür vom Staat zu belohnen ist. Der Grundlagenforscher, der eine Entdeckung gemacht hat, ohne eine gewerbliche Anwendung zu bestimmen, genießt für die Entdeckung keinen patentrechtlichen Schutz, obgleich auch er viel Arbeit in die Entdeckung investiert haben mag.[59]

III. Arbeitseigentumstheorie: John Locke

Einer der Eckpfeiler der kontinentaleuropäischen Urheberrechtsdogmatik[60] besteht in der Theorie vom Arbeitseigentum. Die philosophische Begründung des Immaterialgüterrechts liege – wie diejenige des Eigentums überhaupt – in der Arbeit.[61] Soweit das schöpferische Subjekt das Immaterialgut *erarbeitet* habe, stehe es ihm normativ als das Seine zu.[62] Wohl auch

---

[56] Siehe nur *Kruse*, Das Eigentumsrecht, Bd. I, 108; *Axel Nordemann*, in: Fromm/Nordemann, Urheberrecht, Einl. Rn. 19; *Eisenmann/Jautz*, Grundriss Gewerblicher Rechtsschutz und Urheberrecht, Rn. 33 und Rn. 140.

[57] *Kruse*, Das Eigentumsrecht, Bd. I, 108.

[58] BGHZ 17, 266, 278.

[59] *Godt*, Eigentum an Information, 518.

[60] *Oberndörfer*, Die philosophische Grundlage des Urheberrechts, 7.

[61] *Kohler*, Das Autorrecht. Eine zivilistische Abhandlung, 98 f.

[62] Siehe historisch zum Leistungs- und Arbeitsbegriff im Urheberrecht, *Bappert*, Wege zum Urheberrecht, 115.

deshalb ist das Urheberrecht im italienischen Privatrecht in den Art. 2575–2583 Codice civile im Abschnitt über „del lavore" geregelt.[63] Die „arbeitsbasierte Rechtfertigung"[64] gründet in der Arbeitseigentumstheorie John Lockes.[65] Die Theorie vom Arbeitseigentum hat Locke im fünften Buch seiner „Two Treatises of Government" von 1690 entfaltet.

1. Darstellung

Ausgangspunkt der Lockeschen Überlegung ist die Annahme eines ursprünglichen Gemeinschaftsbesitzes der Erde. Ob man sich der Offenbarung als Erkenntnisquelle bedient oder die natürliche Vernunft befragt, so stelle man jeweils fest, dass „Gott, wie König *David* in *Psalm* 115, 16 sagt, *die Erde den Menschenkindern gegeben hat*, und dass er sie den Menschen gemeinsam gegeben hat"[66]. Zwar wird der vorstaatliche Zustand in starkem Maße religiös dargestellt, doch die Begründung eines ursprünglichen Gemeinschaftsbesitzes ist *keineswegs ausschließlich* theologisch. Die „natürliche Vernunft" wird von Locke als gleichbedeutend neben die theologische Ableitung aus der Offenbarung gestellt.[67] Die „natürliche Vernunft" besage nämlich, „dass die Menschen, nachdem sie einmal geboren sind, ein Recht auf ihre Erhaltung haben und somit auf Speise und Trank und alle anderen Dinge, die die Natur für ihren Unterhalt hervorbringt (...)"[68]. Das vorausgesetzte Selbsterhaltungsrecht des Menschen begründet daher ein Recht, auf die dem Menschen äußere Natur zuzugreifen und sich der zur eigenen Erhaltung notwendigen Gegenstände zu bedienen. Wegen des Selbsterhaltungsrechts – und nicht nur aufgrund göttlicher Einsetzung in die Welt – ist „die Erde und alles, was auf ihr ist, (...) den Menschen zum Unterhalt und zum Genuss ihres Daseins gegeben"[69]. Die *wild wachsenden* Früchte der Natur würden den Menschen gemeinsam gehören. Niemandem stehe ein ausschließliches Herrschaftsrecht an den Früchten der Erde zu.[70] Da jedoch die Früchte dem Gebrauch der Menschen dienten, müsse es notwendigerweise Mittel und Wege geben, sie sich anzueignen.[71] Eine Sache könne für den Unterhalt zum Leben nur dann von Nutzen sein, wenn sie dem Subjekt derart gehört, „dass kein anderer länger ein Recht darauf

---

[63] Vgl. *Schack*, Urheber- und Urhebervertragsrecht, Rn. 8.
[64] *Stallberg*, Urheberrecht und moralische Rechtfertigung, 58.
[65] Locke lebte von 1632 bis 1704; siehe allgemein *Puster,* in: Beckermann/Perler (Hrsg.), Klassiker der Philosophie heute, 272 ff.
[66] *Locke*, Zweite Abhandlung über die Regierung, § 25, Hervorhebung auch dort.
[67] *Locke*, Zweite Abhandlung über die Regierung, § 25.
[68] *Locke*, Zweite Abhandlung über die Regierung, § 25.
[69] *Locke*, Zweite Abhandlung über die Regierung, § 26.
[70] *Locke*, Zweite Abhandlung über die Regierung, § 26.
[71] *Locke*, Zweite Abhandlung über die Regierung, § 26.

beanspruchen kann"[72]. Der ursprüngliche Gemeinschaftsbesitz zielt folglich auf seine Auflösung in partikulare Rechte der einzelnen Subjekte. Dies folgt aus dem Telos, welcher der Um*welt* des Menschen zugewiesen wird. Die Welt hat dem – von Gott gesetzten oder von der Vernunft zugeschriebenen – Zweck der Erhaltung des Menschen zu dienen. Hieraus folgt ein ursprüngliches Recht eines jeden, auf die Welt zuzugreifen, um sich hierdurch selbst zu erhalten. Früchte, die mir von jedermann weggenommen werden können, sind aber zum Lebensunterhalt ungeeignet. Der Zweck des Gemeinschaftsbesitzes der Erde zwingt Locke daher, privative Rechte an den Früchten der Erde anzuerkennen. Die Frage lautet dann aber, worin der Rechtsgrund für die privativen Rechte besteht. Warum soll die eine Frucht gerade Subjekt A und nicht Subjekt B gehören?

Die Antwort liegt für Locke in der von Subjekt A in die Sache investierten *Arbeit*. Die Erde gehöre zwar allen Menschen gemeinsam, doch *an der eigenen Person* habe jedermann ein ausschließliches Eigentum.[73] Der Selbstbesitz der Person ist also nicht Teil des ursprünglichen Gemeinschaftsbesitzes, sondern *ab initio* ein ausschließliches Herrschaftsrecht. Weil der eigene Körper im Eigentum des Subjekts steht, ist es auch Eigentümer dessen, was der Körper verrichtet. „Die *Arbeit* seines Körpers und das *Werk* seiner Hände sind, so können wir sagen, im eigentlichen Sinne sein Eigentum"[74]. Durch die Bearbeitung des naturhaften Stoffes fügt das Subjekt dem ursprünglich menschheitlich-gemeinsamen Stoff *seine* Arbeit hinzu. Das ursprünglich Gemeinschaftliche wird mit dem ursprünglich Eigenen *gemischt*. Das aus dem ursprünglichen Gemeinschaftsbesitz hervorgehende Ausschließlichkeitsrecht an dem Stoff hat seinen Rechtsgrund folglich darin, dass das Subjekt A – anders als das Subjekt B – dem Stoff etwas Eigenes *hinzugefügt* hat. Ein Eingriff von Subjekt B in den bearbeiteten Stoff würde nämlich nunmehr einen Eingriff in die Arbeit des Subjekts A bedeuten und folglich dessen ursprüngliches Eigentum an der eigenen Person verletzen. Außerdem liegt der Argumentation unausgesprochen der Gedanke zugrunde, dass das Momentum der Arbeit einen wesentlichen Unterschied[75] zur Nicht-Arbeit begründe und entsprechend der Verschiedenheit rechtlich unterschiedlich zu behandeln ist. Dem Arbeiter müsse folglich ein Eigentumsrecht an dem bearbeiteten Stoff zustehen, wodurch er alle anderen von dem konkreten Stoff ausschließen kann.

Dieses Ausschließlichkeitsrecht an dem mit der eigenen Arbeit verbundenen Stoff steht für Locke jedoch unter zwei ausdrücklich formulierten

---

[72] *Locke*, Zweite Abhandlung über die Regierung, § 26.
[73] *Locke*, Zweite Abhandlung über die Regierung, § 27.
[74] *Locke*, Zweite Abhandlung über die Regierung, § 27 – Hervorhebung auch dort.
[75] Jedoch angedeutet im § 28.

Vorbehalten. Nur dort, wo den anderen „genug und ebenso gutes"[76] verbleibt, könne es private Rechte an der Materie geben. Eine weitere Aneignungsschranke stellt Locke in § 31 auf, wo es heißt: „Dasselbe Gesetz der Natur, das uns auf diese Weise Eigentum gibt, *begrenzt* dieses Eigentum auch"[77]. Der Zweck der Privatisierung des ursprünglichen Gemeinschaftsbesitzes besteht für Locke in der nur durch Privatrechte gewährleisteten Selbsterhaltung des Menschen. Dieser Zweck *begründe* und *begrenze* zugleich die Aneignung der Weltsubstanz. „So viel, wie jemand zu irgendeinem Vorteil seines Lebens gebrauchen kann, bevor es verdirbt, darf er sich durch seine Arbeit zum Eigentum machen. Was darüber hinausgeht, ist mehr als sein Anteil und gehört anderen"[78]. Diese Schranke lässt Locke freilich im Zuge der Einführung des Geldes in seiner Theorie fallen. „Denn die *Überschreitung der Grenzen seines rechtmäßigen Eigentums* lag nicht in der Vergrößerung seines Besitzes, sondern darin, dass irgendetwas ungenutzt verdarb"[79]. Geld kann jedoch nicht verderben und folglich könne und dürfe man sich hiervon unbegrenzt viel aneignen.

2. Anwendung auf immaterielle Güter

Oberndörfer hat herausgearbeitet, dass Locke die Theorie vom Arbeitseigentum nur auf äußere Güter körperlicher Art bezogen hat.[80] Er stützt dies auf eine Textanalyse der „Zweiten Abhandlung über die Regierung". An keiner Stelle finde sich im 5. Kapitel des „second treatise" eine Einbeziehung immaterieller Güter.[81] Aus einer Analyse der Korrespondenz von John Locke folgert Oberndörfer ferner, dass Locke den Schutz der Autoren als nützlich und erstrebenswert ansah, wenn auch nicht auf naturrechtlicher Grundlage.[82]

Überdies gilt Locke als einer der bedeutendsten Vertreter des Nominalismus.[83] Die Existenz von abstrakten Entitäten lehnt Locke ab. Das Allgemeine und das Universale gehörten „nicht zur realen Existenz der Dinge"[84]. Die Universalien seien vielmehr nur Erfindungen und Schöpfungen des Verstandes, die dieser für seinen eigenen Gebrauch gebildet habe.[85]

---

[76] *Locke*, Zweite Abhandlung über die Regierung, § 27
[77] *Locke*, Zweite Abhandlung über die Regierung, § 31 – Hervorhebung auch dort.
[78] *Locke*, Zweite Abhandlung über die Regierung, § 31.
[79] *Locke*, Zweite Abhandlung über die Regierung, § 46 –Hervorhebung auch dort – und § 36 a.E.
[80] *Oberndörfer*, Die philosophische Grundlage des Urheberrechts, 38 ff.
[81] *Oberndörfer*, Die philosophische Grundlage des Urheberrechts, 38.
[82] *Oberndörfer*, Die philosophische Grundlage des Urheberrechts, 44.
[83] *Künne*, Abstrakte Gegenstände, 100.
[84] *Locke*, Versuch über den menschlichen Verstand, Bd. II, 16.
[85] *Locke*, Versuch über den menschlichen Verstand, Bd. II, 16.

Doch auch wenn Locke die Theorie vom Arbeitseigentum nicht auf immaterielle Güter anwenden wollte, so ist dessen ungeachtet zu fragen, ob und inwieweit – über Locke hinaus – dies möglich wäre. Hierbei ist, wie Stallberg[86] zutreffend hervorhebt, zwischen den beiden argumentativen Ebenen der Arbeitseigentumstheorie genau zu unterscheiden. Die erste Ebene betrifft die Frage nach der Rechtfertigung einer privaten Zuordnung von Gütern überhaupt, während die zweite Ebene den Modus des Erwerbs betrifft.[87] Die Tatsache der Vermischung der eigenen Arbeit mit herrenloser Materie rechtfertigt nach der Lockeschen Theorie den *Erwerb* des Privateigentums, nicht aber dessen Existenz an sich.[88] Die Existenz an sich wird aus dem Selbsterhaltungsrecht des Menschen und dem hierauf beruhenden ursprünglichen Gemeinschaftsbesitz der Erde abgeleitet. Erst in zweiter Linie wird nach dem Erwerbsgrund gefragt, welcher von Locke in der Arbeit gesehen wird.[89] Die institutionelle Rechtfertigung des Eigentums durch das Selbsterhaltungsrecht ist jedoch nur begrenzt auf das Immaterialgüterrecht übertragbar. Es müsste dargelegt werden, dass die Institution des „geistigen Eigentums" für die Selbsterhaltung des Menschen erforderlich ist. Hiergegen lässt sich aus der Geschichte ein empirischer Einwand entwickeln. Das Immaterialgüterrecht ist – anders als das Sacheigentum – ein relativ junges Recht.[90] Die Menschheit hat sich folglich über einen längeren Zeitraum ohne Immaterialgüterrechte erhalten können. Die *empirische* Erforderlichkeit des Immaterialgüterrechts für die Selbsterhaltung begegnet daher noch größeren Zweifeln als die *empirische* Erforderlichkeit des Sacheigentums.

Die meisten Autoren, die sich auf die Theorie des Arbeitseigentums beziehen, lassen wohl auch deshalb die Frage nach der institutionellen Rechtfertigung beiseite und beziehen sich lediglich auf den Erwerbsgrund des Eigentums.[91] Es wird dann argumentiert, dass derjenige, der ein immaterielles Gut kreiert habe, Arbeit investiert hat und es ihm folglich – entsprechend der Argumentation zum Sacheigentum bei Locke – normativ zugeordnet sein müsse. Das so begründete „geistige Eigentum" soll sogar ein noch umfassenderes Eigentum als das Sacheigentum sein. „Wenn man (...) überhaupt die Arbeit als eine Quelle oder Erwerbungsart des Eigenthums betrachtet, so muß man sie gerade bei Werken der Intelligenz am meisten anerkennen"[92]. Spencer schreibt hierzu: „So that in fact a production of

---

[86] *Stallberg*, Urheberrecht und moralische Rechtfertigung, 70.
[87] So richtig *Stallberg,* Urheberrecht und moralische Rechtfertigung, 70.
[88] So zutreffend *Radbruch*, Rechtsphilosophie, 129.
[89] *Locke*, Zweite Abhandlung über die Regierung, § 27.
[90] *Bappert*, Wege zum Urheberrecht, 1.
[91] Dies beobachtet auch *Stallberg*, Urheberrecht und moralische Rechtfertigung, 70.
[92] *Heinrich Ahrens*, Die Philosophie des Rechts und des Staates 1. Tl., 526.

mental labour may be regarded as property in a fuller sense than may a product of bodily labour; since that which constitutes its value is exclusively created by the worker"[93]. Während der ursprüngliche Erwerb des Sacheigentums auf einer Vermengung des Gemeinschaftlichen mit dem ursprünglich Privaten beruht, bediene sich der kreativ Tätige gar nicht erst eines vorgefundenen Materials. Die Kreation erfolge aus dem Selbst heraus und sei daher als „reine Arbeit" ihrem geistigen Schöpfer zugerechnet.

3. Kritische Würdigung

In erster Linie zu kritisieren ist die institutionelle Rechtfertigung des Sacheigentums durch ein Selbsterhaltungsrecht des Menschen. Die empirische Erforderlichkeit des *Sacheigentums* für die Erhaltung dieses Subjekts wird nicht ausgewiesen. Bei Locke findet sich keine Auseinandersetzung mit Alternativen zu der privaten Sachzuweisung, die möglicherweise in gleicher Weise die Selbsterhaltung befördern würden. Insbesondere für das *Immaterialgüterrecht* erscheint es empirisch höchst zweifelhaft, ob die Erhaltung des Menschen von einer exklusiv-normativen Zuweisung immaterieller Güter abhängt. Dagegen spricht nämlich, dass das Immaterialgüterrecht historisch gesehen ein sehr junges Recht ist.[94]

Was den Erwerbsgrund anbelangt, ist mit Nozick zu kritisieren, dass unbegründet bleibt, warum die Verbindung einer herrenlosen Sache mit der Arbeit des Menschen dazu führen soll, dass sich das Eigentum an der Arbeit auch auf die bis dato herrenlose Materie erstreckt.[95] Genauso gut könnte das Eigentum an der Arbeit verloren gehen oder bloß in Höhe des Arbeitsanteils anteiliges Eigentum entstehen. Wenn man – mit Locke – jedoch davon ausgeht, dass der Gebrauch einer bearbeiteten Sache zugleich ein Gebrauch der investierten Arbeit ist, muss man voraussetzen, dass diese Arbeit nach Vollzug der Arbeitshandlung ontisch noch fortbesteht.[96] Nach dem, für sich schon unplausiblen, Vermischungsvorgang existiert die Arbeit aber nicht mehr und kann folglich nicht geschützt werden.[97] Es besteht dann lediglich ein Arbeitsergebnis, welches jedoch von der Person des Arbeiters verschieden ist und daher nicht unter das von Locke vo-

---

[93] *Spencer*, The Principles of Ethics, Vol. II, § 305; ähnlich auch *Hubmann*, Das Recht des schöpferischen Geistes, 31.

[94] Das Urheberrecht folgte historisch der technologischen Errungenschaft des Buchdrucks nach. Drucker erhielten ab 1469 bisweilen das Privileg zur ausschließlichen Ausübung ihres Gewerbes in einer bestimmten Gegend. Siehe zum Privilegienwesen, *Rehbinder*, Urheberrecht, Rn. 14 ff.

[95] *Nozick*, Anarchy, State, Utopia, 175: „If I own a tomato juice and spill it in the sea so that its molecules mingle evenly throughout the sea, do I thereby come to own the sea, or have I foolishly dissipated my tomato juice?"

[96] *Stallberg*, Urheberrecht und moralische Rechtfertigung, 85.

[97] *Stallberg*, Urheberrecht und moralische Rechtfertigung, 85.

rausgesetzte angeborene Eigentumsrecht an der eigenen Person fallen kann. Letztlich wird ein Kategorienfehler begangen, weil nur Objekte mit Objekten vermischt werden können, nicht jedoch Arbeit mit einem Objekt.[98] Mit Blick auf das Urheberrecht könnte man hiergegen erwidern, dass es gar nicht zu einer Vermischung komme. Denn das Werk sei ausschließlich durch den Urheber geschaffen.[99] Doch auch dann muss *entweder* vorausgesetzt werden, dass an bereits vorgenommenen Arbeitshandlungen ein Recht fortbestehe.[100] Dies ist jedoch keineswegs zwingend, da sich das Recht an der eigenen Arbeit mit deren Vollzug genauso gut verbrauchen könnte. Ein Eigentumsrecht an der Arbeit beinhaltet dann nur, die Arbeitshandlung vollziehen zu dürfen.[101] *Alternativ* müsste man voraussetzen, dass das Arbeitsprodukt dem Urheber zugewiesen ist. Doch dies ist gerade das Beweisziel; der Schluss wäre daher zirkulär.

Freilich lässt sich aus dem Gleichheitssatz ein von Locke nicht ausdrücklich genanntes Argument ableiten. Die in die herrenlose Sache investierte Arbeit begründet einen wesentlichen Unterschied zu anderen Subjekten, die keine Arbeit in diese Sache investiert haben. Diese wesentliche Ungleichheit der Sachverhalte muss dazu führen, dass die beiden Sachverhalte – Arbeit einerseits und Nicht-Arbeit andererseits – ihrer Unterschiedlichkeit gemäß rechtlich zu behandeln sind. Doch auch hieraus folgt nicht zwingend, *worin genau* die unterschiedliche Behandlung zu bestehen hat. Aus der Arbeitseigentumstheorie kann daher auch in Verbindung mit dem Gleichheitssatz nicht die Notwendigkeit von Privateigentum abgeleitet werden.

Entscheidend gegen die Lockesche Theorie vom Arbeitseigentum spricht letztlich, dass die Erstaneignung als unilaterales Handeln begriffen wird.[102] Die bloß einseitige Arbeitshandlung soll anderen eine Verpflichtung auferlegen, die sie so vorher nicht hatten. Die auferlegte Pflicht besteht in dem Unterlassen des Sachgebrauchs der bearbeiteten und dadurch angeeigneten Sache. Einseitige Willkür kann aber Dritten keine Pflichten auferlegen.[103] Dieser Rechtsgedanke liegt auch dem Verbot des Vertrags zulasten Dritter zugrunde. Die Pflichtentstehung muss dem Dritten zurechenbar sein. Bei einer unilateralen Aneignung ist dies nicht gewährleistet. Das Problem der unilateralen Rechtsbegründung, welches Kant durch die

---

[98] *Waldron*, God, Locke and Equality, 185.

[99] *Spencer*, The Principles of Ethics, Vol. II, § 305.

[100] *Stallberg*, Urheberrecht und moralische Rechtfertigung, 81.

[101] *Stallberg*, Urheberrecht und moralische Rechtfertigung, 80.

[102] *Brocker*, Arbeit und Eigentum, 385 f.

[103] *Kant*, MdS, Rechtslehre, § 11, AA VI, 261.

Idee einer a priori vereinigten Willkür aller löst[104], ist von Locke nicht hinreichend reflektiert worden.

IV. Neminem-laede-Theorie

An das Proviso der Lockeschen Arbeitseigentumstheorie anknüpfend wird das Immaterialgüterrecht teilweise damit begründet, dass ein Ausschließlichkeitsrecht an immateriellen Gütern niemandem schade und daher erlaubt sein müsse.[105] Denn jeder Mensch ist frei sich in einer Weise zu verhalten, die niemandem schadet. Ist eine Schädigung Dritter ausgeschlossen, müsse das Verhalten erlaubt sein. Richtig ist hieran, dass im Umkehrschluss zum neminem-laede-Grundsatz auf ein erlaubtes Verhalten geschlossen werden kann. Dann muss aber das infrage stehende Verhalten – hier also die Erstaneignung eines immateriellen Gutes – für den rechtlichen Status aller anderen tatsächlich neutral sein. Die Neutralität des Immaterialgüterrechts für Dritte wird nun damit begründet, dass ihnen durch das Ausschließlichkeitsrecht am immateriellen Gut lediglich eine Handlung untersagt wird, die ihnen vor der Schöpfung des immateriellen Gutes aus faktischen Gründen ohnehin nicht möglich war.[106] Vor der Schöpfung des immateriellen Gutes *konnte* es von niemandem gebraucht werden. Deshalb sei es für jedermann rechtlich neutral, dass man es nach der Schöpfung nicht *darf*.

Diese Theorie übersieht jedoch, dass ein Verhalten, das anderen unilateral eine vorher nicht bestehende Verpflichtung auferlegt, nicht rechtlich neutral sein kann. Es kommt nicht darauf an, ob die durch das Immaterialgüterrecht verbotene Handlung vor der Erstaneignung des immateriellen Gutes faktisch möglich war oder nicht. Die auferlegte Pflicht allein führt zu einem rechtlichen Nachteil, der nicht durch einseitiges Tun begründet werden kann.[107]

---

[104] *Kant*, MdS, Rechtslehre, § 11, AA VI, 261.

[105] *Moore*, Intellectual Property & Information Control, 107: „If the appropriation of an unowned object leaves enough and as good for others, then the acquisition is justified."

[106] *Moore*, Intellectual Property & Information Control, 113; ähnlich auch *Nozick*, Anarchy, State and Utopia, 181 f.

[107] Vgl. *Kant*, MdS, Rechtslehre, § 11, AA VI, 261.

V. Das geistige Eigentum als Bedingung der Tauschgerechtigkeit bei Hegel

Das geistige Eigentum nimmt in der Rechtsphilosophie Hegels[108] eine hybride Struktur an. Dies kommt schon in der systematischen Verortung zum Ausdruck. Einerseits thematisiert Hegel das „geistige Eigentum" im Zusammenhang mit dem ursprünglichen Erwerb von Sacheigentum.[109] Andererseits verweist er schon dort darauf, dass „von dem Übergange in die Äußerlichkeit, in welcher es unter die Bestimmung eines juristischrechtlichen Eigentums fällt, (..) erst bei der *Veräußerung* zu sprechen" sei.[110] In der Tat thematisiert Hegel im Anschluss an den Ersterwerb des Eigentums – aber immer noch als Teil des abstrakten Rechts – die Entäußerung des Eigentums. Das für den „Übergang in die Äußerlichkeit" dorthin verschobene „geistige Eigentum" wird in den §§ 68–69 der Grundlinien der Philosophie des Rechts wieder aufgegriffen. Schon aus dieser systematischen Verortung wird deutlich, dass Hegel das „geistige Eigentum" nicht eindeutig als einen weiteren Unterfall einer allgemeinen Eigentumstheorie verstanden hat. Vielmehr ist das „geistige Eigentum" in besonderer Weise mit dem Vertragsrecht verbunden. Im Folgenden soll zunächst knapp die allgemeine Eigentumstheorie Hegels als Teil des *abstrakten Rechts* dargestellt werden, um sodann den Blick auf die Besonderheiten des „geistigen Eigentums" samt seiner Verzahnungen mit dem Vertragsrecht zu richten.

1. Das Eigentum als äußere Sphäre der Freiheit

Im *abstrakten Recht* verhält sich der an und für sich freie Wille zunächst unmittelbar auf sich selbst. Der Einzelne weiß sich in seiner Endlichkeit als das „Unendliche, Allgemeine und Freie"[111]. Der freie Wille hat sich selbst zum Gegenstand seines Willens bestimmt. Aufgrund dieses „reinen Denkens und Wissens" wird der Einzelne zur Person[112], woran die Rechtsfähigkeit anknüpft.[113] Aber dieser subjektive Wille ist in sich unendlich und allgemein, sodass die Beschränkung, die darin liegt, bloß subjektiv zu sein, dem unendlichen und allgemeinen „An-sich" des subjektiven Geistes widerspricht.[114] Der reine Selbstbezug führt also zu einem zunächst negativen Verhältnis zur Realität. Das Eigentum überwindet dieses negative Ver-

---

[108] Hegel lebte von 1770 bis 1831.
[109] *Hegel*, GPR, § 43 Anmerkung.
[110] *Hegel*, GPR, § 43 Anmerkung am Ende.
[111] *Hegel*, GPR, § 35; vgl. grundlegend zu Hegels Eigentumstheorie *Molkentin*, Das Recht der Objektivität, 318 ff.
[112] *Hegel*, GPR, § 35.
[113] *Hegel*, GPR, § 36.
[114] *Hegel*, GPR, § 39.

hältnis zum Äußeren. Der Begriff des Eigentums entwickelt sich entlang des Widerstreits zwischen freiem Willen einerseits und der dem Geiste äußeren, unfreien Natur. In der Grundlage ist zwar auch die Natur dem Geiste angehörig. Sie ist dies aber nicht „für sich", das heißt, sie reflektiert nicht über ihr Geistiges. Die Natur wird deshalb von Hegel als ein Außersichsein oder Äußerliches des Geistes aufgefasst.[115] „An sich" ist die Natur daher schon identisch mit dem Geist, aber für den Geist ist die Natur ein Äußerliches.[116] Aus der Perspektive des freien Geistes ist die Natur ein ihm Gegensätzliches, dass von anderen Kräften, namentlich der Kausalität im Gegensatze zur Freiheit, bestimmt wird. Der Geist kann dies Unfreie neben ihm nicht dulden. Denn dem Begriff des Geistes entspricht nur eine aus vernünftig bestimmter Freiheit geordnete Welt. Die Beschränkung der Freiheit auf den reinen Selbstbezug muss daher aufgehoben werden; der Widerstreit zwischen Kausalität und Freiheit zugunsten der Freiheit entschieden werden. Dies geschieht dadurch, dass die Natur aus dem Zustande des „Außersichseins" enthoben und zum Gegenstand „unserer" Freiheit gemacht wird. Die Kausalität der Naturdinge wird, vermittelt über das Eigentum, der vernünftigen Selbstbestimmung der Person unterstellt. Der Geist macht sich die Natur „zu eigen"; sie ist dann „für ihn" das, was sie „an sich" ist. In der Natur hat sich die Person eine „äußere Sphäre ihrer Freiheit" gegeben.[117] Die Person gibt sich durch das Eigentum Realität und setzt dadurch das Dasein der Natur als das Ihrige.[118]

Die Begründung des Eigentums beruht also auf der negativen Dialektik von freiem Geist einerseits und dem vom Geiste verschiedenen Äußeren andererseits. Das Äußerliche ist als Sache, anders als die Person, unfrei, unpersönlich und rechtlos.[119] Damit ist auch der Gegenstand des Eigentumsrechts bestimmt, nämlich eine *Sache*. Die Sache ist dasjenige, was „*für sich* unmittelbar keinen Wert hat"[120]. Anders als der freie Geist reflektiert die Sache nicht über ihr „an-sich"-Sein. Sie tritt daher als ein Rechtloses in das Verhältnis ein.[121]

---

[115] *Peperzak*, Hegels praktische Philosophie, 33; *Molkentin*, Das Recht der Objektivität, 324.

[116] *Peperzak*, Hegels praktische Philosophie, 33.

[117] *Hegel*, GPR, § 41.

[118] Vgl. *Hegel*, GPR, § 39.

[119] *Hegel*, GPR, § 42.

[120] *Hegel*, Vorlesung 1821/22, § 42.

[121] *Molkentin*, Das Recht der Objektivität, 322.

2. Die Erstreckung des Eigentumsbegriffs auf immaterielle Güter

Wie verhält es sich aber mit „geistigen Geschicklichkeiten, Wissenschaften, Künsten, Religiösem und Erfindungen"[122] oder anders formuliert mit „immateriellen Gütern"? Auf diese Frage gibt Hegel in der Anmerkung zu § 43 – also im Sachenrecht – eine Antwort:

> „Man wird Anstand nehmen, solche Geschicklichkeiten, Kenntnisse, Fähigkeiten usf. *Sachen* zu nennen; da über dergleichen Besitz einerseits als über Sachen verhandelt und kontrahiert wird, er anderseits aber ein Inneres und Geistiges ist, kann der Verstand über die juristische Qualifikation desselben in Verlegenheit sein, da ihm nur der Gegensatz: daß etwas *entweder* Sache *oder* Nicht-Sache (wie das *Entweder* unendlich, *Oder* endlich), vorschwebt. Kenntnisse, Wissenschaften, Talente usf. sind freilich dem freien Geiste eigen und ein Innerliches desselben, nicht ein Äußerliches, aber ebenso sehr kann er ihnen durch die Äußerung ein äußerliches Dasein geben und sie veräußern (...), wodurch sie unter die Bestimmung von Sachen gesetzt werden. Sie sind also nicht zuerst ein Unmittelbares, sondern werden es erst durch die Vermittlung des Geistes, der sein Inneres zur Unmittelbarkeit und Äußerlichkeit herabsetzt."

Anders als Sachen im materiellen Sinne muss der „geistige Inhalt" erst zu einem Äußerlichen gemacht werden. „Geistige Inhalte" stehen dem freien Geiste also nicht unmittelbar als „Unfreies, Unpersönliches und Rechtloses"[123] gegenüber. Sie sind zunächst etwas Innerliches. Die negative Dialektik zwischen Natur und Geist besteht also *prima facie* nicht. Hegel geht aber davon aus, der Geist könne „geistigen Inhalten" ein äußeres Dasein geben und sie so durch „Vermittlung meines Willens"[124] zur „Äußerlichkeit herabsetzen"[125]. Für die Begründung „geistigen Eigentums" ist diese Herabsetzung entscheidend, da Eigentum darauf beruht, dass etwas „Unfreies" unter das Regime der Freiheit gesetzt wird. An „für sich" Freiem ist Eigentum ausgeschlossen. Der „geistige Inhalt" wird durch die (Ent-)Äußerung in einem ersten Schritt zur Unmittelbarkeit und Äußerlichkeit herabgesetzt. Es entsteht so der oben beschriebene Widerstreit zwischen freiem Geist einerseits und (nunmehr) bloß Äußerlichem. Dieser Gegensatz muss in einem zweiten Schritt wieder aufgehoben werden, indem die Person ihren Willen in den nunmehr zur Sache herabgesetzten „geistigen Inhalt" legt. So entsteht ein Eigentum an dem, was in seiner ersten Bestimmung ein Innerliches war.[126] Entscheidend für den Gedankengang ist der Übergang vom Innerlichen zum Äußerlichen. In der Anmerkung zu § 43 heißt es, dass hiervon „erst bei der *Veräußerung* zu sprechen" sei. Das erstaunt. Denn die Veräußerung setzt etwas Äußeres voraus, das *veräußert* werden

---

[122] *Hegel*, GPR, § 43 Anm.
[123] *Hegel*, GPR, § 42.
[124] *Hegel*, Vorlesung 1821/22, § 43.
[125] *Hegel*, GPR, § 43 Anm.
[126] *Hegel*, GPR, § 43 Anm.

soll. Wohl deshalb heißt es auch in einer handschriftlichen Anmerkung Hegels, „*Veräußerung* ist das Aufgeben eines schon Äußerlichen, das mein Eigentum ist, – nicht erst das Äußern"[127]. In der Anmerkung hingegen stehen die „Äußerung" und die „Veräußerung" kumulativ zueinander. Dies lässt sich so deuten, dass ein „geistiger Inhalt" nur dann zur Sache wird, wenn ihm sowohl durch Äußerung ein „äußerliches Dasein" gegeben wird *und* dieses „äußerliche Dasein" *veräußert* wird.

Aber warum sollte die „Veräußerung" konstitutiv dafür sein, dass ein „geistiger Inhalt" die Sachqualität annimmt? Könnte es nicht ausreichen, dass dem Gedanken *überhaupt* ein äußerliches Dasein gegeben wird? Oder ist nicht gar die Sachqualität der Veräußerung logisch vorgelagert? Die Antwort hierauf ist im Status der Veräußerung für die Bestimmung des immateriellen Gutes zu suchen. Es wird sich erweisen, dass die Veräußerung kein zeitlich vorrangiger Vorgang ist, sondern in sich den Vernunftgrund für die Herabsetzung zum Äußeren trägt.

3. Der Status der Veräußerung für die Bestimmung
des immateriellen Gutes

Die negative Dialektik zwischen Äußerlichem und Innerlichem findet der Geist nicht bloß passiv vor. Im Gegenteil: Der zum Eigentum treibende Widerspruch entsteht erst durch eine Bewegung des Geistes, namentlich das Herabsetzen des zunächst Inneren zum Äußerlichen. Der Geist schafft sich also selbst einen Widerspruch, den er im geistigen Eigentum aufzulösen sucht. Wodurch wird er aber dazu getrieben, den Widerspruch überhaupt erst zu begründen; was treibt den Geist dazu, das Innerliche zum Äußerlichen herabzusetzen? Die Antwort hierauf folgt aus dem mit dem Vertragsrecht verzahnten Begriff des „geistigen Eigentums". Im Tauschvertrage erweitern sich die beteiligten Parteien um die Fähigkeiten des jeweils anderen. Der Tauschvertrag als eine der späteren Grundlagen der bürgerlichen Gesellschaft hat also eine freiheitserweiternde Funktion. Je vielfältiger die Tauschgegenstände, desto größer ist die Möglichkeit, den eigenen Bedarf am Markt befriedigt zu finden. Wäre Innerliches von vornherein vom Tauschprozess ausgeschlossen, so wäre die Freiheit der Tauschpartner insoweit eingeschränkt. Einerseits könnte man sich nicht um die Kompetenz („die inneren Geschicklichkeiten") eines anderen erweitern. Andererseits hätte der bloß Geschickte, aber nicht über Produktionsmittel Verfügende, nichts, was er zu Markte tragen könnte. Der „Begriff der Freiheit" als Grundlage des Rechts[128] bliebe insoweit unverwirklicht. Durch den Tausch, durch die „Veräußerung", verwirklicht der Erfinder be-

---

[127] *Hegel*, GPR, 105.
[128] *Hegel*, GPR, § 4.

ziehungsweise der Urheber seine Freiheit. Diese Freiheitsverwirklichung drängt den freien Geist dazu, einen primär inneren Sachverhalt zum Äußerlichen herabzusetzen. Nur in der „Beziehung, dass ich sie zum Gebrauch einem Anderen überlasse"[129], werden die geistigen Geschicklichkeiten in der Veräußerung zur Äußerlichkeit. Der Geist wird also infolge seiner stufenweisen Freiheitsverwirklichung dazu gedrängt, das Innerliche zum Äußerlichen herabzusetzen. Der entstandene Widerstreit zwischen „Geist und Natur" ist daher zwar durch den freien Geist vermittelt entstanden, aber nicht zufällig, sondern als notwendige Begleiterscheinung seiner Freiheitsverwirklichung. Letzteres erhellt auch die konstitutive Bedeutung der Veräußerung für den Prozess der „Herabsetzung zum Äußerlichen". Denn nur wenn der „geistige Inhalt" zum Gegenstand eines Tauschvertrages, d.h. zur Freiheitsverwirklichung, gemacht werden soll, wird der Geist dazu getrieben, das Innerliche *wie* eine Sache zu behandeln.

Doch der Erwerber einer geistigen Produktion könne infolge der Entäußerung „zugleich in den Besitz der *allgemeinen Art und Weise*" gelangen und Sachen der erworbenen Art vielfältig selbst herstellen.[130] Der Schöpfer würde so um den Lohn seiner Arbeit gebracht. In den Notizen zu § 68 heißt es: „Ich will den Wert, das, was es mich gekostet hat, dafür erhalten."[131] Deshalb unterscheidet Hegel in § 69 zwischen dem (Sach-) Eigentum an dem einzelnen Ideenträger einerseits und der „allgemeinen Art und Weise, dergleichen Produkte und Sachen zu vervielfältigen" andererseits.[132] Der Erwerber einer auf kreativer Produktion beruhenden Sache werde „vollkommener und freier Eigentümer" derselben.[133] Gleichzeitig bleibt der Urheber oder Erfinder „Eigentümer der allgemeinen Art und Weise (...), dergleichen Sachen zu vervielfältigen"[134]. Die „allgemeine Weise" der Vervielfältigung sei ein von dem bloßen Sachgebrauch unterschiedener *Wert*.[135] Die vom kreativ Tätigen in das Tauschverhältnis eingebrachte Sache beinhaltet daher zwei getrennt voneinander zu denkende Werte. Dies muss sich auf die *Wertgleichsetzung* im Vertrag auswirken. Solange der Wert der allgemeinen Art und Weise der Vervielfältigung nicht durch den Tauschpartner abgegolten ist, ist die Vertragsparität gestört. Infolge der gestörten Wertgleichsetzung wäre der Grundsatz der Tauschgerechtigkeit nicht gewahrt. Vermöge des „geistigen Eigentums" kann der kreativ Tätige

---

[129] *Hegel*, GPR, § 43 Notizen.
[130] *Hegel*, GPR, § 68.
[131] *Hegel*, GPR, § 68 Notizen.
[132] *Hegel*, GPR, § 69.
[133] *Hegel*, GPR, § 69.
[134] *Hegel*, GPR, § 69.
[135] *Hegel*, GPR, § 69 Notizen.

den Wert der „allgemeinen Art und Weise" aus dem Tauschverhältnis heraushalten. Tauschgerechtigkeit wird dergestalt ermöglicht.

4. Tauschgerechtigkeit

Letztlich bezweckt die Anerkennung eines „geistigen Eigentums" also – von Hegel freilich nicht explizit ausgesprochen – die *Tauschgerechtigkeit* zwischen Erfinder bzw. Urheber einerseits und dem Erwerber der einzelnen Verkörperung des geistigen Gegenstandes andererseits zu ermöglichen. Tauschgerechtigkeit bedeutet für Hegel, dass jedem Tauschpartner das Seine dem Werte nach verbleibt.[136] Die Tauschgerechtigkeit ist also immer abhängig von einer Gleichsetzung der *Werte* der ausgetauschten Güter.[137] Der Tauschpartner darf durch den Tausch nicht mittels einer *laesio enormis* aus dem Anerkennungsverhältnis gedrängt werden.[138] Die hierfür erforderliche Äquivalenz von Leistung und Gegenleistung findet sich schon bei Aristoteles als Voraussetzung der Tauschgerechtigkeit. Für ihn ist der gerechte Tausch durch die Wahrung der arithmetischen Gleichheit der ausgetauschten Güter gekennzeichnet.[139] Nicht in den Extremen des Gewinns und Verlustes, sondern in der Mitte zwischen beidem liege die Gerechtigkeit. Um die *Äqui*valenz zweier Leistungen festzustellen, ist es aber zunächst erforderlich die *Valenz* der ausgetauschten Güter überhaupt zu bestimmen. Doch wie wird der Wert der Leistungen bemessen? Im Wesentlichen bieten sich zwei Betrachtungsweisen an. Nach der *subjektiven Werttheorie* wird der Wert einer Leistung durch die subjektive Wertschätzung der Tauschpartner gebildet.[140] Die *objektiven Werttheorien* hingegen messen den Tauschobjekten einen Wert bei, der unabhängig von den willkürlichen Bestimmungen der Tauschpartner besteht.[141] Die objektive Werttheorie wurde unter anderem von den Nationalökonomen Smith[142] und Ricardo[143] vertreten. Nach Engisch ist ein Tauschvertrag nur dann gerecht, wenn zwischen den Aufwendungen an Kosten, an Arbeit, an Geschicklichkeit einerseits und dem Preis andererseits kein Missverhältnis besteht.[144] Auch nach Larenz ist es durchaus möglich, eine (vage) Unter- und Obergrenze zu bestimmen, jenseits derer eine versprochene Gegenleistung nicht mehr

---

[136] *Hegel*, GPR, § 77.
[137] So auch *Höffe*, Lexikon der Ethik, unter Gerechtigkeit, 83.
[138] *Hegel*, GPR, § 77 Anm.
[139] *Aristoteles*, Nikomachische Ethik, 129.
[140] *Brunner/Kehrle*, Volkswirtschaftslehre, 67.
[141] Etwa *Grotius*, De iure belli ac pacis, 2.12.8 (S. 254) und 2.12.11.1 (S. 255).
[142] *Smith*, Der Wohlstand der Nationen, Buch I, Kapitel 5.
[143] *Ricardo*, Über die Grundsätze der politischen Ökonomie und der Besteuerung, 1. Kapitel.
[144] *Engisch*, Auf der Suche nach der Gerechtigkeit, 166.

als Äquivalent der Leistung angesehen werden kann.[145] Als maßgebliche Kriterien nennt Larenz „Faktoren wie Kosten, Risiken und einen angemessenen Gewinn"[146]. Auch Hegel legt einen objektiven Wertbegriff zugrunde, wenn er in den Notizen zu § 68 den Wert des zu veräußernden Gegenstandes mit den Herstellungskosten gleichsetzt.[147] Geht man – wie Hegel – davon aus, dass in Abwesenheit eines „geistigen Eigentums" der Schöpfer seinen gerechten Lohn nicht erzielen könnte, wäre der einzelne Tauschakt auf der Grundlage dieses Verständnisses von Tauschgerechtigkeit in der Tat *ungerecht*. Beinhaltete der Erwerb eines Einzelstücks zugleich die Befugnis zum Nachbau bzw. Nachdruck, könnte der Erwerber dem Schöpfer Konkurrenz auf dem Absatzmarkt machen, ohne die Entwicklungskosten tragen zu müssen. Ohne „geistiges Eigentum" bestünde also für den Schöpfer infolge des Preiswettbewerbs die *Gefahr*, dass er seine Entwicklungskosten nicht amortisieren könnte. Würde sich diese Gefahr realisieren, hätte der kreativ Tätige *Verlust* gemacht. Er wäre zum Markt gegangen, ohne dass es sich für ihn gelohnt hätte. Der geistig Tätige liefe folglich Gefahr, seinen ökonomischen Selbststand als Grundbedingung der Tauschgerechtigkeit zu verlieren.

In der ökonomischen Analyse deckt sich dieser Befund mit den Annahmen der utilitaristischen Anreiztheorie.[148] Doch besteht der normative Grund des Immaterialgüterrechts bei dieser Hegel-Interpretation nicht in dessen Wirkung für die optimale Neuproduktion immaterieller Güter. Der Vernunftgrund liegt vielmehr darin, dass der Veräußerungsvertrag ohne die Anerkennung „geistigen Eigentums" ungerecht wäre. Die Freiheit des Schöpfers sich am Markt tauschgerecht einbeziehen zu können, würde nicht verwirklicht. Dieser Bezug zur Tauschgerechtigkeit, geschweige denn zur Teilhabegerechtigkeit, findet sich freilich bei Hegel nicht explizit. Gleichwohl kann durch die Interpretation des „geistigen Eigentums" als Bedingung der Tauschgerechtigkeit erklärt werden, weshalb die Veräußerung des „geistigen Eigentums" konstitutiv für Selbiges ist. In der Veräußerung liegt der Vernunftgrund, nämlich die Erweiterung des Schöpfers im Tausch.

---

[145] *Larenz*, Richtiges Recht, 72.
[146] *Larenz*, Richtiges Recht, 72.
[147] *Hegel*, GPR, § 68 Notizen: „Ich will den Wert, das was es mich gekostet hat, dafür erhalten". Differenzierend zur Wertgleichsetzung im Vertrag mit Blick auf die im abstrakten Recht lediglich zur Verfügung stehende „Selbstgerechtigkeit", *Molkentin*, Das Recht der Objektivität, 522 ff.
[148] Siehe oben: S. 9 ff.

5. Kritische Würdigung

Durch das Immaterialgüterrecht wird dem Schöpfer ein wertvoller Gegenstand an die Hand gegeben, den er einsetzen kann, um einen gerechten Lohn zu erzielen.[149] Die Überlegung zielt darauf ab, dass nur durch das Immaterialgüterrecht der Grundsatz des *suum cuique* gewahrt werden könne.[150] Die Tauschgerechtigkeit setzt aber immer schon voraus, dass eine positive Antwort auf die Frage des „Seinen" gefunden wurde, welches sich im Tausch bewahren muss. Es wäre zirkulär, aus der Ungerechtigkeit des Tauschs auf das „Seine" zu schließen. Das „Seine" muss bereits bestimmt sein, bevor es dem Schöpfer nach dem Grundsatz des *suum cuique* gesichert werden kann. Deshalb kann die Tauschgerechtigkeit nicht ohne Rückgriff auf die sogenannte Teilhabegerechtigkeit verstanden werden. Unter Teilhabegerechtigkeit wird hier das subjektive Recht des Einzelnen auf selbständige Einbeziehung in den Vermögensbildungszusammenhang verstanden.[151] Nun könnte man erwägen, das „Seine" des Schöpfers unmittelbar in seinem Recht auf Teilhabe im Vermögensbildungszusammenhang zu sehen. Wenn man jedoch – wie bei Hegel unausgesprochen – davon ausgeht, dass sich der Schöpfer zu kostenamortisierenden Bedingungen in den Vermögensbildungszusammenhang einbeziehen können muss, wäre auch zu begründen, warum das kreative Subjekt ein Recht darauf haben soll, sich *gerade durch die kreative Arbeit* in das allgemeine Vermögen einzubringen. Aus der Teilhabegerechtigkeit folgt aber nicht ein Recht auf eine subjektiv definierte *bestimmte* Tätigkeit[152], sondern allenfalls eine Einbeziehung zu angemessenen Bedingungen überhaupt. Das im Tausch zu wahrende „Seine" des Schöpfers kann also auch nicht aus einem Teilhabeanspruch abgeleitet werden.

Zudem betrifft die Ungerechtigkeit des einzelnen Tauschakts in Bezug auf Verkörperungen des „geistigen Inhaltes" bloß die am Tausch beteiligten Parteien. Das „geistige Eigentum" reagiert auf diese interpersonal angelegte Tausch*un*gerechtigkeit aber dadurch, dass *jedermann,* also auch eine am Tausch unbeteiligte Person, verpflichtet ist, die Nachproduktion bzw. den Nachdruck zu unterlassen. Was hat dieser *jedermann* mit der Tauschgerechtigkeit der Tauschpartner zu tun? Die primär solipsistische Ausrichtung der hegelschen Eigentumstheorie[153] kann auf diese Frage kei-

---

[149] Für das Urheberrecht *Schack*, Urheber- und Urhebervertragsrecht, Rn. 5.

[150] So ohne Bezug auf Hegel auch *Schack*, Urheber- und Urhebervertragsrecht, Rn. 5.

[151] Vgl. *Köhler*, in: Engel/Möschel (Hrsg.), Festschrift für Mestmäcker, 317, 335.

[152] *Köhler*, in: Engel/Möschel (Hrsg.), Festschrift für Mestmäcker, 317, 335.

[153] *Molkentin* spricht von einer „(...) Gemeinsamkeit einer äußeren Sphäre der Freiheit, in der jede Person für alle, aber je unter besonderem Blickwinkel, i.e. Interesse steht, das sie in der Gleichgültigkeit seines einzelnen Daseins eingeschlossen hat (...)", Das Recht der Objektivität, 384 f.

ne befriedigende Antwort liefern. Die positive Einbeziehung des Anderen in das eigene Handlungskonzept erfolgt erst – und dann auch nur aus der Warte der Subjektivität – auf der Stufe der Moralität, noch nicht hingegen im abstrakten Recht.[154] Auch spricht die Relativität schuldrechtlicher Beziehungen gegen die Begründung eines absoluten Rechts über den Gedanken der Tauschgerechtigkeit.

VI. Urheberrechtstheorie von Fichte

Im Zuge der Naturrechtsdiskussion über die Rechtswidrigkeit des Büchernachdrucks hat auch Fichte[155] sich zugunsten eines Urheberrechts geäußert.[156]

1. Darstellung

An einem Buch seien nach Fichte zwei Dinge zu unterscheiden: „das Körperliche desselben, das bedruckte Papier; und sein Geistiges"[157]. Das Eigentum am körperlichen Element gehe auf den Erwerber über, der mit dem Buch als körperlichem Gegenstande nach Belieben verfahren dürfe. Das geistige Element des Buchs sei wiederum in zwei Unterelemente aufzuteilen: „in das Materielle, den Inhalt des Buches, die Gedanken, die es vorträgt; und die Form dieser Gedanken, die Art, wie, die Verbindung, in welcher, die Wendungen und die Worte, mit denen es sie vorträgt"[158]. Das Materielle, also die im Buch enthaltenen Gedanken, würde nicht durch den bloßen Erwerb auf den Käufer übergehen. Er müsse den Inhalt des Buchs zunächst nachvollziehen, ihn sich durch verständige Lektüre buchstäblich einverleiben. Nur so könne das Materielle in „unsere eigene Ideenverbindung" aufgenommen werden. Mit dem Kauf des Buchs erwerbe der Käufer zugleich das Recht, sich die Gedanken des Verfassers einzuverleiben und in die eigene Ideenverbindung aufzunehmen. Der Verfasser seinerseits verliere durch den Verkauf des Buchs erstens das Eigentum am körperlichen Gegenstande und zweitens durch die Bekanntmachung (Veröffentlichung) das ausschließliche Eigentum an dem Gedanken, an dem Materiellen. Denn der Gedanke könne aufgrund seiner geistigen Natur vielen angehören, was

---

[154] *Hegel*, GPR, § 113.
[155] Fichte lebte von 1762 bis 1814.
[156] Beweis der Unrechtmäßigkeit des Büchernachdrucks. Ein Räsonnement und eine Parabel, Berlinische Monatsschrift 21, 1793, 443–483; Nachdruck in: UFITA 106 (1987), 155–172. Im Folgenden wird der leichteren Zugänglichkeit wegen die UFITA – Ausgabe zitiert.
[157] *Fichte*, UFITA 106 (1987), 155, 156.
[158] *Fichte*, UFITA 106 (1987), 155, 157.

ihn von der körperlichen Sache unterscheide, die nur einem Herrn angehören könne.[159] Was sich aber – mangels physischer Möglichkeit – niemand außer dem Verfasser zueignen könne, sei die *Form dieser Gedanken*, also „die Ideenverbindung, in der, und die Zeichen, mit denen sie vorgetragen werden"[160]. Jeder habe seinen eigenen Ideengang, seine besondere Art, sich Begriffe zu bilden und sie untereinander zu verbinden. Niemand könne sich folglich einen fremden Gedanken in eben jener ihm fremden Form zueignen. Der Rezipient eines Gedankens müsse diesen zunächst in sein eigenes Gedankensystem übersetzen und ihm hierdurch eine neue – nämlich die eigene – Form geben. Die Formveränderung sei daher notwendiger Bestandteil der Zueignung eines Gedankens überhaupt. Daher sei der Verfasser des Gedankens nicht willens, durch die Bekanntmachung (Veröffentlichung) auch die Form gemeinfrei zu machen. Die Form bleibe daher das ausschließliche Eigentum des Verfassers.

Bemerkenswert ist die von Fichte als selbstevident vorausgesetzte Prämisse, dass dasjenige, was sich andere nicht *physisch* zueignen können, im Eigentum des Verfassers verbleibe.[161] Das Eigentum als ein von der physischen Innehabung losgelöstes Recht wird hierdurch in einen Zusammenhang zur physischen Beherrschung und Beherrschbarkeit gerückt, der nach einer weitergehenden Explikation verlangt. Die These Fichtes erweist sich als rechts*legitimierend* und rechts*limitierend* zugleich. Legitimierend insofern, als dass der Verfasser an einem allein von ihm physisch beherrschten Etwas (namentlich der Form des Gedankens) ein Eigentum behalte, obgleich er den Gedanken veröffentlicht hat. Dem Verfasser wird hierdurch positiv ein Recht zugewiesen. Limitierend insofern, als dass der Verfasser durch den Aktus der Veröffentlichung die physische Beherrschung der Materie (also des Gedankens an sich) verliert und folglich auch das Eigentum hieran. Das, aber auch *nur das*, könne im ausschließlichen Eigentum des Verfassers verbleiben, was sich andere nicht physisch zueignen könnten. Die konkrete Form als Gedankenleistung werde nur von dem Formgeber beherrscht und könne daher auch nur dessen Eigentum sein. Anderen könne er hieran lediglich einen Nießbrauch einräumen.

Der Topos der physischen Möglichkeit dient Fichte dazu, eine Antwort auf die Frage zu finden, was denn der Verfasser durch die Veröffentlichung einbüße. Stillschweigend vorausgesetzt ist dabei, dass der Verfasser vor der Veröffentlichung „Eigentümer" des Gedankens in seiner konkreten Form ist. Doch durch die *Veröffentlichung*, von Fichte Bekanntmachung genannt, ändert sich die Rechtslage. Die physische Herrschaft in Bezug auf das Materielle des Gedankens endet und damit auch das ausschließliche

---

[159] *Fichte*, UFITA 106 (1987), 155, 158.
[160] *Fichte*, UFITA 106 (1987), 155, 158.
[161] *Fichte*, UFITA 106 (1987), 155, 156.

Eigentum des Verfassers. Nur im Hinblick auf die Form könne er im Eigentum bleibend gedacht werden. Das Fortbestehen des Rechts an der Materie hängt somit vom Fortbestehen der physischen Herrschaft ab.

Die Frage, was der Urheber durch die Veröffentlichung an Rechten verliert, ist zentral. Zu ihrer Beantwortung kommt es nicht zuletzt auf den (normativ aufgeladenen) Willen des Subjekts an, denn Fichte schreibt: „Er (der Verfasser[162]) kann durch die Bekanntmachung seiner Gedanken gar nicht willens sein, auch diese Form gemein zu machen"[163]. Methodisch fragt Fichte also danach, was der Verfasser durch die Veröffentlichung als seinen Willen kommuniziert. An diesem Willen muss sich der Verfasser dann festhalten lassen. *Volenti non fit iniuria.* Das Urheberrecht ist demnach als subjektives Recht ausgestaltet, das durch die Veröffentlichung des Werkes Einschränkungen erleidet, die auf den Willen des Urhebers rückführbar sind. Nicht entscheidend ist aber der tatsächliche subjektive Wille, sondern ein *verobjektivierter* Wille. Das, was ein Urheber objektiv durch die Veröffentlichung kommuniziert, ist für Fichte maßgeblich. Dies lässt sich einmal allgemein mit dem Hinweis auf den Verkehrsschutz begründen, ginge dann aber wohl am Gedanken Fichtes vorbei. Nicht subjekt-transzendente Glücksvorstellungen einer vorausgesetzten Objektivität, sondern die im subjektiven Willen selbst beinhaltete Objektivität führt zu dem normativ-objektiv aufgeladenen Willensbegriff. Weil das Subjekt in sich schon seine kommunikative Wirkung auf die anderen reflektiert, oder besser reflektieren soll, kommt es bei der Auslegung der Willens*erklärung* auf die Warte des anderen an. Man kann nicht anderen etwas mitteilen wollen, ohne dass man sich in den anderen hinein versetzt und sich fragt, ob und wie denn der andere diese Mitteilung verstehen werde. Wenn er die veröffentlichte Mitteilung nur in einer bestimmten Weise verstehen kann, ist diese – dann objektive – Interpretation maßgeblich. Der subjektive Wille muss entsprechend zurücktreten. Dieser objektive Wille wird von Fichte maßgeblich unter dem Gesichtspunkt der physischen Beherrschbarkeit des Gedankens ermittelt. Ein etwaiger subjektiver Wille, dass der mitgeteilte Gedanke auch in seiner materiellen Ausprägung im ausschließlichen Eigentum des Kommunizierenden stehen solle, wäre nicht verallgemeinerungsfähig und als selbstwidersprüchlich unbeachtlich. Denn in der Mit*teilung* liegt begrifflich schon die *Teilung* des Gedankens *mit* einem anderen. Ich kann nicht wollen, einem anderen einen Gedanken mitzuteilen und ihm dann aber zu versagen, den Gedanken in sich aufzunehmen und in sein eigenes Denksystem zu übersetzen. Dann würde ich einerseits den Kommunikationserfolg wollen und andererseits nicht. Die Maxime, den Gedanken ausschließlich für sich behalten zu wollen und ihn doch zu kommuni-

---

[162] Anmerkung des Verfassers.
[163] *Fichte*, UFITA 106 (1987), 155, 158.

zieren, ist folglich nicht allgemein und somit als bloß subjektiv auf sich beschränkter Wille für den anderen unbeachtlich.

Für die Bestimmung des Werkbegriffs haben die Ausführungen Fichtes folgende Konsequenz: Zwischen Form und Inhalt ist zu unterscheiden. Lediglich die konkrete Darstellung eines Inhalts genießt urheberrechtlichen Schutz, nicht jedoch der Inhalt. Anders formuliert: Die Aneinanderreihung von Buchstaben ist schutzfähig, nicht jedoch die Bedeutung dieser Wörter. Positiv festzuhalten ist, dass Fichte seine Überlegungen – dies ergibt sich aus der von ihm in seiner Nachdruckschrift vorgetragenen Parabel – auch auf Kräutertinkturen und – so muss man folgern – auf sonstige Erfindungen übertragen wissen will. Urheber- und Patentrecht sind durch Fichte also auf eine einheitliche Wurzel zurückgeführt.

2. Kritische Würdigung

Unklar bleibt bei Fichte aber *erstens*, weshalb die Eigentumsfähigkeit eines Gegenstandes durch die Möglichkeit seiner physischen Beherrschbarkeit bedingt ist. *Zweitens* wird nicht deutlich, weshalb die Eigentumsfähigkeit darüber hinaus durch die permanente Beherrschung bedingt sein soll. Anders formuliert: Warum soll der Urheber die rechtliche Herrschaft über das Materielle seines Gedankens verlieren, nur weil er ihn veröffentlicht hat? Es erscheint, als ob Fichte die rechtliche Herrschaft über das Materielle des Gedankens von dessen tatsächlicher physischer Beherrschung – der Unterlassung der Veröffentlichung – abhängig machen wollte. Der Gedanke wird im Kontext der Überlegungen zur kantischen Privatrechtstheorie wieder aufzugreifen sein.[164]

VII. Die Begründung des Urheberrechts über ein persönliches Recht an der Rede durch Kant in der Nachdruckschrift

Eine systematische Theorie des „geistigen Eigentums" wird von Kant nicht vorgelegt.[165] Allerdings hat er sich in einem 1785 erschienenen Aufsatz mit der Frage auseinander gesetzt, ob denn der Nachdruck eines Buches unrechtmäßig sei.[166] In geraffter Form finden sich die wesentlichen Gedanken auch in der 1797 veröffentlichten Rechtslehre (Erster Teil der Metaphysik

---

[164] Siehe unten: S. 66 ff.

[165] *Süchting*, in: Kleszczewski/Müller (Hrsg.), Kants Lehre vom richtigen Recht, 83, 84. Zu der kantischen Privatrechtstheorie siehe unten: S. 53 ff.

[166] *Kant*, Von der Unrechtmäßigkeit des Büchernachdrucks, AA VIII, 79–87; Nachdruck in: UFITA 106, (1987), 137–144.

der Sitten) wieder.[167] Dort heißt es: „Der Büchernachdruck ist von Rechts wegen verboten". Aufbauend auf den Überlegungen Kants haben sich unter anderem auch Reiner und von Zeiller dazu bekannt, dass das Vernunftrecht den Büchernachdruck verbiete.[168]

1. Begriff der Rede

Der Begriff der *Rede einer Person* nimmt in der Deduktion Kants eine entscheidende Rolle ein. Unter „Rede einer Person" versteht Kant eine Kommunikation zwischen dem Schriftsteller und dem Publikum (also der Öffentlichkeit). Es geht um Sprachzeichen gleich welcher Art, die einen bestimmten Gedanken des Schriftstellers derart vermitteln, dass der Gedanke der Öffentlichkeit zugänglich wird. Implizit beinhaltet der Begriff „Rede einer Person" zwei Elemente: den mitgeteilten Gedanken und die Person desjenigen, der den Gedanken mitteilt. Man könnte also auch ohne Verfremdung des kantischen Arguments die Rede einer Person definieren als: Das Subjekt (S) teilt folgende Sachaussage (O) mit.

2. Die Rolle des Verlegers

Die Kommunikation zwischen Schriftsteller und Publikum erfolgt vermittelt über den Verleger. Der Verleger spricht für den Schriftsteller in dessen Namen und von diesem bevollmächtigt. Bildlich gesprochen ist der Verleger das Sprachrohr, durch das die Rede an das Publikum gelangt. Der Verleger trifft somit die Aussage: „Ich (Verleger) teile mit, dass der Verfasser (S) folgenden Gedanken (O) mitteilt".[169] Hierdurch schafft der Verleger eine Distanz zwischen sich und den in der Rede mitgeteilten Gedanken. Es wird für das Publikum deutlich, dass nicht der Verleger für den Gedanken (O) einstehen will. Der Verleger übernimmt lediglich eine botenähnliche Rolle. Er führt – so Kant – ein Geschäft des Verfassers. Denn die Kommunikation des Verfassers mit dem Publikum sei dem Verfasser rechtlich zugewiesen. Das Bestimmungsrecht darüber, ob und durch wen der Verfasser die Rede an die Öffentlichkeit gelangen lässt, ist als inneres Mein und Dein (*jus personalissimum*) unveräußerlich dem Verfasser zugeordnet.[170] Der von Kant in diesem Zusammenhang benutzte Begriff des *jus personalissimum* darf nicht mit dem Begriff des „persönlichen Rechts" der

---

[167] *Kant*, MdS, Rechtslehre, § 31, AA VI, 289 ff.
[168] *Reiner*, Allg. Rechtslehre nach Kant, 53; *von Zeiller*, Das natürliche Privatrecht, 148.
[169] Ähnlich *Hubmann*, UFITA, 106 (1987), 145, 146.
[170] *Kant*, Nachdruckschrift, AA VIII, 79, 86; vgl. zur kommunikativen Selbstbestimmungsfreiheit im positiven Recht die Ausführungen von *Kattanek*, Die Verletzung des Rechtes am gesprochenen Wort durch das Mithören anderer Personen, 17 ff.

§§ 18 ff. der Rechtslehre verwechselt werden.[171] Das „persönliche Recht" ordnet Kant dem äußeren Mein und Dein zu, während das *jus personalissimum* als Unterfall des angeborenen Freiheitsrechts, also des inneren Mein und Dein, vorgestellt wird.

Die Veröffentlichung des Gedankens (O) gerade als Gedanke des Subjekts (S) steht aufgrund des angeborenen Freiheitsrechts ursprünglich (S) zu. Dieses dem Verfasser (S) zugewiesene Geschäft führt der Verleger als berechtigter Geschäftsführer. Denn der Verfasser erteilt dem Verleger die Vollmacht, den Gedanken (O) gerade als Gedanken von (S) zu veröffentlichen. Hierdurch wird der Verleger zum „Eigentümer dieser Geschäftsführung"[172]. Dieses Eigentum an der Geschäftsführung definiert Kant als veräußerliches Recht. Es handele sich hierbei gerade nicht um ein *jus personalissimum*, sondern um ein äußeres Recht, das sogar auf Dritte übertragen werden könne.[173] Das Recht, die Rede des Verfassers zu veröffentlichen, ist also – je nach Perspektive – unterschiedlich zu kategorisieren. Aus der Warte des Verfassers handelt es sich um ein angeborenes, nicht veräußerliches[174] inneres Freiheitsrecht; aus der Warte des Verlegers hingegen ist das Veröffentlichungsrecht ein vom Willen des Verfassers abgeleitetes, veräußerbares äußeres Recht. Dieses Verlagsrecht des Verlegers hat für Kant aber nicht nur eine relative Wirkung im Verhältnis zum Verfasser. Vielmehr soll der rechtmäßige Verleger auch gegenüber jedermann einen Anspruch darauf haben, dass der Nachdruck unterlassen wird. Diese absolute Wirkung des Verlagsrechts kommt in der Wendung, der Verleger sei „Eigentümer der Geschäftsführung"[175] zum Ausdruck und ist das Beweisziel von Kants Argumentation. Es geht ihm also – wohlgemerkt – nicht primär darum, zu beweisen, dass der *Verfasser* durch den Nachdruck in seinen Rechten verletzt wird. Vielmehr soll die Unrechtmäßigkeit des Nachdrucks gerade aus der Perspektive des Verlegers deduziert werden.

3. Das Unrecht des Nachdrucks

Auch ein Nachdrucker betätigt sich als Sprachrohr des Schriftstellers, allerdings ohne dessen Einverständnis. Mit Nachdruck ist also nur gemeint, dass jemand der Öffentlichkeit mitteilt, dass der Verfasser (S) durch ihn (den Nachdrucker) einen Gedanken (O) mitteile. Nicht gemeint ist, dass jemand selbst vorgibt, den Gedanken (O) mitzuteilen. Der Nachdrucker bringt also – ganz wie der rechtmäßige Verleger – eine Distanz zwischen

---

[171] Unklar insoweit *Oberndörfer*, Die philosophische Grundlage des Urheberrechts, 97; richtig *Bappert*, Wege zum Urheberrecht, 245.

[172] *Kant*, Nachdruckschrift, AA VIII, 79, 82.

[173] *Kant*, Nachdruckschrift, AA VIII, 79, 82.

[174] *Kant*, Nachdruckschrift, AA VIII, 79, 82.

[175] *Kant*, Nachdruckschrift, AA VIII, 79, 82.

sich und den Gedanken (O), indem er den Verfasser (S) dazwischen schaltet und ihn so für den Gedanken (O) verantwortlich zeichnen lässt. Der Nachdrucker macht also nicht bloß vom *Mitteilungsobjekt* in einer bestimmten Form, sondern *auch* vom Namen des Verfassers (S) Gebrauch. Diese Ingebrauchnahme des Namens von (S) ist konstitutiv dafür, dass das Geschäft des Nachdruckers ein fremdes ist. Anders gewendet: Nur deshalb, weil der Nachdrucker buchstäblich *im Namen* des Verfassers handelt, ist der Verlag ein ursprünglich dem Verfasser – und dann abgeleitet dem Verleger – zugeordnetes Geschäft. Die Frage lautet nun, ob sich der Nachdrucker zum Sprachrohr des Schriftstellers machen darf, wenn dieser damit nicht einverstanden ist.

a) Die Perspektive des Verlegers

Kant meint nein, und begründet dies überraschenderweise aus der Perspektive des beauftragten Verlegers. Diese für heutige Leser ungewohnte Perspektive ist sicherlich auch historisch bedingt.[176] Die Druckprivilegien wurden typischerweise den Verlegern – und nicht den Verfassern – erteilt.[177] Deshalb schien das Unrecht des Nachdrucks eine Verletzung des Rechts des Verlegers zu sein. Aber die Perspektive hat auch insoweit ihre systematische Richtigkeit, als dass der Verfasser dem Verleger ein ausschließliches Verlagsrecht eingeräumt hat und folglich nur dem Verleger durch den Nachdruck Unrecht widerfährt.[178] Der Autor hat das „Recht wegen Verwaltung seines Geschäftes mit dem Publikum dem Verleger gänzlich und ohne Vorbehalt, darüber noch anderweitig zu disponieren, überlassen (...)"[179]. Im Wege abgeleiteten Erwerbs ist somit der Verleger „Eigentümer dieser Geschäftsführung"[180] geworden. Der Autor konnte dem Verleger nur das ausschließliche Verlagsrecht einräumen, da dem Verleger andernfalls der Vorteil entzogen würde, den dieser „aus dem Gebrauch seines Rechts ziehen konnte und wollte (furtum usus)"[181]. Dies klingt so, als bestehe das Unrecht des Büchernachdrucks darin, dem beauftragten Verleger schädliche Konkurrenz zu machen. Dies ist zwar sicherlich die Konsequenz eines Nachdrucks. Aber vorausgesetzt wäre bei diesem Argument, dass dem beauftragten Verleger tatsächlich das ausschließliche Verlags-

---

[176] Zum Privilegienwesen siehe *Ulmer*, Urheber- und Verlagsrecht, 50 ff.; *Schack*, Urheber- und Urhebervertragsrecht, Rn. 105 ff; aber auch *Bappert*, Wege zum Urheberrecht, 178 ff.

[177] *Bappert*, Wege zum Urheberrecht, 184 f.

[178] Zum positiven Urheberrecht und der dort geltenden monistischen Theorie: siehe unten: S. 141 ff.

[179] *Kant*, Nachdruckschrift, AA VIII, 79, 82.

[180] *Kant*, Nachdruckschrift, AA VIII, 79, 82.

[181] *Kant*, MdS, Rechtslehre, § 31, AA VI, 290.

recht zusteht. Kant folgert dies nicht aus den wirtschaftlich nachteilhaften Konsequenzen. Das Argument der schädlichen Konkurrenz dient lediglich dazu, die Ausschließlichkeit des vom Autor eingeräumten Verlagsrechts zu begründen, oder anders ausgedrückt, die Reichweite des Rechtseinräumungsakts des Urhebers *auszulegen*. Da das Verlagsrecht abgeleitet vom Autor erworben wird, muss Kant voraussetzen, dass der Autor ein ursprüngliches ausschließliches Veröffentlichungsrecht innehat.[182] Denn man kann von dem Seinen eines Anderen nicht mehr erwerben, als er selbst rechtmäßig innehat.[183]

b) Das „veröffentlichungsresistente Veröffentlichungsrecht" des Urhebers

Zu beweisen ist also, dass dem Urheber an seiner Rede ein ausschließliches Nutzungsrecht zusteht und zwar auch dann, wenn er die Rede bereits veröffentlicht hat. Die rechtliche Zuordnung des Werkes zu dem Urheber darf nicht infolge der Veröffentlichung erlöschen. In diesem Sinne kann davon gesprochen werden, dass das Recht „resistent" gegen die Veröffentlichung ist, auch wenn die Veröffentlichung freilich faktisch nicht verhindert werden kann. Nur wenn dem Urheber dieses exklusive Nutzungsrecht zusteht, kann der beauftragte Verleger dieses Recht abgeleitet vom Schriftsteller erwerben. Wie lässt sich ein derartiges veröffentlichungsresistentes Recht an dem Mitteilungsobjekt (*Rede*) begründen?

aa) Das Veröffentlichungsrecht folgt nicht aus dem Sacheigentum

Dieses exklusive Veröffentlichungsrecht des Urhebers wäre von vornherein ausgeschlossen, sollte dem Nachdrucker die Befugnis zum Verlag schon aufgrund des Eigentums an dem erworbenen Exemplar zustehen, wenn also das Sacheigentum an dem Exemplar den Sacheigentümer legitimierte, eine Kopie der Sache anzufertigen. Dies ist nicht von vornherein unplausibel, wird doch das Sacheigentum gerne als im Grundsatz umfassendes Nutzungsrecht verstanden.[184] Warum sollte diese spezifische Nutzung (Kopie) nicht von diesem umfassenden Nutzungsrecht umfasst sein? Kant nähert sich dem Problem über die zweite Funktion des Sacheigentums: der Ausschließungsfunktion. Das Eigentum ist mit einem verneinenden Recht gegen jeden Dritten verbunden. Der Sacheigentümer darf von jedem ver-

---

[182] Ebenso *Stallberg*, Urheberrecht und moralische Rechtfertigung, 156 f.: Kants Argumentation sei durch die Idee eines Urheberrechts bedingt.

[183] *Kant*, MdS, Rechtslehre, § 39, AA VI, 301; siehe auch: Nemo plus iuris ad alium transferre potest, quam ipse habet; Digesten 50, 17, 54 (Ulpian). Der nach geltendem Recht gem. §§ 932 ff., 892, 405 BGB mögliche gutgläubige Erwerb bildet zu diesem Grundsatz die Ausnahme.

[184] *Huhm/Lemke*, in: Prütting/Wegen/Weinreich, BGB, § 903 Rn. 2.

langen, Einwirkungen auf die Sache zu *unterlassen*.[185] Ein „persönliches bejahendes Recht" folgt aus dem Sacheigentum hingegen nicht.[186] Das bedeutet, dass ich nicht allein deshalb, weil ich Eigentümer einer Sache bin, von einem anderen verlangen darf, positiv etwas zu *tun*. Dem Eigentümer steht lediglich ein sachbezogener Unterlassungsanspruch zu. Ein positiver Leistungsanspruch lässt sich nur schuldrechtlich begründen bzw. erwerben.

bb) Die Herstellung einer kommunikativen Beziehung zwischen dem Verfasser und dem Gedanken

Der Nachdrucker, so Kant, verlange von dem Schriftsteller aber nicht bloß die Unterlassung, gegen den Nachdruck vorzugehen. Er verlangt vielmehr, dass der Schriftsteller eine positive Leistung vornehme. Als Verleger fordere man nämlich den Schriftsteller dazu auf, die veröffentlichte Rede als eigene zu erkennen und zu verantworten. Denn der Nachdrucker setzt den Verfasser (S) in einen kommunikativen Zusammenhang mit dem Gedanken (O). Er erweckt hierdurch den Anschein, (S) teile den Gedanken (O) mit. Der Nachdrucker mutet dem Verfasser zu, für ein Werk öffentlich einzustehen, d.h. einem mitunter kritischen Diskurs über das Werk ausgesetzt zu sein.[187] Der Nachdrucker zieht den Autor in die Öffentlichkeit. Der Einzige aber, der darüber befinden darf, ob er einen Gedanken öffentlich mitteilt und hierfür auch verantwortlich zeichnet, ist der Sprecher – also der Verfasser (S). „Dieses Recht des Verfassers ist aber kein Recht in der Sache; nämlich dem Exemplar (denn der Eigentümer kann es vor des Verfassers Augen verbrennen); sondern ein angeborenes Recht, in seiner eigenen Person, nämlich zu verhindern, dass ein anderer ihn nicht ohne seine Einwilligung zum Publikum reden lasse, welche Einwilligung gar nicht präsumiert werden kann, weil er sie schon einem anderen ausschließlich erteilt hat"[188].

Das einschlägige Recht des Verfassers wird als „angeborenes Recht" bezeichnet. In den Metaphysischen Anfangsgründen der Rechtslehre schreibt Kant zum angeborenen Recht, dass es nur ein einziges gebe. „Freiheit (Unabhängigkeit von eines anderen nötigender Willkür), sofern sie mit jedes anderen Freiheit nach einem allgemeinen Gesetz zusammen bestehen kann, ist dieses einzige, ursprüngliche, jedem Menschen, kraft seiner Menschheit, zustehende Recht"[189]. Dieses angeborene Recht, also die vernunftgeleitete Freiheit, wird als inneres Mein und Dein bezeichnet.[190] Der Inhalt dieses inneren Freiheitsrechts besteht im gegebenen Fall

---

[185] *Hubmann*, UFITA, 106 (1987), 145, 148; vgl. auch § 1004 BGB.
[186] *Kant*, Nachdruckschrift, AA VIII, 79, 83.
[187] *Breyer*, Harv. L. Rev. 84 (1970), 281, 290.
[188] *Kant*, Nachdruckschrift, AA VIII, 79, 86.
[189] *Kant*, MdS, Rechtslehre, Einteilung der Rechtslehre, AA VI, 237.
[190] *Kant*, MdS, Rechtslehre, Einteilung der Rechtslehre, AA VI, 238.

darin, dass man den Verfasser nicht ohne dessen Einwilligung *reden lassen darf*. Kant muss dem Nachdrucker folglich genau diesen Vorwurf machen: Einen anderen Menschen ohne dessen Einwilligung reden zu lassen. Das Unrecht des Nachdrucks besteht nun darin, den Verfasser (S) mit dem Gedanken (O) ohne Einverständnis des (S) in einen kommunikativen Zusammenhang zu setzen und in diesem Sinne „reden zu lassen". Dies ist unabhängig davon unrecht, ob (S) den Gedanken (O) tatsächlich mitteilen will oder nicht. Wenn aber (S) den Gedanken (O) gar nicht mitteilen will, der „Nachdrucker" also den Gedanken (O) so sehr verfälscht, dass er ein neuer Gedanke (O2) ist, begeht er erst recht unrecht, wenn er als Verleger behauptet: „Durch mich (Verleger) lässt euch der Verfasser (S) den Gedanken (O2) mitteilen".[191] Will (S) aber den Gedanken (O) tatsächlich mitteilen, kann (S) darüber bestimmen, *durch* wen der Gedanke mitgeteilt werde.[192]

Der kantischen Nachdruckschrift liegt folglich ein kommunikatives Selbstbestimmungsrecht zugrunde. Jedes Subjekt (S) darf im Sinne eines angeborenen Freiheitsrechts darüber bestimmen, *ob* und *in welcher Weise* es einen Gedanken (O) öffentlich mitteilen will.[193] Die Unterstützung des Subjekts (S) bei dessen Kommunikationsbemühungen – also die kommunikative Verknüpfung zwischen (S) und dem Gedanken (O) – ist einwilligungsbedürftig. Der rechtmäßige Verleger erhält diese Einwilligung – sogar in Form einer ausschließlichen Lizenz. Der Nachdrucker hat diese Einwilligung nicht schon aufgrund des Eigentums am Informationsträger. Deshalb ist das öffentliche kommunikative Handeln im Namen des (S) eine Verletzung des inneren Mein und Dein des (S) und hierdurch – im Wege abgeleiteten Erwerbs – des äußeren Mein und Dein des rechtmäßigen Verlegers.

4. Der zugrunde gelegte Begriff des Urheberrechts

Den Überlegungen Kants zur Rechtswidrigkeit des Nachdrucks liegt im Vergleich zum heutigen positiven Recht ein bloß rudimentärer Begriff des Urheberrechts zugrunde. Begründet wird lediglich, dass es Unrecht ist, den Namen eines anderen dazu zu gebrauchen, um im öffentlichen Diskurs eine kommunikative Beziehung zwischen dem Namensträger (S) und einem bestimmten Gedanken (O) herzustellen. Hierdurch kann einsichtig behauptet werden, dass jeder Mensch selbst darüber bestimmen darf, ob bestimmte Gedanken (O) unter seinem Namen veröffentlicht werden oder nicht.[194] Auf die inhaltliche Qualität der Gedanken, etwa im Sinne einer Gestal-

---

[191] Vgl. *Kant*, Nachdruckschrift, AA VIII, 79, 80.
[192] *Schefczyk*, DZPhil 52 (2004), 739, 747.
[193] *Netanel*, Cardozo Arts & Ent. L.J. 12 (1994), 1, 17.
[194] Dies ist die Grundlage des persönlichkeitsrechtlichen Elements des Immaterialgüterrechts. Siehe hierzu unten: S. 129 ff.

tungshöhe, kommt es dabei nicht an. Dieses werkunabhängige Veröffentlichungsrecht ist im heutigen positiven Recht als Ausdruck des allgemeinen Persönlichkeitsrechts anerkannt[195] und folgt – werkabhängig – für das Urheberrecht aus § 12 UrhG. Aus diesem Veröffentlichungsrecht folgt auch ein Recht darauf, dass das *Mitteilungsobjekt* nicht inhaltlich (wesentlich) verfälscht werde. Andernfalls nämlich müsste der Verfasser (S) öffentlich für etwas einstehen, was er *so* nicht ausdrücken wollte. Auch dieses Recht auf Unterlassung von Verfälschungen ist, unabhängig vom konkreten Inhalt des Gedankens (O) als solchem, im positiven Recht als Ausprägung des allgemeinen Persönlichkeitsrechts[196] anerkannt und werkabhängig für das Urheberrecht in § 14 UrhG normiert.

Auf der Grundlage der von Kant in der Nachdruckschrift explizierten Urheberrechtstheorie kann die Rechtswidrigkeit des Plagiats nicht schlüssig begründet werden.[197] Der Plagiator führt nämlich das Geschäft der Rede im eigenen Namen. Dem Verfasser wird nicht zugemutet, in der Öffentlichkeit für die Rede einstehen zu müssen. Um die Widerrechtlichkeit des Plagiats auszuweisen, wäre erforderlich darzulegen, dass auch die Nutzung der *Rede des Verfassers* als Vorlage für eine Nachahmung rechtswidrig ist. Dies hat Kant jedoch nicht geleistet.

Obwohl das kommunikative Selbstbestimmungsrecht unabhängig vom konkreten Inhalt der mitzuteilenden Sachaussage aus dem inneren Mein und Dein des Subjekts folgt, grenzt Kant den Anwendungsbereich des von ihm deduzierten Urheberrechts auf Schriftstücke ein. Kunstwerke sollen jedoch nachgeahmt werden dürfen.[198] Auch Erfindungen sollen vor Nachahmung nicht geschützt sein.[199] Jeweils handele es sich nicht um *Reden*.[200]

5. Verbot des Plagiats aufgrund der Urheberehre

Freilich hat Kant in einer Fußnote in der Rechtslehre ausgeführt: „Selbst das Plagiat, welches ein Schriftsteller an Verstorbenen verübt, ob es zwar die Ehre des Verstorbenen nicht befleckt, sondern diesem nur einen Teil derselben entwendet, wird doch mit Recht als Läsion desselben (Menschenraub) geahndet"[201]. Der unmittelbare Sinnzusammenhang dieses Zi-

---

[195] BGHZ 13, 334, 339 – Leserbriefe; *Schack*, Urheber- und Urhebervertragsrecht, Rn. 62; *Larenz/Canaris*, Lehrbuch des Schuldrechts II/2, 500.

[196] BGHZ 13, 334, 338; 31, 308, 311; 35, 363; *Larenz/Canaris*, Lehrbuch des Schuldrechts II/2, 500.

[197] So auch schon *Eberty*, Versuche auf dem Gebiet des Naturrechts, 151; *Stallberg*, Urheberrecht und moralische Rechtfertigung, 164 f.

[198] *Kant*, Nachdruckschrift, AA VIII, 79, 85.

[199] *Kant*, Nachdruckschrift, AA VIII, 79, 86.

[200] *Kant*, Nachdruckschrift, AA VIII, 79, 86.

[201] *Kant*, MdS, Rechtslehre, § 35, AA VI, 296 in der Fußnote.

tats besteht in der Begründung eines postmortalen Rechts an dem guten Namen. Gleichwohl liegt ihm das Argument zugrunde, dass das Plagiat deshalb rechtswidrig sei, weil die wohlerworbene Ehre des Urhebers zum Teil entwendet werde. Vorausgesetzt ist dabei, die Ehre eines Menschen in Abhängigkeit zu dessen individueller Lebensleistung zu setzen. Besonders verdienstvolle Handlungen – wie die Schöpfung eines Werkes – erhöhen das Maß an Ehre relativ zu anderen. Denn, so könnte man das Argument Kants ergänzen, der „rechtliche Effekt" einer „verdienstlichen Tat (ist die) Belohnung (*praemium*)"[202]. Die Schöpfung eines Werkes ist *verdienstlich*, weil der Urheber „pflichtmäßig mehr tut, als wozu er nach dem Gesetz gezwungen werden kann"[203]. Das Plagiat entzieht dem Urheber seine Belohnung für dessen Schöpfungsbemühungen; nämlich die gesellschaftliche Anerkennung als Teil seiner (äußeren) Ehre.[204] Der Künstler wird um seinen berechtigten Applaus gebracht, die erworbene soziale Anerkennung für sein verdienstliches Verhalten missachtet. Hieraus folgt die konditional zu formulierende Pflicht, das Werk nur unter Nennung des wahren Urhebers zu verbreiten.

6. Kritische Würdigung

Führt man die Thesen, die Kant in unterschiedlichen Werken explizit zum Urheberrecht aufgestellt hat, zu einer einheitlichen Position zusammen, so besteht diese aus zwei Grundpfeilern. Den ersten stellt die in der Nachdruckschrift entfaltete kommunikative Selbstbestimmung dar. Der Urheber darf nicht gegen seinen Willen in der Öffentlichkeit als Sprecher einer bestimmten Sachaussage dargestellt werden. Der zweite Grundpfeiler besteht in der Urheberehre. Dem Urheber darf seine durch verdienstvolles Handeln erworbene gesellschaftliche Anerkennung nicht entzogen werden.

Während der erste Grundpfeiler nicht in der Lage ist, die Rechtswidrigkeit des Plagiats zu begründen[205], vermag der zweite Grundpfeiler für sich genommen nicht, den Nachdruck als rechtswidrig zu erweisen. Denn der Nachdrucker lässt dem Urheber durchaus seine soziale Anerkennung, bleibt dieser doch namentlich erwähnt. Erst im Zusammenspiel beider kantischen Texte ergibt sich damit eine, insgesamt auf dem Persönlichkeitsrecht aufbauende Theorie Kants zum Urheberrecht. Sowohl der Nachdruckschrift als auch der Passage in der zitierten Fußnote ist jedoch eigen, dass der Fokus zu stark auf die Persönlichkeit des Urhebers gelegt wird.

---

[202] Allgemein zur Strafe und Belohnung *Kant*, MdS, Rechtslehre, Einleitung IV, AA VI, 227.

[203] So allgemein *Kant*, MdS, Rechtslehre, Einleitung IV, AA VI, 227.

[204] Siehe zur äußeren Ehre *Peifer*, Individualität im Zivilrecht, 204 ff.

[205] Siehe oben: S. 45.

a) Fehlende Veröffentlichungsresistenz des jus personalissimum

Kant hat nicht überzeugend begründet, weshalb der Urheber trotz erfolgter Veröffentlichung durch den Nachdruck zur Vornahme einer Sprechhandlung *genötigt* wird. Durch die Veröffentlichung gibt der Verfasser seine Rede dem Publikum preis und verliert die faktische *Herrschaft* über seine Rede. Er kann nicht mehr physisch beeinflussen, wer die Rede liest und gegebenenfalls nachdruckt. Der mit der Veröffentlichung einhergehende Verlust der faktischen Kommunikationsherrschaft könnte zur rechtlichen Folge haben, dass die kommunikative Selbstbestimmung endet.

Stallberg argumentiert in diese Richtung.[206] Der Verleger lasse den Verfasser sprechen und als Nachdrucker erzwinge er somit eine positive Handlung des Verfassers: die Rede selbst.[207] Stallberg bezeichnet diesen von ihm rekonstruierten Gedankengang Kants als „Zwangsargument". Er spricht dem Zwangsargument zwar eine rhetorische Kraft zu, hält es aber insgesamt nicht für stichhaltig. Die Prämisse, dass Schriftstücke eine Handlung des Schriftstellers verkörperten, die durch den Nachdrucker gleichsam aktualisiert würde, sei bloße Metaphorik.[208] Die Handlung des Schriftstellers gehöre schließlich im Zeitpunkt des Nachdrucks bereits der Vergangenheit an. Er habe ja bereits gehandelt. Der Nachdruck könne daher den Verfasser gar nicht mehr zu einer Handlung zwingen.[209]

Die Kritik ist nicht ganz unberechtigt, wenn man die Handlung allein naturalistisch als willensgetragene Aufwendung von Kraft betrachtet. Handlung in diesem Sinne wäre allein die faktische Veröffentlichung der Mitteilung. Da diese bereits vergangen ist, kann der Autor gar nicht mehr zur Neuvornahme gezwungen werden. Allerdings darf man Kant nicht unterstellen, dass er in der Metapher des „Redenlassens" eine tatsächliche mit Kraftentfaltung verbundene Handlung sehen wollte. Der unerlaubte Nachdruck ist vielmehr deshalb Unrecht, weil das Subjekt (S) kommunikativ mit dem Gedanken (O) verbunden wird. Hierdurch wird (S) aus der Sicht der Öffentlichkeit zum Sprecher des Gedankens (O). Dieses Sprechen zum Publikum ist, ganz im Sinne der ideengeschichtlich späteren Sprechakttheorie, eine Handlung des Subjekts (S). Ob eine *Sprechhandlung* vorliegt, bestimmt sich aus der Sicht der Rezipienten.[210] Für diese erscheint aber auch der Nachdruck als eine *Sprechhandlung* des Verfassers. Denn das Publikum sieht nur, dass das Subjekt (S) eine bestimmte Aussage tätigt. Das Nachdrucken kann aber nur dann Unrecht sein, wenn durch den Nachdruck erneut eine Sprechhandlung *abgenötigt* wird. Der Verfasser (S) einer

---

[206] *Stallberg*, Urheberrecht und moralische Rechtfertigung, 160 ff.
[207] *Stallberg*, Urheberrecht und moralische Rechtfertigung, 160.
[208] *Stallberg*, Urheberrecht und moralische Rechtfertigung, 165.
[209] *Stallberg*, Urheberrecht und moralische Rechtfertigung, 165.
[210] Vgl. *Searle*, Sprechakte, 30; hierzu unten: S. 101 ff.

schon veröffentlichten *Rede* hat schon zum Publikum gesprochen. Die Verknüpfung seines Namens (S) mit dem Gedanken (O) im öffentlichen Diskurs ist daher schon von (S) konsentiert. Aber er hat nicht konsentiert, *durch* den Nachdrucker zu sprechen. Setzt man voraus, dass der Verfasser (S) nicht nur über das „ob" der Veröffentlichung, sondern auch über die Art und Weise (also z.B. *durch wen*) ausschließlich bestimmen darf[211], so kann dieses Recht nicht durch die Veröffentlichung erloschen sein. Doch ist das Recht, über die Modalitäten einer schon veröffentlichten Rede zu bestimmen, wirklich noch durch das angeborene Freiheitsrecht begründbar? Einsichtig ist, dass nötigende Willkür ausgeübt wird, wenn mir eine Rede gleichsam aus meiner Vertraulichkeits- und Geheimsphäre entrissen und dem Publikum zugänglich gemacht wird. Ebenfalls liegt nötigende Willkür vor, wenn mir ein fremder Gedanke als mein eigener öffentlich „untergeschoben" wird. In beiden Fällen wird das Subjekt gezwungen, eine von ihm nicht gewollte Sprechhandlung vorzunehmen. Es muss für eine Rede einstehen, die es so nicht halten wollte. Wenn hingegen ein Nachdrucker eine bereits veröffentlichte Rede einem breiteren Publikum zugänglich macht, so nötigt er das Subjekt nicht dazu, für diese Rede einzustehen. Denn das Subjekt steht ja, infolge der Veröffentlichung, schon für die Rede ein. *Diese* Sprechhandlung kann nicht mehr abgenötigt werden, weil sie – auch aus der Sicht des Publikums – schon vollzogen wurde. Der Nachdrucker drängt sich dem Verfasser lediglich als ein „Sprachrohr" auf. Aber er nötigt dem Verfasser keine positive Handlung ab. Die kommunikative Selbstbestimmung als das innere Mein des Subjekts ist folglich nicht veröffentlichungsresistent. Aus dem inneren Mein und Dein des Verfassers folgt lediglich das Recht, über das „Ob" der Veröffentlichung zu bestimmen. Wenn er von diesem Recht jedoch Gebrauch gemacht hat, endet die faktische Kommunikationsherrschaft.[212] Kant hat nicht begründet, warum die kommunikative Selbstbestimmung dessen ungeachtet fortbestehen solle. Diese Begründung kann auch nicht geliefert werden. Denn das *innere Mein* beinhaltet das Recht, nicht von anderen zu einer bestimmten Handlung gezwungen zu werden. Wenn die *Sprechhandlung* aber schon vollzogen wurde, kann das Subjekt nicht mehr hierzu genötigt werden.

Das angeborene Freiheitsrecht muss daher viel enger verstanden werden, als Kant es in seinem Aufsatz zur Unrechtmäßigkeit des Nachdrucks tut. Die Verengung des Unrechts des Nachdrucks auf eine unerlaubte Namensnennung blendet aus, dass die Rede vom Subjekt unabhängig gesetzt ist, also unabhängig vom Subjekt im Diskurs existieren kann. Die Frage, ob diese vom Subjekt unabhängig gesetzte Entität dem Schöpfer ungeach-

---

[211] *Schefczyk*, DZPhil 52 (2004), 739, 747.

[212] Dem entspricht im geltenden Recht § 12 UrhG, wonach nur die Erstveröffentlichung Bestandteil des Urheberpersönlichkeitsrechts ist. Siehe hierzu unten: S. 133 ff.

tet der Veröffentlichung normativ zugerechnet werden kann, ist von Kant weder gestellt noch beantwortet worden. *Die Rede* tritt deshalb nicht als ein eigenständiges Rechtsobjekt in den Blick, an dem Rechte unabhängig vom Faktum der tatsächlichen Veröffentlichung bestehen könnten. Genau dies müsste aber nachgewiesen werden, wenn man ein Immaterialgüterrecht behauptet, das nicht nur vor Nachdruck, sondern darüber hinaus sogar vor Plagiierung schützt. Nur wenn das immaterielle Gut – also die Rede – selbst ein möglicher Rechtsgegenstand ist, können nämlich Gebrauchsformen untersagt werden, die den Namen des Verfassers nicht betreffen.

b) Urheberehre zu konturenlos

Man kann trefflich darüber streiten, ob die Ehre von verdienstvollen Handlungen abhängt.[213] Diese Frage muss hier jedoch nicht entschieden werden. Wenn aus der Urheberehre die Rechtswidrigkeit des Plagiats folgen soll, muss Folgendes vorausgesetzt werden: Die Ehre kann auch verletzt werden, ohne einen kommunikativen Bezug zum Ehrträger herzustellen. Schließlich zeichnet es den Plagiator aus, einen zuschreibenden Akt auf den Urheber zu unterlassen. Wenn seine Ehre verletzt sein soll, dann nur *mittelbar* über die Nutzung des Werkes. Dies für eine *Rechts*verletzung ausreichen zu lassen, überzeugt jedoch nicht. Das Werk ist ein eigenständiger immaterieller Gegenstand. Diesen einseitig der Ehre des Urhebers zuzuschlagen, blendet aus, dass hierdurch Dritten *werkbezogene* Unterlassungspflichten aufgebürdet werden. Die vorausgesetzte Erweiterung der Ehre des Urhebers ist für Dritte nicht neutral, sondern pflichtbegründend. Das Werk ist nämlich ein *potentielles* Handlungsobjekt aller anderen. Es ist, anders als der Urheber, gerade nicht selbstzweckhaft. Dem Urheber kann es intersubjektiv nur dann verbindlich zugeordnet sein, wenn er es zu privaten Zwecken *erworben* hat. Mit dem Begriff der Ehre ist aber ein inhaltlich unbestimmter und konturenloser Erwerbsgrund in Beschlag genommen. Überdies bleibt offen, welche Handlungen so verdienstvoll sein sollen, dass hierfür Ausschließlichkeitsrechte eingeräumt werden können.

c) Notwendige Erweiterung des Begriffs der „Rede"

Zudem ist nicht einsichtig, weshalb der Begriff des Urheberrechts auf Schriftsteller verengt sein sollte. Auch Maler und Musiker sowie sonstige Künstler teilen ihrem Publikum etwas mit, jedoch mit anderen Ausdrucksmitteln. Auch der Ausschluss der *technischen Rede* aus dem Schutzbereich des Immaterialgüterrechts bei Kant überzeugt nicht und beruht auf einem

---

[213] Siehe zum Ehrbegriff *Lenckner*, in: Schönke/Schröder, StGB, vor §§ 185 ff. Rn. 1; *Peifer*, Individualität im Zivilrecht, 201 ff.

(auf Buchstaben) verengten Verständnis von Sprache. Der Begriff der Rede sollte daher, auch Erfindungen und Kunstwerke umfassend, weiter verstanden werden.[214]

VIII. Zusammenfassung

Insgesamt wurden sieben Theorien zur Legitimation von Immaterialgüterrechten dargestellt und kritisiert. Die wichtigsten Kritikpunkte an diesen Legitimationstheorien seien an dieser Stelle rekapituliert.

Die ökonomische „Anreiztheorie" beschreibt zwar zutreffend die monopolhafte Wirkung von Immaterialgüterrechten. Funktionell betrachtet soll durch die Einräumung von Ausschließlichkeitsrechten ein Anreiz zur Neuproduktion immaterieller Güter gesetzt werden. Doch schon die empirisch-ökonomische Frage, ob die zu erwartende Neuproduktion tatsächlich die Nachteile der Monopolrenditen aufwiege, steht nicht außer Streit. Letztlich fehlt der „Anreiztheorie" jedoch eine tragfähige normative Grundlage. Letztere soll darin bestehen, dass die angestrebte Neuproduktion immaterieller Güter gesamtgesellschaftlich *nützlich* sei. Nützlichkeits- oder Effizienzerwägungen setzen aber stets einen Zweck voraus, woran sowohl Nützlichkeit als auch Effizienz zu messen sind. Bestimmt man den Zweck objektiv, droht der Autonomieanspruch des Einzelnen hierunter verloren zu gehen. Zudem führt die regelutilitaristische Argumentation zu dem Dilemma, entweder den eigenen Theoriekern aufgeben zu müssen oder aber dem einzelnen Akteur das Recht zuzuweisen, jederzeit über Ausnahmen von der Regel zu reflektieren. Dies sorgt nicht für Rechtssicherheit.

Den normativen Grund des Immaterialgüterrechts darin zu sehen, dass der Schöpfer *belohnt* werden müsse, überzeugt letztlich auch nicht. Denn es bleibt offen, weshalb die Belohnung erfolgen soll. Insbesondere vermag dieser Ansatz nicht zu erklären, weshalb nur manche Schöpfungen mit Immaterialgüterrechten belohnt werden, nicht jedoch beispielsweise grundlagenwissenschaftliche Entdeckungen.

Die Arbeitseigentumstheorie gründet die normative Legitimation des Immaterialgüterrechts darin, dass der Schöpfer gearbeitet hat, um das immaterielle Gut zu schaffen. Deshalb müssten ihm auch die Früchte seiner Arbeit zustehen. Allerdings wird nicht ausgewiesen, weshalb die investierte Arbeit nicht einfach verloren geht. Zudem reflektiert die Arbeitseigentumstheorie nicht hinreichend die Einseitigkeit des ursprünglichen Erwerbs. Die ursprüngliche Aneignung legt Dritten eine zuvor nicht beste-

---

[214] So auch *Harms*, Philosophische Begründungen geistigen Eigentums, 74.

hende Verpflichtung auf. Durch einseitige Willkür ist dies jedoch genauso wenig möglich, wie ein Vertrag zulasten Dritter.

Diesen Gesichtspunkt verkennt auch eine Theorie, für die das Immaterialgüterrecht deshalb gerechtfertigt sei, weil es für Dritte rechtlich neutral sei. Bedeutsam ist zwar die Beobachtung, dass Dritte vor der Veröffentlichung des immateriellen Gutes dieses ebenfalls nicht nutzen könnten. Immaterialgüterrechte untersagen Dritten folglich Handlungen, die ihnen ohne den Schöpfungsakt gar nicht möglich gewesen wären. Trotzdem kann man Immaterialgüterrechte nicht als rechtlich *neutral* werten. Denn Dritte werden *verpflichtet,* sich des nicht konsentierten Gebrauchs zu enthalten.

Hegel verknüpft das „geistige Eigentum" mit dem Vertragsrecht. Ohne „geistiges Eigentum" wäre die Vertragsparität zwischen dem Erwerber eines Informationsträgers und dem Schöpfer gestört. Für den Gegenwert des bloßen Informationsträgers erhielte nämlich der Erwerber zugleich den Reproduktionswert, also die faktische Möglichkeit, das „allgemeine Prinzip" reproduktiv anzuwenden. Er könnte dem Schöpfer Konkurrenz auf dem Absatzmarkt machen. Insofern deckt sich die hegelsche Theorie des „geistigen Eigentums" mit der ökonomischen Sichtweise. Allerdings betrachtet Hegel nicht die negativen Konsequenzen dieses Wettbewerbs auf die Herstellung neuer immaterieller Güter. Stattdessen betont er, dass dem Schöpfer ohne Immaterialgüterrechte die Möglichkeit genommen wäre, seine Kosten zu amortisieren. Deshalb ist ein wertgleichsetzender Tauschakt nicht möglich. Geistiges Eigentum ermöglicht es dem Schöpfer, den einzelnen Tauschakt lediglich auf den körperlichen Informationsträger zu beschränken und sich die „allgemeine Art und Weise" – also das immaterielle Gut – vorzubehalten. Trotz des freiheitsrechtlichen Ansatzes verobjektiviert Hegel jedoch den *Wert* des Tauschgegenstandes. Nicht nur die subjektive Wertgleichsetzung, sondern die objektiven Herstellungskosten dienen als Grundlage der Wertbestimmung. Außerdem setzt eine Wertgleichsetzung im Tausch voraus, dass das immaterielle Gut bereits dem Schöpfer als das Seine zugerechnet ist. Schließlich gelingt es Hegel auf der Grundlage des solipsistischen abstrakten Rechts nicht, die Einseitigkeit des ursprünglichen Erwerbs einzuholen.

Fichte stellt einen fruchtbaren Konnex her, zwischen der physischen Macht über den immateriellen Gegenstand einerseits und dessen rechtlicher Zuordnung andererseits. Die „Form" des Gedankens ordnet Fichte alleine dem Schöpfer zu, weil dieser die Form faktisch allein beherrsche. Umgekehrt soll jedoch der Verlust faktischer Herrschaft über die „Materie" des Gedankens auch zum Verlust des Ausschließlichkeitsrechts hieran führen. Fichte stellt daher einen Bedingungszusammenhang zwischen faktischer Kommunikationsherrschaft und rechtlicher Zuordnung auf. Offen bleibt jedoch, wodurch diese wechselseitige Abhängigkeit gerechtfertigt werden soll.

Kant hat explizit versucht, das Urheberrecht aus dem inneren Mein und Dein (Persönlichkeitsrecht) des Verfassers abzuleiten. Hierbei gerät aber die ontische Verschiedenheit des immateriellen Gutes vom Urheber aus dem Blick. Es gelingt Kant daher nicht, nachzuweisen, dass dem Verfasser die „Rede" auch nach deren Veröffentlichung normativ zugerechnet werden muss. Denn der einmal erfolgte Entschluss, die „Rede" zu veröffentlichen, führt dazu, dass weitere Reproduktionen den Verfasser zu keiner weiteren positiven Handlung nötigen. Das *innere Mein* wird nur durch eine erzwungene Erstveröffentlichung verletzt, nicht jedoch durch die Verbreitung einer „Rede", die schon längst publik ist.

Für die anschließenden Überlegungen ist Folgendes festzuhalten: Es soll untersucht werden, ob begründet werden kann, dass die Veröffentlichung des immateriellen Gutes für dessen Zuordnung zum Schöpfer irrelevant ist.

Die rechtliche Zuordnung darf hierfür, anders als von Fichte angenommen, nicht von der faktischen Kommunikationsherrschaft abhängig sein. Zudem muss der Blick auf das immaterielle Gut selbst gerichtet werden. Nur wenn das Immaterialgut als ontisch unabhängig begriffen wird, kann es hieran ein vom Persönlichkeitsrecht losgelöstes Recht geben.

Kapitel 2

Das intelligible – also veröffentlichungsresistente – Recht am immateriellen Gut

Gegner des Urheberrechts würden vorbringen, dass das Veröffentlichungsrecht endet, wenn der Schöpfer das immaterielle Gut der Öffentlichkeit
preisgegeben hat. Er ist dann freiwillig in den Diskurs eingetreten. Die
Öffentlichkeit habe nunmehr die permanente Möglichkeit der Kenntnis-
nahme erlangt und könne daher unbeschränkt auf das Mitteilungsobjekt
produktiv und auch reproduktiv zugreifen.[1] Ob das immaterielle Gut dann
noch reproduziert wird oder nicht, verändere *insoweit* die Lage des Schöpfers nicht. Ihm werde kein neuer Diskurs aufgezwungen. Das Faktum der
Veröffentlichung brächte das Veröffentlichungsrecht folglich zum Erlöschen. In der Antike reichten denn auch die Verfügungsmacht und der Ver-
fügungsanspruch des Urhebers über das Werk nur bis zur einmal geschehe-
nen Veröffentlichung.[2] Befürworter des Urheberrechts müssen darlegen,
dass der mit der Veröffentlichung einhergehende Verlust an faktischer
Kommunikationsherrschaft für den Fortbestand des Veröffentlichungs-
rechts unerheblich ist. Die Fragestellung ist mit dem Problem verknüpft,
ob die rechtliche Herrschaft über eine Sache zugleich mit der faktischen
Herrschaft endet.[3] Dies wäre nur dann nicht der Fall, wenn es neben dem
physischen Besitz an einer äußeren Sache auch eine intelligible – also von
tatsächlicher Herrschaft unabhängige – intersubjektiv zu respektierende
Subjekt-Objekt-Relation gäbe. Gerade dies wird mit dem Sacheigentum
behauptet. Auch bei dem „geistigen Eigentum" wäre zu fragen, ob es eine
von der *tatsächlichen Geheimhaltung* losgelöste – und deshalb intelligible
– Beziehung des Schöpfers zu dem Immaterialgut gibt. Die Frage ist von
Kant nicht im Zusammenhang mit dem Urheberrecht gestellt, geschweige
denn beantwortet worden. Allerdings finden sich in den Metaphysischen

---

[1] In diese Richtung gehen die Überlegungen Fichtes zu der Materie des Gedankens;
siehe hierzu oben: S. 35 ff.

[2] *Bappert*, Wege zum Urheberrecht, 16.

[3] Ähnlich *Spooner*, The Law of Intellectual Property, Section II, Objection Second:
„No assertion could be more utterly absurd, in regard to any corporeal thing, than that a
man loses his right of property in it, by simply parting with his possession of it. (...) And
yet the assertion is equally absurd, when made in respect to incorporeal things, as when
made in respect to corporeal things."

Anfangsgründen der Rechtslehre Ausführungen zur allgemeinen Deduktion des äußeren Mein und Dein und zur Frage der Möglichkeit eines intelligiblen Besitzes von Gegenständen der Willkür. Im Folgenden soll der Versuch unternommen werden, diese allgemeinen Ausführungen für die spezifische Frage des Urheberrechts fruchtbar zu machen. Im Vordergrund werden drei Fragen stehen. Erstens: Wie ist intelligibler Besitz an äußeren Gegenständen der Willkür möglich? Zweitens: Was genau sind die möglichen Gegenstände der Willkür? Drittens und schließlich: Ist intelligibler Besitz an immateriellen Gütern möglich?

I. Wie ist intelligibler Besitz an äußeren Gegenständen der Willkür möglich?

Die praktische Philosophie Immanuel Kants beruht auf der Lehre der Selbstgesetzgebung der reinen praktischen Vernunft.[4] Normativität wird von Kant nicht aus vorgängigen, objektiven Ideen des Guten und Gerechten oder gar der Natur des Menschen hergeleitet. Die Ideen des Guten und Gerechten entziehen sich als unanschauliche metaphysische Begriffe der endlichen menschlichen Erkenntnis. Außerhalb der Vernunft kann eine jedes Vernunftsubjekt umgreifende Normativität nicht angetroffen werden. Als Legitimationsinstanz für Normativität kann nach Kant ausschließlich die reine Vernunft selbst dienen.[5] Die menschliche Vernunft kann nur solchen Gesetzen absolute Notwendigkeit und Geltung zuschreiben, die sie sich selbst gegeben hat.[6] Absolute Notwendigkeit und Geltung kommen einer Norm dann zu, wenn sie unabhängig von aller Erfahrung der Kontingenz des bloß subjektiven Wollens enthoben ist.

Die Eigenschaften der Notwendigkeit und der Apriorität kommen in der systematischen Entfaltung der kantischen praktischen Philosophie zunächst dem kategorischen Imperativ zu. Das selbstzweckhafte Subjekt ist danach aufgerufen, in Anerkennung seiner selbst und aller anderen als selbstzweckhafte Subjekte, seine Maxime daraufhin zu prüfen, ob sie sich zu einer allgemeinen, der Reziprozität verpflichteten und den anderen als Subjekt einbeziehenden Norm eigne.[7] Indem Kant die „kopernikanische

---

[4] *Kersting*, Kant über Recht, 97.
[5] *Kant*, KpV, § 4, AA V, 27; *ders.*, GMdS, AA IV, 412.
[6] *Kersting,* Kant über Recht, 97.
[7] Siehe zum kategorischen Imperativ insbesondere *Kant*, GMdS, AA IV, 416 ff.; *ders*, KpV, § 7, AA V, 30 ff.

Wende"[8] hin zum vernunftbegabten Subjekt als Selbstgesetzgeber vollzieht, befreit er es von der Herrschaft eines theologischen Absolutismus
und theologischen Naturrechts.[9] Freilich hat vor Kant bereits Hobbes das
Subjekt ins Zentrum seiner praktischen Philosophie gerückt.[10] Staatliche
Herrschaft musste für Hobbes vor der ursprünglichen Freiheit des Einzelnen gerechtfertigt werden. Gleichwohl unterliegt der Hobbessche Naturzu-
standsbewohner objektiv vorausgesetzten materialen Zwecken, denen er
sich unterzuordnen hat. Ob er sich selbst erhalten will oder nicht, unterliegt nicht seiner Disposition. Zudem wird sein Vernunftvermögen von
Hobbes darauf beschränkt, die effektivsten Mittel zur Verfolgung dieses
Zwecks zu bestimmen.

Kant sperrt sich dagegen, die Vernunft auf diese kalkulierende Zweckra-
tionalität zu reduzieren.[11] Die apriorischen Grundbestimmungen menschlicher Praxis sind für Kant nur durch den Universalisierungsgrundsatz des
moralischen Gesetzes begründbar. Diese Grundbestimmungen auch im
Bereich des Privatrechts aufzuzeigen, ist das Thema des ersten Teils der
Rechtslehre.[12]

Das kantische Privatrecht betrifft zunächst die Frage nach der apriorischen Möglichkeit einer ausschließlichen Zuordnung von Gegenständen zu
Subjekten. In der Linie des aufklärerischen Naturrechtsdenkens beschreibt
Kant den rechtlichen Status des Menschen außerhalb einer staatlichen Gewalt. Der so beschriebene „Naturzustand" soll keine historische Herleitung
staatlicher Gewalt sein. Es handelt sich vielmehr um ein Gedankenexperiment, in welchem der Staat und seine positiven Gesetze als mögliche
Rechtsquellen weggedacht werden. In dem so beschriebenen Naturzustand
fehlt die durch staatliche Organe zu bewirkende austeilende Gerechtigkeit.[13] Rechtsbeurteilung und Rechtsdurchsetzung hängen von der subjektiven Einschätzung einer Vielzahl nicht rechtlich verfasster Menschen ab.[14]
Wie bei Locke bestehen auch im kantischen Naturzustand intersubjektiv
anzuerkennende und anerkannte Rechtsbeziehungen. Das Subjekt wird
kraft seiner Vernunft und nicht kraft staatlicher Zuordnung als „Zu-
stehenssubjekt", also als möglicher Träger von Rechten und Pflichten, vorausgesetzt. Wenn dieses Subjekt mit „Etwas" dergestalt verbunden ist,
dass der Gebrauch, den ein anderer ohne Einwilligung des Subjekts hier-

---

[8] Entsprechend der Analogie Kants in der Kritik der reinen Vernunft, wo das erken-
nende Subjekt samt seines Erkenntnisapparats ins Zentrum des epistemischen Vorgangs
rückt, vgl. *Kant*, KrV, AA III, 12.

[9] *Kersting*, Kant über Recht, 97.

[10] *Hobbes*, Leviathan; *ders.*, Vom Bürger.

[11] *Kersting*, Kant über Recht, 97.

[12] Erster Teil der Metaphysik der Sitten von 1797.

[13] *Luf*, Freiheit und Gleichheit, 78.

[14] *Luf*, Freiheit und Gleichheit, 79.

von macht, das Subjekt lädieren würde, steht dem Subjekt dieses „Etwas"
als das Rechtlich-Meine zu.[15] Keinesfalls wird hierdurch die rechtliche
Zuordnung des „Etwas" in konstitutive Abhängigkeit zu einer Läsion gesetzt. Vielmehr wird der Begriff des Rechtlich-Meinen durch das Prädikat
der Läsion definiert. Das „Rechtlich-Meine" ist mithin durch die Dritte
ausschließende Bestimmungsmacht über ein „Etwas" gekennzeichnet. Das
Subjekt allein bestimmt über den Gebrauch des „Etwas" und darf anderen
den Gebrauch untersagen.

Kant differenziert zwischen zwei Arten von derart exklusiven Rechten:
dem *inneren* und dem *äußeren* Mein und Dein.[16] Das innere Mein und Dein
steht dem Subjekt ursprünglich zu. Das bedeutet, dass für die rechtliche
Zustehensbeziehung zu diesem „Etwas" kein Erwerb dieses „Etwas" erforderlich ist. Das Subjekt muss folglich keine rechtlichen und empirischen
Handlungen vollziehen, um von Dritten zu verlangen, sich des Gebrauchs
dieses „Etwas" zu enthalten. Zu diesem *inneren Mein und Dein* zählt insbesondere die körperliche Unversehrtheit. Nach den obigen Ausführungen
gehört für Kant aber auch die Veröffentlichungsfreiheit des Urhebers zu
dem angeborenen Freiheitsrecht.[17] Dazu zählt Kant ebenfalls den physischen Besitz von Gegenständen der Willkür.[18] Der physische Besitz ist
im Gegensatz zum intelligiblen Besitz durch die physische Beherrschung
des Gegenstandes gekennzeichnet. Wird diese aktuelle Sachbeherrschung
durch nötigende Gewalt aufgehoben, so stellt dies einen Eingriff in das
angeborene Freiheitsrecht des physischen Besitzers dar. Festzuhalten ist an
dieser Stelle der exegetische Befund, dass die Veröffentlichungsfreiheit
und der physische Besitz äußerer Gegenstände der Willkür für Kant ein
gemeinsames freiheitsrechtliches Fundament haben: das angeborene Freiheitsrecht.

Doch kann sich die Freiheit über dieses angeborene Freiheitsrecht hinaus auch auf Gegenstände erweitern, die das Subjekt aktuell gar nicht physisch beherrscht? Da dieser nicht aktuell beherrschte Gegenstand der Willkür dem Subjekt nicht ursprünglich angehört, müsste sich die Freiheit
diesbezüglich durch den Modus des Erwerbs erweitern.[19] Voraussetzung
hierfür ist aber, dass ein von den Restriktionen der physischen Innehabung
losgelöster – mithin intelligibler – Besitz überhaupt möglich ist.

---

[15] *Kant*, MdS, Rechtslehre, § 1, AA VI, 245.
[16] *Kant*, MdS, Rechtslehre, Einteilung der Rechtslehre, AA VI, 237.
[17] Siehe oben: S. 43.
[18] *Kant*, MdS, Rechtslehre, § 6, AA VI, 250.
[19] *Kant*, MdS, Rechtslehre, § 10, AA VI, 258: „Nichts Äußeres ist ursprünglich mein;
wohl aber kann es ursprünglich, d.i. ohne es von dem Seinen irgend eines anderen abzuleiten, erworben sein."

1. Rechtsbegriff

Zur Legitimation eines inhabungs-transzendenten Rechts an äußeren Gegenständen der Willkür ist eine Bestimmung des vorausgesetzten Rechtsbegriffs erforderlich. Zwang und Freiheit sind die zentralen Themen des kantischen Rechtsbegriffs. Jedes Rechtsgesetz ist nämlich mit der Befugnis zu zwingen verbunden.[20] Die Rechtsregel behauptet eine intersubjektive Gültigkeit. Der Normunterworfene muss die Rechtsregel befolgen, selbst wenn sie seinem aktuellen Willen widerspricht. Sogar Gewalt darf angewandt werden, um das durch die Rechtsregel aufgestellte „Sollen" wirklich werden zu lassen. Regelungen über die Zwangsvollstreckung (§§ 704 ff. ZPO) oder die Notwehr (§ 32 StGB; § 227 BGB) sind Beispiele dieser Idee im positiven Recht. Jeweils wird ein bestimmter Handlungsbefehl gegen den Willen eines anderen durchgesetzt.

a) Bedingung der Möglichkeit von Zwangsregeln

„Zwang (...) ist ein Hindernis oder Widerstand, der der Freiheit geschieht."[21] Zwang greift in die Freiheit des Gezwungenen ein. Als Widerstreit äußerer Freiheit ist er rechtfertigungsbedürftig. Eine legitime Zwangsregel zeichnet sich für Kant dadurch aus, dass sie mit der Freiheit nach *allgemeinen* Gesetzen zusammenstimmt.[22]

aa) Vereinbarkeit von Zwang und Freiheit

Freiheit und Zwang dürfen sich hierzu *erstens* nicht widersprechen. Zwang und Freiheit *scheinen* einander als antagonistische Begriffe wechselseitig auszuschließen. Wenn sich Freiheit und Zwang aber wechselseitig ausschlössen, könnten sie nicht zugleich als allgemeines Gesetz gewollt werden. Da ein seine Unfreiheit wollender Wille sich widerspricht[23], wäre Zwang per se unmoralisch. Wenn aber Zwang unmoralisch wäre, müsste auch ein Zwangsrecht unmoralisch sein und somit das Recht insgesamt. Doch der Widerspruch zwischen Zwang und Freiheit besteht nur scheinbar. Mit der Freiheit vereinbar ist ein Zwang, der sich seinerseits gegen einen Zwang richtet, der nicht mit der Freiheit vereinbar ist. Denn „der Widerstand, der dem Hindernisse einer Wirkung entgegengesetzt wird, ist die Beförderung dieser Wirkung und stimmt mit ihr überein"[24]. Unrecht ist ein Widerstand der Freiheit. Daher ist derjenige Zwang freiheitsförderlich, der dem freiheitswidrigen Zwang entgegengesetzt wird. Der Zwang, der dem

---

[20] *Kant*, MdS, Rechtslehre, § D, AA VI, 231.
[21] *Kant*, MdS, Rechtslehre, § D, AA VI, 231.
[22] *Kant*, MdS, Rechtslehre, § D, AA VI, 231.
[23] *Kersting*, Wohlgeordnete Freiheit, 103.
[24] *Kant*, MdS, Rechtslehre, § D, AA VI, 231.

Unrecht entgegengesetzt wird, ist rechtmäßig.[25] Folglich ist die erste Bedingung der Möglichkeit von Zwangsregeln erfüllt: Freiheit und Zwang schließen einander nicht zwingend aus.

bb) Praktische Selbstbestimmung

Zwangsregeln müssen aber *zweitens* überhaupt gesetzt werden können. Dies leistet die praktische Selbstbestimmung. Hierunter kann das Vermögen verstanden werden, nach eigener Konzeption Handlungsregeln aufzustellen und sich danach praktisch zu orientieren. Kant schreibt jedem Menschen diese Eigenschaft zu.[26] Jeder ist zumindest potentiell fähig, eine eigene Konzeption guten Lebens zu entwerfen und nach Maßgabe dieser Maxime zu handeln. Die Maxime als *subjektiv-allgemeines* Handlungskonzept vereinigt verschiedene einzelne Handlungsvorsätze unter sich.[27] Das Subjekt bestimmt sich durch Regelsetzung selbst und befreit sich hierdurch aus der Unmittelbarkeit eines spontan-kontingenten Wollens. Die Maxime ist hierdurch bereits Ausdruck eines Freiseins *von* einer bloß triebhaften Steuerung. Das Subjekt kann sich zur Befolgung der selbst gesetzten Regel *selbst zwingen*. Eine Rechtsregel ist aber dadurch gekennzeichnet, dass – zumindest auch – Zwang gegenüber Dritten ausgeübt wird. Das Recht ist nicht nur für den Normgeber, sondern auch für Dritte verbindlich. Diese Regeln können unterschiedlicher Art sein. Erstens ist es denkbar, die Regel nach einem bestimmten *subjektiven* Zweck auszurichten. Die Regeln sind dann konditional zu dem Zweck formuliert. Wenn beispielsweise der Zweck darin besteht, ein Haus zu errichten, ist es sinnvoll, ein Fundament zu legen. Kant nennt diese zweckabhängigen Regeln „hypothetische Imperative". Sie genießen nur ein beschränktes Maß an Objektivität. Das liegt zum einen daran, dass der Zweck subjektiv gesetzt ist. Nicht jeder muss das Ziel teilen, ein Haus zu errichten. Zum anderen sind unter Umständen verschiedene Mittel zur Erreichung des Ziels denkbar. Selbst bei einer Verständigung über den Zweck, kann doch ein anderes Subjekt anstelle eines Fundaments eine andere Art der Baudurchführung bevorzugen. Zweitens gibt es aber auch Regeln, welche darauf abzielen, einen *objektiven* Zweck zu erreichen. Glückseligkeit ist ein Zweck, den jeder Mensch verfolgt. Doch was Glück ausmacht, bestimmt jedes Subjekt für sich selbst. Selbst bei Zweckübereinstimmung *in abstracto*, kann doch die Glückseligkeitsregel *in concreto* keine intersubjektive Verbindlichkeit beanspruchen. In der Maximenbildung findet zwar schon ein erster Verallgemeinerungsschritt statt, weil sich das Subjekt fragt, welches generelle

---

[25] *Kersting*, Wohlgeordnete Freiheit, 85.
[26] *Kant*, GMdS, AA IV, 447 f.
[27] *Kant*, KpV, § 1, AA V, 19.

Prinzip seiner Handlung zugrundeliegt. Diese erste Verallgemeinerung verbleibt jedoch auf dem Standpunkt des subjektiven Wollens und ist hiervon abhängig. Dies reicht nicht hin, um den Anderen legitim zwingen zu dürfen. Dessen äußere Handlungsfreiheit wäre nämlich einem fremden Glückszweck subsumiert. Selbstbestimmt wäre dann nur der Normsetzer, nicht jedoch der Gezwungene. Dieser könnte seinerseits Zwang einsetzen, um seine eigenen, ebenso beliebigen, Glückszwecke durchzusetzen. Der Stärkere würde sich durchsetzen und Freiheit durch Zwang ersetzen. Eine bloß subjektive Zwangsregel ist mit der Freiheit nicht nach einem allgemeinen Gesetz vereinbar.

cc) Die Überschreitung des subjektiven Standpunkts

Die *dritte* Bedingung der Möglichkeit äußerer Zwangsregeln muss daher darin bestehen, den Anderen in die eigene Normsetzung einzubeziehen. Die Vernunft als auf das Ganze gerichtetes Vermögen strebt danach, ein Urteil als notwendig und allgemein anzuerkennen.[28] Hierzu muss sie die *empirisch-kontingente* Subjektivität überschreiten.[29] Die Norm muss auch vor der Selbstbestimmung des Anderen standhalten können. Dies ist der Fall, wenn die Zwangsregel inhaltlich nicht von dem empirischen Wollen eines bestimmten Subjekts abhängt, sondern durch jedes Subjekt hätte gegeben werden können.[30] „Das Recht ist (…) der Inbegriff der Bedingungen, unter denen die Willkür des einen mit der Willkür des anderen nach einem allgemeinen Gesetz der Freiheit zusammen vereinigt werden kann"[31].

(1) Reziprozität

Die „Allgemeinheit" des Gesetzes impliziert zunächst den Begriff der Reziprozität.[32] Man kann nur zu dem verpflichtet sein, wozu man auch andere verpflichten kann. Insofern ist die Gleichheit vor dem Gesetze im „allgemeinen Gesetze der Freiheit" mitgedacht. Die angeborene Freiheit als „jedem Menschen kraft seiner Menschheit zustehendes Recht" trägt die angeborene Gleichheit in sich.[33] Freiheit und Gleichheit erscheinen aus dieser Warte nicht als kontradiktorische Begriffe, die jeweils nur zulasten des je anderen zu realisieren wären. Gleichheit im Sinne einer strikten Reziprozi-

---

[28] Vgl. *Klein*, Gibt es ein Moralgesetz, das für alle Menschen gültig ist?, 128; *von Freier*, Kant-Studien Bd. 83 (1992), 304, 312.

[29] Vgl. *von Freier*, Kant-Studien Bd. 83 (1992), 304, 312.

[30] *Kant*, KpV, § 1, AA V, 38.

[31] *Kant*, MdS, Rechtslehre, § B, AA VI, 230.

[32] *Kant*, MdS, Rechtslehre, § 8, AA VI, 256: „... wegen der Allgemeinheit, mithin auch der Reziprozität der Verbindlichkeit ...".

[33] *Kant*, MdS, Rechtslehre, Einteilung der Rechtslehre, AA VI, 237.

tät ist notwendiger Bestandteil einer von vornherein auf den anderen hin eingeschränkten, also intersubjektiven Freiheit. Vor dem Hintergrund der Reziprozität erscheint der Begriff des „allgemeinen Gesetzes der Freiheit" als formal, da lediglich die Gleichheit der Pflichten vorausgesetzt ist, nicht aber deren Inhalt. Hierin erweist sich einerseits die Stärke des kategorischen Rechtsimperativs, andererseits wurde ihm aber auch die – scheinbar – aus der Formalität folgende Inhaltslosigkeit vorgeworfen.[34]

(2) Kein Zwang zum Erdulden von Kontingenz

Die formale Reziprozität darf aber nicht darüber hinwegtäuschen, dass der kategorische Imperativ basale materielle Implikationen beinhaltet.[35] Materiell impliziert die Allgemeinheit des Gesetzes, dass die Voraussetzungen, auf deren Grundlage allein das Gesetz gegeben werden konnte, namentlich vernunftgeleitete Freiheit, nicht durch das Gesetz selbst negiert werden können. Praktische Vernunft kann sich nicht durch das selbst gegebene Gesetz wiederum selbst aufheben. Die für sich praktische Vernunft ist unabhängig von empirischer Bestimmtheit und gibt sich selbst, also aus sich heraus, ein Gesetz.[36] „Zum praktischen Gesetze muss also niemals eine praktische Vorschrift gezählt werden, die eine materiale (mithin empirische) Bedingung bei sich führt".[37] Vernunft als einheitsstiftendes, auf das Ganze ausgerichtetes Vermögen, strebt nach einer die Empirie transzendierenden Vereinheitlichung der konfligierenden Partikularwillküren. Die Vernunft würde ihre Autonomie aufgeben, machte sie sich selbst von einem außer ihr befindlichen Prinzip abhängig. Die angestrebte Negation jeglicher Heteronomie ist materiell im allgemeinen Gesetz der *Freiheit* impliziert. Einem Subjekt muss es erlaubt sein, kontingente Verhältnisse nach Möglichkeit zu überwinden. Denn das Geltenlassen von Kontingenz beinhaltet ein „Sich-Abfinden", ein passives „Sich-Einrichten" in einem nicht in der Vernunft wurzelnden System. In der Kontingenz setzt das vernünftige Subjekt soziale Verhaltensregeln nicht *auto*nom, sondern begnügt sich mit dem Erdulden einer äußeren, an sich unvernünftigen Gesteuertheit. Als Zweck-an-sich-selbst begreift sich das vernünftige Subjekt als aktiv Zwecke setzendes und ordnendes, nicht aber passiv hinnehmen-

---

[34] *Hegel*, GPR, § 135 Anm.

[35] *von Freier*, Kant-Studien Bd. 83 (1992), 304, 317; *Schmucker*, in: Lotz (Hrsg.), Kant und die Scholastik heute, 155, 176 ff; *Mahlmann*, Rechtsphilosophie und Rechtstheorie, 100.

[36] Vgl. *Kant*, KpV, § 8, AA V, 33: „In der Unabhängigkeit nämlich von aller Materie des Gesetzes (nämlich einem begehrten Objekte) und zugleich doch Bestimmung der Willkür durch die bloße allgemeine gesetzgebende Form, deren Maxime fähig sein muss, besteht das alleinige Prizip der Sittlichkeit".

[37] *Kant*, KpV, § 8, AA V, 34.

des Vermögen. Es darf daher nicht durch Dritte zur passiven Duldung von Kontingenz verpflichtet werden. Einheit zu *erstreben* heißt aber auch, dies unter den historisch geltenden Bedingungen technischer und kultureller Art zu tun. Die gefundenen Regelungen stehen stets unter dem Vorbehalt der Revision unter gewandelten Bedingungen. Auch darin erweist sich die freiheitsgesetzliche Privatrechtsbestimmung als „provisorisch", mithin entwicklungsoffen.

b) Beschränkung auf das äußere Verhältnis

Der Begriff des Rechts betrifft, so Kant, nur das *äußere* Verhältnis einer Person zu einer anderen.[38] Der praktische Anwendungsbereich des Rechts ist damit auf dasjenige Verhältnis eingeschränkt, in dem die „Handlungen als Facta aufeinander (unmittelbar oder mittelbar) Einfluss haben können."[39] Anwendbar ist das Recht somit auf freie, selbstverursachte Handlungen[40], die zumindest mittelbar auf andere Menschen einwirken.[41]

c) Verhältnis von Willkür zu Willkür

Der Anwendungsbereich des Rechts erfährt noch eine weitere Verengung. Das Recht, so Kant, betrifft nur das Verhältnis der Willkür des einen zu der Willkür des anderen.[42] Unter Willkür versteht Kant dasjenige subjektive Begehrungsvermögen, welches in Abgrenzung zum Wunsch *handlungs-*

---

[38] *Kant*, MdS, Rechtslehre, § B, AA VI, 230.
[39] *Kant*, MdS, Rechtslehre, § B, AA VI, 230.
[40] *Kersting*, Wohlgeordnete Freiheit, 79.
[41] Ausgenommen vom Anwendungsbereich des Rechts ist das innere Selbstverhältnis. Nur scheinbar im Widerspruch hierzu steht die erste von Kant rezipierte Ulpianische Rechtspflicht. Die innere Rechtspflicht, ein rechtlicher Mensch zu sein (honeste vive), wird von Kant als eine Verbindlichkeit aus dem Rechte der Menschheit in der eigenen Person vorgestellt; vgl. *Kant*, MdS, Rechtslehre, Einteilung der Rechtslehre, AA VI, 236. Unabhängig von der hier nicht zu erörternden Frage, wie eine Selbstverpflichtung genau zu begründen ist, bleibt doch festzuhalten, dass auch die innere Rechtspflicht des honeste vive sich auf das äußere Verhältnis auswirkt. Das freie Subjekt als Träger des Menschenrechts muss sich als ein Rechtssubjekt konstituieren, damit es überhaupt als ein Subjekt in das äußere interpersonale Rechtsverhältnis eintreten kann. Denn die vom Recht geforderte vernünftig gestaltete Intersubjektivität kommt nicht ohne in sich vernünftige, regelreflektierende Subjektivität aus. Das zu konstituierende Selbstverhältnis ist also nur im Hinblick auf das Verhältnis zu Anderen Gegenstand des Rechts. Ansonsten bleibt die rein innere Sphäre von *rechtlicher* Normierung frei. Folglich wäre eine Gesetzesnorm, welche die Gesinnung des Gesetzesadressaten reglementierte, nicht rechtens im Sinne des kantischen Rechtsbegriffs; vgl. *Kühl*, Eigentumsordnung als Freiheitsordnung, 88. Für das Völkerrecht gibt es hier eine Parallele zum ersten Definitivartikel, der eine republikanische Verfassung vorschreibt; vgl. *Kant*, Zum ewigen Frieden, AA VIII, 349 ff.
[42] *Kant*, MdS, Rechtslehre, § B, AA VI, 230.

mächtig ist.[43] Sowohl Willkür als auch Wunsch sind jeweils Aktualisierungen des menschlichen Begehrungsvermögens.[44] Sie unterscheiden sich aber dadurch voneinander, dass lediglich die Willkür imstande ist, das subjektiv Begehrte aus eigener Kraft zu erreichen.[45] Indem Kant den Anwendungsbereich des Rechts auf die vernünftige Koordination konfligierender Willküren beschränkt, schließt er den Wunsch, also das nicht handlungsmächtige Begehren, als rechtlich unerheblich aus. Aus bloßer Bedürftigkeit an sich erwachsen keine Rechtsansprüche.[46]

d) Verhältnis des Rechts zur Moral

Nachdem der Anwendungsbereich des Rechts durch Ausschluss rein innerer Verhältnisse sowie des nicht handlungsmächtigen Begehrens negativ eingegrenzt wurde, erfolgt eine positive Definition des Rechts. Unter Recht versteht Kant den Inbegriff derjenigen Bedingungen, unter denen die Willkür des einen mit der Willkür des anderen nach einem *allgemeinen Gesetz der Freiheit* vereinigt werden kann.[47] Das allgemeine Gesetz der Freiheit verweist inhaltlich auf den kategorischen Imperativ. In einer seiner Formulierungen lautet dieser, dass die Maxime der Handlung daraufhin zu überprüfen sei, ob sie sich zum *allgemeinen Gesetz* eigne.[48] Das unbedingte Gebot lautet dann, dass nur nach solchen Maximen gehandelt werden darf, die sich zu einer solchen allgemeinen Gesetzgebung eignen. Die Moral verlangt überdies, dass sich das Subjekt das Rechthandeln selbst zur Maxime macht.[49] Das Recht hingegen ist hinsichtlich der inneren Triebfeder indifferent. Gerade weil das Recht auf das *äußere* Verhältnis konfligierender Willküren beschränkt ist, kann das Recht nicht vorgeben, welcher Art die innere Triebfeder zur Befolgung von Normen zu sein hat. Rechtlich relevant ist allein, ob äußerlich in verallgemeinerungsfähiger Weise gehandelt wird, nicht aber ob diese Handlung aus Pflicht oder Neigung erfolgt.[50] Der kategorische Imperativ hingegen verlangt nicht lediglich eine bestimmte Handlung oder Unterlassung. Er verlangt hierzu überdies, die Pflicht selbst zum Bestimmungsgrund der Willkür zu machen.

---

[43] *Kant*, MdS, Rechtslehre, Einleitung I, AA VI, 213.
[44] *Kersting*, Wohlgeordnete Freiheit, 80.
[45] *Kersting*, Wohlgeordnete Freiheit, 80.
[46] *Kersting*, Wohlgeordnete Freiheit, 80. Das heißt jedoch nicht, dass eine sozialstaatlich angestrebte Integration aller Arbeitsfähigen und Arbeitswilligen per se ausgeschlossen ist. Vgl. *Köhler*, in: Engel/Möschel (Hrsg.), Festschrift für Mestmäcker, 317, 327 ff.
[47] *Kant*, MdS, Rechtslehre, § B, AA VI, 230.
[48] *Kant*, MdS, Rechtslehre, Einleitung I, AA VI, 214.
[49] *Kant*, MdS, Rechtslehre, § C, AA VI, 231.
[50] *Kant*, MdS, Rechtslehre, § C, AA VI, 231.

Der Unterschied zwischen Recht und Ethik besteht für Kant somit allein im Befolgungsmodus.[51]

e) Kritische Würdigung

Ohne normative Prämissen kommt eine normative Theorie nicht aus.[52] Dies gilt auch für die kantische Rechtslehre. Ihre Prämissen können nur bis zu einem bestimmten Grad begründet werden. Ab einem bestimmten Begründungsschritt kann nur noch auf Evidenzen verwiesen werden. Kants Moralbegründung in der Kritik der praktischen Vernunft beruht darauf, dass der kategorische Imperativ „(...) das einzige Faktum der reinen Vernunft sei, die sich dadurch als ursprünglich gesetzgebend (sic volo, sic jubeo) ankündigt"[53]. Dies ist nicht der Ort, um die hierauf beruhende Moralbegründung zu erörtern.[54] Es würde wohl auch an dem spezifischen Begründungsproblem des Rechts vorbeigehen, welches darin besteht, dass eine Vielzahl als grundgleich vorausgesetzter, vernunftbegabter Subjekte einen beschränkten Lebensbereich miteinander teilt und jene unterschiedliche Konzepte des Rechten und Guten verfolgen. Kontradiktorische Lebenskonzepte können aufeinander treffen. Die Grundgleichheit aller Subjekte schließt aus, das eine Lebenskonzept gegenüber dem anderen als prinzipiell vorrangig anzusehen. Wenn zwei Lebenskonzepte aber prinzipiell gleichrangig sind, deren Realisierung sich andererseits aber gegenseitig ausschließt, drohten beide Konzepte unverwirklicht zu bleiben. Das Recht koordiniert mehrere Lebenskonzepte, schließt illegitime Handlungswünsche aus und ermöglicht die Verwirklichung der Legitimen. Es ist notwendige Bedingung äußerer Handlungsfreiheit. Wenn Freiheit sein soll, soll auch Recht sein. Das „Sollen-Sein" der Freiheit ist eine Grundevidenz. Wenn aber Recht sein soll, warum sollte es dann ausgerechnet jenes im Sinne des kantischen Rechtsbegriffs sein?

Der Ausschluss denkbarer Alternativen möge als erster Begründungsschritt dienen.[55] In einer Ordnung maximaler äußerer Handlungsfreiheit im

---

[51] *Kersting*, Wohlgeordnete Freiheit, 139.

[52] Siehe zum Begründungsproblem in der Moralphilosophie und auch zum sogenannten „Münchhausen-Trilemma" *Konrad Ott*, Moralbegründungen, 63 ff.

[53] *Kant*, KpV, § 7, AA V, 56.

[54] Erinnert sei, dass das Ziel dieser Arbeit nur darin besteht, die kantische Privatrechtslehre als eine mögliche rechtsphilosophische Basis des Urheberrechts zu untersuchen. Der normative Unterbau Kants muss für die Zwecke dieser Untersuchung vorausgesetzt werden. Siehe hierzu *Klein*, Gibt es ein Moralgesetz, das für alle Menschen gültig ist?

[55] Die nachfolgende Argumentation ist angelehnt an *Höffe*, Kategorische Rechtsprinzipien, 141 f., der sein Gedankenexperiment freilich nicht im Kant-Text verankert sieht. Dies ist insofern richtig, als dass Kant die Antinomie von Positivismus und Anarchie nicht expliziert. Doch kann man beiden gegensätzlichen Positionen einerseits ungezwun-

Sinne eines extremen Anarchismus wäre Zwang *an sich* definitorisch ausgeschlossen. Die unbegrenzte Handlungsfreiheit des einen würde aber die
an sich unbegrenzte Handlungsfreiheit des anderen unmöglich machen.[56]
Freiheit, verstanden als „Recht auf alles"[57], würde sich selbst aufheben.
Umgekehrt würde auch die beliebige Zwangsbefugnis eines strengen
Rechtspositivismus jegliche Freiheit negieren können. Soll äußere Handlungsfreiheit wirklich sein, darf diese weder unbegrenzt, noch beliebig
beschränkbar gedacht werden.

Der zweite Begründungsschritt besteht darin, dass es *möglich* ist, den
Widerspruch einander ausschließender Regelungskonzepte durch *allgemeine Gesetze* aufzulösen. Diese müssen die Willkür des einen mit der
Willkür des anderen zusammen vereinigen. Gerade bei Anerkennung eines
jeden Subjekts als selbstzweckhaft erscheint es plausibel, die äußere Handlungsfreiheit des einen durch jene des anderen einzuschränken. Die Grundgleichheit der Vernunftsubjekte bedingt zudem, dass die Einschränkungen
dem Reziprozitätsgrundsatz entsprechend zu erfolgen haben.

Die normative Prämisse, dass jedes Subjekt als grundgleicher Kon-
stituent des Rechtsverhältnisses anzuerkennen ist, muss als evident vorausgesetzt werden. Für die Zwecke einer *recht*sphilosophischen Arbeit
kann diese Evidenz durch Verweis auf Art. 1 Abs. 1 GG gestützt werden.[58]
Gleiches gilt für die in Art. 2 Abs. 1 GG anerkannte äußere Handlungsfreiheit.

2. Intelligibler Besitz im Unterschied zum physischen Besitz

Der intelligible Besitz zeichnet sich dadurch aus, dass er keine aktuelle
faktische Beherrschung des äußeren Gegenstandes voraussetzt.[59] Gleichwohl ist das Subjekt als intelligibler Besitzer mit dem Gegenstand „so verbunden, dass der Gebrauch, den ein anderer ohne (seine) Einwilligung von
ihm machen möchte, (ihn) lädieren würde"[60]. Folglich steht dem intelligiblen Besitzer gegen jedermann ein Anspruch darauf zu, sich des Gebrauchs
des Gegenstandes zu enthalten. Aufgrund dieser Exklusionsstruktur des

---

gene Freiheit und beliebigen Zwang als Systembegriffe zuweisen. Die Antinomie ist
daher zumindest in der Begründung der Zwangsbefugnis durch Kant angedeutet.

[56] *Hobbes*, Vom Bürger, 83: „Denn die Wirkung eines solchen Rechts ist so ziemlich
dieselbe, als wenn kein überhaupt kein Recht bestände. Wenn auch jeder von jeder Sache sagen könnte: *diese* ist mein, so konnte er doch seines Nachbarn wegen sie nicht genießen,
da dieser mit gleichem Rechte und mit gleicher Macht behauptete, dass sie sein sei."

[57] *Hobbes*, Vom Bürger, 82.

[58] Über Art. 79 Abs. 3 GG gehört die Achtung der Menschenwürde zum unverzichtbaren Verfassungskern des Grundgesetzes, der sogar der verfassungsändernden Gewalt
entzogen ist.

[59] *Kant*, MdS, Rechtslehre, § 1, AA VI, 245 f.

[60] *Kant*, MdS, Rechtslehre, § 1, AA VI, 245.

intelligiblen Besitzes könnte man geneigt sein, den intelligiblen Besitz im Verhältnis zu den „Nicht-Besitzern"[61] für besonders rechtfertigungsbedürftig zu halten. Schließlich wird deren Freiheitsentfaltung eingeschränkt. Andererseits darf nicht verkannt werden, dass auch dem bloß physischen Besitz eine analoge Exklusionsstruktur zukommt. Denn auch der von einer aktuellen faktischen Beherrschung abhängige Besitz schließt die „Nicht-Besitzer" vom Sachgebrauch aus. Denkbar ist sogar eine Güterverteilung, in der all diejenigen Gegenstände, die intelligibel besessen werden können, auch faktisch beherrscht werden. In einer Rechtsordnung, der ein intelligibler Besitz fremd ist, *könnte* es daher in quantitativer Hinsicht zu einer der intelligiblen Besitzordnung entsprechenden Exklusion Dritter kommen. Die Exklusion Dritter ist somit kein Spezifikum einer intelligiblen Besitzordnung.

Trotzdem unterscheidet sich die Qualität der Exklusion in der intelligiblen Besitzordnung von der Exklusion in der physischen Besitzordnung. Denn die intelligible Besitzordnung ermöglicht *per definitionem* eine von faktischer Herrschaft unabhängige Zuordnung von Gegenständen zu Subjekten. Selbst wenn das Subjekt den Gegenstand nicht mehr aktuell beherrscht, kann es von Dritten die Unterlassung des Gegenstandsgebrauchs verlangen. Es entsteht ein kontinuierliches Zuordnungsverhältnis.[62] Die hierin zu sehende Freiheitserweiterung des intelligiblen Besitzers bedingt spiegelbildlich eine verstärkte Exklusion Dritter. Dritten wird die Möglichkeit genommen, auf aktuell nicht faktisch beherrschte Gegenstände zuzugreifen. Dritte müssen in einer besitzidealistischen Ordnung nicht nur den aktuellen physischen Besitz respektieren, sondern sind gehalten, sich ungeachtet dessen des Gegenstandsgebrauchs zu enthalten. Die Dritten erfahren somit eine Freiheiteinschränkung, die es ohne intelligible Besitzrechte nicht gäbe.

Umgekehrt wirkte jedoch auch die Abwesenheit von intelligiblen Besitzrechten freiheitseinschränkend. Ohne intelligible Besitzrechte würde nämlich ein kontinuierlicher Zugriff auf äußere Gegenstände vereitelt.[63] Komplexe, gegenstandsbezogene Zwecke, die einen planbaren Zugriff voraussetzen, könnten in einer solchen Ordnung nicht verfolgt werden. An die faktische Inhabung gebundene Gebrauchsweisen taugen allenfalls zur unmittelbaren Befriedigung der Primärbedürfnisse.[64] Denn ohne dauerhaften Besitz gibt es keinen dauerhaften Gebrauch. Folglich hat auch der radikale Gegenentwurf zu einer intelligiblen Besitzordnung eine die Freiheit

---

[61] Die verwendete Terminologie weicht hier mit Kant von der juristischen Trennung zwischen Besitz und Eigentum ab.

[62] *Köhler*, in: Zaczyk/Köhler/Kahlo (Hrsg.), Festschrift für E.A. Wolff, 247, 254.

[63] *Köhler*, in: Zaczyk/Köhler/Kahlo (Hrsg.), Festschrift für E.A. Wolff, 247, 253.

[64] *Kersting*, Wohlgeordnete Freiheit, 185.

einschränkende Dimension.[65] Im Anschluss an Kersting[66] wird im Folgenden eine Besitzordnung, die lediglich den empirischen Besitz anerkennt, *besitzrealistisch* genannt. Erkennt die Besitzordnung auch einen intelligiblen Besitz an, wird sie als *besitzidealistisch* bezeichnet.

3. Begründung der intelligiblen Besitzordnung

Eine stichhaltige Begründung einer besitzidealistischen Ordnung muss die jeweils in unterschiedlicher Weise die Freiheit einschränkenden Wirkungen der besitzidealistischen und der besitzrealistischen Ordnung reflektieren. Zwar können in beiden Ordnungen Dritte vom Gebrauch äußerer Gegenstände ausgeschlossen werden. Relativ zu einer besitzrealistischen Ordnung muss die Exklusion *als solche* also nicht gesondert begründet werden. Allerdings unterscheidet sich die Qualität der Exklusion in einer besitzidealistischen Ordnung von jener in einer besitzrealistischen Ordnung. Denn die intelligible Exklusion bezieht sich auch auf faktisch nicht aktuell beherrschte Gegenstände. Dritte sind folglich nicht frei darin, sich aktuell nicht faktisch beherrschte Gegenstände anzueignen. Im Hinblick hierauf, erweist sich die besitzidealistische Ordnung als begründungsbedürftig.

a) Direkter Beweis

Ein syllogistischer und damit direkter Beweis der Legitimation des intelligiblen Besitzes ist nach Kant nicht konsistent zu führen. Denn dies setzte voraus, dass die Conclusio – also das zu Beweisende – bereits in den Prämissen enthalten ist.[67] Der Schluss auf den intelligiblen Besitz wäre bei einer direkt-syllogistischen Beweisführung analytisch, weil die Elemente des intelligiblen Besitzes dann schon im Rechtsbegriff enthalten wären. Kant konstruiert den Rechtsbegriff des intelligiblen Besitzes aber synthetisch.[68] Eine synthetische Begriffsbildung ist eine solche, bei der die Eigenschaften des Prädikats noch nicht im Prädikat selbst enthalten sind.[69] Das synthetische Urteil fügt dem Begriff folglich ein nicht schon notwendig in ihm enthaltenes Prädikat hinzu. Es handelt sich hierbei, anders aus-

---

[65] Aus ökonomischer Sicht wird die These vertreten, dass die Summe dessen, was verteilt wird, größer ist, wenn es Eigentumsrechte gibt. In diesem Sinne profitieren damit auch die „Nicht-Eigentümer" von der Eigentumsordnung; vgl. hierzu vor allem *von Mises*, Liberalismus, 28.

[66] *Kersting*, Wohlgeordnete Freiheit, 183.

[67] *Fulda*, in: Höffe (Hrsg.), Metaphysische Anfangsgründe der Rechtslehre, 94.

[68] *Kant*, MdS, Rechtslehre, § 6, AA VI, 250; siehe kritisch zu dem heute vielfach als zu eng verstandenen Begriff Kants zum analytischen Urteil *Künne*, Abstrakte Gegenstände, 213 ff.

[69] *Kant*, KrV, AA III, 33.

gedrückt, um ein Erweiterungsurteil.[70] Indem Kant vom intelligiblen Besitz als einem synthetischen Rechtssatz a priori spricht, muss er davon ausgehen, dass die Möglichkeit einer inhabungs-transzendenten Subjekt-Objekt-Relation noch nicht im Rechtsbegriff selbst als Eigenschaft enthalten ist. Im Rechtsbegriff ist die Handlungsfreiheit vorausgesetzt.[71] Das handlungsmächtige subjektive Begehrungsvermögen (Willkür) verschiedener empirischer Subjekte soll nach einem allgemeinen Gesetz der Freiheit miteinander vereinigt werden.[72] Der Begriff der Handlungsfreiheit bedeutet aber unmittelbar nur, dass das Subjekt frei darin ist, ohne Fremdbestimmung durch Dritte selbstgesetzte Zwecke mit den ihm zur Verfügung stehenden Mitteln zu verfolgen.[73] Das Subjekt darf somit das Seine gebrauchen, ohne dass andere es daran hindern dürften. Nach dem allgemeinen Rechtsgesetz ist das Seine des Subjekts aber nur die Unabhängigkeit von nötigender Willkür anderer überhaupt.[74] Die konkrete Ausgestaltung des Seinen ist dabei noch offen. Insbesondere ist nach dem allgemeinen Rechtsgesetz nicht ausgemacht, ob auch solche Gegenstände zu dem Seinen des Subjekts zählen, die es nicht aktuell physisch beherrscht. Der Schluss auf die Rechtmäßigkeit des intelligiblen Besitzes kann daher nur synthetisch und damit nicht-syllogistisch geführt werden.

b) Der indirekte Beweis der Legitimation des Besitzidealismus

Kant begründet den Besitzidealismus deshalb indirekt.[75] Das praktische Gegenteil einer intelligiblen Besitzordnung wird als rechtswidrig ausgewiesen.[76] Das praktische Gegenteil des Besitzidealismus ist die besitzrealistische These. Sie besagt, dass dem Subjekt nur aktuell faktisch beherrschte Gegenstände zugerechnet werden können.[77] Folglich ist für den Besitzrealismus die fortdauernde faktische Beherrschung zuordnungs*relevant*. Für den Besitzidealismus hingegen ist die fortdauernde faktische Beherrschung *nicht* zuordnungsrelevant.

Der Satz von der Möglichkeit äußeren Mein und Dein ist für Kant *synthetisch*, weil er eine Erweiterung der praktischen Vernunfterkenntnis darstelle.[78] Die Vernunft schließt durch die Negation der Negation der Mög-

---

[70] *Kant*, KrV, AA III, 33.
[71] *Kant*, MdS, Rechtslehre, § B, AA VI, 230.
[72] *Kant*, MdS, Rechtslehre, § B, AA VI, 230.
[73] *Kant*, MdS, Rechtslehre, Einteilung der Rechtslehre, AA VI, 237.
[74] *Kant*, MdS, Rechtslehre, Einteilung der Rechtslehre, AA VI, 237.
[75] Siehe *Kersting*, Wohlgeordnete Freiheit, 184; *Kühl*, Eigentumsordnung als Freiheitsordnung, 135; *Fulda*, in: Höffe (Hrsg.), Metaphysische Anfangsgründe der Rechtslehre, 87, 94.
[76] *Fulda*, in: Höffe (Hrsg.), Metaphysische Anfangsgründe der Rechtslehre, 87, 94.
[77] *Kersting*, Wohlgeordnete Freiheit, 183.
[78] *Kant*, MdS, Rechtslehre, § 6, AA VI, 250.

lichkeit des intelligiblen Besitzes auf deren Affirmation. Die Synthese vollzieht sich hier nicht durch Hinzufügung eines neuen Elements, sondern durch die Abstraktion von den kontingenten Bedingungen der physischen Innehabung.[79] Das Syntheseverfahren besteht also in der Abstraktion von den empirischen Einschränkungen der fortdauernden Detention eines Gegenstandes der Willkür.

aa) Das rechtliche Postulat der praktischen Vernunft

Die im Drucktext stark verdichtete Argumentation lässt sich in zwei Hauptschritten rekonstruieren. *Erstens* wird die Rechtswidrigkeit eines Verbotes des physischen Besitzes ausgewiesen. Kant schließt hierdurch Ordnungen aus, die noch nicht einmal eine besitzrealistische Exklusion kennen. *Zweitens* wird argumentiert, dass die Einschränkung des rechtlich erlaubten Gegenstandsgebrauchs auf aktuell physisch beherrschte Gegenstände das Subjekt von dem empirischen Faktum der fortdauernden Herrschaft abhängig machte. Eine bloß besitzrealistische Ordnung ist daher nicht als allgemeine Freiheitsordnung begründbar.

(1) Der kritische Ausschluss einer res nullius

Im ersten Argumentationsschritt widerlegt Kant die Negation des Besitzes überhaupt. „Ein Gegenstand meiner Willkür ist etwas", heißt es im Drucktext der Rechtslehre, „was zu gebrauchen ich in meiner Macht habe"[80]. Dem Gebrauch liegt aber als subjektive Bedingung der Besitz zugrunde.[81] Überträgt man diese konditionale Identifikation des Besitzes mit dem Gebrauch in die Argumentation des § 2 der Rechtslehre, heißt es dort: „Ein Gegenstand meiner Willkür ist etwas, was zu besitzen ich physisch in meiner Macht habe". Durch den Bezug auf die *physische* Macht wird deutlich, dass es sich hierbei zunächst nur um den *physischen* Besitz handeln kann. Denn nur diesem kommt das Prädikat physischer Macht zu.

Sollte es dem Subjekt von einer Rechtsordnung verboten sein, diesen physischen Besitz auszuüben, „würde die Freiheit sich selbst des Gebrauchs ihrer Willkür in Ansehung eines Gegenstandes derselben berauben, dadurch, dass sie brauchbare Gegenstände außer aller Möglichkeit des Gebrauchs setzte: d.i. diese in praktischer Rücksicht vernichtete, und zur res nullius machte"[82].

Die durch eine hypothetische Rechtsordnung vollzogene Negation des *physischen* Besitzes würde jeglichen Gebrauch von Willkürgegenständen

---

[79] *Brocker*, Kants Besitzlehre, 97.
[80] *Kant*, MdS, Rechtslehre, § 2, AA VI, 246.
[81] *Kant*, MdS, Rechtslehre, § 1, AA VI, 245.
[82] *Kant*, MdS, Rechtslehre, § 2, AA VI, 246.

unmöglich machen. Die menschliche Praxis würde sich selbst ihrer gegenstandsbezogenen Handlungsfreiheit berauben. Der Gebrauch von Gegenständen der Willkür kann jedoch nicht verallgemeinerungsfähig untersagt werden. Denn formaliter stimmt die Willkür im Gebrauch der Sachen mit jedermanns äußerer Freiheit nach allgemeinen Gesetzen zusammen.[83] Gegenstände haben keine Eigenberechtigung, die dem Gebrauch entgegengesetzt werden könnte. Ein Verbot des physischen Besitzes könnte allenfalls dann begründet werden, wenn der physische Gebrauch von Gegenständen die äußere Freiheit anderer Vernunftsubjekte verletzen würde. Durch den physischen Besitz des einen würde jedoch nur der physische Besitz aller anderen unmöglich gemacht. Den anderen würde also nur dasjenige verwehrt, was die Negation des physischen Besitzes dem physischen Besitzer verwehren würde. Ein Verbot sogar des physischen Besitzes müsste als Verbotsgrund daher den physischen Besitz selbst voraussetzen. Die Voraussetzung eines rechtlichen Verbotes des Gegenstandsgebrauchs würde sich mithin selbst aufheben.[84] Als allgemeines Gesetz ist ein Verbot des physischen Besitzes somit nicht denkbar. Folglich darf zumindest derjenige Gegenstandsgebrauch, der auf *physischem* Besitz beruht, nicht verwehrt werden. Damit ist die Zulässigkeit der Exklusion *als solcher* begründet. Entzöge das Recht Willkürgegenstände der Gewalt der Willkür, machte es mögliche Willkürfreiheit rechtlich unmöglich und verwickelte sich so in einen Widerspruch.[85] Deshalb ist „jeder Regelungsvorschlag (...) abzulehnen, dessen Normierung des Willkürgebrauchs die Herrschaft der Willkür über die Welt der Dinge beeinträchtigt oder gar aufhebt"[86].

Der kritische Ausschluss der *res nullius* begründet für sich genommen jedoch noch nicht, weshalb der Besitzrealismus rechtswidrig ist.[87] Zwar würde es eine besitzrealistische Ordnung dem Subjekt unmöglich machen, gegenstandsbezogene, komplexe Zwecke zu verfolgen.[88] Der Besitzrealismus begrenzt die möglichen Handlungsweisen auf solche, die im Rahmen des physischen Besitzes eines Gegenstandes realisierbar sind.[89] Hierdurch wird aber gerade nicht alles Brauchbare außer jeglichen Gebrauch gesetzt.[90] Unmittelbare Bedürfnisse können gegenstandsbezogen weiterhin

---

[83] *Kant*, MdS, Rechtslehre, § 2, AA VI, 246.

[84] Ähnlich *Deggau*, Aporien der Rechtslehre Kants, 82.

[85] *Kersting*, Wohlgeordnete Freiheit, 190.

[86] *Kersting*, Wohlgeordnete Freiheit, 191.

[87] Missverständlich insoweit *Kersting*, Wohlgeordnete Freiheit, 191; *Kühl*, Eigentumsordnung als Freiheitsordnung, 139; *Deggau*, Aporien der Rechtslehre Kants, 81; *Brocker*, Kants Besitzlehre, 92. Siehe hierzu sogleich: S. 73 f.

[88] *Kühl*, Eigentumsordnung als Freiheitsordnung, 139; *Kersting*, Wohlgeordnete Freiheit, 185.

[89] *Kersting*, Wohlgeordnete Freiheit, 185.

[90] So denn auch einräumend *Kersting*, Wohlgeordnete Freiheit, 185.

realisiert werden. Folglich ist die „praktische Vernichtung"[91] aller Gegenstände gerade nicht die Konsequenz des Besitzrealismus. Diese Konsequenz tritt nur in einer viel radikaleren Antithese auf; namentlich jener, die nicht bloß die inhabungs-transzendente, sondern darüber hinaus jegliche Exklusion negiert.[92]

(2) Die notwendige Abstraktionsleistung der Vernunft

Weiter zu klären ist somit die Frage, ob die Exklusion Dritter von der fortdauernden faktischen Beherrschung des Gegenstandes abhängig gemacht werden darf. Hierzu schreibt Kant:

> „Da nun die reine praktische Vernunft keine andere als formale Gesetze des Gebrauchs der Willkür zum Grunde legt, und also von der Materie der Willkür, d.i. der übrigen Beschaffenheit des Objekts, wenn es nur ein Gegenstand der Willkür ist, abstrahiert, so kann sie in Ansehung eines solchen Gegenstandes kein absolutes Verbot seines Gebrauchs enthalten, weil dies ein Widerspruch der äußeren Freiheit mit sich selbst sein würde."[93]

Aufgrund der Formalität der praktischen Gesetze kann es entweder nur eine allgemeine Erlaubnis oder ein allgemeines Verbot des Gegenstandsgebrauchs geben.[94] Das generelle Verbot des Mein und Dein scheitert aber daran, dass – wie soeben erörtert – zumindest der physische Gebrauch von äußeren Gegenständen rechtmäßig ist.[95] Ohne Widerspruch der Freiheit mit sich selbst kann der mit physischem Besitz verbundene Sachgebrauch nicht verboten werden.

Durch eine besitzrealistische Ordnung könnte man insofern allenfalls ein *partielles* Gebrauchsverbot aufrechterhalten. Von der Gebrauchsbefugnis würden nämlich all diejenigen Gegenstände ausgenommen, die *nicht* aktuell physisch beherrscht werden. Doch hierbei handelte es sich nur dann um eine allgemeine Regel, wenn die praktische Vernunft die fortdauernde faktische Beherrschung eines Gegenstandes verallgemeinerungsfähig als rechtliche Gebrauchsschranke aufstellen dürfte. Schon weil es sich bei einem solchen partiellen Gebrauchsverbot um eine Bereichsausnahme han-

---

[91] *Kant*, MdS, Rechtslehre, § 2, AA VI, 246.

[92] In diese Richtung argumentieren im Ergebnis auch *Herb/Ludwig*, Kant-Studien 84 (1993), 283, 290.

[93] *Kant*, MdS, Rechtslehre, § 2, AA VI, 246.

[94] *Herb/Ludwig*, Kant-Studien 84 (1993), 283, 290; ähnlich auch *Unruh*, in: Eckl/Ludwig (Hrsg.), Was ist Eigentum?, 133, 137, der jedoch schon auf das allgemeine Verbot oder die allgemeine Erlaubnis, äußere Gegenstände als das Meine zu haben, abhebt.

[95] *Herb/Ludwig*, Kant-Studien 84 (1993), 283, 290.

delt, wird dem Besitzrealismus teilweise der Charakter eines allgemeinen Gesetzes abgesprochen.[96]

Hiergegen spricht aber, dass der Schluss auf die Legitimation des intelligiblen Besitzes dann analytisch wäre.[97] Kant konstruiert den Rechtsbegriff des intelligiblen Besitzes aber synthetisch.[98] Zudem spricht *formal* nichts gegen eine Ordnung, die – der Reziprozität verpflichtet – jedem Vernunftsubjekt nur physischen Besitz einräumt. Denn diese Ordnung würde für jedes Vernunftsubjekt in gleicher Weise gelten.

Der Besitzrealismus ist jedoch aus einem anderen Grunde nicht verallgemeinerungsfähig. Die praktische Vernunft muss von der „Materie der Willkür, d.i. der übrigen Beschaffenheit des Objekts, wenn es nur ein Gegenstand der Willkür ist", abstrahieren.[99] Abstrahierte die praktische Vernunft nicht von der „Materie der Willkür", so würde sie sich von Letzterer abhängig machen. Sie hörte dann auf, sich aus sich selbst heraus zu bestimmen. Eine Besitzordnung, welche die Zuordnung eines Gegenstandes zu einem Subjekt von faktischer Herrschaft abhängig machte, würde die Selbstbestimmung der Willkür zu Gunsten einer Machtordnung aufgeben.[100] Empirisierte man die Besitzordnung, würde man das Subjekt von einer ihm äußeren Bedingung abhängig machen. Autonomie würde sich in der Heteronomie empirischer Machtverhältnisse auflösen. Der physische Besitz als Verfügungsschranke grenzte die Freiheit der Willkür durch Naturbedingungen ein.[101] *Macht* im Sinne von physischer Gewalt als allgemeines Prinzip des Rechts würde das Recht als Freiheitsordnung aufheben. Nicht nur die Gegenstandszuordnung[102], sondern das Recht überhaupt, wäre in unzulässiger Weise empirisiert.[103] Die Subjekt-Objekt-Relation wäre auf ein empirisches Gewaltverhältnis reduziert.[104] Ein freies Subjekt darf nicht zur Hinnahme dieses kontingenten Verhältnisses gezwungen werden.

Konkret aktualisierte Handlungsmacht darf als empirisches Faktum nicht Geltungsgrund (*ratio essendi*) des Rechts sein.[105] Anderenfalls drohte ein Kategorienfehler. Das Recht betrifft die *freie* Willkür im äußeren Ver-

---

[96] So wohl *Herb/Ludwig*, Kant-Studien 84 (1993), 283, 290.

[97] Hierauf weist auch *Schefczyk* hin, DZPhil 52 (2004), 739, 743.

[98] *Kant*, MdS, Rechtslehre, § 6, AA VI, 250.

[99] *Kant*, MdS, Rechtslehre, § 2, AA VI, 246.

[100] So im Ergebnis auch *Kersting*, Wohlgeordnete Freiheit, 188; *Kühl*, Eigentumsordnung als Freiheitsordnung, 139.

[101] *Kersting*, Wohlgeordnete Freiheit, 187.

[102] So *Brandt*, Eigentumstheorien von Grotius bis Kant, 188.

[103] So auch *Kersting*, Wohlgeordnete Freiheit, 188.

[104] *Deggau*, Aporien der Rechtslehre Kants, 71.

[105] Damit ist noch nicht darüber entschieden, ob die konkret aktualisierte Handlungsmacht nicht als ratio cognescendi fungiert. Vgl. hierzu die Ausführungen zur Schematisierung des intelligiblen Besitzes über den physischen Besitz: S. 82 ff.

hältnis. Das Prädikat „frei" kann der Willkür aber nur dann zukommen, wenn sie aus sich selbst heraus praktisch ist. Dies bedeutet, dass sie nicht abhängig sein darf von dem Gegenstand, auf den sie sich bezieht.[106] Würde die Willkür nur dann „Willkür" heißen, wenn sie mit tatsächlicher Macht verbunden wäre, bliebe sie stets abhängig von ihrem Gegenstand. Sie wäre dann nicht mehr frei.

Lässt man hingegen das *Bewusstsein* der tatsächlichen gegenstandsbezogenen Macht ausreichen, so bestimmt sich die Willkür aus sich heraus, nämlich aus dem in ihr vorausgesetzten Begehrungsvermögen. Dieses bedeutet „das Vermögen, durch seine Vorstellungen Ursache der Gegenstände dieser Vorstellungen zu sein."[107] Nur diese subjektimmanente Bestimmung der Willkür und damit des Willkürgegenstandes, hebt die Willkür in ihrer Freiheit nicht auf, so dass diese sich als praktische Vernunft bestätigen kann. Ihre Freiheit kann die Willkür in Beziehung zu ihren Gegenständen nur dann bewahren, wenn sie sich durch Rechtsgesetze einschränkt.[108] Der Besitzrealismus bindet die Willkür aber an empirische Bedingungen und ist daher nicht verallgemeinerungsfähig.[109] Stattdessen muss, um der subjektiven Besonderheit willen, eine intelligible Gegenstandszuordnung ermöglicht werden.[110] Das bedeutet freilich nicht, dass das einzelne Subjekt gezwungen werde dürfte, über ein äußeres Mein und Dein verfügen. Asketische Lebensweisen sind daher möglich. Ebenso möglich muss aber die nicht-asketische Lebensweise sein. Wenn ein Subjekt über ein äußeres Mein und Dein verfügen will, darf ihm dies nicht durch eine besitzrealistische Rechtsordnung verwehrt sein.

Indem von allen Raum- und Zeitbedingungen der Subjekt-Objekt-Beziehung abstrahiert wird, verbleibt allein die formale Beziehung zu einem „Außer mir", worunter nur ein „von mir verschiedener Gegenstand" verstanden werden kann.[111] Die empirisierende Vorstellung einer tatsächlichen Inhabung wird ersetzt durch den abstrahierenden Begriff des „Habens". Kant bezeichnet diesen Begriff als „reinen Verstandesbegriff eines Besitzes überhaupt"[112]. „Er ist die zehnte Kategorie des Aristoteles, habere; im kritischen System aber eine Prädikabile der Kategorie der Ursache"[113]. Der Grund für die Zuordnung der Prädikabile „Haben" zur Kategorie der Ursache besteht darin, dass das Subjekt die Erweiterung seiner

---

[106] *Kant*, Handschriftlicher Nachlass, AA XXIII, 213.
[107] *Kant*, MdS, Rechtslehre, Einleitung, AA VI, 211.
[108] *Kersting*, Wohlgeordnete Freiheit, 188.
[109] *Kersting*, Wohlgeordnete Freiheit, 188.
[110] *Köhler*, in: Zaczyk/Köhler/Kahlo (Hrsg.), Festschrift für E.A. Wolff, 247, 254.
[111] *Brocker*, Kants Besitzlehre, 72.
[112] *Kant*, MdS, Rechtslehre, § 7, AA VI, 253.
[113] *Kant*, Handschriftlicher Nachlass, AA XXIII, 325.

Willkür auf einen ihm äußeren Gegenstand stets bewirken, also *verursa-chen* muss.[114]

(3) Kritik alternativer Interpretationen

Die Sekundärliteratur interpretiert den Argumentationsgang Kants vorherr-schend in dem Sinne, dass bereits der erste Schritt den Besitzrealismus unmittelbar widerlege.[115] Kant wird gelesen, als wollte er ausdrücken, dass der Besitzrealismus „brauchbare Gegenstände außer aller Möglichkeit des Gebrauchs setzte: d.i. diese in praktischer Rücksicht vernichtete, und zur res nullius machte"[116]. Doch dies ist weder interpretatorisch noch inhaltlich richtig. Inhaltlich können auch in einer besitzrealistischen Ordnung Ge-genstände gebraucht werden, nur eben nicht in komplexer Weise. Aber praktisch vernichtet würden die Gegenstände keinesfalls. Doch auch inter-pretatorisch überzeugt es nicht, das Brauchbarkeitsargument *unmittelbar* auf den Besitzrealismus zu beziehen, denn Kant definiert im ersten Satz des Argumentationsgangs den Gegenstand der Willkür arbeitshypothetisch über das Prädikat physischer Macht. Im zweiten Satz erörtert er die Kon-sequenzen, die eine Norm hätte, die es verböte, „Gebrauch von demselben zu machen". Der Begriff „*demselben*" bezieht sich auf den vorangegange-nen Satz, also den „Gegenstand der Willkür". Dieser wurde aber in der Form einer Arbeitshypothese definiert als das, „was zu gebrauchen ich physisch in meiner Macht habe". Hieraus folgt, dass es im ersten Argu-mentationsschritt um ein Verbot des Gebrauchs von Gegenständen geht, die physisch in der Macht des Subjekts stehen.

Hätte Kant sich schon an dieser Stelle mit dem Besitzrealismus ause-inandergesetzt, wäre zudem nicht verständlich, was er mit der Wendung „obgleich die Willkür formaliter im Gebrauche der Sachen mit jedermanns äußerer Freiheit nach allgemeinen Gesetzen zusammenstimmte", ausdrü-cken wollte. Hätte Kant bereits im ersten Argumentationsschritt den Be-sitzrealismus negieren wollen, bestünde hinsichtlich dieser Wendung der Verdacht eines Zirkelschlusses.

Erst der zweite Argumentationsschritt – die Formalität von Freiheitsge-setzen – führt dazu, dass der Besitzrealismus brauchbare Gegenstände zur *res nullius* machen müsste. Denn ein allgemeines Verbot des Sachge-brauchs müsste – wegen der Formalität der Freiheitsgesetze – letztlich auch den physischen Gebrauch umfassen. Zwar thematisiert Kant die Legi-

---

[114] *Brocker*, Kants Besitzlehre, 72.

[115] *Kersting*, Wohlgeordnete Freiheit, 191; *Kühl*, Eigentumsordnung als Freiheitsord-nung, 139; *Deggau*, Aporien der Rechtslehre Kants, 81; *Brocker*, Kants Besitzlehre, 92.

[116] *Kant*, MdS, Rechtslehre, § 2, AA VI, 246.

timation des physischen Besitzes auch an anderer Stelle.[117] In § 6 der
Rechtslehre heißt es nämlich:

„Der Rechtssatz a priori in Ansehung des empirischen Besitzes ist analytisch; denn er
sagt nichts mehr, als was nach dem Satz des Widerspruchs aus dem letzteren folgt, daß
nämlich, wenn ich Inhaber einer Sache (mit ihr also physisch verbunden) bin, derjenige,
der sie wider meine Einwilligung affiziert (z.B. mir den Apfel aus der Hand reißt), das
innere Meine (meine Freiheit) affiziere und schmälere, mithin in seiner Maxime mit dem
Axiom des Rechts im geraden Widerspruch stehe. Der Satz von einem empirischen
rechtmäßigen Besitz geht also nicht über das Recht einer Person in Ansehung ihrer selbst
hinaus."[118]

Folglich ist die zwangsweise Aufhebung des physischen Besitzes rechtswidrig und verletzt das angeborene Freiheitsrecht des Besitzers. Das Ver-
dikt der Rechtswidrigkeit der Aufhebung des physischen Besitzes setzt
aber voraus, dass die Begründung des physischen Besitzes rechtmäßig war.
Würde nämlich die durch den physischen Besitz begründete Exklusion
Dritter deren Freiheit verletzen, und damit unrecht sein, müsste man die
zwangsweise Aufhebung des physischen Besitzes, dem Notwehrgedanken
entsprechend,[119] als rechtmäßig ansehen. Isoliert betrachtet, kann daher § 6
der Rechtslehre die Rechtswidrigkeit der zwangsweisen Besitzaufhebung
nicht beweisen. Liest man hingegen den ersten Argumentationsschritt in
§ 2 der Rechtslehre so, dass hier die Negation des physischen Besitzes, als
Regelungsvorschlag begründet, abgelehnt wird, wäre die Rechtmäßigkeit
des physischen Besitzes erwiesen.

bb) Kritische Einwände und deren Auflösung

Der Schluss auf die rechtliche Irrelevanz fortdauernder faktischer Beherrschung des Gegenstandes für die rechtliche Zuordnung, beruht auf der begründeten Negation der praktischen Gegenthese. Argumentationstheore-
tisch handelt es sich hierbei daher um einen sogenannten apagogischen
Beweis.[120] Gegen die apagogische Struktur des Arguments lassen sich folgende zwei Einwände formulieren.

---

[117] Hierauf verweist *Schefczyk*, DZPhil 52 (2004), 739, 743.
[118] *Kant*, MdS, Rechtslehre, § 6, AA VI, 249 f.
[119] Siehe zur Begründung des Notwehrrechts aus der allgemeinen Zwangsbefugnis gegen Unrechthandeln *Köhler*, Strafrecht Allgemeiner Teil, 260 ff.; positivrechtlich: § 227
BGB und § 32 StGB.
[120] Auch indirekter Beweis oder Beweis durch Widerspruch genannt: vgl. *Barwise/
Etchemendy*, Sprache, Beweis und Logik – Aussagen- und Prädikatenlogik, 139.

(1) Voraussetzungen eines apagogischen Schlusses

Ein korrekter apagogischer Schluss setzt das Vorhandensein einer vollständigen zweigliedrigen Disjunktion voraus.[121] Der formalen Struktur nach ist das Argument mit der naturzustandsbasierten Staatsbegründung vergleichbar. Während bei der Staatsbegründung ein anarchischer Naturzustand das praktische Gegenteil des Staates ausmacht, ist es bei der Begründung des äußeren Mein und Dein eine radikale Form des Kommunismus. Aus der Widerlegung des praktischen Gegenteils der zu begründenden These wird die Richtigkeit der These abgeleitet. Nach dem neuzeitlichen Kontraktualismus ist der Staat gerade deshalb gerechtfertigt, weil dessen Gegenteil, also der anarchische Naturzustand, ungerechtfertigt ist. Die Negation der Negation des Staates führt im klassisch-neuzeitlichen Denken Hobbes und Lockes zur Affirmation des Staates.[122] Der Struktur nach parallel hierzu verfolgt Kant die Strategie, die Negation eines äußeren Mein und Dein, also den radikalen Kommunismus, zu widerlegen. Es besteht jedoch ein zentraler normlogischer Unterschied zwischen dem apagogischen Beweis des Staates durch Hobbes und Locke und dem apagogischen Beweis des intelligiblen Privatrechts nach Kant. Aus der Negation des Naturzustandes folgt zumindest für Hobbes das *Gebot,* diesen zugunsten des Staates zu verlassen.[123] Die Negation des radikalen Kommunismus führt jedoch nicht zum Gebot, Eigentum zu haben. Kant folgert hieraus lediglich die *Erlaubnis,* sich Gegenstände der Willkür anzueignen.

Die formallogische Kritik Zottas geht daher fehl. Zotta behauptet insoweit, dass Kant keine vollständige zweigliedrige Disjunktion vorlege, da er nur zwischen „recht" und „unrecht" unterscheide und dabei die Kategorie der rechtlichen Irrelevanz unterschlage.[124] Da Kant die Rechtsirrelevanz der Beziehungen zu Gegenständen nicht ausschließen könne, erreiche der apagogische Beweis sein intendiertes Ziel nicht.[125] Hiergegen ist einzuwenden, dass die von Kant aufgemachten Alternativen nicht in „recht" und „unrecht", sondern in „erlaubt" und „unerlaubt" bestehen. Entweder ist es erlaubt, sich Gegenstände der Willkür inhabungs-transzendent anzueignen, oder es ist nicht erlaubt. Die Kategorie der Rechtsirrelevanz kann dabei keine Rolle spielen, denn wenn etwas erlaubt ist, steht es dem Inhaber des Erlaubnisrechts frei, ob er hiervon Gebrauch macht, oder nicht. Es ist ge-

---

[121] *Zotta,* Immanuel Kant, Legitimität und Recht, 53.
[122] *Locke,* Zweite Abhandlung über die Regierung, §§ 123 ff.; *Hobbes,* Vom Bürger, 5. Kapitel.
[123] *Hobbes,* Vom Bürger, 5. Kapitel; *ders.,* Leviathan, 17. Kapitel.
[124] *Zotta,* Immanuel Kant, Legitimität und Recht, 53.
[125] *Zotta,* Immanuel Kant, Legitimität und Recht, 53 f.

rade *nicht geboten*, sich Gegenstände der Willkür anzueignen.[126] Zudem lässt sich die Dichotomie zwischen Besitzidealismus und Besitzrealismus auch unabhängig von den Kategorien „recht" und „unrecht" formulieren. Im Besitzidealismus ist es eben *nicht* der Fall, dass die fortdauernde faktische Beherrschung eines Gegenstandes zuordnungsrelevant ist. Im Besitzrealismus hingegen ist es der Fall, dass die fortdauernde faktische Beherrschung eines Gegenstandes zuordnungsrelevant ist. Hierbei handelt es sich um eine komplette Diskunktion.

(2) Anforderungen der reinen Vernunft an ihre Beweise

Gegen die Zulässigkeit des apagogischen Schlusses zum Beweis der Vernunftnotwendigkeit des äußeren Mein und Dein könnten jedoch die Einwände Kants sprechen, welche dieser in der Kritik der reinen Vernunft allgemein gegen die apagogische Beweisart vorgebracht hat. Dort heißt es:

> „Die dritte eigentümliche Regel der reinen Vernunft, wenn sie in Ansehung transzendentaler Beweise einer Disziplin unterworfen wird, ist: daß ihre Beweise niemals apagogisch, sondern jederzeit ostensiv sein müssen."[127]

Die reine Vernunft muss daher direkt (ostensiv) argumentieren, während der apagogische Schluss im Grundsatz unzulässig ist. Denn in „aller Art der Erkenntnis (ist der ostensive Beweis, J.J.) derjenige, welcher, mit der Überzeugung von der Wahrheit, zugleich Einsicht in die Quellen derselben verbindet; der apagogische dagegen kann zwar Gewißheit, aber nicht Begreiflichkeit der Wahrheit in Ansehung des Zusammenhanges mit den Gründen ihrer Möglichkeit hervorbringen"[128]. Der apagogische Beweis sei daher „mehr eine Nothülfe, als ein Verfahren, welches allen Absichten der Vernunft Genüge tut"[129]. An anderer Stelle bezeichnet Kant den apagogischen Beweis sogar als „Blendwerk"[130].

Gleichwohl bleibt der Textbefund, dass Kant in der Rechtslehre die Legitimation einer intelligiblen Besitzordnung aus der rechtlichen Unmöglichkeit der besitzrealistischen Ordnung folgert. Dies ist auch stimmig. Es wird nämlich *erstens* durchaus „Einsicht in die Quellen" gegeben, da die besitzrealistische Ordnung anhand des im Rechtsbegriff angelegten Autonomiebegriffs widerlegt wurde.

Zweitens kann die Zuordnung eines Gegenstandes zu einem Subjekt entweder durch die fortdauernde faktische Beherrschung bedingt sein, oder

---

[126] Ob die formallogische Kritik das Naturzustands-Argument Hobbes und Lockes trifft, braucht hier nicht abschließend entschieden zu werden.

[127] *Kant*, KrV, AA III, 513.

[128] *Kant*, KrV, AA III, 513 f.

[129] *Kant*, KrV, AA III, 514.

[130] *Kant*, KrV, AA III, 516.

nicht. Ob Gegenstände nur aufgrund fortdauernder faktischer Beherrschung zugerechnet werden können oder nicht, kann nur einheitlich entschieden werden. Dabei ist zu berücksichtigen, dass sowohl die besitzidealistische als auch die besitzrealistische Ordnung jeweils relativ zum jeweiligen Gegenentwurf freiheitseinschränkend wirken. Die jeweiligen Freiheitseinschränkungen bedingen einander wechselseitig. Wäre die kontinuierliche faktische Herrschaft für die Gegenstandszuordnung *irrelevant*, nähme man einerseits Dritten die Möglichkeit, auf aktuell nicht beherrschte Gegenstände zuzugreifen, ermöglichte dem Subjekt aber gerade dadurch, eigene komplexe gegenstandsbezogene Zwecke zu verfolgen. Wäre hingegen die kontinuierliche faktische Herrschaft für die Gegenstandszuordnung *relevant*, hätten Dritte zwar die Möglichkeit, auf aktuell nicht beherrschte Gegenstände zuzugreifen, dem Subjekt wäre es aber gerade dadurch *nicht* möglich, eigene komplexe gegenstandsbezogene Zwecke zu verfolgen. Folglich ist die besitzrealistische Ordnung im Hinblick auf deren Freiheitseinschränkung, die logische Kehrseite einer intelligiblen Ordnung. Es besteht somit eine vollkommene Dichotomie, die aufgrund eines einheitlichen Prinzips, nämlich des Rechtsgesetzes, aufgelöst werden kann. Der apagogische Beweisgang kann daher erfolgreich zeigen, dass eine Rechtfertigung des Besitzrealismus nicht auf der Grundlage eines allgemeinen Freiheitsgesetzes erfolgen kann. Es kann daher nicht verboten sein, intelligible Besitzrechte zu begründen. Wenn jedoch etwas nicht verboten ist, muss es in einer Freiheitsordnung erlaubt sein.

4. Die Vernunftidee der a priori vereinigten Willkür aller

Der ursprüngliche Erwerb von Privatrechten ist jedem abgeleiteten Erwerb logisch vorrangig. Ein jeder Veräußerer kann, von der Möglichkeit gutgläubigen Erwerbs abgesehen, nur so viel an Rechten übertragen, wie er selbst hat.[131] Folglich setzt ein jeder translativer Erwerb von privaten Rechten voraus, dass der Veräußerer seinerseits Inhaber des zu veräußernden Rechts ist. Dies kann er aber bei äußeren Gegenständen der Willkür nur dadurch geworden sein, indem er seinerseits den Gegenstand erworben hat. Im Zuge abgeleiteten Erwerbs kann der Veräußerer aber nur dann erworben haben, wenn dessen Vorveräußerer Inhaber des Rechts war. Die Reihe lässt sich endlos fortsetzen. Stets muss gefragt werden, woher der Veräußerer seine Berechtigung bezieht, dem Erwerber das Recht an dem äußeren Gegenstand einzuräumen. Zu irgendeinem Zeitpunkt muss der Ur-Veräußerer den Gegenstand ursprünglich, also nicht abgeleitet, erworben haben. Nur wenn dieser ursprüngliche Erwerb rechtmäßig war, konnte der

---

[131] Nemo plus iuris ad alium transferre potest, quam ipse habet; Digesten 50, 17, 54 (Ulpian); siehe auch *Kant*, MdS, Rechtslehre, § 39, AA VI, 301.

Ur-Veräußerer das intelligible Recht an dem äußeren Gegenstand der Willkür erwerben. Dies ist Bedingung dafür, dass der Ur-Veräußerer das Recht an diesem Gegenstand an einen Dritten übertragen konnte. Folglich ist der abgeleitete Erwerb logisch davon abhängig, dass der ursprüngliche Erwerb von äußeren Gegenständen überhaupt möglich ist. Für Nozick ist der gerechte ursprüngliche Erwerb daher zusammen mit dem gerechten Einzeltauschakt *conditio sine qua non* für eine gerechte Güterverteilung.[132] Auch Kant fragt nach den Bedingungen der Möglichkeit eines solchen ursprünglichen Erwerbs äußerer Gegenstände der Willkür.[133] Der ursprüngliche Erwerb ist dadurch gekennzeichnet, dass ein äußerer Gegenstand nicht von dem Seinen eines anderen abgeleitet erworben wird.[134] Folglich hängt der ursprüngliche Erwerb nicht von der Willkür eines anderen ab. Der Aktus des ursprünglichen Erwerbs ist unilateral. Das Subjekt greift in die Welt aus und erklärt den Willen, einen bestimmten Gegenstand der Willkür als den Seinen zu haben. Nach den obigen Ausführungen wäre es vernunftrechtswidrig, dem Subjekt zu verwehren, einen Gegenstand als den Seinen zu haben. Spiegelbildlich ist jedes Subjekt a priori verpflichtet, die Bedingungen der Möglichkeit eines intelligiblen Besitzes äußerer Gegenstände der Willkür wirklich werden zu lassen. Der ursprüngliche Erwerber kann den Gegenstand jedoch nicht allein kraft einseitigen Willens als den Seinen erwerben. Der Erwerb eines herrenlosen Gegenstandes nämlich legt allen anderen eine zuvor nicht bestehende Verpflichtung auf. Aufgrund der Absolutheit des intelligiblen Besitzes muss jeder andere Einwirkungen auf diesen Gegenstand unterlassen. Einseitige Willkür kann aber anderen keine Pflicht auferlegen, die sie zuvor nicht hatten.[135]

Es scheint, als gerate der ursprüngliche Erwerb in ein Dilemma. Einerseits darf dem Subjekt der Erwerb – und damit insbesondere der ursprüngliche – eines äußeren Gegenstandes der Willkür aufgrund der *lex permissiva* nicht verwehrt werden. Andererseits darf und kann der Erwerber durch einseitiges Handeln anderen keine Pflichten auferlegen, was er aber täte, wenn er den Gegenstand wirksam ursprünglich erworben hätte. Der Ausweg aus diesem, nur scheinbar bestehenden Dilemma, besteht für Kant in dem Begriff des „ursprünglichen Gesamtbesitzes". Für Kant ist dies „die einzige Bedingung, unter der es allein möglich ist, dass ich jeden anderen vom Privatgebrauch der Sache ausschließe"[136]. Es handle sich hierbei nicht um eine allen Privateigentumsverhältnissen vorgängige Gütergemein-

---

[132] *Nozick*, Anarchy State Utopia, 151.
[133] *Kant*, MdS, Rechtslehre, § 10, AA VI, 259 und §§ 12 ff., 261 ff.
[134] *Kant*, MdS, Rechtslehre, § 10, AA VI, 259.
[135] *Kant*, MdS, Rechtslehre, § 8, AA VI, 256.
[136] *Kant*, MdS, Rechtslehre, § 11, AA VI, 261.

schaft.[137] Eine solche *communio primaeva* im Sinne einer uranfänglichen Gütergemeinschaft wäre nicht nur historisch unplausibel, sondern würde dem systematischen Status des ursprünglichen Gesamtbesitzes als praktischem Vernunftbegriff nicht gerecht. Denn eine uranfängliche Gemeinschaft könnte ihrerseits nur in Vertragsform gestiftet sein und setzte daher die normative Zulässigkeit einer ursprünglichen Aneignung voraus.[138]

Die *communio originaria* führt die Intersubjektivität als das maßgebliche Prinzip in den privaten Gegenstandsgebrauch ein. Empirisch folgt die intersubjektive Relevanz des privaten Gegenstandsgebrauchs aus der „Einheit aller Plätze auf der Erdfläche als Kugelfläche"[139]. Der Mensch als leibliches Wesen ist von Natur aus in eine begrenzte Welt gestellt, in der er mit anderen Menschen notwendig in Verbindung gelangt.[140] Das praktische Regelungsthema des Rechts als freiheitsgesetzliche Koordination äußeren Willkürgebrauchs, wird damit spezifisch für den äußeren Gegenstandsgebrauch wiederholt. Die Knappheit eines Gutes wird hierdurch nicht zum Vernunftgrund des äußeren Mein und Dein. Stattdessen führt die Koexistenz verschiedener Menschen auf begrenztem Raum dazu, dass jeder Mensch mit jedem anderen aufgrund der Knappheit des beherrschbaren Raumes, in Gemeinschaft des physischen Besitzes des beherrschten Raumes steht. In der praktischen Vernunftidee des ursprünglichen Gesamtbesitzes wird damit der physische Mitbesitz aller Menschen an dem gemeinsam beherrschten Raum betont.

Die *a priori vereinigte Willkür aller* sanktioniert jedoch nicht jeden beliebigen Substanzerwerb als rechtmäßig. Der ursprüngliche Erwerber eines äußeren Gegenstandes kann diesen nach einem allgemein-wechselseitigen Erwerbsgesetz nur unter der Bedingung erwerben, dass er auch allen anderen Vernunftsubjekten ein ursprüngliches Erwerbsrecht einräumt. In der Anmaßung des – Dritte rechtlich ausschließenden – intelligiblen Besitzes „liegt zugleich das Bekenntnis: jedem anderen in Ansehung seines äußeren Seinen wechselseitig zu einer gleichmäßigen Enthaltung verbunden zu sein"[141]. Die Reziprozität betrifft nicht nur die Enthaltung von dem bereits durch Dritte äußerlich Erworbenen. Die Möglichkeit eines ursprünglichen Erwerbs durch Dritte überhaupt muss von dem ursprünglichen Erwerber nach einem allgemein-wechselseitigen Gesetz der Freiheit beachtet werden. An den im ursprünglichen Erwerb angelegten Begriff der Intersubjektivität knüpft sich ein positives Erwerbsrecht eines jeden Vernunftsubjekts

---

[137] *Luf*, Freiheit und Gleichheit, 88.
[138] *Luf*, Freiheit und Gleichheit, 88.
[139] *Kant*, MdS, Rechtslehre, § 13, AA VI, 262.
[140] *Luf*, Freiheit und Gleichheit, 89.
[141] *Kant*, MdS, Rechtslehre, § 8, AA VI, 255.

an.[142] Nur unter der Bedingung, dass jedermann sich unabhängig von dem bloßen Belieben Dritter in den Erwerbszusammenhang der „bürgerlichen Gesellschaft" einbeziehen kann, ist der ausschließende intelligible Besitz an der Weltsubstanz nach einem allgemeinen Erwerbsgesetz denkbar. Der ursprüngliche Erwerb äußerer Gegenstände ist daher in der Grundlage mit einer Idee *austeilender Gerechtigkeit* verbunden.[143] Ohne austeilende Gerechtigkeit kann es kein peremtorisches Eigentum geben und umgekehrt. Der innere Zusammenhang zwischen ursprünglichem Erwerb und der Teilhabegerechtigkeit begründet in der kantischen Privatrechtstheorie die Notwendigkeit einer *rechtsstaatlichen* Eigentumsordnung. Letztere ist die Bedingung einer *peremtorischen* Aneignung.

II. Anwendungsbedingungen: Welcher Art müssen die Gegenstände der Willkür sein?

Die obige Deduktion ergibt, dass intelligibler Besitz an *Gegenständen der Willkür* nicht verwehrt werden darf. Ungeklärt ist bis jetzt, was genau unter einem *Gegenstand der Willkür* zu verstehen ist. Diese Frage muss jedoch beantwortet werden, um zu bestimmen, ob immaterielle Güter mögliche Gegenstände von Privatrechten sind. Sicherlich steht die genaue Bestimmung des Inhalts von Privatrechten unter kontingenten kulturellen und technisch-wirtschaftlichen Bedingungen. Was der genaue Gegenstand der Willkür ist, kann nicht endgültig ausgemacht werden. Die Normativität muss sich in einem historischen Prozess der Verrechtlichung stets auf die empirische Lebenswirklichkeit beziehen und die Rechtsbegriffe mit Inhalt füllen, den sie aus der Empirie bezieht. Welche empirische Materie für die Begriffsbildung hingegen relevant ist, muss zumindest auch aus der Warte des anzuwendenden normativen Begriffs selbst entschieden werden. Im normativen Begriff müssen bereits die Anwendung und damit die Bedingungen der Anwendung auf Empirie mitgedacht sein. So impliziert der Begriff „*Willkür*" eine Abgrenzung zum Begriff des „*Wunsches*". „Ein Gegenstand meiner Willkür aber ist das, wovon beliebigen Gebrauch zu machen ich das physische Vermögen habe, dessen Gebrauch in meiner Macht (potentia) steht."[144] Es muss ein Gegenstand sein, den das Subjekt „durch seine Willkür zu bestimmen (....) ein physisches Vermögen hat, denn das ist die Bedingung unter der allein etwas Objekt der Willkür (nicht

---

[142] Vgl. hierzu grundlegend *Köhler,* in: Festschrift für Mestmäcker, 317, 327.

[143] *Köhler*, in: Landwehr (Hrsg.), Freiheit, Gleichheit, Selbständigkeit, 103, 108.

[144] *Kant*, MdS, Rechtslehre, § 2, AA VI, 246.

des bloßen Wunsches) sein kann."[145] Und weiter: „Ein Objekt der Willkür das Mein und Dein sein soll, muss in meinem physischen Besitz sein können."[146] Nach dieser Begriffsbestimmung ist somit kennzeichnend für einen Gegenstand der Willkür das physische Vermögen in Bezug auf den Gegenstand. Von dieser Beschaffenheit des Gegenstandes – nämlich ein solcher der Willkür zu sein – darf die Vernunft nicht abstrahieren. Zwar kann „die reine praktische Vernunft keine andere als formale Gesetze zum Grunde legen", sodass die Vernunft infolge der Formalität des Rechtsgesetzes „von der Materie der Willkür, d.i. der übrigen Beschaffenheit des Objekts (...) abstrahiert". Aber von der Abstraktion ausgenommen ist ausdrücklich, dass das Objekt ein Gegenstand der Willkür sein muss.[147] Das bedeutet, dass keine völlige Loslösung von der Empirie erfolgen darf. Einerseits darf sich das Recht nicht von der Empirie vollständig abhängig setzen, was es unter Geltung der besitzrealistischen Antithese täte. Daher darf die Vernunft die rechtliche Subjekt-Objekt-Relation nicht von der *permanenten* physischen Innehabung des Gegenstandes abhängig machen. Andererseits muss der Gegenstand, auf den sich das intelligible Ausschließlichkeitsrecht bezieht, die empirische Eigenschaft aufweisen, vom Subjekt beherrscht werden zu können. Die physische Beherrschbarkeit hat daher eine nicht zu unterschätzende Bedeutung für die Konstitution möglicher Rechtsgegenstände.

1. Ausführungen in den Metaphysischen Anfangsgründen der Rechtslehre

Zu den Anwendungsbedingungen finden sich in den Metaphysischen Anfangsgründen nur unvollständige Ausführungen. Dies mag damit zusammenhängen, dass die Anwendung des Rechtsbegriffs vom intelligiblen Besitz auf Gegenstände der Erfahrung in dem Abschnitt über den Erwerb mitgedacht ist. Gleichwohl kann festgehalten werden, dass das Recht selbst als Vernunftbegriff einer sinnlichen Darstellung nicht zugänglich ist.[148] Denkbar wäre allenfalls eine symbolische bzw. analoge Darstellung.[149] Kant zieht deshalb lediglich eine *Analogie* zu den unter mechanischen Gesetzen stehenden Körpern, um das Recht sinnlich erschließbar zu machen.[150] Doch auch der praktische Rechtsbegriff des intelligiblen Besitzes muss auf empirische Gegenstände anwendbar sein. Die Anwendung

---

[145] *Kant*, Handschriftlicher Nachlass, AA XXIII, 212.
[146] *Kant*, Handschriftlicher Nachlass, AA XXIII, 224.
[147] *Kant*, MdS, Rechtslehre, § 2, AA VI, 246: „wenn es nur ein Gegenstand der Willkür ist".
[148] *Kersting*, Wohlgeordnete Freiheit, 202; *Brocker*, Kants Besitzlehre, 130.
[149] *Silber*, Kant-Studien, Bd. 56, 253, 260.
[150] *Kant*, MdS, Rechtslehre, § E, AA VI, 232 f.

moralischer Prinzipien auf die Empirie erfordert eine „durch Erfahrung geschärfte Urteilskraft."[151]

„Der Begriff eines bloß-rechtlichen Besitzes ist kein empirischer (von Raum und Zeitbedingungen abhängiger) Begriff, und gleichwohl hat er praktische Realität, d.i. er muss auf Gegenstände der Erfahrung, deren Erkenntnis von jenen Bedingungen abhängig ist, anwendbar sein."[152]

Ohne Anwendungsbedingungen bliebe der Rechtsbegriff inhaltlich unerfüllt.[153] Deshalb muss angegeben werden können, wie und auf was der Begriff des intelligiblen Besitzes angewandt werden kann.

„Der Rechtsbegriff, der bloß in der Vernunft liegt, kann nicht *unmittelbar* auf Erfahrungsobjekte, und auf den Begriff eines empirischen Besitzes, sondern muss zunächst auf den reinen Verstandesbegriff eines Besitzes überhaupt angewandt werden, sodass, statt der Inhabung (detentio), als einer empirischen Vorstellung des Besitzes, der von allen Raumes- und Zeitbedingungen abstrahierende Begriff des *Habens* und nur, dass der Gegenstand als in *meiner Gewalt* (in potestate mea postum esse) sei, gedacht werde; da dann der Ausdruck des Äußeren nicht das Dasein in einem anderen Orte, als wo ich bin, oder meiner Willensentschließung und Annahme als in einer anderen Zeit, wie des Angebots, sondern nur einen von mir *unterschiedenen* Gegenstand bedeutet."[154]

Der Vernunftbegriff wird also nicht unmittelbar auf ein Erfahrungsobjekt angewandt, sondern bedarf *zunächst* der Vermittlung über die Prädikabile des Habens eines von mir unterschiedenen Gegenstandes überhaupt. Der reine Verstandesbegriff des „Habens" wird dem Rechtsbegriff subsumiert.[155] Der Begriff des „Habens" ist insofern von der empirischen Vorstellung des Besitzens verschieden, als von allen Raumes- und Zeitbedingungen abstrahiert wird. Übrig bleibt die Vorstellung des „In-der-Gewalt-Habens". Der reine Verstandesbegriff des „Habens" enthält insoweit zwar alle Bedingungen des intelligiblen Besitzes, gibt jedoch für sich allein noch keine Erkenntnis des äußeren Mein und Dein.[156] Als Kategorie ist der Begriff des „Habens" an sich leer.[157] Das Wörtchen *zunächst* im Drucktext deutet an, dass ein weiterer Vermittlungsschritt zur Empirie erforderlich ist.

---

[151] *Kant*, GMS, AA IV, 389; hierzu *Höffe*, Kategorische Rechtsprinzipien, 121.
[152] *Kant*, MdS, Rechtslehre, § 7, AA VI, 252 f.
[153] *Kersting*, Wohlgeordnete Freiheit, 202.
[154] *Kant*, MdS, Rechtslehre, § 7, AA VI, 253.
[155] *Sänger*, Die kategoriale Systematik, 229.
[156] *Sänger*, Die kategoriale Systematik, 230.
[157] *Kant*, Handschriftlicher Nachlass, AA XXIII, 277; *Sänger*, Die kategoriale Systematik, 230.

2. Der physische Besitz als Schema des intelligiblen Besitzes

Welcher Art dieser weitere Vermittlungsschritt exakt ist, wird in den Metaphysischen Anfangsgründen nicht expliziert. Allenfalls aus dem Erwerbskapitel und der dortigen Begründung der empirischen Erwerbsbedingungen könnte ein Rückschluss gezogen werden. Allerdings finden sich in den Vorarbeiten zur Rechtslehre Ausführungen dazu, dass der Vermittlungsschritt im „Schematismus des physischen Besitzes" bestehe. Der Verstandesbegriff des „Habens" entgeht seiner Leerheit, und damit seiner praktischen Bedeutungslosigkeit, dadurch, dass „der Wille anderer vorgestellt wird, wie er erscheint und sich äußerlich den Sinnen offenbart."[158]

a) Ausführungen in den Vorarbeiten zur Rechtslehre

Auch wenn die Vorarbeiten nicht in die endgültige Fassung der Rechtslehre aufgenommen wurden, kann ihnen doch philologisch eine unterstützende Funktion bei der Interpretation des Drucktexts zukommen.[159] Denn im Drucktext argumentiert Kant auf der Grundlage des in den Vorarbeiten Entwickelten.[160] Allerdings muss in einem zweiten Schritt die systematische Schlüssigkeit eigenständig geprüft werden.

In den Vorarbeiten heißt es: „Der intellektuelle Besitz kann (…), als zum Mein und Dein erforderlich (…), ohne irgendeinen physischen desselben nicht gegeben werden, d.i. man kann nicht wissen, ob eine solche Bestimmung der Willkür dem Subjekte zukomme, ohne eine gewisse Erscheinung der Besitznehmung als Gegenstand der Erfahrung"[161]. Und später: „(…) ohne die sinnliche Bedingung des physischen Besitzes (kann) das Dasein des intellektuellen nicht erkannt werden, weil jener die Darstellung von jenem in einer möglichen Erfahrung ausmacht"[162]. Und weiter: „Da aber Objekte der Sinne nicht unter reine Verstandesbegriffe als Arten unter ihre Gattung subsumiert werden können, so wird zur Erkenntnis eines rechtlichen Erwerbs vorher ein Schematismus der äußeren intellektuellen Verhältnisse der Willkür zu ihren Objekten (gemäß den Gesetzen der Freiheit) angestellt werden müssen; denn nur durch diesen (der auch a priori aber in Beziehung auf die Verhältnisse in Raum und Zeit geschieht) kann allein die Bedingung der Möglichkeit des äußeren erwerblichen Rechts der

---

[158] *Kant*, Handschriftlicher Nachlass, AA XXIII, 277; *Sänger*, Die kategoriale Systematik, 233 f.

[159] So auch *Lehmann*, in: Beiträge zur Geschichte und Interpretation Kants, 195.

[160] *Sänger*, Die kategoriale Systematik, 233.

[161] *Kant*, Handschriftlicher Nachlass, AA XXIII, 213.

[162] *Kant*, Handschriftlicher Nachlass, AA XXIII, 217.

Menschen als Gegenstandes der Erfahrung mithin die unter der allein der Gegenstand den Kategorien subsumiert werden kann, gegeben werden."[163]

Die Subsumtion eines Gegenstandes unter die Kategorie des „Habens" setzt folglich einen *Schematismus* voraus. Nur durch diesen Schematismus kann erkannt werden, ob ein Subjekt ein intelligibles Besitzrecht über einen Gegenstand ausübt. Der intelligible Besitz definiert sich zwar gerade über seine Unabhängigkeit von der physischen Innehabung. Gleichwohl ist der physische Besitz die Darstellung des intelligiblen Besitzes.[164] An anderer Stelle wird der physische Besitz als Erscheinung des rechtlichen (also intelligiblen) Besitzes bezeichnet.[165] Schließlich wird Kant in den Vorarbeiten ganz deutlich: „Alles äußere Mein und Dein setzt einen intellektuellen Besitz voraus die Besitznehmung aber einen physischen der das Schema des intellektuellen ist und unter dem Gesetz den Fall des Mein und Dein subsumiert."[166]

Physischer und intelligibler Besitz stehen in einem Wechselspiel zueinander. Der in der Empirie erscheinende physische Besitz kann nicht Geltungsgrund des rechtlichen Besitzes sein, da dies den Begriff des Rechts unzulässig empirisierte. Aber das Recht muss gleichwohl auf die Empirie angewandt werden[167], was wiederum voraussetzt, dass eine Regel angegeben wird, nach der entschieden wird, was möglicher Gegenstand des äußeren Mein und Dein ist. Diese Erkenntnisregel, die zwischen dem Rechtsbegriff des intelligiblen Besitzes einerseits und dem empirischen Gegenstand andererseits steht, ist das Schema des physischen Besitzes.

„Da der Vernunftbegriff vom Recht gleichwohl objektive praktische Realität hat d.i. ihm ein Gegenstand (eine Handlung) in der sinnlichen Anschauung mithin in Raum und Zeit korrespondierend muss gegeben werden können so muss ein Schematismus der aber nicht direkt beim Rechtsbegriffe sondern dem physischen Akt der Willkür korrespondiert aber sofern diese als frei betrachtet wird korrespondieren welches nicht anders zu denken möglich ist als da die Freiheit der Willkür (die schon ihr physisches Schema hat) bloß als das Schema des Besitzes betrachtet wird."[168]

Nach Kersting sind Inhalt des Schemas die empirischen, den physischen Besitz konstituierenden Handlungen der Besitzergreifung, der Apprehension und Detention.[169] Die Erscheinung des empirischen Besitzes ist somit Erkenntnisvoraussetzung für den intelligiblen Besitz. Ob ein Subjekt in

---

[163] *Kant*, Handschriftlicher Nachlass, AA XXIII, 221.
[164] *Kant*, Handschriftlicher Nachlass, AA XXIII, 229.
[165] *Kant*, Handschriftlicher Nachlass, AA XXIII, 235.
[166] *Kant*, Handschriftlicher Nachlass, AA XXIII, 262.
[167] *Kant*, MdS, Rechtslehre, Einleitung II, AA VI, 217.
[168] *Kant*, Handschriftlicher Nachlass, AA XXIII, 275. Aber auch: „Der physische Besitz die Inhabung muss bloß als das Schema des intellektuellen Besitzes (des Rechts) durch die bloße Willkür im (rechtlichen) Mein und Dein gedacht werden."
[169] *Kersting*, Wohlgeordnete Freiheit, 203.

Bezug auf einen Gegenstand tatsächlich einen handlungsmächtigen Gebrauchswillen (sachbezogene Willkür) aktualisiert hat, kann nur durch die Erscheinung der empirischen Inbesitznehmung erkannt werden. Dieser Ausdruck der faktischen Beherrschungsmacht ist erforderlich, damit erkannt werden kann, dass nicht bloß ein *rechtlich* unbeachtlicher Gebrauchs*wunsch* vorliegt. Hieraus erhellt, weshalb Kant *zwei* Erwerbstitel für erforderlich hält. Neben der „Idee eines a priori vereinigten (…) Willens aller" als „Vernunfttitel der Erwerbung" ist auch ein „empirischer Titel" notwendig.[170] Der „empirische Titel der Erwerbung" ist die „physische Besitznehmung (apprehensio physica)"[171]. Denn dem „Besitz nach Vernunftbegriffen des Rechts (kann) nur ein Besitz in der Erscheinung untergelegt werden"[172]. „Jeder rechtliche Besitz muss als bestimmter in Raum und Zeit beginnen, aber diese empirischen Markierungshandlungen bilden nicht den Grund seiner Gültigkeit."[173] Das Schema des intelligiblen Besitzes ist folglich der empirische Besitz.[174] Die Kontextualisierung des Erwerbs des äußeren Mein und Dein ist daher von dem physischen Besitz als „empirischem Titel"[175] abhängig.

b) Tragfähigkeit und Tragweite des Schematismus des physischen Besitzes

Die obigen Ausführungen Kants zu dem Schematismus des physischen Besitzes haben keinen expliziten Eingang in den Drucktext der Rechtslehre gefunden. Deshalb ist, losgelöst von den Vorarbeiten, zu erwägen, ob der These, der physische Besitz sei das Schema des intelligiblen Besitzes, zugestimmt werden kann oder nicht. Hierzu ist zunächst in der gebotenen Knappheit der Status des Schemas allgemein im Kontext der kantischen Transzendentalphilosophie zu würdigen, um anschließend die Besonderheiten der Besitzlehre als Teilbereich der praktischen Philosophie in den Blick zu nehmen.

aa) Der Schematismus in der theoretischen Transzendentalphilosophie

Die Subsumtion eines Gegenstandes unter einen Begriff setzt voraus, dass „die Vorstellung des ersteren mit (dem) letzteren gleichartig sei."[176] Die Gleichartigkeit des Begriffs mit der Vorstellung von dem Gegenstande bereitet bei reinen Verstandesbegriffen Schwierigkeiten, insofern der Begriff

---

[170] *Kant*, MdS, Rechtslehre, § 15, AA VI, 264.
[171] *Kant*, MdS, Rechtslehre, § 15, AA VI, 264.
[172] *Kant*, MdS, Rechtslehre, § 15, AA VI, 264.
[173] *Kersting*, Wohlgeordnete Freiheit, 203.
[174] Hierzu näher *Brocker*, Kants Besitzlehre, 128 ff.; anders *Kühl*, Eigentumsordnung als Freiheitsordnung, 155.
[175] *Kant*, MdS, Rechtslehre, § 15, AA VI, 264.
[176] *Kant*, KrV, AA III, 133.

als erfahrungsfrei vorgestellt wird. Bezöge man die Kategorien jedoch nicht auf sinnlich Gegebenes, blieben sie reine Denkformen.[177] Als dann abstrakte, unerfüllte Form bliebe die Kategorie dem „überschwänglichen Gebrauch der Vernunft ausgesetzt"[178]. Bedingung der Möglichkeit von intersubjektiver Wirklichkeit ist daher, dass die Kategorie mit Inhalt gefüllt werden kann. Aufgrund der unmittelbaren Ungleichartigkeit von Kategorie und empirischem Gegenstand ist hierzu ein Drittes erforderlich, „was einerseits mit der Kategorie, andererseits mit der Erscheinung in Gleichartigkeit stehen muss, und die Anwendung der ersteren auf die letzte möglich macht"[179]. Das vermittelnde Dritte muss „rein (ohne alles Empirische) und doch einerseits intellektuell, andererseits sinnlich sein"[180]. Kant nennt diese vermittelnde Vorstellung „transzendentales Schema"[181]. Das Schema ist „eine Art Allgemeinvorstellung, die als ihren Kern die definierten Eigenschaften des Definiendums enthält und zugleich eine gewisse Variationsbreite abdeckt, die seine Ähnlichkeit mit allen Elementen dieser Klasse garantiert"[182]. Durch das Verfahren der Schematisierung wird ein Begriff unter Mithilfe von etwas Sinnlichem verständlich.[183] Hierzu wird der Begriff einer Figürlichkeit – oder eben Allgemeinvorstellung – zugeführt, unter welche wiederum Erfahrungsobjekte subsumiert werden können. „Wir können uns keine Linie denken, ohne sie in Gedanken zu ziehen, keinen Zirkel denken, ohne ihn zu beschreiben."[184] Die durch die Vernunft zu konstruierende Figur des Begriffes muss also *beschrieben* werden.[185] Die beschreibende Vernunft wirkt konstruierend, indem sie den Begriff zu seinem Bild gelangen lässt.[186] Die Figur wird dabei nicht aus fertig vorliegenden Elementen zusammengesetzt.[187] Im Vollzug des Beschreibens wird die Figur vielmehr erst durch die Vernunft erzeugt – eben konstruiert.[188] Im Verfahren des Beschreibens verwirklicht sich das Schema als Regel.[189] Zwei Funktionen erfüllt das Schema: *erstens* legitimiert bzw. realisiert es Erkenntnisse; *zweitens* limitiert bzw. restringiert es Erkenntnisse auf den

---

[177] *Höffe*, Kants Kritik der reinen Vernunft, 155.
[178] *Höffe*, Kants Kritik der reinen Vernunft, 155.
[179] *Kant*, KrV, AA III, 134.
[180] *Kant*, KrV, AA III, 134.
[181] *Kant*, KrV, AA III, 134.
[182] *Beck*, Kants Kritik der praktischen Vernunft, 152.
[183] *Silber*, Kant-Studien, Bd. 56, 253, 260.
[184] *Kant*, KrV, AA III, 121.
[185] *Kaulbach*, in: Prauss (Hrsg.), Erkennen und Handeln, 105, 106.
[186] *Kaulbach*, in: Prauss (Hrsg.), Erkennen und Handeln, 105, 107.
[187] *Kaulbach*, in: Prauss (Hrsg.), Erkennen und Handeln, 105, 108.
[188] *Kaulbach*, in: Prauss (Hrsg.), Erkennen und Handeln, 105, 108.
[189] *Kaulbach*, in: Prauss (Hrsg.), Erkennen und Handeln, 105, 107.

Bereich möglicher Erfahrung.[190] Nur dasjenige, „was die Vernunft vorschreibend beschrieben hat, kann sie apriori erkennen"[191].

bb) Der Schematismus der praktischen Vernunft:
die Typik der reinen praktischen Urteilskraft

In dem Abschnitt der Kritik der praktischen Vernunft, der mit „Von der Typik der reinen praktischen Urteilskraft"[192] überschrieben ist, thematisiert Kant die Anwendung des moralischen Gesetzes auf konkrete Handlungssituationen.[193] Das Gesetz der Freiheit als praktische Regel der reinen Vernunft verlange Handlungen, die „zur Erfahrung und Natur" gehören.[194] Prima facie erscheine es „widersinnig, in der Sinnenwelt einen Fall antreffen zu wollen, der, da er immer so fern nur unter dem Naturgesetze steht, doch die Anwendung eines Gesetzes der Freiheit auf sich verstatte, und auf welchen die übersinnliche Idee des Sittlichguten, das darin in concreto dargestellt werden soll, angewandt werden könne"[195]. Doch es geht der praktischen Vernunft nicht darum, die theoretische Möglichkeit einer Handlung nachzuweisen. Dies ist vielmehr die Aufgabe der theoretischen Vernunft, welche vermittelt über die von der transzendentalen Einbildungskraft entworfenen Schemata prüft, ob eine Handlung nach den Naturbegriffen möglich ist.[196] Der praktischen Vernunft hingegen geht es um die „Subsumtion einer mir in der Sinnenwelt möglichen Handlung unter einem reinen praktischen Gesetz"[197]. Gesucht ist daher nicht „das Schema eines Falles nach Gesetzen"[198]. Es geht stattdessen „um das Schema (wenn dieses Wort hier schicklich ist) eines Gesetzes selbst (...)"[199]. Da das praktische Gesetz ein solches des Sollens und nicht des Seins ist, kann das Schema des Gesetzes nicht aus der Anschauung oder aus der Einbildungskraft stammen.[200] „Dem Gesetz der Freiheit (als einer gar nicht sinnlich bedingten Kausalität), mithin auch dem Begriffe des unbedingt-Guten, kann keine Anschauung, mithin kein Schema zum Behuf seiner Anwendung in concreto unterlegt werden"[201]. Stattdessen dient dem Sittengesetz als auf Gegenstände der Natur vermittelndem Erkenntnisvermögen der

---

[190] *Höffe*, Kants Kritik der reinen Vernunft, 155.
[191] *Kaulbach*, in: Prauss (Hrsg.), Erkennen und Handeln, 105, 108.
[192] *Kant*, KpV, AA V, 67.
[193] Vgl. auch *Sala*, Kants „Kritik der praktischen Vernunft" – Ein Kommentar, 153.
[194] *Kant*, KpV, AA V, 68.
[195] *Kant*, KpV, AA V, 68.
[196] *Kant*, KpV, AA V, 68.
[197] *Kant*, KpV, AA V, 68.
[198] *Kant*, KpV, AA V, 68.
[199] *Kant*, KpV, AA V, 68.
[200] *Beck*, Kants „Kritik der praktischen Vernunft", 154.
[201] *Kant*, KpV, AA V, 69.

Verstand, der „ein Naturgesetz, aber nur seiner Form nach, als Gesetz zum Behuf der Urteilskraft unterlegen kann, und dieses können wir daher den Typus des Sittengesetzes nennen"[202]. Hierauf beruhend formuliert Kant den kategorischen Imperativ folgendermaßen: „Wenn die Maxime der Handlung nicht so beschaffen ist, dass sie an der Form eines Naturgesetzes überhaupt die Probe hält, so ist sie sittlich-unmöglich."[203] Die praktische Vernunft ist also, ebenso wie die theoretische, auf ein „vermittelndes Erkenntnisvermögen" angewiesen. Das „vermittelnde Erkenntnisvermögen" der praktischen Vernunft unterscheidet sich aber aufgrund des unterschiedlichen Erkenntnisinteresses von dem der theoretischen Vernunft. Die praktische Vernunft will das praktische Gesetz an sich bestimmen, während es der theoretischen Vernunft um die Möglichkeit von Naturerfahrung geht.

cc) Der Schematismus in der Besitzlehre

Die praktische Vernunft abstrahiert in der Besitzlehre von den für die Rechts*geltung* als unerheblich erkannten empirischen Bestimmungen des Gegenstandes, und „löst ihn als ‚theoretischen' gleichsam auf, um ihn als praktischen neu zu setzen."[204] Der in physischen Besitz genommene Gegenstand wird seinem empirischen Kontext entrissen und als intelligibler (noumenaler) Gegenstand reproduziert.[205] Die phänomenologisch *erscheinende* Relation von Subjekt und Objekt wird durch die Idee einer intelligiblen Relation transzendiert. Die hierdurch von der praktischen Vernunft autonom gesetzte Prädikabile des „reinen Habens" muss jedoch auf empirische Gegenstände anwendbar sein. „Rechtskategorien ohne Anschauung sind leer."[206] Auf der einen Seite steht ein anwendungsbedürftiger praktischer Rechtsbegriff, und auf der anderen Seite ein empirischer Gegenstand. Der Begriff des „Habens" wird als a priori vorgestellt, während der Gegenstand, auf den der Begriff zu applizieren ist, empirischer Art ist. Zwischen den Begriff und den Gegenstand tritt nun das Schema. Gerade weil der physische Besitz mit dem intelligiblen Besitz gemein hat, Dritte von der Nutzung des Gegenstandes auszuschließen, ist er einerseits hinsichtlich der Exklusionswirkung gleichartig mit dem intelligiblen Besitz; andererseits beruht der physische Besitz auf faktischer Herrschaft über einen Gegenstand und ist insofern empirisch. Folglich eignet sich der physische Besitz als Vermittlungsschritt zwischen dem intelligiblen Besitz und dem empirischen Gegenstand.

---

[202] *Kant*, KpV, AA V, 69.
[203] *Kant*, KpV, AA V, 69 f.
[204] *Brocker*, Kants Besitzlehre, 132.
[205] *Brocker*, Kants Besitzlehre, 132.
[206] *Brocker*, Kants Besitzlehre, 128.

Der physische Besitz kann jedoch nur in einem *indirekten* Sinne als Schema des intelligiblen Besitzes angesehen werden.[207] Denn die Freiheit der Willkür selbst ist als Vernunftidee einer Schematisierung nicht zugänglich, wohl aber der physische Akt der Willkür.[208] Der Willkürakt als rechtliche Handlung ist eine Handlung in Raum und Zeit und in diesem Sinne schematisierbar.[209]

Der Schematismus des physischen Besitzes wird zwar in dem Drucktext nicht als solcher bezeichnet, findet sich jedoch in den jeweiligen Abschnitten über den Erwerb der Gegenstände der Willkür als implizite Voraussetzung. Die als Handlungen schematisierten Willküräkte sind für das Sachenrecht die im § 10 der Rechtslehre als „Momente" der ursprünglichen Erwerbung bezeichneten Akte der Ergreifung und Aneignung eines Gegenstandes der Willkür.[210]

„Der Anfang des physischen Besitzes ist die *Ergreifung* (apprehensio) die Fortdauer desselben *Aufbehaltung* (detentio). Beide als in der Zeit existierend gehören nicht zum intellektuellen Besitz als Bestimmungen desselben – dennoch kann, ohne die sinnliche Bedingungen des physischen Besitzes, das Dasein des intellektuellen nicht erkannt werden, weil jener die Darstellung von jenem in einer möglichen Erfahrung ausmacht."[211] Da sich jedoch das kantische Privatrecht nicht auf die Begründung des Sacheigentums beschränkt,[212] sondern nach einer generellen Begründung des äußeren Mein und Dein an sämtlichen Gegenständen der Willkür fragt, wundert es nicht, dass auf eine allgemeine Schematisierung im Drucktext verzichtet wurde. Die Schematisierung des intelligiblen über den physischen Besitz muss nämlich die Besonderheiten des jeweiligen empirischen Gegenstandes reflektieren und die Form des physischen Besitzes an diesem ausrichten. Jenes zeigt sich insbesondere an der schuldrechtlichen Forderung, zu deren Schematisierung weiter unten noch Ausführungen folgen.[213] Bevor auf die Konsequenzen des Schematismus für die Frage nach den möglichen Gegenständen der Willkür eingegangen wird, sollen vier systematische Argumente die Schlüssigkeit des Gedankengangs darlegen.

---

[207] *Lehmann*, Beiträge zur Geschichte und Interpretation der Philosophie Kants, 208.
[208] *Kant*, Handschriftlicher Nachlass, AA XXIII, 275.
[209] *Lehmann*, Beiträge zur Geschichte und Interpretation der Philosophie Kants, 208.
[210] *Lehmann*, Beiträge zur Geschichte und Interpretation der Philosophie Kants, 209.
[211] *Kant*, Handschriftlicher Nachlass, AA XXIII, 217.
[212] Missverständlich insofern *Luf*, in: Dittrich (Hrsg.), Woher kommt das Urheberrecht und wohin geht es?, 9, 18.
[213] Siehe unten: S. 154 ff.

(1) Begriffsbildungsverfahren und Schematismus

Das Schema vermittelt zwischen Begriff und Gegenstand. Dadurch lässt sich der Begriff auf den Gegenstand beziehen.[214] Erfahrungsabhängige Begriffe werden über das Bild des Gegenstandes schematisiert, was bei apriorischen Begriffen nicht möglich ist. Deshalb dient bei apriorischen Begriffen nicht das Bild, sondern die Vorstellung des Verfahrens der Einbildungskraft bei der Synthese möglicher Anschauungsdaten als Schema.[215] Das Schema als formale Struktur der Anschauung ist die Regel dieses begriffsbildenden Verfahrens.[216] Es reflektiert den synthetischen Vorgang durch den der Begriff a priori gebildet wurde. Der Begriff des intelligiblen Besitzes wurde durch die Abstraktion vom physischen Besitz synthetisiert. Vorausgesetzt ist als Ausgangspunkt der Abstraktion und damit der Synthese das Vorhandensein eines physischen Besitzes, von dem der Gedanke seinen Ausgang nimmt. Der physische Besitz ist folglich Teil des begriffsbildenden Syntheseverfahrens. Deshalb setzt die Schematisierung des intelligiblen Besitzes (Begriff a priori) den physischen Besitz als *Denkmöglichkeit* voraus.[217]

(2) Präsuppositionsargument

Der intelligible Besitz ist definiert als eine von der physischen Innehabung unabhängige Beziehung zwischen Subjekt und Gegenstand.[218] Präsupposition der Definition ist, dass eine physische Innehabung des Gegenstandes *möglich* ist. Wäre dem nicht so, wäre es überflüssig, den intelligiblen Besitz gerade durch seine Unabhängigkeit von der physischen Innehabung zu bestimmen. In der Begriffsbestimmung des intelligiblen Besitzes ist somit bereits die Möglichkeit physischen Besitzes vorausgesetzt.[219]

(3) Materielles Argument: Abgrenzung von Willkür und Wunsch über das Schema des physischen Besitzes

Gestützt wird die Schematismusthese zusätzlich durch die Notwendigkeit einer Abgrenzung zwischen Willkür und Wunsch. Der auf die äußere Willkürkoordination eingeschränkte Rechtsbegriff[220] muss gerade wegen dieser

---

[214] *Kersting*, Wohlgeordnete Freiheit, 201.

[215] *Beck*, Kants „Kritik der praktischen Vernunft", 152.

[216] *Beck*, Kants „Kritik der praktischen Vernunft", 152.

[217] Unter Berufung auf die Vorarbeiten zur Rechtslehre auch *Kersting*, Wohlgeordnete Freiheit, 203.

[218] *Kant*, MdS, Rechtslehre, § 1, AA VI, 245 f.

[219] „Ohne den Besitz ist der Eigentumsbegriff des BGB nicht erklärbar", *Jänich*, Geistiges Eigentum – eine Komplementärerscheinung zum Sacheigentum?, 219.

[220] Siehe hierzu oben: S. 57 ff.

begrifflichen Einschränkung, solche Gegenstände als mögliche Rechtsgegenstände ausgrenzen, die nicht willkürmächtig besessen werden können.
Daher kann nur dann von einem Gegenstand der *Willkür* gesprochen werden, wenn es vorstellbar ist, dass ein anderer oder man selbst diesen in
seiner Macht hat. Dies wiederum setzt physischen Besitz voraus.

(4) Reduzierung der aus der intelligiblen Besitzordnung folgenden
Freiheitseinschränkung

Würden sich intelligible Besitzrechte auch auf nicht faktisch beherrschbare
Gegenstände beziehen, würde diesbezüglich eine Exklusion Dritter vom
Gegenstandsgebrauch entstehen, welche nicht in analoger Weise in einer
besitzrealistischen Ordnung gedacht werden könnte. Im Hinblick auf nicht
faktisch beherrschbare Gegenstände würde folglich eine intelligible Besitzordnung nicht bloß *kontinuierliche* Exklusionsstrukturen, sondern die
Exklusionsstruktur an sich schaffen. Diese *zusätzliche* Freiheitseinschränkung der anderen Gebrauchsprätendenten bedürfte einer weiteren freiheitsrechtlichen Rechtfertigung. Keinesfalls könnte die Rechtfertigung darin
bestehen, dass das Subjekt nicht von der kontinuierlichen faktischen Beherrschung abhängig gemacht werden darf, denn die Notwendigkeit, von
dem Faktum einer fortdauernden Beherrschung aus Freiheitsgründen abzusehen, kann sich nur dort ergeben, wo eine faktische Beherrschung überhaupt denkbar ist. Folglich kann die kantische Privatrechtstheorie keine
intelligiblen Rechte an nicht faktisch beherrschbaren Gegenständen legitimieren. Dem trägt der Schematismus des physischen Besitzes Rechnung.
Sieht man im physischen Besitz das Schema des intelligiblen Besitzes und
schränkt hierdurch die möglichen Gegenstände der Willkür auf faktisch
beherrschbare Gegenstände ein, reduziert man – auch über die kantische
Privatrechtstheorie hinaus – die Begründungslast für eine intelligible Besitzordnung.

(5) Konsequenzen des Schematismus des physischen Besitzes

Zentral für die kantische Theorie der erwerbbaren Rechte ist die Zweiteilung zwischen einer geltungskonstitutiven, intelligiblen und unanschaulichen Ebene einerseits und der darstellungskonstitutiven, empirischen Ebene andererseits.[221] Die empirisch zu beobachtende Beziehung eines Subjekts zu einem Gegenstand ist nicht konstitutiv dafür, dass der Gegenstand
diesem Subjekt rechtlich zugerechnet werden kann. Umgekehrt bedarf jedoch auch die unanschauliche Ebene des Rechts einer individuierenden
Darstellung in der Empirie. Denn das Recht bezieht sich auf empirische
Gegenstände, die hierfür der apriorischen Gesetzlichkeit des Rechts unter

---

[221] *Kersting*, Kant über Recht, 87.

worfen sein müssen.[222] Empire und Recht können daher nicht beziehungs-
los nebeneinander stehen, sondern sind wechselseitig aufeinander verwiesen.[223] Gegenstand eines intelligiblen Rechts kann nur sein, was als physisch beherrschbar vorgestellt werden kann. Das Schema des physischen
Besitzes übt somit – in analoger Weise zum transzendentalen Schema in
der theoretischen Philosophie – eine *legitimierende* und zugleich *limitierende* Funktion aus. Legitimierend insoweit, als durch den physischen Besitz an einem Gegenstand dessen Eignung für intelligiblen Besitz dargetan
ist. Die physische Besitznehmung wird deshalb von Kant als empirischer
Erwerbstitel bezeichnet.[224] Limitierend insofern, als dass alles vom intelligiblen Besitz ausgeschlossen wird, was nicht als physisch beherrschbar
gedacht werden kann. Die *lex permissiva* des Erwerbs erstreckt sich nur
auf Gegenstände, die „man physisch haben kann"[225]. In diesem Zusammenhang können auch die zeitgeschichtlich bedingten Äußerungen Kants
zum *mare liberum* verstanden werden, wonach sich die Reichweite der
Besitznehmung nach der Reichweite der Kanonen richtet.[226]

Im Kontext des „geistigen Eigentums" wird die limitierende Funktion
ebenso von Bedeutung sein, wie schließlich die Legitimierende. Denn fraglich ist, ob und inwiefern von einer physischen Beherrschung immaterieller
Güter als abstrakter Gegenstände überhaupt gesprochen werden kann.

Verkürzt sind vor diesem Hintergrund die Ausführungen Lufs zum Status des physischen Besitzes.[227] Jedes auf den äußeren Gebrauch von Gegenständen gerichtete normative Wollen müsse in *irgendeiner* Weise in
Erscheinung treten, damit es überhaupt intersubjektiv anerkannt zu werden
vermag.[228] Die physische Innehabung sei nur eines von mehreren möglichen Zeichen, um den normativen Willen intersubjektiv publik zu machen.
Luf beschränkt damit den physischen Besitz auf ein beliebig austauschba-
res Publizitätszeichen. Diese Funktion kommt dem physischen Besitz gewiss *auch* zu. Doch muss die Bedeutung der physischen Inhabbarkeit ge-
wichtiger eingeschätzt werden, wenn man – wie hier – den physischen Besitz als Schema des intelligiblen Besitzes ansieht. Aus seiner Sicht konsequent schließt Luf: „Sofern die Möglichkeit physischer Innehabung kein
entscheidendes Kriterium bildet, sind als äußere Gegenstände der Willkür

---

[222] *Deggau*, Aporien der Rechtslehre Kants, 19.

[223] Vgl. *Deggau*, Aporien der Rechtslehre Kants, 19.

[224] *Kant*, MdS, Rechtslehre, § 15, AA VI, 264.

[225] So ohne expliziten Bezug zum Schematismus *Brandt*, Eigentumstheorien von Grotius bis Kant, 188: „Es muss also möglich oder erlaubt sein, das rechtlich zu haben, was
man physisch haben kann, natürlich unter den Bedingungen, die sich aus dem formalen
und einzig möglichen Rechtsprinzip ergeben."

[226] *Kant*, MdS, Rechtslehre, § 15, AA VI, 265.

[227] Vgl. *Luf*, Freiheit und Gleichheit, 82.

[228] *Luf*, Freiheit und Gleichheit, 82 – Hervorhebung von Verfasser.

nicht nur körperliche Sachen, sondern auch Handlungen und Statusverhältnisse zu begreifen."[229] Im weiteren Verlauf dieser Untersuchung wird sich jedoch herausstellen, dass auch die von Luf angesprochenen Handlungen und Statusverhältnisse als mögliche Gegenstände der Willkür, einer Schematisierung über die physische Innehabung zugänglich sind.[230] Allerdings muss das Schema die jeweiligen Unterschiede der Gegenstände im Gegensatz zur körperlichen Sache reflektieren und entsprechend angepasst sein. Insofern kann nicht *e contrario* aus der Erstreckung der kantischen Privatrechtslehre auf Handlungen und Statusverhältnisse auf die Irrelevanz des physischen Besitzes geschlossen werden. Die physische Beherrschbarkeit des Gegenstandes ist vielmehr nötig, um überhaupt von einem äußeren Gegenstand der Willkür zu sprechen. Folglich besteht die Funktion des physischen Besitzes nicht nur in der Publizität, sondern darüber hinaus auch noch darin, *ratio cognescendi* der möglichen Gegenstände der Willkür zu sein.

Da das Schema des physischen Besitzes das äußere Mein und Dein nicht auf körperliche Sachen beschränkt, wäre hierauf bezogen auch der Hinweis Kohlers verfehlt, dass derjenige, der physische Herrschaft für das Eigentum verlange, nichts anderes sage, als dass „das Eigentum seinem Wesen nach ein Recht an physischen d.h. körperlichen Sachen ist"[231].

III. Welcher Art ist das immaterielle Gut?

Gegenstand der Willkür kann nach den obigen Ausführungen[232] nur sein, was sich im Schema des physischen Besitzes denken lässt. Im Anschluss an die oben dargestellte Nachdruckschrift Kants soll nun untersucht werden, ob das Immaterialgut den dargelegten Kriterien eines Willkürgegenstandes entspricht. Dies setzt zunächst voraus, eine genauere Vorstellung von dem Wesen immaterieller Güter zu gewinnen. Dies soll unter verschiedenen – einander nicht notwendigerweise ausschließenden – Perspektiven untersucht werden.

1. Zur Dualität von Typ und Vorkommnis in der Ontologie des immateriellen Gutes

Aus einer ontologischen Perspektive ist nach der *Seinsweise* immaterieller Güter zu fragen. Kennzeichnend für immaterielle Güter ist, dass sie nicht

---

[229] *Luf*, Freiheit und Gleichheit, 82.
[230] Siehe unten: S. 154 ff.
[231] *Kohler*, Das Autorrecht, 2.
[232] Siehe oben: S. 80 ff.

anhand einer raumzeitlichen Position unterschieden werden können.[233] Während körperliche Gegenstände mit *typ*-gleichen, aber raum-zeitlich verschiedenen Gegenständen koexistieren, ist dies bei immateriellen Gütern nicht der Fall. Bezogen auf Raum und Zeit *existieren* sie universell.[234] In der Terminologie von Peirce[235] könnte man immaterielle Güter als *Typen* bezeichnen.[236] Als *type* ist das immaterielle Gut dadurch definiert, dass es das Muster verschiedener, parallel existierender Vorkommnisse (*token*) ist. Diese verschiedenen *token* eines immateriellen Gutes, etwa als Vertonung einer Melodie, können raum-zeitlich genauso koexistieren wie körperliche Gegenstände. Der *type* hingegen besteht als abstrakter Gegenstand[237] losgelöst von den einzelnen Instanziierungen in den numerisch verschiedenen *token*. Als Oberbegriff zu den einzelnen Verkörperungen kann der *type* nur singulär auftreten. „Die vielen Exemplare der ‚Römischen Elegien' sind Vorkommnisse (token, J.J.) einer Goetheschen Dichtung (type, J.J.)."[238] Doch gibt es überhaupt etwas wie *die* Römischen Elegien, *den* Faust, *die* Zauberflöte oder gar *die* Erfindung des Rades? Existieren Werke und Erfindungen als Typen *wirklich*? Die Frage berührt ein Grundproblem der Ontologie, nämlich, „ob nur die sinnlich erfassbaren Wesen existieren oder neben diesen auch noch andere"[239], oder: Welchen ontologischen Status hat das immaterielle Gut?

a) Die Seinsweise des literarischen Werkes nach Ingarden

Wie sein Lehrer Husserl[240] unterscheidet Ingarden zwischen realen und idealen Gegenständen.[241] Die Disjunktion zwischen realen und idealen Gegenständen soll vollständig und zugleich die allgemeinste sein.[242] Sowohl reale als auch ideale Gegenstände sollen jeweils ein Etwas sein, „was in sich seinsautonom und dem jeweiligen auf es gerichteten Erkenntnisakte gegenüber seins-unabhängig ist"[243]. Der Unterschied besteht nach Ingarden jedoch darin, dass die realen Gegenstände „in irgendeinem Zeitpunkt entstehen, einige Zeit dauern, sich in ihr evtl. verändern und endlich aufhören

---

[233] *Schmidt*, DZPhil, 52, (2004), 755, 757.

[234] *Schmidt*, DZPhil, 52, (2004), 755, 757.

[235] *Peirce*, The Monist, 16 (1906), 492 ff.

[236] So auch *Strawson*, Individuals – An essay in descriptive metaphysics, 231; *ders.*, Logico-Linguistic Papers, 50; nach Werktypen differenzierend *Wollheim*, Are the criteria of identity for works of art aesthetically relevant?, in: Art and its objects, 167 ff.

[237] *Künne*, Abstrakte Gegenstände, 15.

[238] *Künne*, Abstrakte Gegenstände, 230.

[239] *Aristoteles*, Metaphysik, III, 2, 997a 34–35; *Künne*, Abstrakte Gegenstände, 13.

[240] *Husserl*, Erfahrung und Urteil, 319 f.

[241] *Ingarden*, Das literarische Kunstwerk, 6.

[242] *Ingarden*, Das literarische Kunstwerk, 6.

[243] *Ingarden*, Das literarische Kunstwerk, 6 f.

zu existieren"[244]. Ideale Gegenstände hingegen seien zeitlos und unveränderlich.[245] Die Einordnung des literarischen Werkes in die Dichotomie von
real und ideal bereitet Schwierigkeiten. Einerseits sei das literarische Werk
real in dem Sinne, dass es in einer bestimmten Zeit entstanden sei und dass
es durch Weglassung oder Ergänzung von Teilen verändert werden könne.[246] Andererseits sei das literarische Werk aber ideal in dem Sinne, dass
es aus einer Mannigfaltigkeit von Sätzen bestehe.[247] Da jedes literarische
Werk ein in sich identisches Etwas sei, müsse die Schicht der bedeutungs-
vollen Worte und Sätze für einen Bestandteil des literarischen Werkes gehalten werden.[248] Ein Satz aber sei nicht real, sondern ein bestimmter idealer Sinn, „der sich in der Mannigfaltigkeit von idealen Bedeutungen" aufbaut, welche zusammen eine Einheit sui generis sei.[249] Das literarische
Werk weist für Ingarden daher sowohl Eigenschaften des realen Gegenstandes als auch solche des idealen Gegenstandes auf. Die Lösung besteht
für Ingarden darin, dass man „die idealen Sinneinheiten in ihrer Existenz
anerkennt und sie zwar dem literarischen Werk nicht einverleibt (...), sie
aber doch zu Hilfe ruft, um die Identität und Einzigkeit des literarischen
Werkes zu sichern"[250]. Folglich soll die Sinneinheit des literarischen Werkes als idealer Gegenstand anzusehen sein, ohne jedoch Teil des eigentlich
realen literarischen Werkes zu sein. Die kritisch zu vermerkende Paradoxie
hat ihren Grund in einer zu engen Definition des idealen Gegenstandes.
Die Atemporalität und die Unveränderlichkeit des Gegenstandes sind für
Ingarden hinreichende, aber auch notwendige Bedingungen für die Idealität des Gegenstandes. Das bedeutet, dass solchen und *nur* solchen Gegenständen die Eigenschaft „ideal" zugeschrieben werden kann, die atemporal
und zugleich unveränderlich sind. Künne hat jedoch sprachanalytisch
nachgewiesen, dass Atemporalität zwar eine hinreichende, jedoch keine
notwendige Bedingung für die Abstraktheit eines Gegenstandes ist.[251]
Demnach sind zwar alle atemporalen Gegenstände *abstrakt*, jedoch *kann*
auch temporalen Gegenständen diese Eigenschaft zugesprochen werden.[252]
Auch Unveränderlichkeit ist für Künne keine notwendige Bedingung der
Abstraktheit – oder eben Idealität – eines Gegenstandes.[253] Andernfalls
fehlte das Vokabular, um sinnvoll über das Entstehen und Vergehen von

---

[244] *Ingarden*, Das literarische Kunstwerk, 7.
[245] *Ingarden*, Das literarische Kunstwerk, 7.
[246] *Ingarden*, Das literarische Kunstwerk, 7 f.
[247] *Ingarden*, Das literarische Kunstwerk, 8.
[248] *Ingarden*, Das literarische Kunstwerk, 13.
[249] *Ingarden*, Das literarische Kunstwerk, 8.
[250] *Ingarden*, Das literarische Kunstwerk, 16.
[251] *Künne*, Abstrakte Gegenstände, 94.
[252] *Künne*, Abstrakte Gegenstände, 94.
[253] *Künne*, Abstrakte Gegenstände, 49.

Arten im Sinne der Evolutionstheorie zu sprechen.[254] Entgegen Ingarden sollte dem literarischen Werk – und entsprechendes gilt für andere Kunstwerke, aber auch Erfindungen – die Idealität nicht deshalb abgesprochen werden, weil ein Zeitpunkt festlegbar ist, von dem an das Werk zu *existieren* begann.

b) Werke als Typen nach Strawson

Für Strawson sind Werke Typen im Sinne allgemeiner Gegenstände.[255]

„We can regard the pattern of sounds in question as a general thing for which there might (perhaps does) exist a general description the meaning of which uniquely determines its reference; and then it will appear as the contingent truth it is that Beethoven stands to the general thing so designated in a certain special relation."[256]

Die als „pattern of sounds" bezeichnete Klangfolge stellt für Strawson einen allgemeinen Gegenstand dar, der unabhängig von der konkreten Person ihres Schöpfers[257] besteht. Die von Strawson gewählte Beispielsfigur Beethoven wird zwar gemeinhin als Referenzperson zur Identifizierung einer Klangfolge herangezogen, doch sei dies letztlich kontingent.[258] Die Klangfolge sei auch ohne Referenz auf den Urheber ein für sich bestehender abstrakter Gegenstand.

c) Werke als gebundene Idealitäten nach Künne

Künne bezeichnet literarische und musikalische Werke als „*gebundene Idealitäten*"[259]. Er versteht hierunter solche abstrakten Gegenstände, die nicht rein begrifflich identifizierbar sind.[260] Ein Gegenstand x ist rein begrifflich identifizierbar, wenn man auf x mit einem sinndeterminierten singulären Term Bezug nehmen kann.[261] Unter einem sinndeterminierten singulären Term versteht Künne wiederum einen solchen singulären Term, von dem gilt: „A. er enthält keine Angabe der raum-zeitlichen Position des Referenten; B. man kann mit ihm nicht in verschiedenen Situationen auf verschiedene Gegenstände Bezug nehmen, ohne dass der Sinn jeweils ein anderer wäre; C. wenn er univok ist, so kann der Versuch, mit ihm eine

---

[254] *Künne*, Abstrakte Gegenstände, 48 f.
[255] *Strawson*, Logico-Linguistic Papers, 50.
[256] *Strawson*, Logico-Linguistic Papers, 50.
[257] Der Begriff „Schöpfer" wird in Abgrenzung zum theologisch-metaphysischen Begriffsgebrauch im Folgenden als Oberbegriff zu den Termini „Urheber" oder „Erfinder" gewählt.
[258] *Strawson*, Logico-Linguistic Papers, 50.
[259] *Künne*, Abstrakte Gegenstände, 93.
[260] *Künne*, Abstrakte Gegenstände, 93.
[261] *Künne*, Abstrakte Gegenstände, 87 f.

eindeutige Referenz zu vollziehen, nicht misslingen, weil es mehrere Kandidaten für den Status des Referenten gibt."[262] Alle in diesem Sinne rein begrifflich identifizierbaren Gegenstände sind abstrakt.[263] Künne bezeichnet diese Idealitäten als „*freie*"[264]. Die reine begriffliche Identifizierbarkeit ist jedoch keine notwendige Bedingung für die Abstraktheit eines Gegenstandes. Es gibt nach Künne auch Gegenstände, die zwar abstrakt sind, aber gleichwohl nicht in dem eben definierten Sinne rein begrifflich identifizierbar. Diese abstrakten Gegenstände nennt Künne im Anschluss an Husserl „gebundene Idealitäten"[265]. „Die Gebundenheit der gebundenen Idealitäten besteht darin, dass ihre eindeutige Identifikation letztlich nur im Rekurs auf *Raum-Zeit-Stellen* erfolgen kann."[266] In der Einordnung von musikalischen und literarischen Werken als gebundenen Idealitäten stellt sich Künne bewusst gegen Strawson, für den die Identität des musikalischen Werkes allein durch die Klangfolge bestimmt wird und die Referenz auf die Person des Komponisten letztlich kontingent ist.[267] Zwei in der Klangfolge identische Werke a und b sind für Künne gleichwohl different, wenn b, ohne in der Entstehung kausal von a abhängig zu sein[268], von einem anderen Menschen geschaffen wurde.[269] Die positionale Eigenschaft des „*dann-und-dann von dem-und-dem*"[270]-Geschaffenseins ist für Künne folglich, neben der syntaktischen Kongruenz, bzw. identischen Klangfolge, ein Identitätskriterium für den abstrakten Gegenstand des Werkes.[271] Das Werk wird somit als abstrakter Gegenstand nicht nur durch eine bestimmte Ton- oder Satzsequenz konstituiert, sondern *auch* durch die positionale Eigenschaft, von einem bestimmtem Urheber S geschaffen zu sein. Auch Schmücker meint, dass „zwei numerisch nichtidentische Objekte (...) offensichtlich nur dann werkidentisch, d.h. Manifestationen ein und desselben Werkes sein (können), wenn zwischen ihnen eine entstehungsgeschichtliche Verwandtschaft besteht"[272]. Für jedes einzelne Vorkommnis würde man nämlich einen unterschiedlichen Urheber annehmen.[273] Ein und

---

[262] *Künne*, Abstrakte Gegenstände, 87.
[263] *Künne*, Abstrakte Gegenstände, 88.
[264] *Künne*, Abstrakte Gegenstände, 93.
[265] *Künne*, Abstrakte Gegenstände, 93; *Husserl*, Erfahrung und Urteil, 321.
[266] *Künne*, Abstrakte Gegenstände, 93.
[267] *Strawson*, Logico-Linguistic Papers, 50.
[268] *Künne*, Abstrakte Gegenstände, 231 f.
[269] *Künne*, Abstrakte Gegenstände, 91 f.
[270] *Künne*, Abstrakte Gegenstände, 92.
[271] Siehe auch *Künne*, in: Schmücker (Hrsg.), Identität und Existenz, 141, 144.
[272] *Schmücker*, in: Schmücker (Hrsg.), Identität und Existenz, 149, 156.
[273] *Schmücker*, in: Schmücker (Hrsg.), Identität und Existenz, 149, 156.

dasselbe Kunstwerk könne sich nicht der jeweils individuellen Urheberschaft mehrerer Personen verdanken.[274]

d) Fazit und Einordnung

Platonisten sind Theoretiker, die die Existenz von abstrakten Gegenständen anerkennen.[275] Hierzu zählen auch die immateriellen Güter als „Prototypen" der jeweiligen Exemplifizierungen, die etwa in einer Aufführung eines Stücks oder aber einer einzelnen CD als Informationsträger bestehen können. Was die Identität des Werkes genau ausmacht – und entsprechend könnte für Erfindungen gefragt werden – ist innerhalb der platonistischen Theorien umstritten. An dieser Stelle soll hierauf nicht weiter eingegangen werden. Ob das Werk – und vielleicht auch die Erfindung – mit Künne als *gebundene Idealität* anzusehen, oder mit Strawson die Referenz auf den Schöpfer nicht wesensmäßig für den abstrakten Gegenstand ist, wird allerdings gegebenenfalls wieder aufzugreifen sein, wenn sich hieraus unterschiedliche normative Konsequenzen für die Bestimmung des Immaterialgüterrechts ergeben sollten – etwa im Hinblick auf die Doppelschöpfung.[276] Festgehalten werden kann aber jedenfalls, dass Platonisten das Immaterialgüterrecht als ein Ausschließlichkeitsrecht an bestimmten abstrakten Gegenständen, nämlich Typen, begreifen müssen.[277] Ontologische Nominalisten hingegen versichern, dass so etwas wie ein abstrakter Gegenstand nicht *wirklich* existiere.[278] Jede sprachliche Aussage, in der abstrakte Gegenstände erwähnt würden, wäre daher sinnlos, beziehungsweise eine abkürzende Sprachform für eine Aussage, in der lediglich konkrete Terme Erwähnung finden würden. Nominalisten müssten, unabhängig von normativen Überlegungen, schon aus ontologischen Gründen ein Problem mit Immaterialgüterrechten haben, da der Gegenstand des Rechts ein „abstrakter" ist. Der Universalienstreit soll und kann jedoch an dieser Stelle nicht entschieden werden. Stattdessen werden neben die ontologische Betrachtung des immateriellen Gutes zwei weitere Betrachtungsweisen gestellt: die erkenntnistheoretische Kants (s.u. 2.) sowie eine sprachphilosophische Betrachtung (s.u. 3.).

---

[274] *Schmücker,* in: Schmücker (Hrsg.), Identität und Existenz, 149, 156.

[275] *Künne*, Abstrakte Gegenstände, 19.

[276] Siehe unten: S. 198 ff.

[277] So z.B. auch *Palmer,* Harvard Journal of Law & Public Policy, Vol. 13 (1990), 817, 818; *Drahos*, A Philosophy of Intellectual Property, 151 ff.; aber auch *Steinvorth*, DZPhil 52 (2004), 717, 728.

[278] *Künne*, Abstrakte Gegenstände, 19; vertreten etwa von *Locke*, Versuch über den menschlichen Verstand, Bd. II, 16.

2. Zur Dualität von Begriff und Anschauung in der kantischen Erkenntnistheorie

Explizit hat sich Kant nicht mit der *Seinsweise* von künstlerischen Werken und von Erfindungen beschäftigt. In der Kritik der reinen Vernunft heißt es jedoch in dem Abschnitt über die transzendentale Analytik: „In jedem Erkenntnisse eines Objekts ist (...) Einheit des Begriffs, welche man qualitative Einheit nennen kann, sofern darunter nur die Einheit der Zusammenfassung des Mannigfaltigen der Erkenntnisse gedacht wird, *wie etwa die Einheit des Themas in einem Schauspiel, einer Rede, einer Fabel.*"[279] Das Zitat reflektiert die für die kantische Erkenntnistheorie prägende Unterscheidung zwischen Begriff und Anschauung und bezieht diese auf bestimmte künstlerische Werke. „Ohne Sinnlichkeit würde uns kein Gegenstand gegeben, und ohne Verstand keiner gedacht werden. Gedanken ohne Inhalt sind leer, Anschauungen ohne Begriffe sind blind."[280] Die beiden „Grundquellen des Gemüts", also die Rezeptivität der Eindrücke der Sinnlichkeit und die Spontanität der Begriffe des Verstandes, machen menschliche Erkenntnis überhaupt erst aus und möglich.[281] Die Sinnlichkeit empfängt unmittelbar in den reinen Formen der Anschauung – Raum und Zeit – die Mannigfaltigkeit der Sinneseindrücke.[282] Vermittelt über die Sinnlichkeit wird dem erkennenden Subjekt ein Gegenstand überhaupt erst *gegeben*.[283] Erst das Vermögen der Begriffe des Verstandes ermöglicht es jedoch, den Gegenstand zu *denken*.[284] Die Verstandesbegriffe sind entweder rein, also unabhängig von jeder Erfahrung, oder aber empirisch. Die reinen Verstandesbegriffe, auch Kategorien genannt,[285] müssen als Bedingungen a priori aller Erfahrungserkenntnis zugrunde liegen.[286] Im Zusammenhang mit der Seinsweise der künstlerischen Werke und der Erfindungen interessiert jedoch in erster Linie der *empirische Begriff*. Im Gegensatz zu den Kategorien ist der empirische Begriff nicht Bedingung für die Möglichkeit von Erfahrungserkenntnis überhaupt. „Der empirische Begriff entspringt aus den Sinnen durch Vergleichung der Gegenstände der Erfahrung und erhält durch den Verstand bloß die Form der Allgemeinheit. Die Realität dieser Begriffe beruht auf der wirklichen Erfahrung, woraus sie, ihrem Inhalte nach, geschöpft sind."[287]

---

[279] *Kant*, KrV, AA III, 98 – Hervorhebung vom Verfasser.
[280] *Kant*, KrV, AA III, 75.
[281] *Kant*, KrV, AA III, 74.
[282] *Kant*, KrV, AA III, 51.
[283] *Kant*, KrV, AA III, 49.
[284] *Kant*, KrV, AA III, 49.
[285] *Kant*, KrV, AA III, 90 ff.
[286] *Kant*, KrV, AA III, 105.
[287] *Kant*, Logik, § 3, AA IX, 92.

Der empirische Begriff ist folglich einer Allgemeinvorstellung eines empirischen Gegenstandes vergleichbar. Die den einzelnen Exemplaren gemeinsamen Eigenschaften werden in dem empirischen Begriff vereinheitlichend zusammengefasst. „Der Begriff vom Hund bedeutet eine Regel, nach welcher meine Einbildungskraft die Gestalt eines vierfüßigen Tieres allgemein verzeichnet, ohne auf irgendeine besondere Gestalt, die nur die Erfahrung darbietet, oder auch ein jedes mögliche Bild, was ich in concreto darstellen kann, eingeschränkt zu sein."[288] Diese Allgemeinvorstellung, des Hundes im Beispiel Kants, ermöglicht die intersubjektive Identifizierung von einzelnen empirischen Exemplaren als Hund. Die Parallele zu der ontologischen Unterscheidung zwischen einzelnem Exemplar (token) und den allgemeinen Arten (type) ist offensichtlich und wird von Strawson auch explizit gezogen: „Die Dualität von Anschauungen und Begriffen ist nichts (weiter) als der erkenntnistheoretische Aspekt der Dualität von einzelnem Exemplar und allgemeinem Typ."[289] Lediglich die „Richtung des Interesses" sei bei Kant gegenüber der ontologischen Betrachtungsweise verschieden, nicht aber das Interesse selbst. Jeweils geht es um die Frage nach der *wirklichen* Existenz abstrakter Gegenstände beziehungsweise der intersubjektiven Objektivität von Begriffen[290]. Beispielhaft bezieht Kant nun diese Unterscheidung zwischen Begriff und Anschauung auf künstlerische Werke. Am Beispiel der Einheit des Themas in einem Schauspiel, einer Rede und einer Fabel verdeutlicht Kant, dass die Einheit des Begriffs, welche Grundlage einer jeden Erkenntnis eines Objekts ist, als qualitative Einheit bezeichnet werden kann.[291] Unter qualitativer Einheit versteht Kant die „Einheit der Zusammenfassung des Mannigfaltigen der Erkenntnisse"[292]. Diese „Einheit der Zusammenfassung des Mannigfaltigen der Erkenntnisse" entspreche der „Einheit des Themas in einem Schauspiel, einer Rede, einer Fabel"[293]. Im Begriff werden die mannigfaltigen Erkenntnisse zu einer Einheit zusammengefasst, sowie das einheitliche Thema eines Schauspiels oder einer Rede die einzelnen Satzfragmente zu einer einheitlichen künstlerischen Aussage formt. Zugleich ermöglicht die Einheit des Themas eines einzelnen Vorkommnisses von Schauspiel, dieses einem bestimmten Begriff von Schauspiel zuzuordnen. In diesem Sinne lässt sich die nicht näher explizierte Einheit des Themas des Werkes

---

[288] *Kant*, KrV, AA III, 136.

[289] *Strawson*, Die Grenzen des Sinns, 41.

[290] *Strawson*, Die Grenzen des Sinns, 41; Für *Künne* sind Begriffe „allesamt gebundene Idealitäten"; vgl. *Künne*, Abstrakte Gegenstände, 350. Denn „kein Begriff existiert notwendigerweise, die Existenz eines Begriffs ist vielmehr generisch abhängig von der Existenz denkender Wesen".

[291] *Kant*, KrV, AA III, 98.

[292] *Kant*, KrV, AA III, 98.

[293] *Kant*, KrV, AA III, 98.

als der empirische Begriff der einzelnen Vorkommnisse, also etwa Vorführungen oder Abschriften, verstehen. Das Allgemeine eines künstlerischen Werkes oder einer Erfindung ist bei dieser Interpretation ein komplexer *empirischer Begriff,* der es ermöglicht, verschiedene Sinneseindrücke zu einer einheitlichen *Werk-* oder *Erfindungserkenntnis* zusammenzuführen. Nur weil wir einen empirischen Begriff von einem bestimmten Werk oder einer bestimmten Erfindung haben, können wir überhaupt einzelne Instanzen dieses Werkes oder dieser Erfindung als solche erkennen. Der komplexe empirische Begriff ist eine intersubjektive Erkenntnisregel für das Erkennen und sprachliche Bezeichnen von einzelnen Werk- oder Erfindungsexemplaren. Der Begriff muss empirisch durch das Vergleichen verschiedener Vorkommnisse und dem Absondern der belanglosen Elemente gebildet werden. Dies leistet die reflektierende Urteilskraft. Die Frage lautet nun, welche Elemente für die Identität eines Werkes von Bedeutung sind und daher in die Definition des Werkes bzw. der Erfindung einfließen müssen. Dabei ist zu berücksichtigen, dass empirische Begriffe einer unveränderlichen – permanenten – Definition nicht zugänglich sind. Denn die Synthesis der empirischen Begriffe ist, obgleich nicht willkürlich, doch *empirisch* und, „als solche, niemals vollständig"[294]. In der Erfahrung können immer noch mehr Merkmale entdeckt werden.[295] Die Begriffsbestimmung muss folglich entwicklungsoffen und mit Blick auf die jeweils einschlägigen empirischen Wissenschaften erfolgen. Der Werkbegriff – und dort insbesondere die Frage nach der Identität des Werkes – kann ebenso wenig von der Begriffsbildung der theoretischen Kunstwissenschaften gelöst werden, wie der Begriff der Erfindung von den empirischen Natur- und Ingenieurswissenschaften. Die Bildung der empirischen Begriffe erfolgt also tatsächlich in den Bahnen des wandelnden Sprachgebrauchs, der wandelnden „Sprachspiele"[296], in den einschlägigen sozialen Institutionen.

3. Sprachphilosophische Reflexionen über den Gegenstand des Urheberrechts: das Mitgeteilte

Gerade die in § 2 Abs. 1 UrhG exemplarisch aufgeführten Werke machen deutlich, dass das wesentliche Merkmal des Werkes darin besteht, etwas aufzuweisen, „das über das bloß sinnlich wahrnehmbare Substrat hinausgeht, eine ‚Aussage' oder ‚Botschaft', die dem Bereich der Gedanken, des Ästhetischen oder sonstiger menschlicher Regungen und Reaktionsweisen zugehört"[297]. Das Urheberrecht betrifft insoweit den Schutz qualifizierter

---

[294] *Kant,* Logik, § 103, AA IX, 141.
[295] *Kant,* Logik, § 103, AA IX, 141 f.
[296] Begriff nach *Wittgenstein,* Philosophische Untersuchungen.
[297] *Schricker,* in: Schricker, Urheberrecht, Einl. Rn. 7.

menschlicher Kommunikation.[298] Kommunikation findet aber vor allem durch Sprache statt. In diesem Sinne argumentiert auch Stallberg, der betont, dass dasjenige, was in der Sprachgemeinschaft als „geistiges Werk" verstanden wird, nur in und durch die Sprache existiert.[299] Die isolierte Betrachtung des Werkgegenstandes, etwa eines Gemäldes, lasse keinen Unterschied zu anderen Gegenständen menschlichen Ursprungs erkennbar werden. Jeweils handele es sich um *natürliche Tatsachen,* die auch unabhängig vom Fortbestand der Sprachgemeinschaft als Entitäten existierten.[300] Der durch das sprachliche Zeichen symbolisierte Gegenstand bestehe in seinen physischen Eigenschaften auch unabhängig von dem sprachlichen Zeichen.[301] Als „geistiges Werk" hingegen würde mehr verstanden als bloß die Farbe auf einer Leinwand.[302] Der Begriff „geistiges Werk" ist nach Stallberg ein sprachliches Symbol für eine bestimmte Bedeutung eines physisch existierenden Symbols.[303] Dem physischen Zeichen komme eine nicht physische Bedeutung zu, die im Begriff des „geistigen Werks" symbolisiert sein soll. Die Symbolisierung müsse jedoch stets auf eine Regel zurückzuführen sein.[304] Diese Regel, welche die Verknüpfung zwischen dem Begriff „geistiges Werk" und der Bedeutung eines physischen Zeichens herstellt, könne nur sprachlich existieren. Hieraus folgert Stallberg, dass „geistige Werke" nur in und durch die Sprache existieren.

Wie bei Stallberg liegt auch den Überlegungen Sellnicks eine sprachphilosophische Analyse des Werkbegriffs zugrunde.[305] Ausgehend von der analytischen Sprachphilosophie sei Denken immer Denken in einer Sprache.[306] Ideen als solche könnten daher nicht, wie es etwa der platonischen Ideenlehre[307] zugrunde liegt, unmittelbar eingesehen werden.[308] Zumindest setze die Mitteilbarkeit einer Idee deren sprachlichen Ausdruck voraus.[309] Folglich ist der Gegenstand des Urheberrechts, aufgrund seiner Geistigkeit, *sprachlich* auszudrücken. Voraussetzung für die Gewährung urheberrecht-

---

[298] *Schricker,* in: Schricker, Urheberrecht, Einl. Rn. 7; *Sellnick,* Der Gegenstand des Urheberrechts, 37; *Schulze,* in: Dreier/Schulze, Urheberrechtsgesetz, § 2 Rn. 2; siehe zur Kommunikationsfunktion des Urheberrechts *Wandtke,* in: Wandtke/Bullinger, Praxiskommentar zum Urheberrecht, Einl. Rn. 17; *Lettl,* Urheberrecht, § 2 Rn. 17.

[299] *Stallberg,* Urheberrecht und moralische Rechtfertigung, 308.

[300] *Stallberg,* Urheberrecht und moralische Rechtfertigung, 308 unter Berufung auf Searle.

[301] *Stallberg,* Urheberrecht und moralische Rechtfertigung, 309.

[302] *Stallberg,* Urheberrecht und moralische Rechtfertigung, 309.

[303] *Stallberg,* Urheberrecht und moralische Rechtfertigung, 309.

[304] *Stallberg,* Urheberrecht und moralische Rechtfertigung, 309.

[305] *Sellnick,* Der Gegenstand des Urheberrechts, 37.

[306] *Sellnick,* Der Gegenstand des Urheberrechts, 30.

[307] Vgl. das Höhlengleichnis bei *Platon,* Der Staat, 7. Buch.

[308] *Sellnick,* Der Gegenstand des Urheberrechts, 30.

[309] *Sellnick,* Der Gegenstand des Urheberrechts, 30.

lichen Schutzes sei, dass der betreffende Gegenstand in irgendeinem Sinn eine sprachlich fassbare „Bedeutung" habe.[310] Das Werk müsse in irgendeiner Weise „etwas mitteilen"[311]. Zudem müsse das Werk eine innere Struktur aufweisen. Gemeint ist hiermit, dass das Werk aus einer Zeichenrelation bestehen muss.[312] An einem einzelnen Zeichen könne kein ausschließliches subjektives Recht bestehen.[313] Denn die Freiheit der Zeichen sei das Apriori der Kommunikationsgemeinschaft.[314] Ebenso wie Stallberg begreift daher auch Sellnick das urheberrechtliche Werk wesentlich als eine bedeutungskommunizierende Zeichenrelation. Hiervon umfasst sind *expressis verbis* auch Werke der Musik oder bildenden Kunst sowie sonstige „nichtsprachliche Zeichensysteme"[315].

a) Sprachwissenschaft und Sprechakttheorie

Die Sprachwissenschaft des frühen 20. Jahrhunderts, maßgeblich von de Saussure geprägt, verstand die Sprache als ein soziales System von ideenausdrückenden Zeichen[316], das unabhängig vom Einzelnen besteht.[317] Diese Zeichen müssen nicht notwendig Buchstaben sein. Klänge oder Bilder reichen aus. Welches Zeichen zur Abbildung der Realität verwendet wird, ist letztlich willkürlich.[318] Von der Sprache als allgemeiner, „sozialer Institution"[319] wurde die einzelne *parole* unterschieden. Die *parole* war für de Saussure stets individuell und vom Individuum beherrscht.[320] Sie ist ein individueller Akt des Willens und der Intelligenz.[321] Die besondere *parole* und die allgemeine Sprache bedingen sich gegenseitig. Ohne die soziale Institution der Sprache wäre die einzelne *parole* unverständlich; umgekehrt ist die einzelne *parole* erforderlich, damit die Sprache sich bilde.[322] Eine hierarchische Ordnung strengen Sinnes besteht daher zwischen *langue* und *parole* nicht.[323]

Die auf Austin und Searle zurückgehende Sprechakttheorie betrachtet individuelles Sprechen als eine spezifische Form regelgeleteten menschli-

---

[310] *Sellnick*, Der Gegenstand des Urheberrechts, 103 – Hervorhebung auch dort.
[311] *Sellnick*, Der Gegenstand des Urheberrechts, 98.
[312] *Sellnick*, Der Gegenstand des Urheberrechts, 104.
[313] *Sellnick*, Der Gegenstand des Urheberrechts, 104.
[314] *Sellnick*, Der Gegenstand des Urheberrechts, 78.
[315] *Sellnick*, Der Gegenstand des Urheberrechts, 95 ff.
[316] *de Saussure*, Grundfragen der allgemeinen Sprachwissenschaft, 19.
[317] *de Saussure*, Grundfragen der allgemeinen Sprachwissenschaft, 17.
[318] *Vesting*, Rechtstheorie, 28.
[319] *de Saussure*, Grundfragen der allgemeinen Sprachwissenschaft, 12.
[320] *de Saussure*, Grundfragen der allgemeinen Sprachwissenschaft, 12.
[321] *de Saussure*, Grundfragen der allgemeinen Sprachwissenschaft, 12.
[322] *de Saussure*, Grundfragen der allgemeinen Sprachwissenschaft, 22.
[323] Anders aber *Vesting*, Rechtstheorie, 29.

chen Handelns.[324] Gegenüber der Sprachwissenschaft von de Saussure verschiebt sich der Akzent hin zu der performativen Wirkung des individuellen Sprechens.[325] Sprech*akt* ist die Hervorbringung eines Satzzeichens unter bestimmten Bedingungen.[326] Kleinste und grundlegende Einheit menschlicher Kommunikation ist der Sprechakt – und nicht das Zeichen oder Symbol.[327] Das bedeutet, dass ein Zeichen nur dann kommunikativ aufgefasst wird, wenn es als produziertes und hervorgebrachtes Zeichen verstanden wird.[328] Das wahrgenommene Zeichen muss durch ein „mir mehr oder weniger verwandtes Wesen" hervorgebracht sein.[329] Der Sprechakt ist insofern – in Abgrenzung zu einem Naturphänomen – die *Handlung* eines individuellen Subjekts. Sprechakte werden von Sprechern vollzogen, die Wörter äußern.[330] Searle unterscheidet vier Arten von Sprechakten: Äußerungsakte, propositionale Akte, illokutionäre und perlokutionäre Akte.[331] In all den verschiedenen Formen des Sprechakts erwähnt oder bezeichnet der Sprecher ein bestimmtes Objekt (Referenz) und prädiziert dieses Objekt mit einer bestimmten Eigenschaft (Prädikation).[332] Referenz und Prädikation zusammen bilden den propositionalen Teil eines Sprechakts.[333] Jedoch unterscheiden sich die von Searle unterschiedenen Formen der Sprechakte dadurch, dass der Sprecher im Sprechakt trotz gleicher Proposition (Referenz und Prädikation) verschiedene illokutionäre Akte vollziehen kann.[334] So kann der Sprecher eine Frage stellen, einen Befehl oder einen Wunsch äußern oder schlicht eine Behauptung aufstellen. Die genaue Unterscheidung der verschiedenen sprachlichen Phänomene braucht hier nicht vertieft zu werden.[335] Auf einen im Zusammenhang mit dem Immaterialgüterrecht wichtigen Aspekt sei jedoch erneut hingewiesen. Der Sprechakt wird aufgefasst als die Äußerung eines *Sprechers*. Dies bedeutet, dass sich der Adressat oder sonstige Rezipient eines Sprechakts einen Sprecher denken muss, der eine bestimmte Aussage getätigt hat, unabhängig davon, welchen illokutionären Gehalt sie hat. Folglich wird ein

---

[324] *Searle*, Sprechakte, 38.
[325] *Vesting*, Rechtstheorie, 29.
[326] *Searle*, Sprechakte, 30.
[327] *Nolte*, Einführung in die Sprechakttheorie John R. Searles, 14.
[328] *Nolte*, Einführung in die Sprechakttheorie John R. Searles, 14.
[329] *Searle*, Sprechakte, 30.
[330] *Nolte*, Einführung in die Sprechakttheorie John R. Searles, 33.
[331] *Searle*, Sprechakte, 38–43; vgl. hierzu *Nolte*, Einführung in die Sprechakttheorie John R. Searles, 25.
[332] *Nolte*, Einführung in die Sprechakttheorie John R. Searles, 26.
[333] *Nolte*, Einführung in die Sprechakttheorie John R. Searles, 26.
[334] *Nolte*, Einführung in die Sprechakttheorie John R. Searles, 31.
[335] Siehe hierzu *Hornsby,* in: The Oxford Handbook of Philosophy of Language, 893–909.

Zeichen nur dann als Teil einer Kommunikation aufgefasst, wenn es als Ergebnis einer individuellen Sprechhandlung erscheint. Das Produkt dieser individuellen *Sprechhandlung* soll im Folgenden als *Mitgeteiltes* bezeichnet werden. Es ist von der konkreten Sprechsituation entbunden und verselbständigt.[336] Das Mitgeteilte ist ein intersubjektiv wahrnehmbares Phänomen, welches unabhängig vom Sprecher im Diskurs bestehen kann. *Insofern* ist das Mitgeteilte subjektentbunden.[337] Die Entbindung vom Sprecher führt aber nicht dazu, dass dieser in der Bedeutung des Mitgeteilten keine Rolle mehr spielen würde. Denn das Mitgeteilte erscheint für andere Kommunikationsteilnehmer stets als das Objekt einer Mitteilung eines anderen Subjekts. Dass es jemanden gibt, der die Information emittiert, also die Existenz eines kommunizierenden Subjekts, ist Teil des semantischen Gehalts des Mitgeteilten. Nur wenn ich mir das Sprachzeichen oder den Laut als von einem sprachbegabten Subjekt mit einer bestimmten Intention hervorgebracht denke, kann ich das Zeichen überhaupt als Mitteilung bzw. Kommunikation auffassen.[338]

b) Sprechakttheorie und Immaterialgut

Stallberg behauptet, dass ein Sprechakt nur dann als „geistiges Werk" gilt, wenn es sich um einen komplexen illokutionären Akt bestimmter Art handele.[339] Der spezifische Sprechakt müsse zwei verschiedene analytisch trennbare Komponenten aufweisen, die Stallberg als Zuschreibungsakt und als zugeschriebenen Akt benennt. Beide Akte seien zwar analytisch trennbar doch stünden sie in einem wechselseitigen Bedingungszusammenhang. Der Zuschreibungsakt verweise auf einen Menschen als den Urheber. Anders ausgedrückt: *Conditio sine qua non* für die Qualifizierung eines Sprechakts sei, dass der Sprechakt einen Urheber besitzt. Nicht nötig sei aber die Kenntnis von der Identität dieses Urhebers.[340] Von diesem Zuschreibungsakt verschieden sei schließlich der zugeschriebene Akt.

Die Differenz zwischen diesen beiden Akten innerhalb des Sprechakts ist zwar fruchtbar. Sie ergibt sich nach der obigen, sehr gerafften Darstellung der Sprechakttheorie als notwendig. Denn ein Zeichen kann nur dann als Ausdruck menschlicher Kommunikation – und folglich als Sprechakt – begriffen werden, wenn eine Sachaussage (der zugeschriebene Akt) einem Subjekt als Urheber zugerechnet werden kann.[341] Vor dem Hintergrund dieser Arbeit kann auf den von Stallberg vorgeschlagenen *zuschreibenden Akt*

---

[336] So für das Sprachwerk *Bühler*, Sprachtheorie, 53 f.
[337] So für das Sprachwerk *Bühler*, Sprachtheorie, 49.
[338] *Searle*, Sprechakte, 30.
[339] *Stallberg*, Urheberrecht und moralische Rechtfertigung, 310.
[340] *Stallberg*, Urheberrecht und moralische Rechtfertigung, 310.
[341] *Searle*, Sprechakte, 30.

aber auch verzichtet werden. Das Augenmerk sollte sich vielmehr auf den zugeschriebenen Akt, also die Sachaussage richten. Die Sachaussage ist das Objekt einer Mitteilung des Subjekts. Anders als natürliche Tatsachen hat die Sachaussage einen semantischen Gehalt. Dieser semantische Gehalt kann auch als das *Mitgeteilte* bezeichnet werden. Das Mitgeteilte als Objekt einer menschlichen Mitteilung kann von verschiedenen Sprechakten in identischer Weise hervorgebracht werden. Es ist insofern beliebig häufig reproduzierbar. Zudem ist es als Objekt der Mitteilung von der konkreten Sprechsituation entkoppelt. Als Mitgeteiltes kann es jedoch nicht wie eine platonische Idee unabhängig von menschlicher Kommunikation bestehen. Es wird zum Mitgeteilten erst durch die Hervorbringung durch ein Subjekt.

Allerdings muss das Mitgeteilte noch nicht einem anderen Menschen zugänglich gemacht worden sein, um Objekt einer Mitteilung zu sein. Im juristischen Sprachgebrauch zeigt sich dies etwa an § 130 Abs. 1 S. 1 BGB. Danach wird eine empfangsbedürftige Willenserklärung durch Zugang beim Empfänger *wirksam*. Trotzdem besteht vor dem Zugang beim Empfänger eine abgegebene Erklärung des Sprechers. Dieser Erklärung kann ein Erklärungsgehalt innewohnen. Setzte das Mitgeteilte als semantischer Gehalt einer Erklärung stets einen Rezipienten voraus, könnte man vor dem Zugang nicht von einer Erklärung sprechen. Erst recht wäre es sinnlos von einer nicht empfangsbedürftigen Willenserklärung zu sprechen, wie sie etwa in für das Testament in § 2231 BGB, die Auslobung in § 657 BGB oder für die Aufgabe des Mobiliareigentums in § 959 BGB vorausgesetzt sind.[342] Der juristische Sprachgebrauch kennt demnach eine Erklärung auch ohne Empfänger.

Es ist daher nicht per se unplausibel, wenn man von einem empfängerlosen Mit*geteilten* spricht, obwohl begrifflich der semantische Gehalt noch gar nicht mit dem Empfänger ge*teilt* wurde. Übertragen auf das immaterielle Gut bedeutet dies, dass auch dann schon von einem immateriellen Gut im Sinne eines semantischen Gehalts gesprochen werden kann, wenn das immaterielle Gut noch gar nicht durch Veröffentlichung anderen Menschen als Rezipienten zugänglich gemacht wurde. Das noch *Mitzuteilende,* also das Objekt der Mitteilung vor dem tatsächlichen Vollzug der Mit-*Teilung,* ist identisch mit dem, was dem Rezipienten zugänglich gemacht wird. Davon zu unterscheiden ist die Frage, welche Bedeutung der Rezipient dem Mitteilungsobjekt beimisst. Die Antwort hierauf ist abhängig von dem semantischen Kontext der Mitteilung. Da das *Mitzuteilende* und das *Mitgeteilte* aber, losgelöst vom semantischen Kontext der Äußerung, das identi-

---

[342] *Einsele*, in: Münchener Kommentar (BGB), § 130 Rn. 5. § 151 BGB bezieht sich hingegen auf prinzipiell empfangsbedürftige Willenserklärungen, verzichtet jedoch auf den Zugang und lässt nach h.M. eine „Willensbetätigung" ausreichen; siehe kritisch hierzu *Repgen*, AcP 200 (2000), 533–564.

sche Objekt der Mitteilung sind, wird im Folgenden in der Regel nur der Begriff des *Mitgeteilten* zugrunde gelegt. Gemeint ist damit der semantische Gehalt einer Mitteilung. Diesem können künstlerische Mitteilungen in allen Formen (etwa Literatur, Malerei, Musik, aber auch Theater und dergleichen) zugeordnet werden.[343]

4. Fazit

Der Begriff des immateriellen Gutes lässt sich aus verschiedenen Perspektiven beleuchten. Ontologisch handelt es sich hierbei um einen *abstrakten Gegenstand* im Sinne eines *types*. Diese Betrachtung ist jedoch den Einwänden der ontologischen Nominalisten ausgesetzt und in dieser Hinsicht angreifbar.[344] Der Universalienstreit kann im Rahmen dieser Arbeit weder abschließend entschieden noch bearbeitet werden.[345] Zwei weitere Perspektiven treten neben die Ontologische. Hierdurch soll der Begriff des immateriellen Gutes in verschiedene Richtungen anschlussfähig gemacht werden. Aus Sicht der Erkenntnistheorie Kants kann von dem (komplexen) empirischen Begriff verschiedener mannigfaltig vorkommender Anschauungen gesprochen werden. Bei semantischer Betrachtung ist das Werk das Mitgeteilte eines bestimmten Sprechakts.

---

[343] Dies gilt jedenfalls für das Werk im urheberrechtlichen Sinne. Problematisch ist jedoch, ob auch *Erfindungen* als intersubjektive Phänomene in und durch die Sprache existieren. Sowohl Werk als auch Erfindung sind geeignet Informationen, also Sachaussagen, mitzuteilen. Erst durch die sprachliche Reflexion – der reflektierenden Urteilskraft – über die mitgeteilten Informationen werden „Werk" und „Erfindung" überhaupt zu einem intersubjektiv erfahrbaren Gegenstand. Ein technischer Gegenstand, der das erfinderische Prinzip verkörpert, besteht zwar nicht notwendig aus allgemeinverständlichen Schriftzeichen, doch hierauf kommt es nicht an. Entscheidend ist, dass auch in technischen Produkten die zugrunde liegende technische Idee vom Fachmann freigelegt und sprachlich kommuniziert werden kann. Nur durch die sprachliche Reflexion über die Funktionsweise eines technischen Gegenstandes wird die hierin enthaltene Erfindung überhaupt zu etwas Mitteilbarem und erweist sich auf diese Weise als Teil einer intersubjektiven Wirklichkeit. Ein technischer Gegenstand ist daher in diesem Sinne ein Medium technischer Kommunikation. Noch deutlicher wird die Sprachlichkeit der Erfindung, wenn man auf die Erfindungsschrift abstellt, die beim Patentamt einzureichen ist (vgl. § 34 Abs. 4 PatG), um die Erfindung rechtlich geltend zu machen. Auch Werke der Bildenden Kunst oder der Musik sind in einem weiten Sinne sprachlicher Art.

[344] Zu ihnen zählt bspw. *Locke*, Versuch über den menschlichen Verstand, Bd. II,16.

[345] Siehe hierzu *Meixner*, Einführung in die Ontologie, 85 f.

IV. Äußerlichkeit und Beherrschbarkeit des immateriellen Gutes

Ordnet man die obigen Überlegungen zur Art des immateriellen Gutes in den Kontext der kantischen Privatrechtslehre ein, lässt sich die Frage nach der Begründbarkeit des Urheberrechts folgendermaßen zuspitzen: Ist ein *abstrakter Gegenstand* ein *äußerer Gegenstand der Willkür*? Nicht hinreichend ist es, allein Kants Überlegungen aus dem Gemeinspruch in Beschlag zu nehmen.[346] Dort hatte Kant ausgeführt, dass zum Eigentum „auch jede Kunst, Handwerk, oder schöne Künste und Wissenschaften" gehörten.[347] Doch erstens hat Kant die Schrift über den Gemeinspruch (1793) zeitlich vor der Rechtslehre (1797) verfasst und zweitens betrifft die zitierte Stelle einen anderen systematischen Kontext. Es geht dort um die spezifisch staatsrechtliche Frage nach der *Selbständigkeit*, welche für den Status eines aktiven Bürgers erforderlich sei.

1. Äußerlichkeit und physische Beherrschbarkeit

Ein äußerer Gegenstand der Willkür muss nach den obigen[348] Erwägungen zwei Eigenschaften aufweisen: Er muss erstens vom Subjekt verschieden und zweitens physisch beherrschbar sein.

a) Verschiedenheit vom Subjekt

Ein Gegenstand ist dann vom Subjekt verschieden, wenn er unabhängig vom Subjekt existiert.[349] Das Immaterialgut im Sinne eines abstrakten Gegenstandes bzw. eines Mitteilungsobjekts kann nur unabhängig vom Subjekt existieren, wenn es für andere auch dann erkennbar ist, sollte der Schöpfer nicht mehr existieren. Die ontische Unabhängigkeit des immateriellen Gutes vom Subjekt ist in zweierleiweise begründbar.

Nimmt man als Platonist an, dass das immaterielle Gut als Idee abstrakt von jedem Subjekt existiert, würde hieraus bereits analytisch die Verschiedenheit des Immaterialguts vom Schöpfer folgen.[350] Betont man hingegen den semantischen Charakter des Werkes und bestimmt es als semantischen Gehalt einer Mitteilung, muss man sich für die intersubjektive Existenz des immateriellen Gutes einen Sprecher denken, der das Immaterialgut durch

---

[346] So aber *Oberndörfer*, Die philosophische Grundlage des Urheberrechts, 102–107, *Rehbinder*, Urheberrecht, Rn. 29.

[347] *Kant*, Gemeinspruch, AA VIII, 295.

[348] Siehe oben: S. 80 ff.

[349] Dies legt auch *Pfister* zugrunde, Das technische Geheimnis „Know How" als Vermögensrecht, 13.

[350] Siehe zum ontologischen Platonismus oben: S. 93 ff.

einen Sprechakt kommuniziert hat.[351] Die Verschiedenheit des immateriellen Gutes vom Sprecher ergibt sich dann aus der Entäußerung des Mitgeteilten aus der Gedankenwelt des Sprechers.[352] Der Sprecher setzt das Mitgeteilte dadurch nach außen, indem er es auf einem Informationsträger verkörpert. Der Begriff des Informationsträgers wird hier weit verstanden und umfasst jede Form subjektexterner Speicherung.

Man kann das immaterielle Gut zwar nicht unmittelbar verkörperlichen. Aber es kann vermittelt über einen substanzhaften Informationsträger für andere erkennbar gemacht werden. Das Immaterialgut muss von einem materiellen Träger getragen sein, damit es unabhängig vom Sprecher fortbestehen kann. Das substantialisierte Immaterialgut besteht dann vom Schöpfer ontisch unabhängig in der intersubjektiven Welt. Das Immaterialgut kann potentiell von jedem Vernunftsubjekt durch Aktualisierung gebraucht werden, so es denn *Kenntnis* hiervon erlangt. Es ist somit ein äußerer – immaterieller – Gegenstand.

Vor diesem Hintergrund ist es richtig, dass nach positivem Urheberrecht Inhalt und Form des Werkes durch ein Ausdrucksmittel wahrnehmbar geworden sein müssen.[353] Solange das Immaterialgut nur als Gedanke im Geiste des Urhebers besteht, mithin nicht erkennbar geworden ist, liegt noch kein Werk vor.[354] Die Konstitution des geistigen Werkes als Rechtsgegenstand setzt voraus, dass es in einen zumindest potentiellen Kommunikationszusammenhang gestellt wird.[355] Auch für die Erfindung als Gegenstand des Patentrechts ist wesentlich, dass sie nicht nur im Kopf des Erfinders existiert, sondern für Fachleute erkennbar ist.[356]

Allerdings soll es gleichgültig sein, welchen Ausdrucksmittels sich der Urheber bedient hat. Auch ephemere – also flüchtige – Werke, wie beispielsweise spontane Improvisationen oder Happenings, sind urheberrechtlich geschützt.[357] Eine dauerhafte, körperliche Fixierung ist somit, zumindest nach deutschem Recht, nicht erforderlich.[358]

---

[351] Siehe zur sprachphilosophischen Reflexion auf immaterielle Güter oben: S. 101 ff.

[352] So auch *Süchting*, Eigentum und Sozialhilfe, 125.

[353] *Axel Nordemann*, in: Fromm/Nordemann, Urheberrecht, § 2 Rn. 23; *Bullinger*, in: Wandtke/Bullinger, Praxiskommentar zum Urheberrecht, § 2 Rn. 19; *Rehbinder*, Urheberrecht, Rn. 150.

[354] *Axel Nordemann*, in: Fromm/Nordemann, Urheberrecht, § 2 Rn. 23; *Bullinger*, in: Wandtke/Bullinger, Praxiskommentar zum Urheberrecht, § 2 Rn. 19; *Rehbinder*, Urheberrecht, Rn. 150.

[355] Vgl. *Roelleke*, UFITA 84 (1979), 79, 98 f.

[356] *Thomas Ahrens*, in: Pierson/Ahrens/Fischer, Recht des geistigen Eigentums, 59.

[357] *Rehbinder*, Urheberrecht, Rn. 150; *Schack*, Urheber- und Urhebervertragsrecht, Rn. 253.

[358] BGH, GRUR 1962, 531, 533; *Axel Nordemann*, in: Fromm/Nordemann, Urheberrecht, § 2 Rn. 23; *Schack*, Urheber- und Urhebervertragsrecht, Rn. 159.

Dies steht jedoch nicht im Widerspruch zu den obigen Ausführungen. Denn für die ontische Verschiedenheit des Immaterialguts von der Person des Schöpfers ist lediglich erforderlich, dass es auch dann noch wahrgenommen werden kann, wenn der Schöpfer selbst nicht mehr existiert. Dies ist auch dann der Fall, wenn das Immaterialgut nicht aufgeschrieben, sondern unmittelbar anderen Menschen mitgeteilt wurde. Die subjektexterne Speicherung des Immaterialguts erfolgt in diesem Falle über die Rezipienten des Mitteilungsobjekts.

Bei Werken der bildenden Kunst und bei wissenschaftlich-technischen Darstellungen hingegen ergibt sich aus der Natur der Sache das Erfordernis eines körperlichen Ausdrucksmittels.[359] Ausländische Rechtsordnungen stellen teilweise noch strengere Anforderungen an die subjekt-externe Speicherung des Werkes. Das US-amerikanische Urheberrecht setzt beispielsweise voraus, dass das Werk in einem Ausdrucksmedium fixiert ist.[360]

b) Physische Beherrschbarkeit

Der immaterielle Gegenstand wäre aber nur dann ein solcher der Willkür, soweit es vorstellbar ist, dass er von einem Subjekt physisch beherrscht werden kann. Gewiss ist an bestimmten Formen von Informationsträgern aufgrund ihrer Körperlichkeit physischer Besitz denkbar; doch ist der Informationsträger lediglich die *Verkörperung* des Rechtsgegenstandes, *nicht* aber der Rechtsgegenstand selbst. Es reichte daher nicht aus, die physische Beherrschbarkeit des Informationsträgers darzulegen. Die Frage lautet vielmehr, ob das Immaterialgut selbst physisch beherrschbar ist.

Es wird oftmals als unsinnig erachtet, die Kategorie des physischen Besitzes auf Immaterialgüter anzuwenden.[361] Hieran ist gewiss richtig, dass mit physischem Besitz an einem Immaterialgut nicht gemeint sein kann, dieses tatsächlich in den Händen zu halten. Über das bloß faktische Verhältnis eines Subjekts zu einem körperlichen Gegenstand hinaus wird hier jedoch physischer Besitz als *tatsächliche Beherrschung* eines vom Subjekt ontisch verschiedenen Gegenstandes begriffen. Tatsächliche Beherrschung liegt vor, wenn das Subjekt den Gegenstand unter weitgehender Ausschlie-

---

[359] *Rehbinder*, Urheberrecht, Rn. 150; *Schack*, Urheber- und Urhebervertragsrecht, Rn. 253.

[360] 17 U.S.C. § 102 (a); Siehe hierzu *Halpern/Nard/Port*, Fundaments of United States Intellectual Property Law: Copyright, Patent, Trademark, 7; *Schack*, Urheber- und Urhebervertragsrecht, Rn. 253.

[361] *Jänich*, Geistiges Eigentum – eine Komplementärerscheinung zum Sacheigentum?, 220.

ßung Dritter gebrauchen kann, es also faktisch in der Lage ist, andere vom Gebrauch des Gegenstandes auszuschließen.[362]

Mit Blick auf die „Nicht-Exklusivität" immaterieller Güter ist der Einwand denkbar, dass sie durch jedermann zu jeder Zeit und an jedem Ort gebraucht werden können, ohne andere von ihrem Gebrauch auszuschließen. Die Eigenschaft der Nicht-Exklusivität kommt immateriellen Gütern jedoch erst nach ihrer *Veröffentlichung* zu.[363] Denn der Gebrauch eines immateriellen Gutes setzt die Kenntnis eben jenes voraus. *Erst ab der Veröffentlichung* ist jedermann das Immaterialgut potentiell bekannt; *erst ab der Veröffentlichung* unterliegt es dem jederzeitigen Zugriff durch jedermann.

Kann man jedoch auch vor der Veröffentlichung des Immaterialguts von einer Nutzungsmöglichkeit durch jedermann ausgehen? Ist das Immaterialgut auch vor seiner Veröffentlichung ein nicht-exklusives Gut?

Dies würde voraussetzen, dass das immaterielle Gut auch vor bzw. ohne eine Veröffentlichung jedermann bekannt sein könnte. Diese Kenntnis ist ausgeschlossen, wenn und soweit das Immaterialgut *geheim gehalten* werden kann. Der Gebrauch eines geheimen Immaterialguts durch jedermann ist – mangels Kenntnis – nicht vorstellbar. Das geheime Immaterialgut ist insofern auch nicht ubiquitär.[364] Da es nur der Geheimnisträger gebrauchen kann[365], handelt es sich um einen exklusiven Gegenstand.

Zuzustimmen ist Troller insoweit, als dass er den physischen Besitz an einem immateriellen Gut einem Geheimnis gleichstellt und insofern die alleinige Kenntnis des Schöpfers von diesem als Voraussetzung physischen Besitzes ansieht.[366] In diese Richtung gehen auch die Überlegungen von Druey und Spooner. Solange sich die Information in der geschützten Eigensphäre des Subjekts befindet, besteht ein dem Sachenrecht analoges Besitzverhältnis.[367] Denn sofern und solange ein Immaterialgut als *Geheimnis* behandelt wird, ist der Geheimnisträger in der Lage, *dieses* Imma-

---

[362] *Kant*, Handschriftlicher Nachlass, AA XXIII, 212.

[363] Zu Recht betont *Stallberg* diese zeitliche Schranke, Urheberrecht und moralische Rechtfertigung, 238; siehe auch *Drahos*, A Philosophy of Intellectual Property, 171.

[364] Vgl. *Pfister*, Das technische Geheimnis „Know How" als Vermögensrecht, 16. Pfister spricht von eingeschränkter bzw. potentieller Ubiquität.

[365] *Pfister*, Das technische Geheimnis „Know How" als Vermögensrecht, 171.

[366] *Troller*, Immaterialgüterecht, Bd. I, 83; ebenfalls *Pfister*, Das technische Geheimnis „Know How" als Vermögensrecht, 2: „Eine natürliche Beherrschbarkeit – ähnlich der bei Sachen – ist nur gegeben, wenn der Inhaber den Gegenstand für sich geheim behält."

[367] *Druey*, Information als Gegenstand des Rechts, 104; *Spooner*, The Law of Intellectual Property, Section II, Objection Second; erwägend auch *Jänich*, Geistiges Eigentum – eine Komplementärerscheinung zum Sacheigentum?, 221, der aber dennoch die These vertritt, dass es im geistigen Eigentum keinen Besitz gebe.

terialgut ausschließlich zu gebrauchen. Physische Beherrschbarkeit eines Immaterialguts ist folglich gleichbedeutend mit dessen Geheimhaltbarkeit.

Die Frage lautet daher nun, ob und inwieweit die faktische Möglichkeit der Geheimhaltung besteht. Soweit diese Frage bejaht werden kann, wäre das Immaterialgut physisch beherrschbar und folglich ein Gegenstand der Willkür. Das immaterielle Gut würde somit erst durch die Veröffentlichung zu einem nicht-exklusiven Gut.

aa) Ausschließliche physische Beherrschbarkeit der „gebundenen Idealität"

Ausschließlicher, also sachanalog exklusiver, Besitz wäre an dem immateriellen Gut dann denkbar, wenn der Schöpfer des immateriellen Gutes andere Menschen durch bloße Geheimhaltung von jeglichem Gebrauch gerade dieses Immaterialguts abhalten könnte. Versteht man literarische und musikalische Werke mit Künne als gebundene Idealitäten, deren Identität eben auch durch das „dann-und-dann von dem-und-dem"[368]-Geschaffensein abhängt, müsste man diese *ausschließliche* physische Beherrschbarkeit bejahen. Selbst wenn nämlich ein anderer einen syntaktisch oder harmonisch identischen abstrakten Gegenstand schaffen würde, wäre dieser – da nicht kausal vom Erstschöpfer abhängig – ein Aliud.[369] Folglich änderte sogar eine Doppelschöpfung an der ausschließlichen Beherrschung durch Geheimhaltung nichts.

Geht man hingegen mit Strawson[370] davon aus, dass die Identität des Schöpfers für die Identität des abstrakten Gegenstandes „Werk" letztlich unerheblich ist, müsste man eine *ausschließliche* physische Beherrschbarkeit verneinen. Denn es wäre dann keinem Subjekt physisch möglich, andere Subjekte daran zu hindern, auf ihre Weise den abstrakten Gegenstand hervorzubringen und zu gebrauchen. Gedanken *als solche* sind frei. Nur weil ein erstes Subjekt (S1) die chemische Formel (O) erfunden hat, heißt es noch lange nicht, dass S1 physische Macht über die Formel als solche hat. Denn wie soll S1 faktisch verhindern, dass S2 seinerseits ebenfalls die Formel (O) als Lösung eines bestimmten technischen Problems erkennt?

Der abstrakte Gegenstand ist, mangels genereller Geheimhaltbarkeit, also nur dann unmittelbar physisch beherrschbar, wenn man zur Identität des immateriellen Gutes die anspruchsvolle Voraussetzung des „dann-und-dann von dem-und-dem"[371]-Geschaffensein hinzuzählt.

---

[368] *Künne*, Abstrakte Gegenstände, 92.

[369] So im Ergebnis auch *Kopff*, GRUR Int 1983, 351, 354.

[370] *Strawson*, Logico-Linguistic Papers, 50; aber auch *Foucault*, Was ist ein Autor?, 17 ff.

[371] *Künne*, Abstrakte Gegenstände, 92.

Lehnt man diese anspruchsvolle Identitätsbestimmung ab und betrachtet das immaterielle Gut abstrakt von einer Referenz auf den konkreten Schöpfer, ist zwar eine *ausschließliche* physische Beherrschbarkeit ausgeschlossen. Jedoch ist eine indirekte – und hierdurch beschränkte – physische Beherrschung des abstrakten Gegenstandes möglich. Der Schöpfer hat es in der Macht, das immaterielle Gut anderen Personen mitzuteilen.[372] Diese tatsächliche Macht begründet eine dichotome Exklusionsstruktur, die der des physischen Sachbesitzes ähnelt. Auch der Sachbesitzer hat es in der Macht, die Sache anderen Personen zur Verfügung zu stellen oder jenes zu unterlassen. Die faktische Macht über den eigenen Mitteilungsakt begründet eine *indirekte* Beherrschung des Immaterialguts. Solange und insoweit andere Personen nicht ihrerseits den semantischen Gehalt, also das Mitgeteilte, kreiert haben, kann der Schöpfer andere durch Nichtvollzug eines Mitteilungsaktes vom Gebrauch des immateriellen Guts faktisch ausschließen. Die Beherrschung des abstrakten Gegenstandes *an sich* ist zwar aufgrund der potentiellen Ubiquität nicht direkt möglich, wohl aber indirekt über die *unmittelbare* Beherrschung des eigenen Mitteilungsakts.

Die Folge dieser bloß indirekten physischen Beherrschung des Mitgeteilten ist ein qualitativer Unterschied zwischen der faktischen Herrschaft über materielle und immaterielle Güter. Da nur der eigene Mitteilungsakt in Bezug auf das immaterielle Gut unmittelbar beherrscht wird, kann dessen unabhängige Hervorbringung durch ein anderes Subjekt nicht faktisch ausgeschlossen werden. Der Nichtvollzug des Mitteilungsaktes, also die Geheimhaltung, verhindert allerdings die bloße Übernahme des Immaterialguts durch Dritte. Hierdurch wird die entlehnende Reproduktion des immateriellen Gutes faktisch ausgeschlossen.

Das Immaterialgut ist somit zwar geheimhaltbar und deshalb physisch beherrschbar, jedoch nicht in einer sachanalog exklusiven Weise. Die faktische Beherrschung des Immaterialguts besteht nur gegenüber entlehnender Reproduktion, nicht aber gegenüber Subjekten, die es unabhängig vom Erstschöpfer hervorbringen.

Gleichgültig ist dabei, ob es tatsächlich eine solche Phase der Geheimhaltung gab. Entscheidend ist allein, dass es *denkbar* ist, dass der Schöpfer das Immaterialgut als eine subjektexterne Entität durch *Geheimhaltung*, über den eigenen Mitteilungsakt vermittelt, physisch beherrschen kann.

bb) Zur Relevanz der ontologischen Bestimmung des Immaterialguts

Unabhängig von der genauen ontologischen Bestimmung des abstrakten Gegenstandes ist folglich irgendeine Form von physischer Beherrschung

---

[372] Ähnlich auch *Kattanek*, Die Verletzung des Rechtes am gesprochenen Wort durch das Mithören anderer Personen, 19 f.

denkbar. Zwar ist dies bei anspruchsvollerer Definition des abstrakten Gegenstandes über eine Referenz auf den Schöpfer in umfassenderer Weise möglich. Da dann jedoch die unabhängige Hervorbringung eines – bis auf die Referenz auf den Schöpfer – identischen immateriellen Gutes als Aliud betrachtet werden müsste, könnte der Schöpfer des *Erstgutes* vom Schöpfer des *Zweitgutes* nicht die Unterlassung des Gebrauchs *dieses* Typs verlangen. Gleiches gilt für die schwächere Bestimmung des immateriellen Gutes und die dann bloß indirekt gegebene physische Beherrschung. Durch Geheimhaltung des Immaterialguts kann der Schöpfer faktisch nicht verhindern, dass Dritte durch eigene gedankliche Anstrengung das Immaterialgut als abstrakten Gegenstand selbst hervorbringen. Das faktische Beherrschungsschema restringiert insofern die Möglichkeit rechtlicher Beherrschung. Das intelligible Recht an dem immateriellen Gut kann folglich keinen Anspruch gegen den unabhängigen Doppelschöpfer begründen.[373] Da dies ungeachtet der genauen ontologischen Identitätsbestimmung gilt, kann diese Frage weiterhin auf sich beruhen. Festzuhalten ist jedenfalls, dass immaterielle Güter durch Geheimhaltung faktisch beherrschbar sind. Die Beherrschung erfolgt unabhängig von der genauen ontologischen Bestimmung dadurch, dass der Schöpfer den Mitteilungsakt unterlässt.

2. *Exkurs: Der Geheimnisschutz im positiven Wirtschaftsrecht*

Das immaterielle Gut ist geheimhaltbar und deshalb durch den Schöpfer physisch beherrschbar. Wie der unmittelbare Besitz im Sinne von § 854 Abs. 1 BGB ist auch das Geheimnis ein tatsächliches Verhältnis einer Person in Bezug auf einen ihr äußeren – hier aber abstrakten – Gegenstand. Der rein faktische Sachbesitz ist, obgleich bloß tatsächliches Verhältnis, nach geltendem Recht mit Rechtswirkungen ausgestattet (vgl. §§ 861, 862 BGB). Dies deckt sich mit der Privatrechtstheorie Kants, wonach der Eingriff in den physischen Besitz als Verletzung des angeborenen Freiheitsrechts rechtswidrig ist.[374]

Doch auch das faktische *Geheimnis* ist mit Rechtswirkungen ausgestattet.[375] Im positiven Patentrecht wird die Kenntnis von einer Erfindung vor ihrer Veröffentlichung als *Erfindungsbesitz* bezeichnet.[376] Sollte ein Dritter den Erfindungsbesitz unmittelbar oder mittelbar über Wissensvermittler vom Erfinder erlangt haben, kann der Erfinder oder dessen Rechtsnachfolger analog § 1004 BGB die Unterlassung der Veröffentlichung und gege-

---

[373] Näher unten: § 6, VII.

[374] *Kant*, MdS, Rechtslehre, § 6, AA VI, 250.

[375] Siehe zum strafrechtlichen Schutz der Vertraulichkeitssphäre *Kattanek*, Die Verletzung des Rechts am gesprochenen Wort durch das Mithören anderer Personen, 29 ff.

[376] *Ilzhöfer*, Patent-, Marken- und Urheberrecht, Rn. 154.

benenfalls nach § 823 Abs. 1 BGB Schadensersatz verlangen.[377] Der Erfindungsbesitz des Schöpfers ist insoweit als ein unvollkommen absolutes Recht deliktisch als „sonstiges Recht" geschützt.[378]

Über den beschränkten Anwendungsbereich des Patentrechts hinaus, kann jedes technische Geheimnis als „Know-how" ein dem Erfinder zugeordnetes Vermögensrecht sein.[379] Dies ergibt sich in internationaler Perspektive unter anderem auch aus Art. 39 TRIPS. Rechtsvergleichend sei auf den US-amerikanischen Schutz von *trade secrets* verwiesen. Nach § 1 Abs. 4 des Uniform Trade Secret Act von 1985 sind hierunter Informationen zu verstehen, die erstens einen aktuellen oder potentiellen ökonomischen Wert daraus ableiten, dass sie nicht generell zugänglich sind und zweitens hinreichenden Maßnahmen der Geheimhaltung unterliegen.[380] Im deutschen Recht ist der Schutz des „Know-how" als Querschnittsmaterie zahlreichen einzelnen Bestimmungen unterschiedlicher Gesetze zu entnehmen.[381] Hierzu zählen insbesondere die nebenstrafrechtlichen §§ 17 und 18 UWG[382], aber auch das Arbeitnehmererfindergesetz und verfahrensrechtlich § 384 Nr. 3 ZPO, sowie vertragliche Vertraulichkeitsabreden in Arbeits- oder Gesellschaftsverträgen.[383] In Anlehnung an Art. 39 TRIPS werden als Schutzvoraussetzungen die Nichtoffenkundigkeit der Information, die Beziehung zu einer Unternehmung, der Geheimhaltungswille, sowie das Geheimhaltungsinteresse genannt.[384]

Unter dem Gesichtspunkt des „Know-how-Schutzes" ist jedoch nicht die Nutzung einer Information an sich, sondern lediglich die Überwindung des faktischen Geheimnisschutzes rechtswidrig.[385] Die geheime Information ist dem Geheimnisträger nicht ausschließlich zugewiesen, sondern nur gegen bestimmte Angriffsformen geschützt.[386] Gleichwohl kommt dem Geheimnisträger in Bezug auf die durch Geheimhaltung faktisch beherrschte Information eine Dispositionsbefugnis zu.[387] Er kann, wie ein Patentrechtsinhaber auch, Lizenzen gewähren und Dritte von der Verwertung des ge-

---

[377] *Ilzhöfer*, Patent-, Marken- und Urheberrecht, Rn. 141.

[378] RGZ 140, 53, 55.

[379] *Pfister*, Das technische Geheimnis „Know How" als Vermögensrecht, 53; *Ann*, GRUR 2007, 39, 41.

[380] Vgl. hierzu *Abbott/Cottier/Gurry*, International intellectual property in an integrated world economy, 11; *Kinsella*, Journal of Libertarian Stud. 15 (2001), 1, 5 f.

[381] *Ann*, GRUR 2007, 39, 41.

[382] Das Geheimnis ist auch durch §§ 203, 204 StGB strafrechtlich geschützt.

[383] Siehe auch im Aktienrecht: §§ 93 Abs.1, 404 AktG.

[384] *Ann*, GRUR 2007, 39, 41; vgl. hierzu auch BGH, NJW 1995, 2301.

[385] *Ann*, GRUR 2007, 38, 40.

[386] *Sosnitza*, in: Piper/Ohly/Sosnitza, UWG, vor §§ 17–19, Rn. 3.

[387] *Sosnitza*, in: Piper/Ohly/Sosnitza, UWG, vor §§ 17–19, Rn. 4.

heimen Wissens ausschließen.[388] Zudem soll ein Unternehmensgeheimnis gem. §§ 413, 398 BGB übertragbar sein.[389] Gegen die rechtswidrige Überwindung des Geheimnisses steht dem Geheimnisträger ein Unterlassungsanspruch analog §§ 12, 862, 1004 BGB zu.[390] Darüber hinaus sind vertragliche Schadensersatzansprüche (§ 280 Abs. 1 BGB) sowie ein Anspruch aus § 823 Abs. 2 BGB in Verbindung mit §§ 17, 18 UWG denkbar.[391]

Das „Recht an dem Geheimnis" ist überdies ein „sonstiges Recht" im Sinne von § 823 Abs. 1 BGB.[392] Denn dem Geheimnis kommt nicht nur eine Ausschluss- sondern auch eine Zuordnungsfunktion zu. Der Ausschluss Dritter ist zwar rein faktischer Natur, so dass die Ausschlussfunktion, wie bei körperlichen Gegenständen ebenfalls, angezweifelt werden könnte. Doch ergibt sich aus §§ 17, 18 UWG und Art. 39 TRIPS eine auf der Faktizität aufbauende *Verrechtlichung* der Position des Geheimnisträgers. Insofern besteht eine weitere Parallele zum *berechtigten* Besitz, welcher nach der vorherrschenden Auffassung ebenfalls als „sonstiges Recht" im Sinne von § 823 Abs. 1 BGB anzusehen ist.[393]

V. Die Veröffentlichungsresistenz des Rechts am immateriellen Gut

Durch die *Veröffentlichung* verzichtet der Schöpfer bewusst auf die physische Herrschaft über das Immaterialgut.[394] Anders formuliert: Der über die Herrschaft über den eigenen Mitteilungsakt vermittelte physische Besitz am Immaterialgut endet unwiederbringlich.[395] Die zentrale Frage lautet: Was geht durch die Veröffentlichung des Immaterialguts an Rechtsmacht verloren?

---

[388] *Sosnitza,* in: Piper/Ohly/Sosnitza, UWG, vor §§ 17–19, Rn. 4.

[389] *Sosnitza,* in: Piper/Ohly/Sosnitza, UWG, vor §§ 17–19, Rn. 5; *Forkel,* in: Festschrift für Schnorr von Carolsfeld, 105, 123; kritisch *Pfister,* Das technische Geheimnis „Know how" als Vermögensrecht, 152, der eine Analogie zu § 929 S. 1 BGB bevorzugt.

[390] *Kraßer,* GRUR 1977, 177, 178.

[391] *Ohly,* in: Piper/Ohly/Sosnitza, UWG, § 17 Rn. 48.

[392] BGHZ 16, 172, 175; *Pfister,* Das technische Geheimnis „Know how" als Vermögensrecht, 85 ff.; *Sosnitza,* in: Piper/Ohly/Sosnitza, UWG, vor §§ 17–19, Rn. 4.

[393] RGZ 59, 326, 328; BGHZ 66, 277, 282; *Wagner,* in: Münchener Kommentar (BGB), § 823 Rn. 158; *Canaris,* in: Jakobs (Hrsg.), Festschrift für Flume, Bd. I, 371, 401.

[394] *von Gierke,* Deutsches Privatrecht, 767.

[395] Von der Möglichkeit einer toxischen Einwirkung auf die Rezipienten des Gedankens sei hier abgesehen.

1. These vom Totalverlust des intelligiblen Besitzes

Auf den ersten Blick ist die Annahme naheliegend, dass durch die Veröffentlichung das intelligible Recht an dem Immaterialgut erlischt.[396] Denn wenn man sich einmal entschlossen hat, den Gedanken dem Publikum mitzuteilen ist das immaterielle Gut nunmehr ein „öffentliches Gut". Ab der Veröffentlichung zeichnet sich das Immaterialgut durch die faktischen Eigenschaften der Nicht-Rivalität und Nicht-Exklusivität aus.[397] Der vermittelt-physische Besitz am Immaterialgut endet und mit ihm – so könnte man meinen – auch der intelligible Besitz. Wenn nämlich der physische Besitz nicht mehr denkbar bzw. vorstellbar ist, könne auch der intelligible Besitz nicht mehr fortbestehen. Noch radikaler formuliert: Durch den unwiederbringlichen Verlust des physischen Besitzes hört die „Rede" auf, ein Gegenstand der Willkür zu sein. Wenn sie aber nicht mehr Gegenstand der Willkür ist, könne sie auch nicht mehr als Bezugsobjekt eines intelligiblen Besitzes angesehen werden.

Hieran ist richtig, dass die Möglichkeit physischen Besitzes am abstrakten Gegenstand nur für die Phase zwischen Äußerung und Veröffentlichung dargelegt wurde. Nach der Veröffentlichung endet typischerweise die vermittelt-physische Herrschaft über das Mitgeteilte. Ob dieser Verlust des physischen Besitzes tatsächlich unwiederbringlich ist, kann aber im Einzelfall bezweifelt werden. So kann etwa das Mitgeteilte kollektiv in Vergessenheit geraten oder sonst keine Beachtung finden. Dann bliebe der Schöpfer trotz Veröffentlichung in der Lage, die ursprüngliche Phase der Geheimhaltung durch Vernichtung sämtlicher Informationsträger wiederherzustellen. Der Einwand, dass durch die Veröffentlichung *typischerweise* die vermittelt-physische Herrschaft über das Mitgeteilte endet, bleibt aber durchaus berechtigt. Fraglich ist jedoch, ob die intelligible Beziehung zwischen dem Mitgeteilten und dem Subjekt durch die Nichtveröffentlichung bedingt werden darf. Denn dies ist die implizite Voraussetzung der These vom Totalverlust des intelligiblen Besitzes. Die These lautet nämlich anders formuliert: Der Schöpfer ist nur insoweit im intelligiblen Besitz als er auch im vermittelt-physische Besitz des Immaterialguts ist. Der empirische Besitz wird hierdurch in einen *geltungslogischen* Zusammenhang zum intelligiblen Besitz gebracht.

Hiergegen richten sich aber dieselben Einwände, die auch schon oben[398] generell gegen die besitzrealistische Antithese sprachen. Das Subjekt wird durch die These vom Totalverlust in seiner Willkürbestimmung in Bezug auf den abstrakten Gegenstand abhängig gemacht von der mittelbar-

---

[396] Differenzierend hingegen Fichte, siehe oben: S. 35 ff.

[397] *Stallberg*, Urheberrecht und moralische Rechtfertigung, 238.

[398] Siehe: S. 67 ff.

physischen Innehabung desselben. Die Abhängigkeit von dem empirischen Faktum der permanenten Geheimhaltung machte das Subjekt insoweit *substantiell unfrei*. Zwecke, die auf eine kontinuierliche Beziehung zu dem Immaterialgut angewiesen sind, könnten nicht verfolgt werden. Deshalb ist ein Regelungsvorschlag abzulehnen, der die Veröffentlichung des immateriellen Gutes als Grund für den Verlust jeglicher intelligibler Rechte an jenem ansieht. Der Schematismus des physischen Besitzes darf also nicht so verstanden werden, als dass die *permanente* Denkbarkeit physischen Besitzes erforderlich wäre. Physischer Besitz muss nur *überhaupt* denkbar sein, um den empirischen Gegenstand als einen noumenalen Gegenstand durch praktische Vernunft neu zu setzen. Wenn der Gegenstand aber einmal konstituiert ist, erlischt er nicht durch den im Nachhinein erfolgten Verlust physischen Besitzes. Er bleibt als einmal gesetzter noumenaler Gegenstand erhalten. Dies erhellt, weshalb der physische Besitz von Kant in den Metaphysischen Anfangsgründen der Rechtslehre lediglich als *Erwerbs*voraussetzung aufgeführt ist.

2. *These vom bloß teilweisen Übergang in das Gemeingut*

Die besitzidealistische These besagt, dass trotz Veröffentlichung der intelligible Besitz substantiell erhalten bleibt. Das Recht am Immaterialgut ist demnach *veröffentlichungsresistent*. Das heißt aber nicht, dass der Rechtsinhalt mit dem Inhalt vor der Veröffentlichung in jeder Hinsicht identisch wäre. Otto von Gierke folgert aus der Veröffentlichung, dass das Immaterialgut in „gewissem Umfange" zum Gemeingut werde.[399] Denn der Urheber könne unmöglich wollen, anderen etwas mitzuteilen und es doch für sich zu behalten.[400] Jedermann dürfe das Werk „empfangend (…) genießen" oder aber sich selbst produktiv auf das Werk beziehen. Schließlich sei es die „Bestimmung geistiger Schöpfungen, neuen geistigen Schöpfungen als Mittel zu dienen"[401]. Dies beruht für von Gierke auf dem Aktus der *Veröffentlichung* des immateriellen Gutes. Auch Fichte knüpft an den Veröffentlichungswillen normative Konsequenzen für den Rechtsinhalt.[402] Damit wird implizit unterschieden zwischen der Rechtsposition des Schöpfers vor und nach der Veröffentlichung, wobei jeweils die Ver*körperung* des abstrakten Gegenstandes bereits vorausgesetzt ist. Vor der Veröffentlichung steht dem Schöpfer eine stärkere Rechtsposition zu, weil er noch nicht darauf verzichtet hat, das Immaterialgut aus seiner Geheimsphäre zu entlassen. Er bringt dadurch den Willen zum Ausdruck, dass das Werk

---

[399] *von Gierke*, Deutsches Privatrecht, 767.
[400] *von Gierke*, Deutsches Privatrecht, 767; ähnlich auch *Phillips*, The Law of Copyright, 4 f.
[401] *von Gierke*, Deutsches Privatrecht, 767.
[402] *Fichte*, UFITA 106 (1987), 155, 158. Hierzu oben: S. 35 ff.

noch nicht anderen als *Mittel* zur Verfügung stehen soll. Die Nutzung durch Dritte knüpft an einen Veröffentlichungs*willen* des Schöpfers an, in dem die willentliche Einräumung einer beschränkten Nutzung durch die Adressaten der Veröffentlichung notwendig mitgedacht ist. Der Veröffentlichungswille wird von Gierke und Fichte objektiv verstanden, das heißt, es kommt nicht darauf an, was der Schöpfer im Zeitpunkt der Veröffentlichung tatsächlich gewollt und möglicherweise kenntlich gemacht hat. Otto von Gierke – wie Fichte auch – unterstellt vielmehr, dass jeder, der ein immaterielles Gut veröffentliche, *notwendig* eine beschränkte Überführung in das Gemeingut konsentiere. Andernfalls würde sich der Schöpfer im Selbstwiderspruch zum Bedeutungsgehalt des Veröffentlichungsaktes befinden. Vorauszusetzen ist dabei, dass dem Aktus der Veröffentlichung eine objektive Bedeutung zukomme, die der beliebigen Willkür des Schöpfers entzogen ist. Nur unter dieser Voraussetzung könnte ein etwaiger Vorbehalt des Schöpfers im Widerspruch zu dem durch die Veröffentlichung kommunizierten Gehalt stehen. Ein objektiver Begriff dessen, was mit einer Veröffentlichung notwendig verbunden sei, lässt sich aber nicht universell angeben.[403] Der Begriffsinhalt muss vielmehr durch die beteiligten Verkehrskreise intersubjektiv festgelegt werden. Der Aktus der Veröffentlichung ist daher normativ durch eine gewisse Erwartung der beteiligten Verkehrskreise präformiert. Dieses „Sprachspiel"[404] kann der Schöpfer nicht unilateral zu seinen Gunsten verändern. Der temporär gültige Inhalt dessen, was durch die Veröffentlichungshandlung intersubjektiv kommuniziert wird, kann nur gemeinsam abgeändert werden. Wenn durch Interaktion die *Bedeutung* der Veröffentlichung festgelegt wurde, hängt diese Bedeutung mit der Vornahme der Handlung für das einzelne Subjekt untrennbar zusammen. Der Schöpfer kann dann nicht die Veröffentlichung wollen, aber den Bedeutungsinhalt der Veröffentlichung selbst bestimmen. Wenn die Überführung in das Gemeingut begrifflich mit der Veröffentlichung verbunden ist, ändert ein subjektiver Vorbehalt hieran nichts. Das immaterielle Gut *gilt* dann aus der Sicht des beteiligten Verkehrskreises als willentlich teilweise in das Gemeingut überführt.[405] Normativ kann die Argumentation durch das Prinzip der Wechselseitigkeit gestützt werden. Die sprachliche

---

[403] Vgl. *Wittgenstein*, Philosophische Untersuchungen, 242.

[404] *Wittgenstein*, Philosophische Untersuchungen, 251.

[405] Kritisch einzuwenden wäre möglicherweise, dass die Bedeutung der vorgenommenen Handlungen letztlich beliebig sein könnte. Andererseits ist die Universalisierung der Maximen bei der Anwendung des kategorischen Imperativs stets auf die empirische *Bedeutung* der Maxime verwiesen. Sprache entwickelt sich aber nicht in notwendigen Bahnen, sondern ist in gewisser Weise ein dem freien „Sprachspiel" der beteiligten Subjekte unterliegendes Verfahren, das in diesem Sinne beliebig ist. In diesem Sinne ist es richtig, wenn *Rorty* die Kontingenz der Sprache betont, vgl. Kontingenz, Ironie, Solidarität, 21 ff.

Bedeutung, die mit dem Aktus der Veröffentlichung verknüpft ist, kommt *jeder* Veröffentlichung zu. Das Sprachspiel ist insoweit ein „allgemeines Sprachspiel".

Außerdem – und dies ist entscheidend – beruht die schöpferische Leistung ihrerseits auf Sprache. Die individuelle *parole* und die allgemeine Sprache stehen in einem wechselseitigen Bezugsverhältnis.[406] Die fragliche Überführung des Immaterialguts in einen gemeinsamen Fundus nutzbaren, anschlussfähigen Wissens kommt also nur in Betracht, wenn der Schöpfer seinerseits anschlussfähig ist. Dies ist er aber nur, wenn er sich eines gemeinsamen Fundus an Sprache und Wissen bedient. Die Veröffentlichung eines für andere anschlussfähigen immateriellen Guts beruht daher immer auf der Nutzung kommunikativen Gemeinguts. Wenn der Schöpfer nun seinerseits die Überführung seiner Information in das kommunikative Gemeingut verbieten wollte, würde er die Bedingungen seiner eigenen Kommunikation – nämlich ein kommunikatives Gemeingut – unterminieren. Deshalb muss der Schöpfer notwendig eine teilweise Überführung des Immaterialguts in das Gemeingut dulden.

VI. Knappheit als moralisches Kriterium?

Ein häufig vorgetragenes Argument gegen die Institution des Immaterialgüterrechts lautet, dass immaterielle Güter nicht knapp seien und daher, mangels Gebrauchskonflikts, kein privates Recht hieran bestehen dürfe.[407] Vorausgesetzt ist dabei, dass die Knappheit einer Ressource überhaupt erst deren rechtliche Regulierung erforderlich mache.[408] Güter, denen die Eigenschaft der Knappheit fehlt, würden nicht zu Gebrauchskonflikten führen und daher keine rechtliche Handlungskoordination erfordern.[409] Diesem Ansatz kann insofern gefolgt werden, als dass nicht jeder beliebige Gegenstand zum Objekt eines privaten Rechts gemacht werden darf. Allerdings ist die Knappheit einer Ressource hierfür kein geeignetes Kriterium. Da es um die Einräumung von ausschließlichen *Handlungs*rechten in Bezug auf äußere Gegenstände geht, darf die rechtliche Betrachtung die *Handlung* des Subjekts in Bezug auf den Gegenstand nicht ausblenden. Nur insofern und insoweit die angestrebte Handlung in Bezug auf den äußeren Gegenstand überhaupt faktisch denkbar ist, kann der äußere Gegenstand zum Objekt eines privaten Rechts gemacht werden. Dies trifft typischer-, aber nicht notwendigerweise auf knappe Güter zu. Beispielsweise

---

[406] *de Saussure*, Grundfragen der allgemeinen Sprachwissenschaft, 22.
[407] Vgl. beispielsweise *Kinsella*, Journal of Libertarian Stud. 15 (2001), 1, 22.
[408] *Kinsella*, Journal of Libertarian Stud. 15 (2001), 1, 19.
[409] *Hoppe*, A Theory of Socialism and Capitalism, 235 und 8 ff.

ist die Sonne zwar knapp, aber trotzdem, mangels faktischer Beherr-schungsmöglichkeit, nicht Gegenstand eines privaten Rechts. Die Knapp-heit einer Ressource könnte daher allenfalls als eine notwendige, niemals aber als eine hinreichende Bedingung eines privaten Rechts aufgestellt werden. Der kantische Schematismus des physischen Besitzes bietet daher ein eindeutigeres Kriterium für die Ausscheidung nicht aneignungsfähiger Gegenstände.

Zudem blendet das Argument, dass bei nicht knappen Ressourcen kein Gebrauchskonflikt – als Grundlage privater Rechte – entsteht[410], einen we-sentlichen Konflikt als irrelevant aus. Sollten nämlich „nicht-knappe" Res-sourcen angeeignet werden können, würde jede Nutzung durch Dritte auch einen Gebrauchskonflikt verursachen, denn der Gebrauch durch Dritte würde mit dem Willen des Aneignenden, den Gegenstand als Einziger zu gebrauchen, im Widerspruch stehen. Dieser Konflikt wird aber implizit aus der Bestimmung des „Gebrauchskonflikts" herausgenommen. Das Argu-ment erhält hierdurch eine zirkuläre Struktur. Sofern kein Gebrauchskon-flikt besteht – mit Ausnahme desjenigen, der überhaupt erst aus dem Ei-gentum folgt – sei eine Eigentumsregulierung nicht erforderlich. Die Prä-supposition dieser impliziten Ausnahme ist die Nicht-Aneignungsfähigkeit „nicht-knapper" Güter, was es aber doch zu beweisen galt.

Schließlich sei noch speziell in Bezug auf Immaterialgüter angemerkt, dass diese *vor* der Veröffentlichung durchaus als knappe Ressourcen ange-sehen werden können. Denn der Geheimnisträger übt vor der Veröffentli-chung die faktische Mitteilungsherrschaft über das Immaterialgut aus. Für alle anderen ist diese Ressource daher nicht zugänglich und in diesem Sin-ne knapp, sofern sie nicht durch Doppelschöpfung einen zumindest äquiva-lenten, wenn nicht sogar identischen, abstrakten Gegenstand hervorbrin-gen. Kritiker des Immaterialgüterrechts, die sich auf die fehlende Knapp-heit berufen, müssten daher darlegen, warum die Knappheit *vor* der Veröf-fentlichung des immateriellen Gutes nicht für die Aneignungsfähigkeit hinreicht. Zugleich müsste begründet werden, weshalb denn der *Verlust* einer einmal im Geheimnis bestehenden Exklusivität und Knappheit ein Grund dafür sein soll, es dem Schöpfer zu verwehren, sich das immateriel-le Gut intelligibel anzueignen. Nach den obigen Erwägungen[411] würde dies auf eine aus kantischer Sicht unzulässige Empirisierung des Rechts hinaus-laufen.

---

[410] *Kinsella*, Journal of Libertarian Stud. 15 (2001), 1, 21 f.
[411] Siehe: S. 67 ff.

VII. Unterschiedliche Qualität an Freiheitseinschränkung gegenüber Dritten?

Als weiterer Kritikpunkt gegen Immaterialgüterrechte wird vorgebracht, dass die Freiheitseinschränkung gegenüber Dritten eine andere Qualität hätte, als bei dem Sacheigentum.[412] Während das Sacheigentum den faktischen Zugang zu lediglich einem konkreten Gegenstand von der Erlaubnis des Sacheigentümers abhängig mache, würden Immaterialgüterrechte die Handlungsfreiheit Dritter im Hinblick auf die geschützte Idee überhaupt einschränken.[413]

Die Kritik knüpft an die ontologische Unterscheidung zwischen konkreten und abstrakten Gegenständen an. Das Ausschließlichkeitsrecht an einem konkreten Gegenstand reicht nicht so weit, einem Dritten zu verbieten, eine andere, aber *typ*gleiche Sache zu besitzen. Der Dritte kann folglich auf einen funktionsäquivalenten Gegenstand ausweichen und hierdurch seine Gebrauchswünsche befriedigen.

Ausschließlichkeitsrechte an abstrakten Gegenständen hingegen beinhalten das Recht, dass jedermann den Gebrauch des abstrakten Gegenstandes zu unterlassen habe. Das bedeutet, dass nur der Inhaber des Immaterialgüterrechts darüber bestimmen darf, ob und inwiefern Instanziierungen des Typs hergestellt werden. Der Ubiquität des abstrakten Gegenstandes entspricht daher ein ubiquitäres Ausschließlichkeitsrecht. Nicht nur ein konkreter Gegenstand, sondern eine ganze Gattung von konkreten Gegenständen kann somit der Nutzung durch Dritte entzogen werden, wenn diese Instanzen des abstrakten Gegenstandes sind.[414]

Trotzdem entspricht die Qualität dieses Ausschließlichkeitsrechts der des Sacheigentums. Jeweils darf anderen der Gebrauch eines Gegenstandes untersagt werden. Dies bedeutet spiegelbildlich, dass die „Nicht-Eigentümer" bestimmte Handlungen zu unterlassen haben, sofern keine Erlaubnis des Rechtsinhabers vorliegt. Der hinsichtlich der Exklusion Dritter bestehende Unterschied zwischen Sacheigentum und Immaterialgüterrecht reflektiert lediglich die Besonderheiten der jeweiligen Rechtsobjekte. Zudem schützt das Urheberrecht nicht vor der unabhängigen Hervorbringung durch Dritte.[415] Durch Eigenkreation ist es daher jedermann rechtlich erlaubt, (zumindest) ein Nutzungsrecht an dem abstrakten Gegenstand unab-

---

[412] *Palmer*, Harvard Journal of Law & Public Policy, Vol. 13 (1990), 817, 831.

[413] *Palmer*, Harvard Journal of Law & Public Policy, Vol. 13 (1990), 817, 831.

[414] *Drahos*, A Philosophy of Intellectual Property, 156 ff., weist darauf hin, dass der Inhaber eines Immaterialgüterrechts tatsächlich Macht über Dritte ausüben könne. Diese Macht resultiert aber, so ist zu erwidern, als soziologische Konsequenz generell aus einer jeden Exklusion Dritter.

[415] Siehe generell zur Doppelschöpfung oben: S. 113 f. und unten: S. 198 ff.

hängig von der Willkür des Erstschöpfers zu erlangen. Die Möglichkeit einer Doppelschöpfung mindert mit Blick auf die Freiheitsentfaltung Dritter die Exklusionswirkung des Urheberrechts.

Der Kritik liegt die Überlegung zugrunde, dass die Extension des Ausschlusses vom Gebrauch eines Gegenstandes umso größer ist, je extensiver das Rechtsobjekt definiert ist. Doch auch bei körperlichen Gegenständen kann der Ausschluss Dritter eine erhebliche quantitative Ausdehnung erfahren; man denke nur an das Privateigentum großer Ländereien. Auch hier ist Dritten ein Ausweichen auf funktionsäquivalente Gegenstände nicht unbedingt möglich. Folglich ist die Exklusion Dritter vom Gebrauch eines Gegenstandes nicht spezifisch für Immaterialgüterrechte.

Zudem ist an Folgendes zu erinnern: Sofern das immaterielle Gut nicht veröffentlicht und damit durch Geheimhaltung faktisch beherrscht würde, könnten Dritte die auf den abstrakten Gegenstand bezogenen Handlungen ebenfalls nicht vollziehen. Würde es folglich keine veröffentlichungsresistenten Rechte an immateriellen Gütern geben, käme es im Hinblick auf geheim gehaltene Güter gleichwohl zur Exklusion Dritter. Folglich ist die Ausschließung Dritter vom Gebrauch eines immateriellen Gutes nicht spezifisch für eine Privatrechtsordnung, die intelligible Rechte an immateriellen Gütern anerkennt. Der qualitative Unterschied besteht lediglich darin, dass die Exklusion Dritter von dem empirischen Faktum der fortdauernden Geheimhaltung unabhängig gesetzt wird. Hierdurch wird eine kontinuierliche, von der Kontingenz empirischer Macht unabhängige, Zuordnung immaterieller Güter zu Subjekten ermöglicht.

Bestreitet man die Legitimation von Immaterialgüterrechten, reicht es daher nicht aus, darauf zu verweisen, dass Dritten der Gebrauch abstrakter Gegenstände verwehrt werden könne, denn diese Exklusion Dritter wäre durch Geheimhaltung auch möglich, wenn es keine Immaterialgüterrechte gäbe. Begründet werden müsste, warum diese Exklusion von dem empirischen Faktum der Geheimhaltung abhängig gemacht werden soll. Behauptete man dies jedoch, würde man sich dem Einwand aussetzen, den Schöpfer von der zufälligen Reichweite der eigenen Geheimhaltungsmacht sowie der Macht Dritter abhängig zu machen.

VIII. Anwendung auf immaterielle Güter nach Schefczyk

Auch Schefczyk[416] hat – ebenso wie die vorliegende Arbeit – den Versuch unternommen, die kantische Privatrechtslehre für eine Theorie der Immaterialgüterrechte fruchtbar zu machen. Der Kernbegriff des intelligiblen, also

---

[416] *Schefczyk*, DZPhil 52 (2004), 739–753.

inhabungs-transzendenten Besitzes ist für Schefczyk allgemein durch das Erfordernis gerechtfertigt, dem Subjekt die Verfolgung komplexer, freiheitskompatibler Zwecke zu ermöglichen.[417] Ein absolutes Verbot intelligiblen Besitzes würde die Menge möglicher Zwecke übermäßig einschränken und wäre daher rechtswidrig.[418] Vor diesem interpretatorischen Hintergrund verortet Schefczyk das Immaterialgüterrecht in zweierlei Weisen in das kantische System. Er unterscheidet einen *empirisch-intellektuellen* von einem *intelligibel-intellektuellen* Besitz.

1. Empirisch-intellektueller Besitz

Unter einem empirisch-intellektuellen Besitz versteht Schefczyk „das Verhältnis einer Person zu ihren eigenen Gedanken und deren Ausdruck"[419]. Jede Person habe das Recht, selbst darüber zu befinden, ob sie anderen ihre Gedanken mitteilen will. In diesem empirisch-intellektuellen Besitz wurzele das Veröffentlichungsrecht nach § 12 UrhG, ebenso wie das Recht auf Anerkennung der Urheberschaft (§ 13 UrhG) sowie der Schutz gegen Entstellung des Werkes (§ 14 UrhG). Gegenstand des empirischen Besitzes sei ausdrücklich *nicht* der Gedanke als solcher.[420]

Schefczyk verneint damit die Möglichkeit empirisch-intellektuellen Besitzes an rein abstrakten Konzepten. Übersetzt in die oben[421] entwickelte Terminologie bedeutet dies, dass das Mitgeteilte nicht Gegenstand des empirisch-intellektuellen Besitzes sein kann. Es gehe bei jenem vielmehr um die Verbindung zwischen der Person und dem Gedanken. Schefczyk bezeichnet den Bezugspunkt des empirisch-intellektuellen Besitzes als das „Haben eines Gedankens", wobei er betont, dass es auf die Tatsache ankomme, dass gerade das Subjekt den Gedanken *hat*.[422] Die Differenz zwischen dem Gedanken *an sich* und dem „Haben eines Gedankens" durch ein bestimmtes Subjekt führe dazu, dass bei zufälligen Doppelschöpfungen für beide Parteien ein selbständiges Urheberrecht entstehe.[423] Der empirischintellektuelle Besitz biete demnach keine Grundlage dafür, die gedankliche Hervorbringung selbst mit Ausschlussrechten zu belegen.[424]

---

[417] *Schefczyk*, DZPhil 52 (2004), 739, 745.
[418] *Schefczyk*, DZPhil 52 (2004), 739, 744.
[419] *Schefczyk*, DZPhil 52 (2004), 739, 746.
[420] *Schefczyk*, DZPhil 52 (2004), 739, 746.
[421] Siehe oben: S. 105 f.
[422] *Schefczyk*, DZPhil 52 (2004), 739, 746.
[423] *Schefczyk*, DZPhil 52 (2004), 739, 744 und 747.
[424] *Schefczyk*, DZPhil 52 (2004), 739, 748.

2. Intelligibel-intellektueller Besitz

Die Einschränkungen des empirisch-intellektuellen Besitzes überwindet Schefczyk durch die Kategorie des intelligibel-intellektuellen Besitzes. Hierunter versteht er ein Recht, das sich auf alles Geistige bezieht, ohne dass eine besondere Beziehung zwischen dem Subjekt und dem Geistigen erforderlich wäre.[425] Ein solcher intelligibel-intellektueller Besitz könne nur in der bürgerlichen Gesellschaft bestehen und setze voraus, dass die Schöpfer geistiger Güter einsichtig machen können, dass die Verfolgung komplexer Zwecke von der Einräumung eines solchen Rechts abhänge.[426]

3. Kritische Würdigung

Der Gedankengang Schefczyks ist sehr fruchtbar, jedoch kann ihm in letzter Konsequenz nicht vollständig gefolgt werden. Was den empirisch-intellektuellen Besitz betrifft, geht er zutreffend davon aus, dass sich dieser nicht auf den „Gedanken als solchen" beziehe. Die faktische Herrschaft des Subjekts über das Immaterialgut erstreckt sich unmittelbar nur darauf, die eigene Mitteilungshandlung zu unterlassen. Bloß indirekt wird hierdurch der abstrakte Gegenstand beherrscht. Man kann daher nicht die unabhängige Hervorbringung durch Dritte verhindern. Hieraus zieht Schefczyk allerdings nicht die richtigen Konsequenzen, da er die aus dem Schematismus des physischen Besitzes folgende Bedeutung für die Reichweite des intelligiblen Rechts an dem abstrakten Gegenstand verkennt. Bei der Behandlung des intelligibel-intellektuellen Besitzes erfolgt ein unzulässiger Objektwechsel. Während sich der empirisch-intellektuelle Besitz noch auf das „Haben des Gedankens" bezog, soll nun „im Prinzip alles Geistige"[427] möglicher Rechtsgegenstand sein können. Der Gegenstand des empirisch-intellektuellen Besitzes einerseits und der Gegenstand des intelligibel-intellektuellen Besitzes andererseits müssen identisch sein. Der Unterschied zwischen beiden Besitzbegriffen besteht lediglich darin, dass der empirische Besitz eine faktische Herrschaft voraussetzt, während der intelligible Besitz diese transzendiert. Jeweils müssen sie jedoch auf denselben Gegenstand bezogen werden.

IX. Zusammenfassung

Aufgrund eines Gedankenexperiments wurde die Rechtswidrigkeit einer – hypothetischen – Privatrechtsordnung erwiesen, welche die Zuordnung

---

[425] *Schefczyk*, DZPhil 52 (2004), 739, 749.
[426] *Schefczyk*, DZPhil 52 (2004), 739, 749.
[427] *Schefczyk*, DZPhil 52 (2004), 739, 749.

äußerer Gegenstände durch die permanente faktische Beherrschung derselben bedingte. Diese sogenannte besitzrealistische Ordnung macht die subjektive Zweckverfolgung von dem Faktum fortdauernder empirischer Herrschaft abhängig. Empirische Macht würde zum bestimmenden Faktor der
Gegenstandszuordnung. Die freie Willkür würde Letztere nicht aus sich
heraus bestimmen, sondern durch einen außer ihr seienden Umstand – der
faktischen Macht – bedingen. Die sich selbst von faktischer Herrschaft
abhängig machende freie Willkür unterminierte jedoch ihre eigene Freiheit.
Die Unfreiheitlichkeit des Besitzrealismus zeigt sich auch daran, dass er
dem Subjekt die Verfolgung komplexer, gegenstandsbezogener Zwecke unmöglich macht.

Der Besitzrealismus hat sich deshalb als unvereinbar mit einem auf vernunftgeleiteter Freiheit aufbauenden Rechtssystem erwiesen. Hieraus folgt,
dass eine Privatrechtsordnung die Zuordnung äußerer Gegenstände nicht
von dem Faktum permanenter tatsächlicher Beherrschung abhängig machen darf. Es muss daher einen Besitz geben, der von den empirischen Bedingungen der Innehabung abstrahiert. Diesen Besitz nennt Kant *intelligibel*. Mit Eigentum ist der intelligible Besitz schon deshalb nur unzureichend übersetzt, weil Kant hierunter nicht nur die Zuordnung von Sachen
versteht. Auch Forderungen und familienrechtliche Statusverhältnisse subsumiert er dem Oberbegriff eines intelligiblen Besitzes.[428] Jeweils wird
dem Rechtsinhaber ein ihm äußerer Gegenstand unabhängig von fortdauernder empirischer Macht zugeordnet.

Das Ziel dieser Arbeit besteht darin, zu untersuchen, ob auch immaterielle Güter mögliche Gegenstände intelligibler Besitzrechte sein können.
Hierfür muss ein Kriterium angegeben werden, welches alle möglichen
Gegenstände intelligibler Besitzrechte erfüllen müssen. Dieses Kriterium
besteht – so eine der Kernthesen dieser Untersuchung – in der *Realmöglichkeit physischen Besitzes*. Es muss vorstellbar sein, dass der Gegenstand
überhaupt physisch beherrscht werden kann, damit er sich als Objekt intelligiblen Besitzes qualifiziere.

Dieses Kriterium folgt aus dem sogenannten „Schematismus des physischen Besitzes"[429]. Das „Schema" im Sinne der kantischen Transzendentalphilosophie hat die Funktion, zwischen Begriff und Gegenstand zu vermitteln und hierdurch Erkenntnis zu ermöglichen. Hierauf bezieht sich
Kant, wenn er in den erst posthum veröffentlichten Vorarbeiten zur Rechtslehre – allerdings ohne Begründung – schreibt, der physische Besitz sei das
Schema des intelligiblen Besitzes.[430] Gemeint ist damit, dass der physische
Besitz die *sinnliche Darstellung* des intelligiblen Besitzes ist. Als „Sche-

---

[428] Siehe hierzu näher unten: S. 154 ff.
[429] Siehe oben: S. 85 ff.
[430] Siehe oben: S. 83 ff.

ma" begriffen, muss der physische Besitz sowohl Elemente des reinen Verstandesbegriffs des intelligiblen Besitzes als auch solche des empirischen Gegenstandes aufweisen.

Genau wie der intelligible Besitz auch, schließt der physische Besitz Dritte vom Gegenstandsgebrauch aus. Die Exklusion Dritter begründet somit eine Strukturparallele zwischen beiden Besitzarten. Allerdings beruht die Exklusion des physischen Besitzes auf empirischer Macht. Dieses empirische Moment teilt der physische Besitz mit dem Gegenstand, auf den sich die Exklusion bezieht. Da somit der physische Besitz sowohl Elemente des intelligiblen Besitzes – die Exklusion – als auch solche des Rechts*gegenstandes* – die Empirie – aufweist, eignet sich der physische Besitz dafür, im Sinne eines *Schemas* zwischen dem Verstandesbegriff des intelligiblen Besitzes einerseits und dem empirischen Gegenstand andererseits zu vermitteln.

Der physische Besitz erfüllt somit die transzendentalphilosophischen Anforderungen an ein Schema. Schon hieraus folgt, dass nur solche Gegenstände intelligibel angeeignet werden können, bei denen physische Beherrschung überhaupt vorstellbar ist.

Hinzu kommt jedoch ein weiteres – materielles – Argument. Bezieht sich eine besitzidealistische Ordnung lediglich auf physisch beherrschbare Gegenstände, könnten Dritte auch in einer Ordnung, die bloß den physischen Besitz kennt, vom Gegenstandsgebrauch ausgeschlossen werden. Eine besitzidealistische Ordnung würde die Exklusion folglich nicht konstituieren. Die Exklusion erführe lediglich eine qualitative Vertiefung, weil der Besitzidealismus eine *kontinuierliche* – von permanent aktueller faktischer Herrschaft unabhängige – Gegenstandszuordnung ermöglicht. Der Grund für die qualitative Vertiefung der Exklusionsstruktur besteht darin, dass eine auf vernunftgeleiteter Freiheit aufbauende Rechtsordnung die Gegenstandszuordnung nicht von dem Faktum fortdauernder empirischer Beherrschung abhängig machen darf. Dies rechtfertigt es, die bereits durch den physischen Besitz konstituierte Exklusion qualitativ *zu vertiefen*. Ließe eine Privatrechtsordnung jedoch intelligible Rechte auch *an nicht physisch beherrschbaren Gegenständen* zu, würde hierdurch eine Exklusionsstruktur geschaffen, die es *nicht* in einer besitzrealistischen Ordnung gäbe. Nicht bloß die qualitative Vertiefung der Exklusionsstruktur, sondern die Exklusionsstruktur selbst, müsste gerechtfertigt werden. Diese Rechtfertigung könnte jedoch nicht darin bestehen, dass die praktische Vernunft von der fortdauernden faktischen Beherrschung abstrahieren muss. Denn es gibt bei nicht faktisch beherrschbaren Gegenständen *per definitionem* keine Beherrschung, von der abstrahiert werden könnte. Zumindest im Rahmen der kantischen Privatrechtstheorie wäre es daher nicht möglich, intelligible Rechte an nicht faktisch beherrschbaren Gegenständen zu begründen.

Im Zusammenhang mit dem Urheberrecht stellt sich somit die entscheidende Frage: Sind immaterielle Güter faktisch beherrschbar?[431] Unter faktischer Beherrschung wird hier verstanden, dass ein Subjekt in der Lage ist, den Gegenstand unter weitgehendem Ausschluss Dritter gebrauchen zu können. Dies trifft gewiss nicht auf *veröffentlichte* immaterielle Güter zu. Sobald nämlich ein immaterielles Gut der Öffentlichkeit zugänglich gemacht wurde, ist eine nicht rivalisierende Nutzung durch jedermann möglich. Es handelt sich dann um ein sogenanntes öffentliches Gut. Allerdings wird es hierzu erst durch die Veröffentlichung. Vorher kann man sich vorstellen, dass der Schöpfer des immateriellen Gutes dieses geheim hält. Das Geheimnis ermöglicht ihm, Dritte vom *nachahmenden Gebrauch* des immateriellen Gutes abzuhalten. Der Geheimnisträger kann die Reproduktion durch Dritte faktisch verhindern, indem er den Mitteilungsakt an die Öffentlichkeit unterlässt. In diesem Sinne ist daher ein immaterielles Gut faktisch beherrschbar. Es ist daher ein sogenannter „Gegenstand der Willkür" und folglich mögliches Bezugsobjekt eines intelligiblen Rechts.

Die von Kant in § 2 der Rechtslehre entwickelte Argumentation lässt sich auf immaterielle Güter übertragen. Gäbe es kein Urheberrecht, würde der Schöpfer in seiner Freiheitsverwirklichung in Bezug auf das immaterielle Gut von dem Faktum der permanenten Geheimhaltung abhängig gemacht. Der Schöpfer könnte keine komplexen Zwecke verfolgen, die eine kontinuierliche Gegenstandszuordnung erfordern.[432]

Freilich büßt das immaterielle Gut durch die Veröffentlichung typischerweise die Eigenschaft ein, faktisch beherrschbar zu sein. Denn es ist von nun an potentiell jedermann bekannt, so dass es, nicht rivalisierend, durch jedermann gebraucht werden kann. Doch würde man diesen unwiederbringlichen Verlust faktischer Kommunikationsherrschaft als Grund dafür ansehen, dass dem Subjekt das immaterielle Gut nicht mehr zugeordnet würde, machte man das Subjekt geradezu von der fortdauernden Geheimhaltung abhängig. Deshalb muss ein auf allgemeinen Freiheitsgesetzen beruhendes Urheberrecht eingerichtet werden.

---

[431] Siehe oben: S. 108 ff.

[432] Siehe überdies zu den ökonomischen Schwächen einer Ordnung, die auf Geheimnisschutz aufbaut *Granstrand*, in: Cantwell (Hrsg.), The Economics of Patents, Volume I, 3, 33. Der Effizienzverlust der „secrecy alternative" stellt jedoch im Rahmen der kantisch geprägten Legitimationstheorie kein tragendes Argument dar.

Kapitel 3

Das Urheberpersönlichkeitsrecht

Kant wird oftmals als einer der Begründer der persönlichkeitsrechtlichen Konzeption des Urheberrechts angesehen.[1] Dies trifft zu, wenn man lediglich die Überlegungen aus der Nachdruckschrift in Blick nimmt.[2] Kant unternahm in dieser Schrift den Versuch, das Urheberrecht aus dem Persönlichkeitsrecht des Urhebers abzuleiten. Hierauf aufbauend hat vor allem von Gierke den Gedanken entwickelt, das Werk des Urhebers gehöre seiner Persönlichkeitssphäre an.[3] Das Urheberrecht gewähre eine Herrschaft über diesen Bestandteil der Persönlichkeitssphäre. Es schütze somit primär die persönlichen Interessen des Urhebers.

Die vorgebliche Zugehörigkeit des Geisteswerkes zur *Persönlichkeitssphäre* des Urhebers[4] ist begründungsbedürftig. Räumt man die ontische Unabhängigkeit des Geisteswerkes vom Urheber ein[5], folgt schon hieraus, dass das hierauf bezogene Ausschließlichkeitsrecht ein Recht an einem äußeren (abstrakten) Gegenstand ist. Es ist nicht einsichtig, weshalb dieser äußere Gegenstand Teil der *Persönlichkeitssphäre* des Urhebers sein solle. Die Unabhängigkeit von der Schöpferpersönlichkeit[6] legt das Gegenteil nahe. Die persönlichkeitsrechtliche Theorie ist daher nicht imstande, das *gesamte* Immaterialgüterrecht zu begründen. Allerdings beruhen vereinzelte Befugnisse des Schöpfers auf originär persönlichkeitsrechtlichen Erwägungen.

I. Das jus personalissimum nach Kant

Den Überlegungen Kants zur Unrechtmäßigkeit des Büchernachdrucks liegt das *Recht auf kommunikative Selbstbestimmung* zugrunde.[7] Kant statuierte, dass der Verfasser einer Rede selbst darüber befinden dürfe, ob und

---

[1] *von Gierke*, Deutsches Privatrecht, 764; *Rehbinder*, Urheberrecht, Rn. 29.
[2] Siehe hierzu oben: S. 38 ff.
[3] *von Gierke*, Deutsches Privatrecht, 756.
[4] *von Gierke*, Deutsches Privatrecht, 756.
[5] *von Gierke*, Deutsches Privatrecht, 765.
[6] *Rehbinder*, Urheberrecht, Rn. 392.
[7] Siehe hierzu oben: S. 43.

durch wen diese an die Öffentlichkeit gelange.[8] Dieses Recht kategorisierte Kant als *jus personalissimum* und ordnete es unveräußerlich dem Verfasser zu.[9] Es entspricht in dieser Hinsicht dem einzigen angeborenen Recht, nämlich „Freiheit (Unabhängigkeit von eines Anderen nöthigender Willkür), sofern sie mit jedes Anderen Freiheit nach einem allgemeinen Gesetz zusammen bestehen kann (…)"[10]. Dieses sogenannte „innere Mein und Dein"[11] umfasst auch das *jus personalissimum*. Niemand darf durch die Willkür eines anderen dazu genötigt werden, im öffentlichen Diskurs als Sprecher einer bestimmten Aussage zu erscheinen. Jeder darf selbst darüber bestimmen, für welche Aussagen er öffentlich einstehen will. Man darf den Verfasser nicht ohne dessen Einwilligung *reden lassen*.[12]

Umgekehrt darf der Urheber aber auch nicht daran gehindert werden, den beabsichtigten Kommunikationserfolg zu erzielen. Dieser besteht darin, dass das Publikum von dem Werk Kenntnis erlangen kann. Kant hat dieses Recht nicht explizit aufgeführt, doch liegt es seinen Überlegungen zu einem Recht des Publikums auf Veröffentlichung des Werks nach dem Tode des Urhebers zugrunde.[13] Denn wenn sogar das Publikum einen Anspruch auf Werkveröffentlichung hat, muss diese Befugnis *erst recht* zu dessen Lebzeiten dem Urheber zukommen. Ein Subjekt vom öffentlichen Diskurs auszuschließen ist als allgemeines Freiheitsgesetz nicht denkbar.

Kommunikative Selbstbestimmung erscheint somit in zwei Varianten: *Erstens* darf dem Subjekt keine Sachaussage öffentlich gegen dessen Willen untergeschoben werden. *Zweitens* hat jedes Subjekt ein Recht darauf, sich öffentlich zu einer bestimmten Sachaussage zu bekennen.

II. Zum Begriff des Persönlichkeitsrechts im geltenden Recht

Das Persönlichkeitsrecht erscheint im positiven Recht in vielfacher Gestalt. Unterschieden wird zwischen den besonderen Persönlichkeitsrechten einerseits und dem allgemeinen Persönlichkeitsrecht andererseits.[14] Die gesetzlich geregelten besonderen Persönlichkeitsrechte knüpfen den Schutz

---

[8] *Kant*, Nachdruckschrift, AA VIII, 79, 86.

[9] *Kant*, Nachdruckschrift, AA VIII, 79, 86; vgl. zur kommunikativen Selbstbestimmungsfreiheit im positiven Recht die Ausführungen von *Kattanek*, Die Verletzung des Rechtes am gesprochenen Wort durch das Mithören anderer Personen, 17 ff.

[10] *Kant*, MdS, Rechtslehre, Einteilung der Rechtslehre, AA VI, 237.

[11] *Kant*, MdS, Rechtslehre, Einteilung der Rechtslehre, AA VI, 237.

[12] *Kant*, Nachdruckschrift, AA VIII, 79, 86; siehe hierzu oben: S. 43.

[13] *Kant*, Nachdruckschrift, AA VIII, 79, 85.

[14] Grundlegend *Hubmann*, Das Persönlichkeitsrecht, 2 ff.

an bestimmte von der Persönlichkeit gedanklich ablösbare Substrate.[15] Hierzu zählen insbesondere der Name (§ 12 BGB), das äußere Erscheinungsbild (§§ 22 ff. KUG) oder das gesprochene Wort[16]. Ein rechtswidriger Eingriff in dieses Substrat löst bereits die gesetzlichen Schutzmechanismen aus[17], also vor allem Unterlassungs- und – bei Verschulden – Schadensersatzansprüche. Auch die Urheberpersönlichkeitsrechte (insbesondere §§ 12–14 UrhG) werden zu den besonderen Persönlichkeitsrechten gezählt.[18] Insgesamt sind die wichtigsten besonderen Persönlichkeitsrechte historisch früher als das allgemeine Persönlichkeitsrecht entstanden.[19]

Das *allgemeine Persönlichkeitsrecht* hat der Bundesgerichtshof erstmalig durch Urteil vom 25.5.1954 anerkannt.[20] Das beklagte Verlagshaus hatte ein Anwaltsschreiben des Klägers ohne dessen Zustimmung als Leserbrief veröffentlicht. Dies verstieß nicht gegen das Veröffentlichungsrecht aus § 12 UrhG, weil der Anwaltsbrief keine hinreichend individuelle Formgebung aufwies.[21] Gleichwohl gab der Bundesgerichtshof der Klage statt. Jede sprachliche Festlegung eines bestimmten Gedankeninhalts sei – so der Bundesgerichtshof – Ausfluss der Persönlichkeit des Verfassers.[22] Allein der Verfasser dürfe im Grundsatz darüber bestimmen, ob und in welcher Form seine Aufzeichnungen der Öffentlichkeit zugänglich gemacht werden.

Eine ungenehmigte Veröffentlichung verletze die individuelle Geheimsphäre. Die Allgemeinheit entnehme nämlich jeder unter Namensnennung erfolgenden Veröffentlichung von Aufzeichnungen eines noch lebenden Menschen eine entsprechende Willensrichtung des Verfassers. Letzterer müsse mit einer kritischen Auseinandersetzung mit der Fassung der Aufzeichnung und der Art ihrer Bekanntgabe rechnen. Eine veränderte Wiedergabe verletze die persönlichkeitsrechtliche Eigensphäre des Verfassers, weil nicht gebilligte Änderungen ein falsches Persönlichkeitsbild vermitteln können.

Über den Schutz vor Entstellungen und unwahren Behauptungen[23] hinaus sind weitere Fallgruppen innerhalb des allgemeinen Persönlichkeits-

---

[15] *Helle*, Besondere Persönlichkeitsrechte im Privatrecht, 39.

[16] Siehe zum Recht am gesprochenen Wort *Kattanek*, Die Verletzung des Rechtes am gesprochenen Wort durch das Mithören anderer Personen, insbesondere 17 ff.

[17] *Helle*, Besondere Persönlichkeitsrechte im Privatrecht, 39.

[18] *Bullinger*, in: Wandtke/Bullinger, Praxiskommentar zum Urheberrecht, vor §§ 12 ff. Rn. 1.

[19] *Schack*, Urheber- und Urhebervertragsrecht, Rn. 46.

[20] BGHZ 13, 334 ff. – Leserbriefe.

[21] Dies konnte der Bundesgerichtshof freilich offenlassen.

[22] BGHZ 13, 334, 338.

[23] BGHZ 13, 334, 338; 31, 308, 311; 35, 363; *Larenz/Canaris*, Lehrbuch des Schuldrechts II/2, 500.

rechts anerkannt: Insbesondere der Schutz vor Herabsetzungen[24] und wirtschaftlicher Ausbeutung[25] und schließlich das Recht auf informationelle Selbstbestimmung[26]. Seine verfassungsrechtliche Wurzel findet das allgemeine Persönlichkeitsrecht in Art. 1 Abs. 1, 2 Abs. 1 GG.[27]

III. Einzelne urheberpersönlichkeitsrechtliche Befugnisse

Die §§ 12 – 14 UrhG sind mit „Urheberpersönlichkeitsrecht" überschrieben. Der Gesetzgeber hat das Urheberpersönlichkeitsrecht somit den Verwertungsrechten vorangestellt.[28] Diese herausragende Stellung des Urheberpersönlichkeitsrechts[29] kommt auch in § 11 S. 1 UrhG zum Ausdruck. Dort heißt es, dass das Urheberrecht den Urheber neben der Nutzung auch in seinen „geistigen und persönlichen Beziehungen zum Werk" schützt. Der hierdurch zum Ausdruck gebrachte *Werkbezug* stellt das Spezifikum des Urheberpersönlichkeitsrechts dar.[30] Es schützt die ideellen Interessen des Urhebers an dem von ihm geschaffenen Werk.[31] Metaphorisch kann man auch von einem „geistigen Band" sprechen, das „den Urheber mit seiner Schöpfung als geronnenen Teil seiner Persönlichkeit verbindet"[32]. Wie das allgemeine Persönlichkeitsrecht (Art. 1 Abs. 1, 2 Abs. 1 GG), dient auch das Urheberpersönlichkeitsrecht dem Schutz der *Person* des Urhebers und nicht dem Schutz des Werkes um seiner selbst willen.[33] Geschützt wird gem. § 11 UrhG die *Person* des Urhebers *in Bezug* auf das Werk. Während die Verwertungsrechte primär auf das Werk als solches fokussiert sind, schützt das Urheberpersönlichkeitsrecht folglich die Urheber-Werk-Relation. Für die Angriffsrichtung bedeutet dies, dass ein bloßer Gebrauch des Werkes ohne jeden *Bezug zur Person des Urhebers* für eine Verletzung des Urheberpersönlichkeitsrechts nicht hinreicht. Nur dann ist das „geistige Band" zum Urheber betroffen. Die Metapher des „geistigen Bandes" kann aufgrund der obigen sprachphilosophischen Erwägungen mit

---

[24] BGHZ 99, 133.

[25] BGHZ 20, 345, 355; 81, 75, 79 f.

[26] BVerfGE 65, 1, 41 ff.

[27] BVerfGE 6, 389, 433; 27, 1, 6; 27, 344, 351; 32, 373; 378 f.

[28] *Schack*, Urheber- und Urhebervertragsrecht, Rn. 353.

[29] *Schack*, Urheber- und Urhebervertragsrecht, Rn. 353.

[30] *Schack*, Urheber- und Urhebervertragsrecht, Rn. 43; *Rehbinder*, Urheberrecht, Rn. 391.

[31] *Schack*, Urheber- und Urhebervertragsrecht, Rn. 43.

[32] *Schack*, Urheber- und Urhebervertragsrecht, Rn. 43.

[33] *Bullinger*, in: Wandtke/Bullinger, Praxiskommentar zum Urheberrecht, vor §§ 12 ff. Rn. 2.

Inhalt gefüllt werden.[34] Das Werk als *Mitgeteiltes* wird aufgrund eines Zuschreibungsakts dem Urheber als dessen Sachaussage zugeordnet. Für die
informierte Öffentlichkeit ist der Urheber aufgrund des Zuschreibungsakts
kommunikativ mit dem Werk verknüpft. Folglich setzt der urheberpersön-
lichkeitsrechtliche Schutz einen Zuschreibungsakt voraus. An letzterem
fehlt es bei *anonym* veröffentlichten Werken. Freilich kann der Zuschreibungsakt nachgeholt und auf diese Weise für die Zukunft der Schutz durch
das Urheberpersönlichkeitsrecht erlangt werden.

Zusätzlich zu den §§ 12 – 14 UrhG ergeben sich weitere persönlichkeitsrechtliche Befugnisse insbesondere aus § 25 UrhG (Recht auf Zugang
zum Werkstück), § 34 UrhG (Erfordernis einer Zustimmung des Urhebers
zur Übertragung von Nutzungsrechten), § 39 UrhG (Verbot von Änderungen des Werkes), §§ 41, 42 UrhG (Rückrufsrecht wegen Nichtverwertung
bzw. gewandelter Überzeugung), § 62 UrhG (Änderungsverbot bei zuläs-
siger Werknutzung) und aus den zwangsvollstreckungsrechtlichen Einschränkungen der §§ 112 ff. UrhG.

Im Folgenden wird auf ausgewählte persönlichkeitsrechtliche Aspekte
eingegangen. Dabei wird auch der Versuch unternommen, die hinter den
einzelnen urheberpersönlichkeitsrechtlichen Befugnissen stehenden Prinzipien auf die kantische Konzeption des *jus personalissimum* zurückzuführen.

1. Veröffentlichungsrecht

Zum Urheberpersönlichkeitsrecht zählt nach § 12 UrhG das Veröffentlichungsrecht. Geschützt wird die Entscheidung über die *erstmalige* Veröffentlichung des Werkes.[35] Dem Urheber steht demnach die Entscheidung
darüber zu, ob er sein Werk aus der Privatsphäre entlassen und sich der
öffentlichen Kritik aussetzen will.[36] Zudem ist es dem Urheber vor der von
ihm konsentierten Veröffentlichung nach § 12 Abs. 2 UrhG vorbehalten,
den Inhalt seines Werkes öffentlich mitzuteilen oder zu beschreiben.

Das *Erst*veröffentlichungsrecht lässt sich auch vor dem Hintergrund des
kantischen Privatrechts begründen. Solange sich das immaterielle Gut noch
in der Eigensphäre des Urhebers befindet, besteht ein dem physischen Besitz entsprechendes Verhältnis zu dem immateriellen Gut. Genauso wie es
das innere Meine des empirischen Besitzers einer Sache verletzt, wenn

---

[34] Siehe oben: S. 101 ff.
[35] Nur dieses beinhaltet § 12 UrhG nach vorherrschender Auffassung; siehe nur: OLG
Köln, GRUR-RR 2005, 337, 338; *Dustmann*, in: Fromm/Nordemann, Urheberrecht, § 12
Rn. 9; *Schulze*, in: Dreier/Schulze, Urheberrechtsgesetz, § 12 Rn. 6; *Schack*, Urheber-
und Urhebervertragsrecht, Rn. 366; *Rehbinder*, Urheberrecht, Rn. 395; *Lettl*, Urheberrecht, § 4 Rn. 10; a.A. LG Berlin, GRUR 1983, 761, 762.
[36] *Schack*, Urheber- und Urhebervertragsrecht, Rn. 364.

man ihm die Sache entreißt[37], wird auch der Urheber in seiner inneren Selbstbestimmungsfreiheit verletzt, wenn man das immaterielle Gut gegen seinen Willen aus der Geheimsphäre entlässt und der Öffentlichkeit preisgibt. Folgerichtig ordnet Kant das von ihm in der Nachdruckschrift deduzierte Recht des Urhebers, über das „Ob" und die Modalitäten der Veröffentlichung zu bestimmen, als *jus personalissimum* dem inneren Mein und Dein des Urhebers zu.[38] Das Veröffentlichungsrecht ist damit ein Unterfall des angeborenen Freiheitsrechts.[39]

2. Integritätsschutz

Darüber hinaus hat der Urheber nach § 14 UrhG einen Anspruch auf Unterlassung von Entstellungen oder anderen Beeinträchtigungen, die geeignet sind, seine berechtigten geistigen oder persönlichen Interessen zu gefährden. Der Sinn und Zweck des § 14 UrhG besteht nicht etwa darin, die Integrität des Werkes im überindividuellen Interesse abstrakt zu schützen.[40] Es geht vielmehr darum, den Urheber – in den Grenzen von Treu und Glauben (vgl. § 39 Abs. 2 UrhG) – vor der kommunikativen Zuschreibung einer Sachaussage zu bewahren, die er in dieser Form oder mit diesem Inhalt nicht hat abgeben wollen.[41] Eine Beeinträchtigung i.S.v. § 14 UrhG liegt demnach vor, wenn der individuelle Gesamteindruck des Werkes verändert wird.[42] Die Sachaussage kann in ihrer intersubjektiven Bedeutung unter anderem auch dadurch verändert werden, dass sie in einen vom Urheber nicht gewollten Kontext gestellt wird.[43]

Das in § 14 UrhG enthaltene Verbot einer wesentlichen Entstellung des Werkes ist daher nur ein Unterfall des allgemeinen Verbots, niemanden gegen seinen Willen in einen bestimmten Diskurs zu ziehen. Ob und mit welcher Sachaussage ein Subjekt in der Öffentlichkeit stehen möchte, darf es selbst entscheiden. Jede gegenteilige nötigende Willkür ist eine Verletzung seines angeborenen Freiheitsrechts.

Bei dieser Lesart erscheint § 14 UrhG zudem als eine konkrete Ausprägung des sogenannten *droit de non-paternité*. Mit diesem Begriff bezeichnet man das aus dem allgemeinen Persönlichkeitsrecht folgende Recht auf

---

[37] *Kant*, MdS, Rechtslehre, § 6, AA VI, 249 f.

[38] *Kant*, Nachdruckschrift, AA VIII, 79, 82.

[39] Vgl. zum angeborenen Freiheitsrecht *Köhler,* in: Schmidt (Hrsg.), Vielfalt des Rechts – Einheit der Rechtsordnung?, 61–84.

[40] So auch *Dustmann*, in: Fromm/Nordemann, Urheberrecht, § 14 Rn. 1; *Schack*, Urheber- und Urhebervertragsrecht, Rn. 380.

[41] *Süchting,* in: Kleszewski/Müller/Neuhaus, Kants Lehre vom richtigen Recht, 83.

[42] *Schack*, Urheber- und Urhebervertragsrecht, Rn. 383.

[43] OLG Frankfurt, GRUR 1995, 215, 216; *Metzger*, Rechtsgeschäfte über das Droit moral im deutschen und französischen Urheberrecht, 11.

Anerkennung der Nicht-Urheberschaft.[44] Niemand darf dem Subjekt (S) eine Sachaussage (O) zuschreiben, die (S) nicht hat abgeben wollen. Im klassischen Anwendungsbereich des *droit de non-paternité* geht es um ein Aliud-Werk, das nicht mehr als Entstellung des Werkes des Urhebers angesehen wird.

§ 14 UrhG hingegen betrifft die Fälle, in denen das Werk des Urhebers als solches erkennbar bleibt, aber trotzdem durch die „Entstellung" eine Änderung der Sachaussage herbeigeführt wird. Jeweils wird S eine von ihm nicht gewollte Sachaussage untergeschoben.[45]

Der Unterschied besteht aber darin, dass die Verletzung des *droit de non-paternité* durch Unterlassung der fälschlichen Urhebernennung für die Zukunft beseitigt werden kann. Dies allein würde in den Fällen des § 14 UrhG in der Regel jedoch nicht ausreichen. Wenn nämlich das Werk in seinen wesentlichen Zügen noch erkennbar ist, wäre der Gebrauch des entstellten Werkes – trotz Weglassung des Namens des Urhebers – immer noch ein Gebrauch des Werkes *des* Urhebers. Sofern er die Nutzung des Werkes untersagen kann, darf er auch die Nutzung des entstellten Werkes untersagen.[46]

3. Anerkennung der Urheberschaft und Bestimmung der Urheberbezeichnung

Zu den Urheberpersönlichkeitsrechten zählt nach § 13 S. 1 UrhG auch das Recht des Urhebers auf Anerkennung seiner Urheberschaft. Es dient dem Interesse des Urhebers, als Schöpfer seines Werkes öffentlich anerkannt zu werden.[47] Neben dem Recht, sich bei jeder Gelegenheit zu seiner Urheberschaft positiv zu bekennen[48], steht dem Urheber danach ein Unterlassungs-

---

[44] BGH, GRUR 1995, 668; LG Köln, ZUM-RD 2007, 201, 202; *Dustmann*, in: Fromm/Nordemann, Urheberrecht, § 13 Rn. 11; *Schack*, Urheber- und Urhebervertragsrecht, Rn. 43; *Neumann-Duesberg*, UFITA 50 (1967), 464, 465; *Seemann*, UFITA 128 (1995), 31, 53 ff.; vgl. im britischen Urheberrecht zur „false attribution" § 84 des Copyrights, Designs and Patents Act (1988); zum französischen Recht siehe *Desbois*, Le droit d'auteur en France, 468.

[45] Dies ist bei einer Parodie anders, da hier für den Betrachter erkennbar ist, dass die Sachaussage gerade nicht vom Urheber stammt. Deshalb ist eine Parodie in der Regel auch keine Entstellung des Werkes im Sinne von § 14 UrhG; vgl. *Lettl*, Urheberrecht, § 4 Rn. 29. Freilich kann bei ehrverletzender Werkkritik ein Unterlassungs – und ggf. Schadensersatzanspruch aus § 823 Abs. 2 BGB i.V.m. § 185 StGB bestehen; vgl. *Claire Dietz*, in: Wandtke (Hrsg.), Urheberrecht, 2. Kapitel, Rn. 232.

[46] Dies folgt auch aus § 13 S. 2 UrhG, wonach der Urheber ein Recht auf Benennung in einer von ihm bestimmten Weise hat. Der Urheber kann daher auch die Werknutzung unter Weglassung seines Namens untersagen.

[47] Vgl. *Schack*, Urheber- und Urhebervertragsrecht, Rn. 370.

[48] *Metzger*, Rechtsgeschäfte über das Droit moral im deutschen und französischen Urheberrecht, 6.

anspruch gegen denjenigen zu, der sich die Urheberschaft anmaßt.[49] Das
Recht auf Anerkennung der Urheberschaft findet in Kant einen prominen-
ten Fürsprecher. Man kann es als Ausprägung des Rechts an dem *guten*
Namen verstehen. Dieses ist für Kant ein *äußeres* – wenn auch ideales –
Mein und Dein.[50] Auch dem Urheber komme – so Kant – aufgrund der
Werkschöpfung ein gesteigertes Maß an *Ehre* zu, welches durch das Plagiat entwendet werde.[51] Zu Recht werde das Plagiat daher als Menschenraub
geahndet.[52] Kant legt dabei einen dynamischen Ehrbegriff zugrunde. Je
verdienstvoller die Lebensführung, desto größer der Anspruch auf Ehre.
Durch eine tadellose Lebensführung könne eine überdurchschnittliche gesellschaftliche Anerkennung *erworben* werden.[53]

a) Die kommunikative Selbstbestimmung

In den Fällen des § 13 S. 1 UrhG wird jedoch nicht unmittelbar in die Urheber-Werk-Relation eingegriffen. Weder wird der Urheber gegen seinen
Willen dem öffentlichen Diskurs ausgesetzt (§ 12 UrhG), noch wird ihm
eine wesentlich veränderte Sachaussage untergeschoben (§ 14 UrhG).
Stattdessen wird er aus dem werkbezogenen Diskurs durch Nennung eines
anderen als Urheber *herausgehalten*. Der sachlich richtige Zuschreibungsakt auf die Person des Urhebers wird durch den sachlich falschen Zuschreibungsakt auf einen Dritten ersetzt.[54] Folge dessen ist, dass der Urheber nur noch erschwert durch sein Werk kommunikativ wirken kann. Der
falsche Zuschreibungsakt schwächt den originalen Zuschreibungsakt ab.
Die Öffentlichkeit kann das *Mitgeteilte* nicht mehr eindeutig dem Urheber

---

[49] *Schack*, Urheber- und Urhebervertragsrecht, Rn. 370.

[50] *Kant*, MdS, Rechtslehre, § 35, AA VI, 295.

[51] *Kant*, MdS, Rechtslehre, § 35, AA VI, 296 in der Fußnote.

[52] *Kant*, MdS, Rechtslehre, § 35, AA VI, 296 in der Fußnote.

[53] Siehe insgesamt zur Diskussion über den Ehrbegriff *Lenckner*, in: Schönke/
Schröder, StGB, vor §§ 185 ff. Rn. 1; *Peifer*, Individualität im Zivilrecht, 201 ff.

[54] Vgl. *Stallberg*, Urheberrecht und moralische Rechtfertigung, 319 f. bezeichnet den
Sprechakt des Plagiators als erfolgreich, aber fehlerhaft. Die von Stallberg überzeugend
demonstrierte *Amoralität* des Plagiats aufgrund eines Widerspruchs im Wollen sagt aber
per se noch nichts über dessen *Rechtswidrigkeit*. Dies gilt hinsichtlich des Plagiats insbesondere deshalb, weil dessen Amoralität letztlich darin liegt, dass der Zuschreibungsakt
des Plagiators bewusst unwahr ist. Doch nur, weil die Lüge unmoralisch ist, heißt dies
nicht, dass sie auch von Rechts wegen verboten sein sollte; vgl. *Kant*, MdS, Rechtslehre,
Einteilung der Rechtslehre, AA VI, 238.

zuordnen.[55] Ähnlich wie beim Rückrufsrecht wegen Nichtausübung (§ 41 UrhG)[56] greift ein Dritter in den Kommunikationserfolg des Urhebers ein. Der Unterschied zwischen beiden Fällen besteht aber darin, dass der Inhaber einer ausschließlichen Lizenz den Kommunikationserfolg des Urhebers rechtlich vollständig zu vereiteln vermag. Der Plagiator hingegen, der den inhaltlich falschen, auf sich bezogenen Zuschreibungsakt vollzieht, *erschwert* lediglich den Kommunikationserfolg des Urhebers. Letzterem bleibt es aber unbenommen, weiterhin seine Werke im eigenen Namen zu veröffentlichen. Gleiches gilt, wenn Dritte – ohne zu plagiieren – das Werk einem Dritten zuschreiben.

Das Recht des Urhebers, sich öffentlich zu einer Sachaussage zu bekennen, ist zwar betroffen, aber nicht *verletzt*. Ein Anspruch auf Ermöglichung eines größtmöglichen Kommunikationserfolges kann aus dem allgemeinen Freiheitsrecht (also dem *jus personalissimum*) nämlich nicht abgeleitet werden. Denn dies setzte eine Monopolisierung von Mitteilungsobjekten voraus. Ein solches *Kommunikationsmonopol* bezüglich eines konkreten Mitteilungsobjekts stellt eine prinzipielle Ungleichheit zu allen anderen Subjekten dar. Diese kann nicht angeboren sein, sondern setzt eine Freiheitserweiterung durch Erwerb des äußeren – vom Urheber ontisch verschiedenen – immateriellen Gutes voraus. Aus diesem Grunde ist die Auffassung Kants, das Plagiat verletze die Ehre des Urhebers, nicht überzeugend.[57]

b) Intelligible Zurechnung des immateriellen Gutes

Nur sofern das immaterielle Gut dem Urheber intelligibel zugerechnet ist und ihm infolge der Originalität ein Anspruch auf Unterlassung von Nachahmung zusteht[58], ist hiervon der Anspruch umfasst, dass Dritte es unterlassen müssen, sich die Urheberschaft anzumaßen. Dies folgt unmittelbar aus dem Plagiatsverbot. Wer, ohne den Urheber zu nennen, das Werk vervielfältigt, plagiiert.[59]

Auch der Unterlassungsanspruch gegenüber Dritten, die das Werk einem Nicht-Urheber zuschreiben[60], lässt sich in diesem Sinne begründen. Der

---

[55] Dabei ist es entgegen *Stallberg*, Urheberrecht und moralische Rechtfertigung, 177, irrelevant, ob der Zuschreibungsakt der mitgeteilten Sachaussage ein Mehr an Überzeugungskraft gibt. Entscheidend ist, ob der Urheber durch das Werk kommunikativ wirken kann.

[56] Siehe hierzu unten: S. 138 f.

[57] *Kant*, MdS, Rechtslehre, § 35, AA VI, 296 in der Fußnote; siehe schon oben: S. 49.

[58] Siehe unten: S. 176 ff.

[59] *Schack*, Urheber- und Urhebervertragsrecht, Rn. 370.

[60] *Bullinger*, in: Wandtke/Bullinger, Praxiskommentar zum Urheberrecht, § 13 Rn. 6; *Dustmann*, in: Fromm/Nordemann, Urheberrecht, § 13 Rn. 9; *Schack*, Urheber- und Urhebervertragsrecht, Rn. 370.

Urheber muss zwar infolge der Veröffentlichung hinnehmen, dass sein Werk Gegenstand des Diskurses ist. Hierzu zählt zum Beispiel, dass die Rezipienten des Werkes im Rahmen der Zitatvorschriften darüber sprechen und schreiben dürfen. Dieser auf den Veröffentlichungswillen des Urhebers zurückgehende Werkgebrauch kann aber unter die Bedingung gestellt werden, dass der Name des Urhebers in einer von ihm bestimmten Form (§ 13 S. 2 UrhG) benannt wird. Denn wer ein volles Nutzungsrecht einräumen kann, der kann auch ein lediglich bedingtes Nutzungsrecht einräumen. Das Recht auf Anerkennung der Urheberschaft ist daher ein konditional zu formulierendes Recht. Wenn jemand das Werk in bestimmter Weise gebraucht, dann muss er den Namen des Urhebers in der von ihm bezeichneten Weise verwenden. Hieran knüpft die Pflicht zur Quellenangabe in § 63 UrhG an.

4. Rückruf von Nutzungsrechten

Der Urheber kann Dritten gem. § 29 Abs. 2 UrhG Nutzungsrechte einräumen.[61] Im vereinbarten Umfang darf dann der Lizenznehmer das Werk nutzen.[62] Durch eine Rückrufserklärung kann der Urheber dem Dritten dieses Nutzungsrecht entziehen.[63] Folge hiervon ist der sogenannte *Heimfall* des Nutzungsrechts ex nunc.[64] Der Urheber kann dann – in den Grenzen von § 42 Abs. 4 UrhG – wieder anderweitig über das Werk verfügen.[65]

Gesetzlich geregelt ist der Rückruf eines ausschließlichen Nutzungsrechts wegen Nichtausübung (§ 41 UrhG), der Rückruf wegen gewandelter Überzeugung (§ 42 UrhG) sowie der Rückruf wegen unternehmensnachfolgebedingter Veränderungen in der Person des Lizenznehmers (§ 34 Abs. 3 S. 2 UrhG). Auf die beiden zuerst genannten Rückrufsrechte wird im Folgenden eingegangen.[66]

a) Der Rückruf wegen Nichtausübung

Nach § 41 UrhG steht dem Urheber ein Rückrufsrecht zu, wenn er ein *ausschließliches* Nutzungsrecht eingeräumt hat, dieses aber vom Inhaber in den in § 41 Abs. 2 UrhG aufgeführten Fristen nicht oder nur unzureichend ausgeübt wird. Die Nichtausübung muss berechtigte Interessen des Urhe-

---

[61] Siehe zu den Einzelheiten der Übertragung und Nutzungsrechtseinräumung unten: S. 206 ff.

[62] *Schack*, Urheber- und Urhebervertragsrecht, Rn. 603.

[63] *Wandtke*, in: Wandtke (Hrsg.), Urheberrecht, 3. Kapitel, Rn. 102.

[64] *Wandtke*, in: Wandtke (Hrsg.), Urheberrecht, 3. Kapitel, Rn. 102.

[65] *Wandtke*, in: Wandtke (Hrsg.), Urheberrecht, 3. Kapitel, Rn. 102.

[66] Zu § 34 Abs. 3 S. 2 UrhG siehe unten im Kontext der Übertragbarkeit des Urheberrechts: S. 209 f.

bers erheblich verletzen und darf nicht überwiegend auf Umständen beruhen, deren Behebung dem Urheber zumutbar ist (§ 41 Abs. 1 S. 2 UrhG).[67] Übt der Urheber sein Rückrufsrecht gem. § 41 Abs. 1 UrhG nach Fristsetzung und Ankündigung des Rückrufs aus, erlangt er die volle Verfügungsfreiheit über sein Werk zurück, nicht jedoch über die bereits in Verkehr gebrachten Vervielfältigungsstücke, deren Weiterverbreitung gem. § 17 Abs. 2 UrhG zulässig bleibt.[68] Allerdings muss der Urheber dem Inhaber des zurückgezogenen ausschließlichen Nutzungsrechts gem. § 41 Abs. 6 UrhG eine billige Entschädigung leisten.

Die nicht hinreichende Verwertung durch den Inhaber des ausschließlichen Nutzungsrechts vereitelt den Kommunikationserfolg des Urhebers.[69] Denn das ausschließliche Nutzungsrecht richtet sich auch darauf, dass der Urheber eine eigenständige Verwertung zu unterlassen habe.[70] Der Erfolg der vom Urheber erstrebten Kommunikation mit der Öffentlichkeit hängt somit davon ab, dass der Inhaber des ausschließlichen Nutzungsrechts dieses ausübt.[71] Hierzu kann sich der Nutzungsrechtsinhaber zwar gegenüber dem Urheber vertraglich verpflichten[72], doch geschieht dies nicht zwingenderweise. In Abwesenheit einer vertraglichen Veröffentlichungspflicht kann somit der Inhaber des ausschließlichen Nutzungsrechts verhindern, dass die Sachaussage des Urhebers das Publikum erreicht. Dem Urheber wird hierdurch zwar – anders als in den Fällen des § 14 UrhG bzw. des *droit de non-paternité* – keine fremde Sachaussage als die Seine öffentlich zugeschrieben. Ihm wird also kein ungewollter Diskurs aufgezwungen. Stattdessen wird dem Urheber der Zugang zu dem öffentlichen Diskurs durch den Inhaber des ausschließlichen Nutzungsrechts verwehrt. Die nötigende Willkür des Inhabers des ausschließlichen Nutzungsrechts besteht darin, dass dieser dem Urheber kraft seines ausschließlichen Nutzungsrechts verbietet, die Sachaussage zu veröffentlichen, ohne seinerseits die Veröffentlichung vorzunehmen. Der Inhaber des ausschließlichen Nutzungsrechts greift in diesem Falle in das Recht des Urhebers ein, aktiv am öffentlichen Diskurs teilzunehmen. Auf dieses Recht hat der Urheber auch nicht verzichtet, da er durch die Einräumung des ausschließlichen Nutzungsrechts den Willen zum Ausdruck gebracht hat, dass das Werk an die Öffentlichkeit gelangen solle. Andernfalls hätte er es geheim halten können. Deshalb wird der Urheber in seinem angeborenen Freiheitsrecht, in

---

[67] Vgl. BGH, GRUR 1986, 613; *Rehbinder*, Urheberrecht, Rn. 586.

[68] OLG Celle, NJW 2000, 1579; *Schack*, Urheber- und Urhebervertragsrecht, Rn. 635.

[69] Ähnlich RegE UrhG – BT-Drucks. IV/270, 60.

[70] *Wandtke/Grunert*, in: Wandtke/Bullinger, Praxiskommentar zum Urheberrecht, § 31 Rn. 27; *Rehbinder*, Urheberrecht, Rn. 586.

[71] Ähnlich *Rehbinder*, Urheberrecht, Rn. 586.

[72] *Schack*, Urheber- und Urhebervertragsrecht, Rn. 634.

der besonderen Ausprägung der kommunikativen Selbstbestimmung, verletzt.

b) Der Rückruf wegen gewandelter Überzeugung

Nach § 42 Abs. 1 UrhG kann der Urheber ein ausschließliches oder einfaches Nutzungsrecht zurückrufen, wenn das Werk seiner Überzeugung nicht mehr entspricht und ihm deshalb die Verwertung nicht mehr zugemutet werden kann. Der Überzeugungswandel genügt insofern noch nicht, um das Rückrufsrecht zu begründen.[73] Zum Überzeugungswandel muss die *objektive* Unzumutbarkeit der weiteren Verbreitung des Werkes hinzukommen.[74] Auch dieses Rückrufsrecht ist an die Leistung einer Entschädigung gebunden (§ 42 Abs. 3 UrhG). Durch den Rückruf erlischt das Nutzungsrecht des Dritten.

Das Rückrufsrecht wegen gewandelter Überzeugung ist eine Ausprägung des Urheberpersönlichkeitsrechts.[75] Dessen Grundgedanke besteht nach hier vertretener Auffassung darin, dass dem Urheber keine Sachaussage zugeschrieben werden darf, die er so nicht öffentlich hat äußern wollen. In den Fällen des § 42 Abs. 1 UrhG *war* jedoch der Urheber zunächst mit der kommunikativen Zuschreibung dieser Sachaussage einverstanden. Doch Werke unterliegen den „politischen, religiösen, künstlerischen und wissenschaftlichen Wandlungen der Zeit, denen sich auch der Urheber nicht verschließen kann"[76]. Der äußere Kontext der Sachaussage kann sich folglich aufgrund unzähliger gesellschaftlicher und kultureller Faktoren verändert haben. Auch die innere Einstellung des Urhebers zu der in der Vergangenheit getätigten Sachaussage kann sich aus rein subjektiven Motiven gewandelt haben.[77] Die Weiterverbreitung des Werkes ist dann nicht mehr mit den *aktuellen* ideellen Interessen des Urhebers vereinbar.[78] Denn aufgrund seines *Überzeugungswandels* will er das Werk *für die Zukunft* nicht mehr als das Seine zugeordnet wissen. Ohne Rückrufsrecht drohte eine permanente, ungewollte kommunikative Zuordnung des Werkes zum Urheber.[79]

---

[73] *Schulze*, in: Dreier/Schulze, Urheberrechtsgesetz, § 42 Rn. 18.

[74] *Schulze*, in: Dreier/Schulze, Urheberrechtsgesetz, § 42 Rn. 18.

[75] *Wandtke*, in: Wandtke/Bullinger, Praxiskommentar zum Urheberrecht, § 42 Rn. 1; *Kotthoff*, in: Dreyer/Kotthoff/Meckel, Urheberrecht, § 42 Rn. 1; *Rehbinder*, Urheberrecht, Rn. 390.

[76] *Wandtke*, in: Wandtke/Bullinger, Praxiskommentar zum Urheberrecht, § 42 Rn. 1.

[77] *Kotthoff*, in: Dreyer/Kotthoff/Meckel, Urheberrecht, § 42 Rn. 6.

[78] *Wandtke*, in: Wandtke/Bullinger, Praxiskommentar zum Urheberrecht, § 42 Rn. 1.

[79] Auf das Rückrufsrecht aus § 34 Abs. 3 S. 2 UrhG in Fällen der Unternehmensnachfolge wird unten im Kontext der Übertragbarkeit des Urheberrechts eingegangen: § 6, VIII, 3, b).

IV. Monistische und dualistische Theorie des Urheberrechts

Die, unter anderem in § 11 UrhG kodifizierte[80], monistische Theorie des Urheberrechts fasst die persönlichkeitsrechtlichen und die verwertungsrechtlichen Befugnisse in einem einzelnen untrennbaren Recht – dem Urheberrecht – zusammen.[81] Das Urheberrecht diene demnach dem Schutz zweier Güter, des Persönlichkeitsrechts einerseits und des Vermögensrechts andererseits.[82] Ulmer hat die monistische Theorie des Urheberrechts mit einem Baum verglichen.[83] Die beiden Schutzgüter des Urheberrechts seien die Wurzeln eines Baumes, dessen einheitlicher Stamm das Urheberrecht sei. Die urheberrechtlichen Befugnisse seien die Äste und Zweige. Ihre Kraft zögen sie mal aus der einen, mal aus der anderen Wurzel. Die in der Grundlage unterschiedenen persönlichkeits- und vermögensrechtlichen Befugnisse würden also auch das jeweils andere Schutzgut beeinflussen und inhaltlich gestalten. Die monistische Theorie strebt nach der Vereinigung der diversen Rechte des Urhebers in einem Gesamtrecht. Bliebe das Urheberrecht in diesem Sinne nicht in einer Hand, wäre – so lautet ein Kernargument – dessen Verkehrsfähigkeit stark beeinträchtigt.[84] Es drohte nämlich die Gefahr, dass der Inhaber des Verwertungsrechts etwas erlaubte, was der Inhaber des Urheberpersönlichkeitsrechts verbietet.[85]

Den antagonistischen Gegensatz zum Monismus des deutschen Urheberrechts bildet die sogenannte dualistische Theorie.[86] Danach bleiben die vermögensrechtlichen und die persönlichkeitsrechtlichen Schutzgüter voneinander getrennt. Das Urheberrecht bestehe an einem „außerhalb des Menschen stehenden, aber nicht körperlichen, nicht fass- und greifbaren Rechtsgute"[87], während daneben die Persönlichkeit des Urhebers durch ein

---

[80] RegE UrhG – BT-Drucks. IV/270, 43.

[81] *Axel Nordemann/Czychowski*, in: Fromm/Nordemann, Urheberrecht, § 11 Rn. 1; siehe rechtsvergleichend zur monistischen und dualistischen Theorie, *Adolf Dietz*, Le droit d'auteur dans la Communauté européenne, 69 ff.

[82] *Bullinger*, in: Wandtke/Bullinger, Praxiskommentar zum Urheberrecht, § 11 Rn. 2.

[83] *Ulmer*, Urheber- und Verlagsrecht, 116.

[84] *Schack*, Urheber- und Urhebervertragsrecht, Rn. 344; ähnlich auch RegE UrhG – BT-Drucks. IV/270, 55.

[85] *Schack*, Urheber- und Urhebervertragsrecht, Rn. 344.

[86] Die dualistische Theorie geht zurück auf Überlegungen Josef Kohlers (siehe nächste Fußnote) und liegt u.a. dem französischen und dem belgischen Urheberrecht zugrunde; vgl. *Berenboom*, Le nouveau droit d'auteur, 103 ff.; *Desbois*, Le droit d'auteur en France, 234 ff.; sowie *Metzger*, Rechtsgeschäfte über das Droit moral im deutschen und französischen Urheberrecht, 129 ff.

[87] *Kohler*, Urheberrecht an Schriftwerken und Verlagsrecht, 1.

von dem Verwertungsrecht getrenntes Urheberpersönlichkeitsrecht ge-schützt wird.[88]

V. Kritik an der monistischen Theorie des Urheberrechts

Es trifft zu, dass die persönlichkeitsrechtlichen Befugnisse zur Durchset-zung wirtschaftlicher Interessen eingesetzt werden können, sowie umge-kehrt die verwertungsrechtlichen zur Durchsetzung ideeller.[89] Hieraus folgt aber nicht zwingend, dass das Verwertungs- und das Persönlichkeitsrecht in eins gesetzt werden müssen. Anders wäre dies, wenn eine einzelne, zent-rale urheberrechtliche Befugnis auf zwei unterschiedliche Rechtsquellen gestützt werden könnte. Hinsichtlich des Plagiatsverbots wäre dies der Fall, wenn man – wie Kant[90] – das Plagiat deshalb als rechtswidrig erach-tete, weil es die Urheberehre verletze. Der zentrale Unterlassungsanspruch des Urhebers gegen den Plagiator wäre dann nämlich sowohl auf eine per-sönlichkeitsrechtliche Basis – die Ehre – als auch auf eine vermögensrecht-liche – das intelligible Recht an dem Immaterialgut – gestellt. Zwei unter-schiedliche Rechtswurzeln würden das Urheberrecht legitimieren und in-haltlich gestalten.

Umgekehrt wäre eine dualistische Auffassung des Urheberrechts dann überzeugender, wenn es gelingt, die einzelnen urheberrechtlichen Befug-nisse auf eine jeweils eigenständige Wurzel zurückzuführen.[91] Lehnt man die Begründung des Plagiatsverbots über die Urheberehre ab[92], sind die zentralen urheberrechtlichen Befugnisse einer jeweils eigenständigen Be-gründung zugänglich. Was die verwertungsrechtliche Zuordnung des im-materiellen Gutes anbelangt, ist dies oben unter Rückgriff auf die kanti-sche Privatrechtslehre dargelegt worden. Es bedarf des Urheberpersönlich-keitsrechts nicht, um die intelligible Zuordnung des immateriellen Gutes zum Urheber zu begründen. Umgekehrt kann das Urheberpersönlichkeits-rechts als Persönlichkeitsrecht aus Art. 1 Abs. 1, 2 Abs. 1 GG abgeleitet werden.[93]

---

[88] *Kohler*, Urheberrecht an Schriftwerken und Verlagsrecht, 13 und insbesondere 15: „Der Anschluß an das Persönlichkeitsrecht ist hiermit gefunden und seine Existenz neben dem Autorrecht dargetan."

[89] *Allfeld*, Das Urheberrecht an Werken der Literatur und Tonkunst, 21.

[90] *Kant*, MdS, Rechtslehre, § 35, AA VI, 296 in der Fußnote.

[91] Richtig insoweit *Desbois*, Le droit d'auteur en France, 237 f.: „Aussi bien, droit moral et droits patrimoniaux ne suivent pas le même destin."

[92] Siehe oben: S. 49.

[93] So auch *Schack*, Urheber- und Urhebervertragsrecht, Rn. 46.

1. Das Urheberpersönlichkeitsrecht als kommunikative Selbstbestimmung

Es fällt auf, dass die beiden in der Lesebrief-Entscheidung[94] entwickelten Aspekte des allgemeinen Persönlichkeitsrechts – Geheimnis- und Integritätsschutz – eine urheberrechtliche Entsprechung finden. Die Geheimnisinteressen des Urhebers werden durch § 12 UrhG, seine Integritätsinteressen durch § 14 UrhG geschützt. Das subjektive Recht, in der Öffentlichkeit nicht ungewollt als Autor einer Aussage zu erscheinen, sowie jenes, dass getätigte Aussagen nicht gegen den Willen des Verfassers wesentlich verändert werden dürfen, ist daher prinzipiell unabhängig von der Werkqualität der betroffenen Aussage. Will man die genannten Persönlichkeitsrechte auf einen gemeinsamen Nenner zurückführen, bietet sich der aus dem anglo-amerikanischen Recht stammende Ausdruck „Placing a person in false light" an.[95] Jeder darf selbst darüber bestimmen, mit welchen Äußerungen er in der Öffentlichkeit auftreten will.[96] Wenn aber die §§ 12, 14 UrhG auf den Grundgedanken der kommunikativen Selbstbestimmung als Ausprägung des allgemeinen Persönlichkeitsrechts zurückgeführt werden können, spricht dies für eine logische Trennbarkeit zumindest dieser Elemente des Urheberpersönlichkeitsrechts von dem verwertungsrechtlichen Aspekt. Denn das Recht auf kommunikative Selbstbestimmung ist nicht spezifisch von dem Werkcharakter des Mitteilungsobjekts abhängig. Dies gilt auch für das Recht, sich öffentlich zu Sachaussagen zu bekennen, welches auf Art. 5 Abs. 1 GG gestützt werden kann.

Es ist aber nicht ausgeschlossen, das Urheberpersönlichkeitsrecht in seinen Rechtsfolgen – etwa hinsichtlich der zeitlichen Dauer – den Besonderheiten des Kulturlebens entsprechend anders zu gestalten, als die allgemeine *kommunikative Selbstbestimmung* der Leserbrief-Entscheidung. In der Tat unterscheidet sich das Urheberpersönlichkeitsrecht von der allgemeinen kommunikativen Selbstbestimmung durch den spezifischen Werkbezug. Gem. § 28 Abs. 1 UrhG geht es auf den Erben des Urhebers über, während das postmortale allgemeine Persönlichkeitsrecht von den nächsten Angehörigen des Verstorbenen wahrgenommen wird.[97] Zudem erlischt das

---

[94] BGHZ 13, 334 ff. – Leserbriefe.

[95] Restatement of the Law (Second) Torts, 1997, § 6542 A und E; Siehe hierzu: *W. Lorenz*, Privacy and the press – A German experience, in: Butterworth Lectures, 1989–1990, 79, 89 und 101 ff.

[96] *Larenz/Canaris*, Lehrbuch des Schuldrechts II/2, 500 betonen richtigerweise, entgegen der wohl h.M., dass eine Verletzung dieser *kommunikativen Selbstbestimmung* nicht erst durch Abwägung mit kollidierenden Interessen und Rechten festgestellt werden muss. Vgl. auch BVerfGE 34, 269, 283 f., wo dem Schutz der Privatsphäre vor *erfundenen Interviews* ein unbedingter Vorrang gegenüber der Pressefreiheit (Art. 5 Abs. 1 S. 2 GG) eingeräumt wurde. Siehe auch BGH NJW 1961, 2059: dem obsiegenden Kläger wurden öffentlich fremde Forschungsergebnisse über Ginseng zugeschrieben.

[97] *Larenz/Canaris*, Lehrbuch des Schuldrechts II/2, 534.

Urheberpersönlichkeitsrecht gem. § 64 UrhG erst 70 Jahre nach dem Tode des Urhebers; das allgemeine Persönlichkeitsrecht endet, ohne feste zeitliche Grenze, wenn die Erinnerung an den Verstorbenen verblasst ist.[98] Doch diese Unterschiede dürfen nicht über die gemeinsame verfassungsrechtliche Grundlage in Art. 1 Abs. 1, 2 Abs. 1 GG hinwegtäuschen.[99] Ordnet man beide Rechte in das kantische System ein, so stellt das *jus personalissimum* – also das allgemeine Freiheitsrecht – die gemeinsame Basis von Urheberpersönlichkeitsrecht einerseits und allgemeiner kommunikativer Selbstbestimmung andererseits dar.

2. Kompetenzverteilung innerhalb des dualistischen Systems

Für die Vereinheitlichung beider Rechte im Urheberrechtsmonismus wird vorgebracht, dass ansonsten *unlösbare* Konflikte entstünden, welche die Verkehrsfähigkeit beeinträchtigen könnten.[100] Es drohe in einer dualistischen Konzeption die Gefahr, dass der Inhaber des Verwertungsrechts etwas erlaubt, was der Inhaber des Urheberpersönlichkeitsrechts verbieten will.[101] Hiergegen ist einzuwenden, dass Kompetenzkonflikte durch eine klare Kompetenzabgrenzung weitgehend vermeidbar sind und – sofern dies nicht gelingt – auch im Monismus zwischen dem Inhaber einer ausschließlichen Lizenz und dem Urheber entstehen können.

a) Das Veröffentlichungsrecht

Eindeutig ist dies zunächst im Hinblick auf das Veröffentlichungsrecht aus § 12 UrhG. Hieraus folgt nämlich nur, dass der Schöpfer über die *Erst*veröffentlichung entscheiden darf.[102] Durch die Erstveröffentlichung entlässt der Urheber das Werk aus seiner Geheimsphäre und verbraucht hierdurch sein Recht, darüber zu entscheiden, ob das Werk an die Öffentlichkeit gelangen soll oder nicht.[103] Das innere Mein und Dein ist nicht veröffentli-

---

[98] *Schack*, Urheber- und Urhebervertragsrecht, Rn. 45.

[99] Auch wenn *Schack*, Urheber- und Urhebervertragsrecht, Rn. 46, zu Recht die historische Entwicklung des Persönlichkeitsschutzes betont, in welcher das allgemeine Persönlichkeitsrecht nachfolgt.

[100] *Schack*, Urheber- und Urhebervertragsrecht, Rn. 344; ähnlich auch RegE UrhG – BT-Drucks. IV/270, 55.

[101] *Schack*, Urheber- und Urhebervertragsrecht, Rn. 344.

[102] So auch im geltenden Recht die h.M.; OLG Köln, GRUR-RR 2005, 337, 338; *Dustmann*, in: Fromm/Nordemann, Urheberrecht, § 12 Rn. 9; *Schulze*, in: Dreier/Schulze, Urheberrechtsgesetz, § 12 Rn. 6; *Schack*, Urheber- und Urhebervertragsrecht, Rn. 366; *Rehbinder*, Urheberrecht, Rn. 395; *Lettl*, Urheberrecht, § 4 Rn. 10; a.A. LG Berlin, GRUR 1983, 761, 762.

[103] *Schulze*, in: Dreier/Schulze, Urheberrechtsgesetz, § 12 Rn. 6.

chungsresistent.[104] Folglich kann nach der Erstveröffentlichung auch kein (unlösbarer) Konflikt zwischen dem Veröffentlichungsrecht des Urhebers (§ 12 UrhG) und dem Inhaber des Verwertungsrechts entstehen. Denn das *persönlichkeitsrechtliche* Veröffentlichungsrecht aus § 12 UrhG ist bereits verbraucht.[105] Der Inhaber des Verwertungsrechts kann sich daher auch gegen den Willen des Urhebers durchsetzen.

Ein Konflikt besteht allenfalls mit Blick auf die *Erstveröffentlichung*.[106] Doch auch dieser lässt sich lösen. Wenn sich der Urheber vertraglich zur Erstveröffentlichung verpflichtet hat, könnte der Inhaber des Verwertungsrechts den Urheber hieran festhalten. Sollte sich dieser gleichwohl auf § 12 UrhG berufen, würde ihm der *dolo-agit*-Einwand entgegengehalten. Fehlt es hingegen an einer vertraglichen Veröffentlichungspflicht, setzt sich im Konfliktfall der Urheber durch.

b) Der Integritätsschutz

Gleiches gilt, wenn es – in den Fällen des § 14 UrhG – um die Veränderung der dem Urheber zugeschriebenen Sachaussage geht. Denn der Träger des Verwertungsrechts darf nur das Werk verwerten, nicht aber dem Urheber eine von diesem nicht gewollte Sachaussage unterschieben.

Schwierigkeiten könnten sich freilich ergeben, wenn die Veränderung der Sachaussage auf einer vom Urheber nicht gewollten Kontextualisierung des Werkes beruht. Würden die verwertungs- und die persönlichkeitsrechtlichen Befugnisse voneinander rechtlich getrennt, liefe der Inhaber des Verwertungsrechts stets Gefahr, das Werk in einen nicht konsentierten – die Sachaussage ändernden – Kontext zu stellen. Allerdings ist dieser Konflikt nicht typisch für eine dualistische Konzeption des Urheberrechts. Denn auch im Monismus muss der Inhaber einer ausschließlichen Lizenz persönlichkeitsrechtliche Unterlassungsansprüche des Urhebers (§ 14 UrhG) gewärtigen, wenn er das Werk unzulässig kontextualisiert.[107]

c) Plagiatsverbot

Begreift man – *de lege ferenda*[108] – die aus § 13 UrhG folgenden Rechte ebenfalls als ein *äußeres Mein und Dein,* ist auch insoweit ein Konflikt

---

[104] Siehe oben: S. 47.

[105] So auch *Dustmann,* in: Fromm/Nordemann, Urheberrecht, § 12 Rn. 9; *Schack,* Urheber- und Urhebervertragsrecht, Rn. 366.

[106] Hierauf stellt RegE UrhG – BT-Drucks. IV/270, 43 ab.

[107] Man denke etwa an die Ausstellung eines „seriösen" Gemäldes in einer Pornographie-Ausstellung. Siehe zu diesem Beispiel *Eisenmann/Jautz,* Grundriss Gewerblicher Rechtsschutz und Urheberrecht, 295.

[108] Siehe oben: S. 135 ff.; vgl. auch *Kant,* MdS, Rechtslehre, § 35, AA VI, 295 f. Die dort vorgeschlagene Konstruktion eines *äußeren* angeborenen Rechts bleibt unklar und

zwischen dem Inhaber des Persönlichkeitsrechts einerseits und dem Träger des Verwertungsrechts andererseits ausgeschlossen. Jeweils setzt sich das Verwertungsrecht durch. Vorausgesetzt ist hierbei jedoch, dass das Recht auf Anerkennung der Urheberschaft – entgegen dem geltenden Recht (§ 13 UrhG) – nicht als Persönlichkeitsrecht strengen Sinnes angesehen wird. Solange § 13 UrhG jedoch einen persönlichkeitsrechtlichen Anspruch auf Unterlassung des Plagiats beinhaltet[109], ist das systematische Argument Schacks zugunsten der monistischen Theorie stichhaltig.[110] In der Tat drohte mit Blick auf § 13 UrhG in einer dualistischen Ordnung die Gefahr, dass sowohl der Urheber als auch der Erwerber des Verwertungsrechts unterschiedliche Vorstellungen über die Werknutzung durch einen Dritten haben. Doch sind derartige Konflikte auch in einer monistischen Urheberrechtsordnung nicht *per se* ausgeschlossen, nur dass an die Stelle des Erwerbers des Verwertungsrechts der Inhaber einer ausschließlichen Lizenz träte. Auch hier ist es möglich, dass der Lizenzinhaber etwas erlaubt, „was der Inhaber des Urheberpersönlichkeitsrechts verbieten kann"[111].

d) Werkzerstörung

Bedenken gegen die dualistische Konzeption könnten jedoch mit Blick auf die Werkzerstörung[112] bestehen. Sollte das Werk nicht mehr reproduzierbar sein, wird hierdurch sowohl das Verwertungsrecht als auch die kommunikative Selbstbestimmung des Urhebers verletzt.[113] Die Zerstörung des Werkes betrifft in einer dualistischen Urheberrechtskonzeption daher nicht bloß die Interessen von Eigentümer und Urheber, sonder darüber hinaus auch noch jene des Verwertungsrechtsinhabers.[114] In der Tat verkompliziert dies die Rechtslage im Vergleich zur monistischen Theorie. Doch auch dieser Konflikt ist nicht unlösbar. Eine naheliegende Lösung könnte – dem Gedanken des Miteigentums (§§ 745 Abs. 3, 1008 ff. BGB) entsprechend – darin bestehen, dass der Zerstörung des Werkunikats sowohl der Urheber als Träger des Persönlichkeitsrechts als auch der hiervon im Falle der Zession verschiedene Verwertungsrechtsinhaber zustimmen müssen. Das Kon-

---

steht im Widerspruch zu *Kant*, MdS, Rechtslehre, Einteilung der Rechtslehre, AA VI, 237.

[109] *Schack*, Urheber- und Urhebervertragsrecht, Rn. 370.

[110] *Schack*, Urheber- und Urhebervertragsrecht, Rn. 344.

[111] So in abgewandelter Form die Wendung bei *Schack*, Urheber- und Urhebervertragsrecht, Rn. 344. Richtig heißt es dort, dass infolge der monistischen Theorie, „die Verkehrsfähigkeit des Urheberrechts (…) also nicht dadurch gefährdet werden (kann), dass der Inhaber der Verwertungsrechte etwas erlaubt, was der Inhaber des Urheberpersönlichkeitsrechts verbieten kann".

[112] Siehe unten: S. 185 ff.

[113] Siehe unten: S. 187 ff.

[114] Sofern der Urheber das Verwertungsrecht auf einen Dritten übertragen hat.

sensprinzip mag zwar die Verkehrsfähigkeit des Urheberrechts einschränken, doch erscheint dies angesichts der geringen Schutzwürdigkeit von Werkzerstörungen als hinnehmbar.

e) Fazit

Die Sorge um drohende – unlösbare – Konflikte zwischen Persönlichkeits- und Verwertungsrecht, sollten beide Bestandteile nicht im Rahmen der monistischen Theorie vereinigt werden[115], ist daher unbegründet. Verkehrsschutzgründe sprechen daher nicht zwingend für eine Vereinheitlichung beider Rechte. Die monistische Theorie des Urheberrechts ist mithin aus rechtsphilosophischer Warte keineswegs notwendig.[116] Allerdings kann auch nicht mit Bestimmtheit die Notwendigkeit des Urheberdualismus behauptet werden. Die Entscheidung zwischen beiden Systemen ist eine *rechtspolitische* Frage, die § 11 S. 1 UrhG zugunsten des Monismus entscheidet. Allerdings sollten auch im geltenden Monismus im Wege teleologischer Auslegung stets die unterschiedlichen Rechtsquellen der betroffenen Ansprüche und Rechte reflektiert werden. Die Übertragung von Strukturprinzipien der einen Rechtsquelle auf Befugnisse, die aus der anderen fließen, ist problematisch. Die monistische Theorie darf nicht dazu verleiten, notwendige Differenzierungen zwischen Verwertungs- und Persönlichkeitsrecht zu unterlassen.[117] So droht im Monismus etwa die strukturelle Gefahr, das Urheberpersönlichkeitsrecht (Art. 1 Abs. 1, 2 Abs. 1 GG) der Sozialpflicht (Art. 14 Abs. 1 S. 2 GG) zu unterstellen. Dem muss interpretatorisch entgegengewirkt werden.

VI. Das Urheberpersönlichkeitsrecht im Rechtsverkehr

Das Urheberpersönlichkeitsrecht ist verfassungsrechtlich in Art. 1 Abs. 1, 2 Abs. 1 GG fundiert.[118] Es ist ein Teilausschnitt des Rechts auf selbstbestimmte Lebensführung. Wie auch andere Persönlichkeitsrechte ist es daher unübertragbar.[119] Auch Kant statuiert, dass das *jus personalissimum* unveräußerlich dem Urheber zustehe.[120] Eine Veräußerung des Selbstbestimmungsrechts würde die Rechtssubjektivität des Urhebers unterminie-

---

[115] *Schack*, Urheber- und Urhebervertragsrecht, Rn. 344.
[116] Kritisch auch *Groppler*, UFITA 25 (1958), 385 ff.
[117] So auch *Jänich*, Geistiges Eigentum – eine Komplementärerscheinung zum Sacheigentum?, 109.
[118] *Schack*, Urheber- und Urhebervertragsrecht, Rn. 46.
[119] *Bullinger*, in: Wandtke/Bullinger, Praxiskommentar zum Urheberrecht, §§ 12 ff. Rn. 5; *Schack*, Urheber- und Urhebervertragsrecht, Rn. 637.
[120] *Kant*, Nachdruckschrift, AA VIII, 79, 86.

ren und das Gebot des *honeste vive* verletzen.[121] Der Urheber wäre in seiner kommunikativen Wirkung dauerhaft von der Willkür eines Dritten abhängig. Ein umfassender Vorausverzicht auf die urheberpersönlichkeitsrechtlichen Befugnisse ist daher nicht möglich.[122] Es muss jedoch auch dem praktischen Bedürfnis Rechnung getragen werden, dass der Nutzungsberechtigte das Werk wie vereinbart nutzen können muss, ohne durch das Urheberpersönlichkeitsrecht hieran gehindert werden zu können.[123] Dem Urheber darf nicht erlaubt sein, einerseits ein bestimmtes Nutzungsrecht einzuräumen, dessen Ausübung dann aber andererseits durch Berufung auf sein Urheberpersönlichkeitsrecht unmöglich zu machen. Rechtstechnisch kann dies einerseits durch eine schuldrechtliche Verpflichtung zur Hinnahme bestimmter Nutzungshandlungen erfolgen.[124] In den Grenzen von § 138 Abs. 1 BGB ist eine solche Verpflichtung wirksam[125] und in § 39 UrhG vorausgesetzt. Nach der Theorie von der *gebundenen Übertragung* sollen sogar Verfügungen über Urheberpersönlichkeitsrechte möglich sein, sofern sie an konkrete Nutzungsrechte gebunden sind und der unverzichtbare Kern des Urheberpersönlichkeitsrechts nicht tangiert wird.[126] Möglich ist auch eine *Überlassung zur Ausübung*. Hierunter versteht man die vom Urheber erteilte Ermächtigung eines Dritten, die urheberpersönlichkeitsrechtlichen Befugnisse im eigenen Namen wahrzunehmen.[127] So wird dem Urheber ermöglicht, seine ideellen Interessen effektiv zu realisieren. Dogmatisch kann dies auf den Rechtsgedanken des § 185 Abs. 1 BGB gestützt werden.[128] Um einer dauerhaften kommunikativen Fremdbestimmung entgegenzuwirken, muss die Einwilligung freilich widerruflich sein.[129]

---

[121] Vgl. *Kant*, MdS, Rechtslehre, Einteilung der Rechtslehre, AA VI, 236.

[122] *Dustmann*, in: Fromm/Nordemann, UrhG, vor § 12 Rn. 10.

[123] *Wandtke/Grunert*, Praxiskommentar zum Urheberrecht, vor §§ 31 ff. Rn. 36.

[124] *Schack*, Urheber- und Urhebervertragsrecht, Rn. 640.

[125] *Schack*, Urheber- und Urhebervertragsrecht, Rn. 640.

[126] BGHZ 15, 249, 258; *Forkel*, GRUR 1988, 491, 492 ff.; *Wandtke/Grunert*, Praxiskommentar zum Urheberrecht, vor §§ 31 ff. Rn. 38; *Dustmann*, in: Fromm/Nordemann, UrhG, vor § 12 Rn. 10; a.A. *Hertin*, in: Fromm/Nordemann, UrhG, 9. Aufl., vor § 12 Rn. 4.

[127] *Schack*, Urheber- und Urhebervertragsrecht, Rn. 638; *Rehbinder*, Urheberrecht, Rn. 592 f.

[128] *Schack*, Urheber- und Urhebervertragsrecht, Rn. 638, der auch darauf hinweist, dass wegen § 399 Alt. 1 BGB die Voraussetzungen der gewillkürten Prozessstandschaft eigentlich nicht vorliegen, die Praxis sich hierüber jedoch stillschweigend hinwegsetze.

[129] So im Ergebnis auch *Schack*, Urheber- und Urhebervertragsrecht, Rn. 641; *Rehbinder*, Urheberrecht, Rn. 593.

VII. Der postmortale Urheberpersönlichkeitsschutz

Im Rahmen der geltenden monistischen Konzeption des Urheberrechts überdauert dieses insgesamt den Tod des Urhebers um 70 Jahre (§ 64 UrhG).[130] Für das Urheberpersönlichkeitsrecht stellt sich jedoch das Problem, dass mit dem Tod des Urhebers dessen Schutzobjekt wegfällt. Mit dem Fortfall des Schutzobjekts – so könnte man argumentieren[131] – erlischt auch das hierauf bezogene Schutzrecht. In der Tat passt der Fortbestand eines Persönlichkeitsrechts als *subjektives Recht* des Verstorbenen nicht in das System der *lex lata*.[132] Das Urheberpersönlichkeitsrecht kann den Tod des Urhebers daher nur überstehen, wenn sich dessen Schutzobjekt wandelt und folglich nicht mehr der Urheber als *lebender* Mensch geschützt wird. Manche sehen in dem Schutzobjekt des postmortalen Persönlichkeitsschutzes die Interessen der lebenden nahen Angehörigen.[133] Die vorherrschende Auffassung betrachtet als Schutzobjekt die nachwirkenden Interessen des Toten.[134] Für letztere Auffassung spricht, dass der postmortale Persönlichkeitsschutz nicht von dem zufälligen Überleben von nahen Angehörigen abhängig sein sollte.[135]

1. Informationsrecht des Publikums

Kant hat in seiner Nachdruckschrift begründet, weshalb mit der Verleger auch nach dem Tode des Urhebers mit dessen Werk nicht nach Belieben verfahren dürfe.[136] Der Verleger führe sein Geschäft im Namen des Verfassers. Es stehe ihm nicht frei, das Werk nach dem Tode des Verfassers als sein Eigentum zu unterdrücken. Die „Handschrift" des Verfassers besitze er nur unter der Bedingung, sie zu einem Geschäft des Autors mit dem Publikum zu gebrauchen. Diese Verbindlichkeit gegen das Publikum bleibe, wenngleich der Urheber verstorben und der Verleger folglich diesem gegenüber nicht mehr verpflichtet sei. Das Publikum habe ein Recht an dem Geschäft mit dem Autor erworben. Hierzu zählt das Recht darauf, den Verleger zum Verlage zu nötigen. Es könne aber auch verlangen, dass der

---

[130] Siehe insgesamt zur zeitlichen Befristung unten: S. 193 ff.

[131] *Westermann*, FamRZ 1969, 561, 563 ff.; *Stein*, FamRZ 1986, 7, 9.

[132] *Larenz/Canaris*, Lehrbuch des Schuldrechts II/2, 532.

[133] *Klippel*, Der zivilrechtliche Schutz des Namens, 553 f.; *Nikoletopoulos*, Die zeitliche Begrenzung des Persönlichkeitsschutzes nach dem Tode, 101 ff.; *Schwerdtner*, JuS 1978, 289, 292.

[134] BGHZ 15, 249, 259; 50, 133, 136; 107, 384, 391; *Schack*, GRUR 1985, 352, 356 ff.; *Larenz/Canaris*, Lehrbuch des Schuldrechts II/2, 533; *Wortmann*, Die Vererblichkeit vermögensrechtlicher Bestandteile des Persönlichkeitsrechts, 77.

[135] *Larenz/Canaris*, Lehrbuch des Schuldrechts II/2, 533.

[136] *Kant*, Nachdruckschrift, AA VIII, 84 f.

Verleger es unterlasse, das Werk zu *verstümmeln* oder zu *verfälschen*. Sollte sich der Verleger widersetzen, dürfe das Publikum den Verlag anderweitig besorgen. Jedenfalls zu Lebzeiten des Urhebers sind die aufgeführten Rechte als Persönlichkeitsrechte anzusehen. Das erstgenannte findet seine Entsprechung im Rückrufsrecht wegen Nichtausübung (§ 41 UrhG). Der Urheber hat ein Recht darauf, dass niemand seinen Kommunikationserfolg vereitelt; auch nicht der Verleger als Inhaber des ausschließlichen Verlagsrechts.[137] Mit dem Tode des Urhebers erlange das Publikum diese Ansprüche durchs Gesetz allein. Ein entsprechendes Anerbieten des Verfassers müsse nicht angenommen werden. Bereits indem der Urheber beabsichtigte, eine öffentlich zugängliche Quelle zu schaffen, räumte er der Öffentlichkeit das Recht ein, sich aus dieser Quelle tatsächlich zu informieren. Der Verleger fungiert lediglich als Treuhänder dieser allgemein zugänglichen Informationsquelle. Das Rückrufsrecht wegen Nichtausübung sowie das Recht auf Werkintegrität überdauern den Tod des Urhebers auf der Grundlage dieser Argumentation im Interesse der Informationsfreiheit der Allgemeinheit (vgl. Art. 5 Abs. 1 S. 1, 2. Hs. GG). Freilich stehen der Öffentlichkeit die vorgenannten Rechte nach Kant nur dann zu, wenn der Urheber keine Erben hinterlassen hat. Denn Kant schreibt: „(…) das Publikum hat, *in Ermangelung der Erben*, ein Recht, ihn zum Verlage zu nötigen oder die Handschrift an einen andern, der sich zum Verlage anbietet, abzutreten."[138] Primär sollen also die Erben berechtigt sein, den Verleger zur Veröffentlichung in unverfälschter Form anzuhalten. Kant thematisiert jedoch nicht, ob die Erben die Veröffentlichung des Werkes unterbinden können.

2. Rollentausch-Argument

Im Zusammenhang mit dem Recht am *guten* Namen hat sich Kant für die postmortale Dauer eines Persönlichkeitsrechts ausgesprochen.[139] Sein Argument lautet, dass jede Person im rechtlichen Verhältnis auf andere bloß als *homo noumenon* zu betrachten sei. Das reine Rechtsverhältnis abstrahiert von Raum- und Zeitbedingungen, also auch von der körperlichen Existenz des Urhebers.[140] Der Andere ist nicht aufgrund kontingenter empirischer Eigenschaften als Subjekt zu respektieren, sondern deshalb, weil er *selbstzweckhaft* ist. Die Selbstzweckhaftigkeit ist – anders als der *homo phaenomenon* – nicht Teil der empirisch fassbaren Erscheinungen und daher von Raum und Zeit unabhängig. Als Bedingung der Grundgleichheit

---

[137] Siehe oben: S. 130.
[138] *Kant*, Nachdruckschrift, AA VIII, 85. Vom Verfasser hervorgehoben.
[139] *Kant*, MdS, Rechtslehre, § 35, AA VI, 295 f.
[140] *Kant*, MdS, Rechtslehre, § 35, AA VI, 296 in der Fußnote.

aller Vernunftsubjekte ermöglicht sie einen Rollentausch.[141] Von der empirischen Existenz des anderen abgesehen, vermag man sich gleichwohl an dessen Stelle zu versetzen. Auf diese Weise kann ein Verhalten, das sich unmittelbar gegen jemand anderes richtet, als auf einen selbst gerichtet gedacht werden. Verbreitet jemand falsche Tatsachen in Bezug auf einen verstorbenen Menschen, bringt er die Überlebenden „wegen ähnlicher Begegnung auf ihren Sterbefall in Gefahr"[142]. Das „Ich", an der Stelle des nicht mehr körperlich existenten Anderen, wäre durch die Verleumdung verletzt.

VIII. Exkurs: Persönlichkeitsrechtliche Elemente im Patentrecht

Auch das positive Patentrecht weist persönlichkeitsrechtliche Elemente auf. Allein aufgrund der Tatsache des Erfindens entsteht in der Person des Erfinders das sogenannte Erfinderpersönlichkeitsrecht.[143] Das Recht umfasst einen Anspruch darauf, bei der Patentanmeldung gem. § 37 Abs. 1 PatG als Erfinder benannt zu werden. Auch in der Offenlegungs- und der Patentschrift sowie der Veröffentlichung der Patenterteilung ist der Name des Erfinders gem. § 63 Abs. 1 PatG zu nennen. Ist der Erfinder nicht oder nicht richtig benannt, hat er gem. § 63 Abs. 2 PatG einen Berichtigungsanspruch gegen den Patentinhaber, den Patentersucher sowie gegen denjenigen, der zu Unrecht als Erfinder benannt ist. Er hat jedoch keinen über § 63 Abs. 2 PatG hinausgehenden Anspruch darauf, auf der einzelnen Ware oder deren Verpackung als Erfinder benannt zu werden.[144] Nur wenn dort falsche Angaben vermerkt sind, kann der Erfinder analog § 1004 BGB die Beseitigung und Unterlassung der Falschbezeichnung fordern.[145] Die Erfinderehre ist von ihren Rechtsfolgen her dem Anerkennungsrecht des Urhebers vergleichbar. Jeweils besteht ein Anspruch auf Unterlassung der Anmaßung, das immaterielle Gut erschaffen zu haben. Zudem besteht ein positiver Anspruch darauf, dass, wenn das immaterielle Gut in bestimmter Weise gebraucht wird, dies nur unter Nennung des Schöpfers erfolgen darf. Dies gilt für den Erfinder freilich nur in den Fällen des § 63 Abs. 2 PatG.

---

[141] Siehe hierzu auch *Larenz/Canaris*, Lehrbuch des Schuldrechts II/2, 533.

[142] *Kant*, MdS, Rechtslehre, § 35, AA VI, 295.

[143] *Ensthaler*, Gewerblicher Rechtsschutz und Urheberrecht, 127; vgl. allgemein zum Persönlichkeitsrecht: *Brandner*, JZ 1983, 689 ff.; *Pfister*, Das technische Geheimnis „Know how" als Vermögensrecht, 17 ff.

[144] *Ensthaler*, Gewerblicher Rechtsschutz und Urheberrecht, 128.

[145] Vgl. OLG Frankfurt, GRUR 1964, 561, 562; *Ensthaler*, Gewerblicher Rechtsschutz und Urheberrecht, 128.

Kapitel 4

Kategorisierung innerhalb des kantischen Systems: Das „auf persönliche Art dingliche Recht"

Die Aktualisierung der kantischen Privatrechtslehre bliebe unvollständig, unternähme sie nicht den Versuch, das *äußere Mein und Dein* am immateriellen Gut einer weiteren Kategorisierung zuzuführen. Insofern ist der von der monistischen Theorie behauptete *Mischcharakter* des Urheberrechts interessant, weil es auch in der kantischen Privatrechtstheorie einen Typus von Rechten gibt, den man mit gutem Grund als „Mischform" bezeichnen darf. Die Rede ist vom „auf dingliche Art persönlichen Recht". Während das Römische Recht nur zwischen dem dinglichen und dem persönlichen Recht unterschied und damit von einer dualen Gliederung möglicher Rechtsgegenstände ausging[1], hat Kant eine trichotome Einteilung des Privatrechts begründet[2]. Neben die Kategorien der Substanz und der Kausalität setzte er jene der Gemeinschaft und das ihr zugewiesene „auf dingliche Art persönliche Recht"[3]. Für Kant ist das „auf dingliche Art persönliche Recht" notwendig, weil es zur Vollständigkeit des Systems verlangt werde.[4] Das äußere Mein und Dein systematisiert Kant nach der Prädikabile des Habens.[5] Diese Prädikabile ist der Gruppe der Relationskategorie zugehörig. Die Relationskategorie ist eine von insgesamt vier Kategoriengruppen[6], denen jeweils drei Unterkategorien zugeordnet sind. Den Unterkategorien – hier also Substanz, Kausalität und Gemeinschaft – müssten jeweils eine Art von Rechtsobjekten zugeordnet werden.[7] Der Substanz ordnet Kant das dingliche Recht zu, der Kausalität das persönliche und schließlich der Gemeinschaft das „auf dingliche Art persönliche Recht".

---

[1] Vgl. *Kaser*, Römisches Privatrecht, 27: „(...) Unterscheidung zwischen *actiones in rem* und *actiones in personam* (...)". Freilich findet sich bei Gaius die Unterscheidung zwischen „res corporales" und „res incorporales"; siehe hierzu *Becker*, Die „res" bei Gaius – Vorstufe einer Systembildung in der Kodifikation? Zum Begriff des Gegenstandes im Zivilrecht, 40 f; *Zimmermann*, The Law of Obligations, 25 f.

[2] Vgl. *Kant*, MdS, Rechtslehre, Anhang, AA VI, 357 f.

[3] *Kant*, MdS, Rechtslehre, § 4, AA VI, 247 und § 22 und 276 f.

[4] *Kant*, MdS, Rechtslehre, Anhang, AA VI, 357 f.

[5] Siehe oben: S. 88.

[6] *Kant*, KrV, AA III, 93; hierzu *Höffe*, Kants Kritik der reinen Vernunft, 129 ff. Die vier Kategorien lauten: Quantität, Qualität, Relation und Modalität.

[7] *Brocker*, Kants Besitzlehre, 74.

Diese Trichotomie fasst die möglichen Relationen des Subjekts zu Rechts-objekten zusammen.[8] Bevor auf die Besonderheiten des intelligiblen Rechts an immateriellen Gütern eingegangen wird, sollen zunächst – *privatrechtsspezifisch* – die drei Kategorien der Substanz, Kausalität und Gemeinschaft dargestellt werden.

I. Substanz

Unter „Substanz" versteht Kant in den Vorarbeiten „ein für sich bestehendes unpersönliches Ding"[9]. Die Substanz ist ein Träger von Zuständen, dessen theoretisches Schema das Beharren in der räumlich-zeitlichen Anschauung ist.[10] Im Wechsel des Geschehens beharrt die Substanz, die der Mensch nur als Erscheinung, nicht aber als „Ding an sich" erkennen kann.[11] Das Dasein der Substanz zu aller Zeit wird angenommen, weil sonst die Einheit der Erfahrung nicht möglich wäre. Denn würde die Substanz sich erweitern, so „fiele dasjenige weg, welches die Einheit der Zeit allein vorstellen kann, nämlich die Identität des Substratum, als woran aller Wechsel allein durchgängige Einheit hat"[12]. Nach einer Ursache der Substanz zu fragen ist sinnlos, denn Substanz ist, was „immer war und bleiben muss"[13]. Zu Recht ordnet Kant der Kategorie der Substanz daher nur körperliche Gegenstände zu.[14] Zwar definiert er die „Sache" in der Einleitung zur Rechtslehre als „ein Ding, was keiner Zurechnung fähig ist"[15]. Jedes selbst der Freiheit ermangelnde Objekt der freien Willkür sei eine Sache.[16] Das Immaterialgut ist in dem Sinne vom Schöpfer verschieden, dass es unabhängig vom Schöpfer fortbestehen kann. Insofern ermangelt das immaterielle Gut selbst auch der Freiheit. Trotzdem ist das Immaterialgut kausal vom Schöpfer in die gemeinsame Wissenswelt gesetzt worden. Es handelt sich also nicht um ein „Etwas", das schon „immer war und bleiben muss". Außerdem ist die Wissenswelt – möglicherweise anders als die Welt der Materie – geradezu auf die Erweiterung ihres Fundus angelegt. Abstrakte Gegenstände sind also nichts, was dem Masseerhaltungs-

---

[8] *Fulda,* in: Höffe (Hrsg.), Metaphysische Anfangsgründe der Rechtslehre, 99.
[9] *Kant,* Handschriftlicher Nachlass, AA XXIII, 221.
[10] *Eisler,* Kant-Lexikon, Stichwort: Substanz.
[11] *Eisler,* Kant-Lexikon, Stichwort: Substanz.
[12] *Kant,* KrV, AA III, 165.
[13] *Kant,* Beilage zu „Über die Fortschritte der Metaphysik seit Leibniz und Wolff", AA XX, 329.
[14] *Kant,* Vorarbeiten zur Rechtslehre, AA XXIII, 298.
[15] *Kant,* MdS, Rechtslehre, Einleitung IV, AA VI, 223.
[16] *Kant,* MdS, Rechtslehre, Einleitung IV, AA VI, 223.

grundsatz gemäß beharren würde. Das immaterielle Gut ist im Gegenteil von einer Leistung der reflektierenden Urteilskraft abhängig und wird als empirischer Begriff überhaupt erst durch den Menschen konstruiert. Von Substanz im kantischen Sinne kann daher nicht gesprochen werden.[17] Dies muss umso mehr deshalb gelten, weil Kant in der Einleitung der Rechtslehre den Begriff der „Sache" expressis verbis als *res corporalis* definiert.[18]

II. Kausalität

Unter die Kategorie der Kausalität subsumiert Kant das *persönliche Recht* als ein Verhältnis des Subjekts zu der „Willkür eines anderen zu einer bestimmten Tat (praestatio)"[19]. Das „Äußere", also der Rechtsgegenstand, welcher der Kategorie der Kausalität zugeordnet ist, ist nicht etwa unmittelbar eine Sache. Durch das Versprechen (Vertrag) erwirbt der Gläubiger eine „Tat" des Schuldners.[20] Das Willkürvermögen des Schuldners ist also selbst der unmittelbare Rechtsgegenstand. Dem Gläubiger wird das intelligible Recht eingeräumt, das zunächst bloß potentielle Vermögen des Schuldners zur Aktualisierung zu bestimmen. Vertraglich ist die zu leistende „Tat" ihrer Form nach bestimmt, sei es die Übereignung einer Sache oder aber die Bewirkung einer Dienstleistung. Dieses vertraglich festgelegte Handlungsprogramm ist vom Schuldner nach dem Willen des Gläubigers zu aktualisieren. Die Selbstbestimmungsfreiheit des Schuldners als ihm zunächst Inneres wird zu einem äußeren Gegenstand gemacht und dem Gläubiger intelligibel zugewiesen.

Doch wie ist ein intelligibler Besitz an der Willkür eines anderen überhaupt möglich? Dies erscheint deshalb problematisch, weil die obigen Ausführungen zur Schematisierung doch zur Notwendigkeit der *Denkbarkeit physischen Besitzes* führten. Der Gläubiger ist aber nicht im physischen

---

[17] Betrachtet man die immateriellen Güter aus der ontologischen Perspektive als abstrakte Gegenstände, kann man zwar unter Zugrundelegung eines extremen Platonismus von einer ewigen Existenz der Typen als Ideen ausgehen. Da es hier jedoch um die Einordnung des immateriellen Gutes in die *kantische* Privatrechtssystematik geht, kann von einer vertieften Diskussion des Platonismus abgesehen werden. Die Annahme eines Auffindens von ewig Daseinendem erscheint zudem als kontraintuitiv.

[18] *Kant*, MdS, Rechtslehre, Einleitung IV, AA VI, 223; aber auch § 17, AA VI, 270, wo betont wird, dass „ein solcher Gegenstand nur eine körperliche Sache (gegen die man keine Verbindlichkeit hat) sein könne".

[19] *Kant*, MdS, Rechtslehre, § 4, AA VI, 247.

[20] *Kant*, MdS, Rechtslehre, § 20, AA VI, 273.

Besitz der Willkür des Schuldners.[21] Das würde die Selbstbestimmung des Schuldners aufheben und er würde aufhören ein Schuldner zu sein. Als solcher muss er nämlich als Rechtsperson, also als selbstbestimmt handelndes Vernunftwesen betrachtet werden. Die Schematisierung des intelligiblen Forderungsbesitzes kann also nicht *unmittelbar* über das Schema des physischen Besitzes der Willkür des Schuldners erfolgen. Der Schuldner ist vielmehr als notwendiger Teil der Rechtsbegründung in die schematische Konstruktion des Rechtsgegenstandes als Rechtsperson einzubeziehen. Der Gläubiger kann die faktische Herrschaft über die Willkür des Schuldners nur vermittelt über den faktischen Selbstbesitz des Schuldners denken. Auf diese Weise wird der Schuldner als Person in die Konstitution des Rechtsgegenstandes einbezogen und die Forderung bleibt immer über das Persönlichkeitsrecht des Schuldners vermittelt. Ohne Schuldner kann es keinen Anspruch geben.[22]

Die Willkür des Schuldners zu einer bestimmten Tat ist nur dann ein möglicher Gegenstand der Willkür, wenn der Schuldner die geschuldete Tat auch tatsächlich bewirken kann. Daraus folgt unter anderem, dass der Gläubiger kein Forderungsrecht erwirbt, wenn der Schuldner physisch außerstande ist, das versprochene Verhalten zu vollziehen. Das physische Unvermögen (Unmöglichkeit, § 275 Abs. 1 BGB) schließt physischen Besitz an der eigenen Willkürbestimmungsfreiheit im Hinblick auf eine bestimmte Handlung oder Unterlassung aus. Dann kann aber auch ein intelligibler Besitz an der Willkürbestimmung nicht gedacht werden. Impossibilium nulla obligatio est.[23]

Die Willkür des Schuldners zu einer bestimmten Tat ist also ein Gegenstand der Willkür, wenn man die notwendige Schematisierung über das physische Vermögen des Schuldners vollzieht.[24]

---

[21] Allerdings war die Bestimmungsmacht des Gläubigers gegenüber dem Schuldner in den historischen Anfängen des Römischen Schuldrechts durchaus auch physischer Art. Die körperliche Fesselung des Schuldners diente sodann jedoch nur noch als Symbol für die rechtliche Bindung. Diese wurde durch die *obligatio* begründet und war unabhängig davon, ob der Schuldner körperlich in Ketten lag. Vgl. hierzu *Zimmermann*, The Law of Obligations, 4 f.

[22] Vgl. auch § 194 Abs. 1 BGB: Das Recht von einem *anderen* ein Tun oder Unterlassen zu verlangen (Anspruch) unterliegt der Verjährung.

[23] Vgl. *Zimmermann*, The Law of Obligations, 686 ff.; Davon unberührt bleiben die in § 275 Abs. 4 BGB genannten Sekundärrechte, die eine besondere Ausprägung des Vertrauensschutzes darstellen.

[24] Die Überlegungen zur Unmöglichkeit fügen sich positiv-rechtlich in das Insolvenzrecht ein. Sofern der Schuldner eine an sich mögliche Leistung von etwas versprochen hat (z.B. die Zahlung einer großen Geldsumme), dies aber sein Leistungsvermögen übersteigt, er folglich im Sinne von § 17 InsO zahlungs*unfähig* ist, reduziert dies den Wert der intelligiblen Forderung auf den Anteil des noch physisch Möglichen (die sog. Quote).

Die unterschiedliche Schematisierung von Sacheigentum und Forderungsinhaberschaft illustriert, weshalb in den metaphysischen Anfangsgründen allgemeine Ausführungen zur Schematisierung fehlen. Diese muss stets im Hinblick auf die konkreten Erwerbsbedingungen erfolgen. Sie ist aber nicht beliebig, weil die Schematisierung auf einen Gegenstand der Willkür bezogen gedacht werden muss.[25]

III. Gemeinschaft

In theoretischer Hinsicht ist unter der Kategorie der Gemeinschaft die Wechselwirkung zwischen Handelndem und Leidendem zu verstehen.[26] Die dritte Kategorie umschließt die vorherigen beiden Kategorien (hier: Substanz und Kausalität) zu einer Einheit. Gemeinschaft ist daher die auf die Substanz bezogene Kausalität bzw. umgekehrt die auf die Kausalität bezogene Substanz. Diesem Begriff der Gemeinschaft ordnet Kant den Rechtsbegriff des auf „dingliche Art persönlichen Rechts" zu. „Dieses Recht ist das des Besitzes eines äußeren Gegenstandes als einer Sache und des Gebrauchs desselben als einer Person."[27] Zu den „auf dingliche Art persönlichen Rechten" zählt Kant das Ehe- und Elternrecht sowie das „Gesinderecht". Diese sind in ihren Detailbestimmungen gewiss historisch bedingt und sollen daher im Folgenden nicht verteidigt, wohl aber dargestellt werden, um der rechtskategorialen Besonderheit des „auf dingliche Art persönlichen Rechts" habhaft zu werden.

1. Eherecht

Kant betrachtet die Ehe als „die Verbindung zweier Personen verschiedenen Geschlechts zum lebenswierigen wechselseitigen Besitz ihrer Geschlechtseigenschaften"[28]. Diese Verbindung beruht auf dem beidseitigen Willen der beteiligten Personen. Gleichwohl stellt die Ehe für Kant keinen beliebigen Vertrag dar. Die Ehe sei die notwendige Bedingung für den wechselseitigen Genuss der Geschlechts*eigenschaften*.[29] Die Geschlechts-

---

Die Insolvenz ist vor diesem Hintergrund ein Spezialfall der subjektiven Teilunmöglichkeit.

[25] Vgl. *Kant*, MdS, Rechtslehre, § 2, AA VI, 246: „(...) wenn es nur ein Gegenstand der Willkür ist (...)".

[26] *Höffe*, Kants Kritik der reinen Vernunft, 130.

[27] *Kant*, MdS, Rechtslehre, § 22, AA VI, 276.

[28] *Kant*, MdS, Rechtslehre, § 24, AA VI, 277; allgemein zum Eherecht siehe *Emge*, Kant-Studien 29 (1924), 243–279; *Horn*, Immanuel Kants ethisch-rechtliche Eheauffassung. Eine Rechtfertigung seines Eherechts.

[29] *Kant*, MdS, Rechtslehre, § 24, AA VI, 277.

eigenschaft ist begrifflich weiter gefasst als die bloßen Geschlechts*organe*. Hiermit ist die Gesamtheit des Weiblichen beziehungsweise Männlichen gemeint, das von dem jeweils anderen genossen werden kann. Der Nachweis der (vorgeblichen) Notwendigkeit der Ehe wird gleichwohl *expressis verbis* ausgehend vom Gebrauch der Geschlechtsorgane des anderen Geschlechts geführt. Im Geschlechtsakt mache „sich ein Mensch zur Sache, welches dem Rechte der Menschheit an seiner eigenen Person widerstreitet"[30]. Die einzige Bedingung, unter der man einem anderen gestatten kann, die eigenen Geschlechtsorgane zu gebrauchen, bestehe darin, dass sich die betroffenen Personen, einer Sache gleich, wechselseitig erwerben.[31] Aufgrund der Einheit der Person könne aber nicht das eine Gliedmaß, sondern nur die Person in ihrer Ganzheit – unter Einschluss all ihrer weiteren Geschlechtseigenschaften – erworben werden.[32] Der kantische Begriff der Ehe beruht also auf der Reziprozität der wechselseitigen Erwerbung des jeweils anderen in seiner Gesamtheit. Der Eine gibt sich hin, um die eigene Persönlichkeit durch den Erwerb des Anderen wiederherzustellen.

2. Elternrecht

Die Eltern sind durch die Zeugung kumulativ kausal für die körperliche Existenz des Neugeborenen geworden.[33] In der physischen Existenz des Kindes ist die kumulative Kausalität der Eltern verkörpert. Wie eine Sache dürfen die Eltern nun mit dem Kind *in Bezug auf Dritte* verfügen. Ihnen steht etwa ein Herausgabeanspruch zu, was in § 1632 Abs. 1 BGB auch positiv-rechtlichen Niederschlag gefunden hat.[34] Aber auch gegenüber dem Kind haben die Eltern aufgrund des auf „dingliche Art persönlichen" Elternrechts Rechte, denen umgekehrt Duldungspflichten des Kindes entsprechen. Die Eltern sind berechtigt, das Kind zu erziehen und seinen Aufenthaltsort zu bestimmen. Diese Rechte gegenüber dem Kind beruhen wesentlich auf dessen fehlender Zurechnungsfähigkeit.[35] Gleichwohl begreift Kant das Kind trotz seiner fehlenden Zurechnungsfähigkeit als Rechtsperson, die dem elterlichen Erziehungsrecht eine Eigenberechtigung entgegen

---

[30] *Kant*, MdS, Rechtslehre, § 25, AA VI, 278.

[31] Den Aspekt der Wechselseitigkeit betont auch *Brandt*, Eigentumstheorien von Grotius bis Kant, 196.

[32] *Kant*, MdS, Rechtslehre, § 25, AA VI, 278.

[33] *Kant* spricht von einem *„beiderseitigen Machwerk"*, MdS, Rechtslehre, Anhang, AA VI, 360.

[34] Literarisch verarbeitet im „Kaukasischen Kreidekreis" von *B. Brecht*.

[35] *Kant*, MdS, Rechtslehre, Einleitung IV, AA VI, 223: „Person ist dasjenige Subjekt, dessen Handlungen einer Zurechnung fähig sind". Vgl. hierzu *Popper*, in: Popper/Eccles, Das Ich und sein Gehirn, P 4, 150 f.: „Zeitlich ist der Körper vor dem Geist, dem Bewußtsein da".

zuhalten vermag. Dieses elterliche Erziehungsrecht ist zeitlich befristet. Es endet mit der Mündigkeit des Kindes.[36] Mit der zunehmenden Einsichtsfähigkeit wächst aber auch die Bedeutung des Persönlichkeitsrechts des Kindes progressiv.

3. Hausherrenrecht

Nach Kant gehört das „Gesinde" zum Seinen des Hausherrn.[37] Während der gewöhnliche Schuldner lediglich eine punktuelle Leistung verspricht, ist das „Gesinde" den Weisungen des Hausherrn unterworfen. Letzterer kann somit das konkret geschuldete Leistungsprogramm durch einseitige Erklärung konkretisieren. Der Form nach einem Sachenrecht entsprechend könne der Hausherr das entlaufene „Gesinde" durch einseitige Willkür in seine Gewalt bringen.[38] Allerdings sei es ausgeschlossen, sich gegenüber den Dienern oder Dienerinnen des Hauses als Eigentümer derselben zu betragen. Das „Gesinde" sei nämlich durch Vertrag unter die Gewalt des Hausherrn gebracht. Durch Vertrag könne man aber nicht zugunsten eines anderen auf seine ganze Freiheit verzichten. Denn die Selbstbestimmung der Vertragsschließenden ist Legitimationsgrundlage für die Verbindlichkeit des Vertrages. Mit dem Verlust der Selbstbestimmung des „Gesindes" verlöre daher auch der Vertrag seine Gültigkeit. Dienerschaft könne niemals Leibeigenschaft sein; der Vertrag nur auf den Gebrauch, nicht jedoch auf den Verbrauch des „Gesindes" gerichtet sein.

4. Zusammenführende Bestimmung

Der Oberbegriff des von Kant eingeführten „auf dingliche Art persönlichen Rechts" ist das persönliche Recht. Es ist ein persönliches Recht, nur auf dingliche Art. Rechtsgegenstand ist weder eine körperliche Sache noch eine persönliche Leistung, sondern vielmehr die Befugnis, über den Zustand einer anderen Person zu bestimmen.[39] Ebenso wie das unter der Kategorie der Kausalität eingeordnete persönliche Recht normiert das auf dingliche Art persönliche Recht „eine unmittelbare, also über keinen äußeren körperlichen Gegenstand vermittelte, interpersonale Beziehung"[40].

a) Inhalt und Form des „auf dingliche Art persönlichen Rechts"

Während sich aber das gewöhnliche persönliche Recht auf die punktuell zu aktualisierende Willkür des Schuldners bezieht, hat das auf dingliche Art

---

[36] *Kant*, MdS, Rechtslehre, § 29, AA VI, 281 und im Anhang , AA VI, 360.
[37] *Kant*, MdS, Rechtslehre, § 30, AA VI, 283.
[38] Zum Folgenden *Kant*, MdS, Rechtslehre, § 30, AA VI, 283.
[39] *König*, in: Höffe (Hrsg.), Metaphysische Anfangsgründe der Rechtslehre, 133, 138.
[40] *Kersting*, Kant über Recht, 89.

persönliche Recht die Gesamtheit der Person im Blick. Es ist der Art nach gerade deshalb dinglich, weil es den Rechtsinhaber mit einem gegenüber jedermann wirkenden Vindikationsrecht ausstattet.[41] Der Ehemann (und umgekehrt die Ehefrau) habe nach Kant gegen denjenigen, der den Ehepartner in seiner physischen Gewalt hält, einen Anspruch auf Herausgabe.[42] Gleiches gilt für die Eltern, die ihr Kind von einem unrechtmäßigen „Besitzer" vindizieren könnten (vgl. im heutigen Recht § 1632 Abs. 1 BGB). Auch gegenüber dem neuen Arbeitgeber des fortgelaufenen „Gesindes" bestehe ein Herausgabeanspruch.[43] Das „auf dingliche Art persönliche Recht" geht folglich in zweierlei Hinsicht über das unmittelbare interpersonale Verhältnis hinaus.

Erstens umfasst das „auf dingliche Art persönliche Recht" den Anderen selbst und nicht nur dessen punktuelle Willkür. Dies bedeutet nicht, den Anderen als sein Eigentum zu haben, denn Eigentümer kann man weder von sich selbst und noch viel weniger von einem anderen sein.[44] Einen Anderen als das Seine zu haben bedeutet vielmehr das „Seine des Nießbrauchs (ius utendi fruendi) von dieser Person gleich als von einer Sache, doch ohne Abbruch an ihrer Persönlichkeit, als Mittel zu meinem Zweck, Gebrauch zu machen"[45]. Der Nießbrauch (*ususfructus*) ist ein beschränktes-dingliches Recht, mit dem Inhalt, die Nutzungen der belasteten Sache ziehen zu dürfen.[46] Übertragen auf das auf dingliche Art persönliche Recht bedeutet dies, dass der Rechtsinhaber berechtigt ist, sich die Früchte der Arbeit eines anderen Menschen anzueignen. Zudem bestimmt er den Zweck, zu dessen Erreichung er den Anderen als ein Mittel einsetzt. Der Andere darf jedoch niemals *bloß* als Mittel gebraucht werden, sondern muss immer *auch als Zweck* an sich selbst behandelt werden.[47] Der Persönlichkeit des Anderen darf daher kein Abbruch getan werden. Deshalb muss das „auf dingliche Art persönliche Recht" entweder – wie bei der Ehe – auf dem Grundsatz der Wechselseitigkeit beruhen, oder aber der Andere, auf den sich das „auf dingliche Art persönliche Recht" bezieht, darf nicht – wie beim Elternrecht – voll zurechnungsfähig sein. Historisch weitgehend überholt ist das „auf dingliche Art persönliche Recht" freilich beim Gesin-

---

[41] *Kersting*, Kant über Recht, 89; *Brandt*, Eigentumstheorien von Grotius bis Kant, 195.

[42] *Kant*, MdS, Rechtslehre, § 25, AA VI, 278. Eine (vielleicht sehr) entfernte Parallele besteht im geltenden Recht zum Ehestörungsanspruch (§ 823 Abs. 1 BGB), dessen Reichweite jedoch gerade im Hinblick auf § 888 Abs. 3 ZPO streitig ist; vgl. *Medicus/Petersen*, Bürgerliches Recht, Rn. 616 ff.

[43] Eine entfernte Parallele besteht zum Wettbewerbsverbot im geltenden Recht.

[44] *Kant*, MdS, Rechtslehre, Anhang, AA VI, 359.

[45] *Kant*, MdS, Rechtslehre, Anhang, AA VI, 359.

[46] Positiv-rechtlich ist der Nießbrauch in den §§ 1030 ff. BGB geregelt.

[47] *Kant*, GMdS, AA IV, 428.

derecht, da dort weder die Bedingung der Wechselseitigkeit (Eherecht) noch diejenige der Unzurechnungsfähigkeit (Elternrecht) erfüllt ist.[48]

Zweitens richtet sich das „auf dingliche Art persönliche Recht" auch gegen Dritte, von denen der Inhaber die „fortgelaufene Person" vindizieren kann. Das persönliche Recht gegen die zu besitzende Person ist von daher mit dinglichen Wirkungen ausgestattet.

b) Begriffsbildung

Die begriffliche Transzendierung des Begriffspaares *dinglich* und *persönlich* erfolgt dergestalt, dass beide klassischen Rechtstypen ihrerseits in Form und Inhalt (bzw. Materie) getrennt werden.[49] Unter der Form versteht Kant die Erwerbungsart des Rechts, während er die Materie des Rechts dem Objekte nach bestimmt.[50] Die Erwerbungsart wird durch das Schema reflektiert. Die derart analysierten Begriffe werden nun über Kreuz miteinander synthetisiert. Hierdurch treten die beiden unterschiedlichen Rechte miteinander in Verbindung und schränken sich wechselseitig ein.[51] Auf diese Weise ist das „auf dingliche Art persönliche Recht" ein der Form nach dingliches Recht, dem Inhalte nach aber ein persönliches Recht.[52] Denn das Schema – also die Erwerbungsart – des „auf dingliche Art persönlichen Rechts" ist die physische Inbesitznahme der Person. Wer nämlich eine Person gebrauchen will – und darum geht es im „auf dingliche Art persönlichen Recht" – muss diese Person in Besitz nehmen. Denn die Bedingung der Möglichkeit des Gebrauchs ist der Besitz.[53] Während der Gläubiger nur deshalb im intelligiblen Besitz der Willkür des Schuldners ist, weil und insoweit man sich dessen Willkürvermögen hinzudenkt, also gerade dessen Selbstbesitz vorausgesetzt ist, muss beim „auf dingliche Art persönlichen Recht" der Selbstbesitz der besessenen Person nicht notwendig vorausgesetzt werden. Dies zeigt sich schon daran, dass die Eltern trotz – und gerade wegen – der Unmündigkeit des Kindes ein Recht an dieser Person erlangen. Der Andere werde also nicht als eine Person in Besitz genommen (dies geschieht bei den persönlichen Rechten), sondern *als eine Sache*. Für die Schematisierung wird die Personhaftigkeit des Gegenstandes ausgeblendet, sodass er sachgleich nach dem Schema der physischen

---

[48] Richtig insoweit die Kritik von *Kersting*, Kant über Recht, 93.

[49] Vgl. *Kant*, MdS, Rechtslehre, § 10, AA VI, 259 f.: „Der Materie (dem Objekte) ...; Der Form (der Erwerbungsart) ...".

[50] *Kant*, MdS, Rechtslehre, § 10, AA VI, 260.

[51] *Kant*, MdS, Rechtslehre, Anhang, AA VI, 358.

[52] So im Ergebnis auch *König*, in: Höffe (Hrsg.), Metaphysische Anfangsgründe der Rechtslehre, 133, 138.

[53] *Kant*, MdS, Rechtslehre, § 1, AA VI, 245 und im Zusammenhang mit dem „auf dingliche Art persönlichen Recht", Anhang , AA VI, 359.

Innehabung besessen werden kann.[54] Die Form ist folglich *dinglich*. Die Personhaftigkeit des Anderen darf jedoch nicht gänzlich ausgeblendet werden, sondern muss den Inhalt des Rechts bestimmen. Dem Inhalte nach bezieht sich das Recht auf eine Person und muss daher deren Persönlichkeit wahren. Das Recht darf dem Inhalte nach nicht die totale Verfügung über den Anderen umfassen, sondern muss um dessen Persönlichkeitsrecht eingeschränkt sein. Dem Inhalte nach ist es daher nur ein auf eine Person bezogenes Nießbrauchrecht.[55]

Zusammenfassend lässt sich mit Blick auf das Immaterialgüterrecht sagen, dass sich das „auf dingliche Art persönliche Recht", so wie Kant es beschrieben hat, nur auf die Bestimmung des Zustandes einer anderen Person bezieht. Es ist daher ausgeschlossen, das Immaterialgüterrecht als ein „auf dingliche Art persönliches Recht" zu kategorisieren. Denn das Immaterialgüterrecht bezieht sich nicht auf den Zustand einer Person, sondern auf ein von der Person verschiedenes Immaterialgut.

Teilt man jedoch die Auffassung, dass das Immaterialgüterrecht eine „Mischform" ist und nicht unter den klassischen Dualismus von dinglichen und persönlichen Rechten subsumiert werden kann, hat man im „auf dingliche Art persönlichen Recht" einen Typus gefunden, der sich in begründeter Weise aus den Grenzen einer bloß dualen Rechtskategorisierung befreit hat.

IV. Einordnung des intelligiblen Rechts am immateriellen Gut

Das Immaterialgut weist verschiedene Charakteristika auf, die eine Einordnung in die obigen Kategorien von äußeren Rechten erschweren. Einerseits ist das Immaterialgut ein dem Subjekt äußerer Gegenstand. Es existiert im intersubjektiven Diskurs unabhängig von der Existenz des Schöpfers. Denn die Schöpfung hat „Entzweiung zwischen dem Schöpfer und dem Geschaffenen" erzeugt"[56]. Das immaterielle Gut ist von daher der Kategorie der Substanz ähnlich, ohne ihr jedoch zugeordnet werden zu können. Denn zur Substanz zählt nur dasjenige, was als immer schon seiend gedacht werden kann. Dies trifft aber auf das Immaterialgut als Objekt einer menschlichen Äußerung nicht zu. Denn es verdankt seine Existenz

---

[54] Vgl. *Kant*, Handschriftlicher Nachlass, AA XXIII, 221: „(...) das Schema davon ist die Apprehension einer Person als einer Sache, wo der Zustand der Freiheit eines derselben durch einen Willen aufgehoben wird, der selbst durch eine Tat objektiv notwendig wird."

[55] *Kant*, MdS, Rechtslehre, Anhang, AA VI, 359.

[56] *Kohler*, Urheberrecht an Schriftwerken und Verlagsrecht, 5.

der Schöpfungsleistung des Schöpfers. Es lassen sich folglich eine Ursache und ein Zeitpunkt für den Beginn seiner Existenz angeben. Erst ab diesem Zeitpunkt des „In-die-Welt-Bringens" durch den Schöpfer besteht das immaterielle Gut potentiell ewig fort.[57] Das immaterielle Gut ist folglich ein äußerer Gegenstand, obgleich nicht zur Substanz im strengen Sinne zählend.

Andererseits ist das Immaterialgut *ex hypothesi* nur vermittelt über den Mitteilungsakt des Schöpfers mittelbar-physisch beherrschbar. Die Schematisierung des Immaterialguts als Gegenstand der Willkür setzt notwendig voraus, sich die Person des Schöpfers und dessen faktische Veröffentlichungsmacht hinzuzudenken. Nur weil man sich denken kann, dass der Schöpfer das immaterielle Gut als sein Geheimnis behalten kann und hierdurch physische Herrschaft über das Immaterialgut ausübt, ist es überhaupt ein Gegenstand der Willkür. Dies ähnelt der oben dargestellten Forderung, welche nur deshalb ein möglicher Gegenstand der Willkür ist, weil und insoweit man sich die tatsächliche Willkür des Schuldners hinzudenkt. Ebenso wie bei der Konstitution der Forderung als Rechtsgegenstand die Person des Schuldners hinzuzudenken ist, ist bei der Konstitution des Immaterialguts als Gegenstand der Willkür die Person des Schöpfers hinzuzudenken. Der Form nach handelt es sich daher um ein unter die Kategorie der Kausalität fallendes persönliches Recht. Der Art nach bezieht sich das Recht jedoch nicht auf das Willkürvermögen des Schuldners in seiner Potentialität. Die Willkür des Schuldners ist zwar Rechtsgegenstand der Forderung, hat sich jedoch noch nicht ontisch vom Schuldner verselbständigt. Das Immaterialgüterrecht hingegen bezieht sich auf einen Gegenstand, der vom Schöpfer einerseits ontisch verschieden ist, für dessen Existenz aber andererseits der Schöpfer *kausal* wurde, genauso wie der Schuldner kausal wurde für die Existenz der Forderung. Das *Schema* des intelligiblen Rechts am Immaterialgut entspricht folglich dem *persönlichen* Recht. Dem Inhalte nach bezieht es sich jedoch – anders als das „auf dingliche Art persönliche Recht" – nicht auf eine andere Person, sondern auf etwas, das vom aktuellen Selbstbesitz der Person selbständig gesetzt ist. Es muss daher inhaltlich nicht durch die Persönlichkeit eines Anderen begrenzt sein. Der Inhalt ist folglich *dinglich*. Mithin ist das Immaterialgüterrecht ein der Form nach persönliches, dem Inhalte nach aber dingliches Recht. Es kann folglich entsprechend der kantischen Terminologie als ein *„auf persönliche Art dingliches Recht"* bezeichnet werden. Freilich hat Kant selbst die Möglichkeit eines „auf persönliche Art dinglichen Rechts" bestritten.[58] Denn

---

[57] Tatsächlich ist es jedoch möglich, dass das immaterielle Gut – etwa durch Zerstörung des einzigen Informationsträgers – nicht mehr reproduziert werden kann und auf diese Weise kollektiv in Vergessenheit gerät. Siehe hierzu: S. 187 ff.

[58] *Kant*, MdS, Anhang, AA VI, 358.

man könne sich kein Recht einer Sache gegen eine Person denken.[59] Dies ist gewiss richtig, doch geht es hier gar nicht darum, einer Sache ein Recht gegen eine Person zuzugestehen. Durch die Konstruktion eines „auf persönliche Art dinglichen Rechts" soll vielmehr der Besonderheit des Immaterialgüterrechts Rechnung getragen werden, sich einerseits dem Gegenstand nach auf etwas vom Subjekt Verschiedenes zu beziehen, welches aber andererseits nur vermittelt über den Mitteilungsakt des Schöpfers physisch beherrschbar ist.

V. Zusammenfassende Bestimmung

Kant wird oft als Vertreter einer Theorie bezeichnet, die im Urheberrecht im ganzen Umfang ein aus geistiger Schöpfung fließendes Persönlichkeitsrecht sieht.[60] Dies trifft in der Tat auf die von Kant veröffentlichte Nachdruckschrift zu. Die auf der kommunikativen Selbstbestimmung als Persönlichkeitsrecht aufbauende Theorie des Urheberrechts kann jedoch – entgegen Kant – nicht begründen, ob eine einmal veröffentlichte Rede ohne Nennung des Verfassers nachgeahmt werden darf.[61] Unterlässt es der Nachahmer, die Person des Verfassers zu nennen, wird dem Verfasser nicht aufgezwungen, für die Rede einzustehen. Die kommunikative Selbstbestimmung ist dann nicht verletzt. Der bloße Gebrauch der dem Subjekt *äußeren* Rede verletzt das innere Mein und Dein des Verfassers nicht, sofern ihm durch den Gebrauch keine ungewollten Äußerungen durch Namensnennung zugeschrieben werden.

Eine Rechtsverletzung kann nur dann angenommen werden, wenn der Gegenstand des Immaterialgüterrechts – die Rede – dem Subjekt trotz seiner Veröffentlichung als ein äußerer Gegenstand der Willkür zugerechnet werden kann. Insoweit das Subjekt das Immaterialgut als ein Geheimnis physisch beherrschen kann, ist es ein möglicher Gegenstand der Willkür.[62] Das Faktum der Veröffentlichung muss dann für die rechtliche Zuordnung zum Subjekt genauso irrelevant sein, wie der Verlust des unmittelbaren Besitzes für das Sacheigentum. Andernfalls wäre der Begriff der rechtlichen Zuordnung des immateriellen Guts zum Subjekt unzulässig empirisiert und das Subjekt in seiner Freiheitsentfaltung von der fortdauernden Geheimhaltung abhängig gesetzt. Ein *veröffentlichungsresistentes* Recht an Immaterialgut ist daher anzuerkennen.

---

[59] *Kant*, MdS, Anhang, AA VI, 358.
[60] *von Gierke*, Deutsches Privatrecht, 764; *Recht*, Le Droit d'auteur, une nouvelle forme de propriété, 80.
[61] Siehe oben: S. 44 f.
[62] Siehe oben: S. 108 ff.

Dieses intelligible – also veröffentlichungsresistente – Recht an dem immateriellen Gut als einem äußeren Gegenstand tritt *neben* die innere kommunikative Selbstbestimmungsfreiheit und ergänzt diese.[63] Losgelöst von der Aktualität des tatsächlichen Selbstbesitzes und der hierauf beruhenden Unabhängigkeit vor nötigender Willkür steht dem Subjekt ein erworbenes Recht an dem äußeren Immaterialgut zu. Es handelt sich hierbei um ein der Art und der Form nach eigenes Recht. Der Form, also der Erwerbungsart nach, handelt es sich um ein *persönliches Recht*. Denn die Schematisierung des intelligiblen Rechts am Immaterialgut bezieht die Person des Schöpfers notwendig mit ein. Der Materie, also dem Bezugsobjekt nach, handelt es sich jedoch um ein *dingliches Recht*. Denn das immaterielle Gut ist als ein zum Äußerlichen herabgesetztes Inneres *sachgleich*.[64] Es bringt keine eigenständige Berechtigung in das Rechtsverhältnis mit ein. Die Synthetisierung des formhaften und des materiellen Elementes ergibt, dass das veröffentlichungsresistente Recht an dem Immaterialgut als ein *„auf persönliche Art dingliches Recht"* bezeichnet werden kann.

---

[63] Siehe zur monistischen Theorie des Urheberrechts oben: S. 141 ff.
[64] Vgl. *Hegel*, GPR, § 43 Anmerkung.

Kapitel 5

Konsequenzen des eigenen Ansatzes für die inhaltliche Ausformung des Urheberrechts

Im Folgenden werden die konkreten Konsequenzen aus dem obigen Ansatz für die inhaltliche Ausgestaltung des Urheberrechts untersucht. Soweit erforderlich werden aber auch Bezüge zum Patentrecht hergestellt, um Parallelen und Besonderheiten der beiden Rechtsgebiete zu illustrieren. Freilich vermag die folgende Darstellung nicht die positiv-rechtlichen Details nachzuvollziehen, sondern muss sich auf die Erfassung des grundlegenden Prinzipienrahmens beschränken.[1]

I. Zum verfassungsrechtlichen Kontext

Der Begriff des *Prinzipienrahmens* zwingt zu grundlegenden Überlegungen zum Verhältnis des Verfassungsrechts zum einfachen Recht einerseits und zum Verhältnis der kantischen Privatrechtstheorie zum positiven Recht andererseits. Als Ausgangspunkt möge die Überlegung dienen, dass das einfache Recht in einer repräsentativen Demokratie durch die jeweilige politische Mehrheit aufgrund eines verfassungsmäßigen Verfahrens erlassen wird. Das einfache Recht setzt damit einen politischen Mehrheitswillen in einen Handlungsbefehl um, der durch staatliche Organe notfalls mit Zwang durchgesetzt werden kann. Auch die politische Minderheit muss sich diesem Zwang beugen, obwohl sie ihre Zustimmung zu dem konkreten Gesetz nicht gegeben hat. Ihr ist das Gesetz aber gleichwohl zurechenbar, weil und insoweit sie durch die politische Mehrheit *repräsentiert* wurde. Hierdurch wird der Mehrheitsbeschluss auch für die Minderheit bindend.[2] Es zeichnet den modernen Rechtsstaat aus, dass die Mehrheit nur eine beschränkte Kompetenz dazu hat, die Minderheit zu repräsentieren. Eine wesentliche Beschränkung ergibt sich unter anderem aus den subjek-

---

[1] Vgl. zum rechtsphilosophischen Interesse allgemein *Kant*, MdS, Rechtslehre, § A, AA VI, 229.

[2] Grundlegend *Kant*, MdS, Rechtslehre, § 46, AA VI, 313 f.

tiven Freiheitsrechten, die als *negative Kompetenznormen*[3] die politische Gestaltungsmacht der Mehrheit beschränken. Je weiter die negativen Kompetenznormen ausgelegt werden, desto kleiner ist der politische Gestaltungsspielraum der Mehrheit. Aber auch vorpositive Überlegungen – soweit sie nicht ohnehin verfassungsrechtlich aufgegriffen sind – können in der Tendenz zu einer Beschneidung politischer Macht führen.

1. Der Status des einfachen Rechts im Lichte von Art. 14 GG

Neben seiner subjektivrechtlichen Funktion enthält Art. 14 GG die Zusicherung, dass das Privateigentum als rechtliche Institution erhalten bleibt.[4] Der politischen Mehrheit ist damit die Entscheidung über die prinzipielle Abschaffung privater Güterzuordnungen im Grundsatz entzogen. Darüber hinaus kennt Art. 14 GG jedoch keinen vorgegebenen, absoluten Begriff des Eigentums.[5] Der Gesetzgeber ist verfassungsrechtlich nur verpflichtet, eine funktionsfähige und privatnützige Eigentumsordnung aufzustellen.[6] Zum Kernbestand dessen, was der Disposition des einfachen Gesetzgebers entzogen ist, zählen Veräußerungs- und Verfügungsbefugnis des Eigentümers.[7] Jenseits dieses Kernbestandes verfügt der einfache Gesetzgeber über einen inhaltlichen Gestaltungsspielraum.[8] „Inhalt und Schranken" des Eigentums hat er zu bestimmen (Art. 14 Abs. 1 S. 2 GG). Die verfassungsrechtlich geforderte Inhalts- und Schrankenbestimmung besteht in der „generelle(n) und abstrakte(n) Festlegung von Rechten und Pflichten durch den Gesetzgeber hinsichtlich solcher Rechtsgüter, die als Eigentum im Sinne der Verfassung zu verstehen sind"[9]. Der Gesetzgeber legt somit – im Rahmen der Verhältnismäßigkeit[10] – den Inhalt der durch Art. 14 GG geschützten Rechtspositionen selbst fest.[11] Art. 14 GG ist daher in besonderem Maße durch die einfache Rechtsordnung geprägt.[12]

Art. 14 GG schützt aufgrund seiner Abhängigkeit vom einfachen Recht nicht nur das sachenrechtliche Eigentum, sondern jedes „private Vermögensrecht"[13]. Durch Art. 14 GG geschützt werden „grundsätzlich alle vermögenswerten Rechte (…), die dem Berechtigten von der Rechtsordnung

---

[3] *Alexy*, Theorie der Grundrechte, 223; *Hesse*, Grundzüge des Verfassungsrechts, Rn. 291.

[4] BVerfGE 24, 367, 389; *Papier*, in: Maunz/Dürig, GG, Art. 14 Rn. 11.

[5] BVerfGE 31, 229, 240; *Bryde*, in: von Münch/Kunig, GG, Art. 14 Rn. 59.

[6] *Papier*, in: Maunz/Dürig, GG, Art. 14 Rn. 11.

[7] BVerfGE 26, 215, 222; *Papier*, in: Maunz/Dürig, GG, Art. 14 Rn. 11.

[8] *Bryde*, in: von Münch/Kunig, GG, Art. 14 Rn. 58.

[9] BVerfGE 52, 1, 27; 72, 66, 76; *Jarass*, in: Jarass/Pieroth, GG, Art. 14 Rn 36.

[10] BVerfGE 75, 78, 97 f.; *Jarass*, in: Jarass/Pieroth, GG, Art. 14 Rn 38 ff.

[11] BVerfGE 74, 129, 148; *Jarass*, in: Jarass/Pieroth, GG, Art. 14 Rn. 21.

[12] *Jarass*, in: Jarass/Pieroth, GG, Art. 14 Rn. 21.

[13] *Wendt*, in: Sachs, GG, Art. 14 Rn. 22.

in der Weise zugeordnet sind, dass er die damit verbundenen Befugnisse nach eigenverantwortlicher Entscheidung zu seinem privaten Nutzen ausüben darf"[14]. Auch das Immaterialgüterrecht ist in seinen vermögenswerten Aspekten Eigentum im verfassungsrechtlichen Sinne.[15] Das Urheberpersönlichkeitsrecht hingegen unterfällt nicht Art. 14 GG, sondern Art. 1 Abs. 1, 2 Abs. 1 GG.[16] Das Urheberrecht unterliegt deshalb nur hinsichtlich seiner vermögensrechtlichen Aspekte der von Art. 14 Abs. 2 GG vorgezeichneten Sozialbindung.[17] Der einfache Gesetzgeber muss diese Sozialbindung in Abhängigkeit zu Art und Funktion des Eigentumsrechts zur Geltung bringen.[18] Seine Aufgabe besteht darin, zwischen Gemeinschafts- und Individualbelangen ein ausgewogenes Verhältnis herzustellen.[19] Er darf dabei nicht in sachfremder Weise vorgehen, sondern muss eine „der Natur" des Rechts entsprechende Regelung treffen.[20] Eine „der Natur und der sozialen Bedeutung des Rechts entsprechende Nutzung und angemessene Verwertung" muss sichergestellt sein.[21]

2. Zum Status des positiven Rechts in der kantischen Privatrechtstheorie

Ebenso wie Art. 14 GG kommt auch die Privatrechtstheorie Kants nicht ohne das positive Recht aus. Doch umgekehrt verdient nur dasjenige positive Gesetz das Prädikat „recht", das als „allgemeines Gesetz der Freiheit" der Ordnung der äußeren Freiheit dient.[22] Dieses Wechselverhältnis zwischen positivem Recht und Privatrechtsphilosophie bedarf der Erläuterung. Kant formuliert lediglich die prinzipielle Rechtmäßigkeitsbedingung einer

---

[14] BVerfGE 83, 201, 209; *Wendt,* in: Sachs, GG, Art. 14 Rn. 23.

[15] BVerfGE 31, 229, 239; 36, 281, 290; *Jarass,* in: Jarass/Pieroth, GG, Art. 14 Rn 9; *Kreile,* in: Badura/Scholz (Hrsg.), Festschrift für Lerche, 251, 251; *Maunz,* GRUR 1973, 107–115; *Badura,* in: Lerche/Zacher/Badura (Hrsg.), Festschrift für Theodor Maunz zum 80. Geburtstag, 1–16; *Kirchhof,* in: Fürst/Herzog/Umbach (Hrsg.), Festschrift für Wolfgang Zeidler, Bd. II, 1639–1661; für das Urheberrecht *Axel Nordemann,* in: Fromm/Nordemann, Urheberrecht, Einl. Rn. 64.

[16] Vgl. zu den vermögenswerten und idellen Bestandteilen des allgmeinen Persönlichkeitsrechts zuletzt BVerfG, GRUR-RR 2009, 375, 376.

[17] BVerfGE 31, 229, 241; *Kirchhof,* in: Fürst/Herzog/Umbach (Hrsg.), Festschrift für Wolfgang Zeidler, Bd. II, 1639 ff.; *Jänich,* Geistiges Eigentum – eine Komplementärerscheinung zum Sacheigentum?, 93.

[18] *Wendt,* in: Sachs, GG, Art. 14 Rn. 87.

[19] BVerfGE 31, 229, 242; *Wendt,* in: Sachs, GG, Art. 14 Rn. 85; *Bryde,* in: von Münch/Kunig, GG, Art. 14 Rn. 59.

[20] BVerfGE 79, 29, 40.

[21] BVerfGE 31, 229, 241; 49, 382, 392; allerdings steht dem Gesetzgeber hinsichtlich der Bestimmung dessen, was als angemessene Verwertung anzusehen ist, ein verhältnismäßig großer Gestaltungsspielraum zu; vgl. zuletzt BVerfG, GRUR 2010, 416, 417.

[22] *Kant,* MdS, Rechtslehre, § B, AA VI, 230.

privaten Güterzuordnung.[23] Bedingung einer *peremtorischen* privaten Güterzuordnung sind rechtsstaatliche Gesetze[24], welche die Grenzen des äu
ßeren Mein und Dein eindeutig festlegen.[25] Nur der Staat vermag intersubjektiv verbindlich „Inhalt und Schranken" des Eigentums festzulegen.[26]
Zwar kennt die kantische Rechtsphilosophie auch einen *vorstaatlichen*
Begriff von Eigentum. Es handelt sich hierbei um den *provisorischen Besitz.*[27] Provisorisch ist derjenige Besitz, der „in Erwartung und Vorbereitung" einer verfassten Rechtsgemeinschaft gegründet werden kann.[28] Er ist
die „Art, etwas Äußeres als das Seine im Naturzustande zu haben" und hat
die „Präsumtion für sich (…), ihn, durch Vereinigung mit dem Willen aller
in einer öffentlichen Gesetzgebung, zu einem rechtlichen zu machen, und
gilt in der Erwartung komparativ für einen rechtlichen"[29]. Soweit der provisorische Besitz komparativ für einen rechtlichen Besitz – also das staatlich instituierte Eigentum – gilt, legt auch dieser Dritten die Verbindlichkeit auf, sich des Gegenstandsgebrauchs zu enthalten. Denn „eigentlich
(…) ausgemacht und bestimmt wird" das äußere Seine nicht erst im bürgerlichen Zustand.[30] Die Entscheidung über das „Ob" einer privaten Güterzuordnung ist damit der politischen Gestaltungsmacht entzogen. Doch
bleibt der provisorische Besitz notwendig defizitär. Denn er beruht auf
einer einseitigen Aneignungshandlung, der die Kraft zur gesetzgebenden
Verbindlichkeit fehlt.[31] Seine Legitimation bezieht der provisorische Besitz
nur aus der Bereitschaft des Aneignenden, einen bürgerlichen Zustand einzuführen und zu errichten.[32] Der kantische Naturzustand ist daher – auch
was die Zuordnung äußerer Güter anbelangt – bereits ein Rechtszustand.
Dessen Schwäche besteht darin, dass die Reichweite des Rechts vom subjektiven Standpunkt entschieden wird.[33] Die Vielzahl konkurrierender
Rechtsmeinungen begründet neben der Durchsetzungsschwäche eine bloß
defizitäre inhaltliche Bestimmung des äußeren Mein und Dein. Gerade
weil das Eigentum von jedermann die Unterlassung des Gegenstandsge

---

[23] *Kersting*, Wohlgeordnete Freiheit, 260.

[24] Vgl. *Kant*, MdS, Rechtslehre, § 15, AA VI, 264.

[25] *Kersting*, Wohlgeordnete Freiheit, 264.

[26] *Kant*, MdS, Rechtslehre, § 8, AA VI, 256.

[27] *Kant*, MdS, Rechtslehre, § 9, AA VI, 256 f.

[28] *Kant*, MdS, Rechtslehre, § 9, AA VI, 257.

[29] *Kant*, MdS, Rechtslehre, § 9, AA VI, 257.

[30] *Kant*, MdS, Rechtslehre, § 9, AA VI, 256.

[31] *Kant*, MdS, Rechtslehre, § 9, AA VI, 257.

[32] *Kant*, MdS, Rechtslehre, § 9, AA VI, 257; siehe auch MdS, Rechtslehre, § 44, AA
VI, 312 f., wo Kant das provisorische Mein und Dein als Bedingung des *exeundum*-
Gebots formuliert.

[33] *Kant*, MdS, Rechtslehre, § 44, AA VI, 312 ; *Kersting*, Wohlgeordnete Freiheit, 264.

brauchs abverlangt, kann eine „private Privatrechtsjurisdiktion"[34] dauerhaft nicht ausreichen. Private Rechtssetzung ist durch eine staatliche – positive – Gesetzgebung abzulösen, welche das äußere Mein und Dein im
Sinne distributiver Gerechtigkeit bestimmt.[35] Die Notwendigkeit einer privaten Güterzuordnung leitet damit systematisch zur Verpflichtung über, als
Wirklichkeitsbedingung des Eigentums eine *staatliche* Gemeinschaft zu
errichten. „Wenn es rechtlich möglich sein muss, einen äußeren Gegenstand als das Seine zu haben: so muss es auch dem Subjekt erlaubt sein,
jeden anderen, mit dem es zum Streit des Mein und Dein über ein solches
Objekt kommt, zu nötigen, mit ihm zusammen in eine bürgerliche Verfassung zu treten."[36]
Die staatlich zu instituierende Eigentumsordnung darf jedoch keinen beliebigen Inhalt haben. Es ist für Kant nicht Aufgabe des Staates, das „Ei-
gentliche" des Eigentums auszumachen oder zu bestimmen.[37] Gefordert ist
eine prinzipiengeleitete Ordnung, in der „jedem das Seine nur gesichert
wird"[38]. Es ist der „Zustand der größten Übereinstimmung der Verfassung
mit Rechtsprinzipien" zu erstreben.[39] Der vorpositive Ordnungsrahmen des
äußeren Mein und Dein ist für den positiven Gesetzgeber, ja sogar für die
verfassungsgebende Gewalt (*pouvoir constituant*), bindend.[40] Innerhalb
dessen ist ihm die notwendige Konkretisierung überlassen. Doch nicht jedes beliebige Gesetz, das eine parlamentarische Mehrheit hat finden können, vermag die Minderheit zu repräsentieren. Es muss sich an den „un-
wandelbaren Prinzipien"[41] orientieren, zu den der vernünftig denkende und
urteilende Normadressat seine Zustimmung hätte erteilen können.[42]

3. Methodologisches Verhältnis zum positiven Recht

Die Notwendigkeit einer prinzipienorientierten Positivierung des Privatrechts haben Art. 14 GG und die kantische Privatrechtslehre gemeinsam.
Sowohl das Grundgesetz als auch Kant entziehen die Entscheidung über
das „Ob" des privaten Eigentums der Disposition des einfachen Gesetzgebers. Zudem ist in beiden Fällen der zugrundegelegte Begriff des Eigentums bzw. des äußeren Mein und Dein jeweils nicht auf das Sacheigentum

---

[34] *Kersting*, Wohlgeordnete Freiheit, 264.
[35] *Kant*, MdS, Rechtslehre, § 44, AA VI, 312.
[36] *Kant*, MdS, Rechtslehre, § 8, AA VI, 256.
[37] *Kant*, MdS, Rechtslehre, § 9, AA VI, 256.
[38] *Kant*, MdS, Rechtslehre, § 9, AA VI, 256.
[39] *Kant*, MdS, Rechtslehre, § 49, AA VI, 318.
[40] *Kant*, MdS, Rechtslehre, § B, AA VI, 230.
[41] *Kant*, MdS, Rechtslehre, § A, AA VI, 229.
[42] *Kant*, MdS, Rechtslehre, § 46, AA VI, 313 f.; hierzu *Kersting*, Wohlgeordnete Freiheit, 312 ff.

beschränkt. Diese Parallelen, aber auch die Tatsache, dass der Grundrechtekatalog des Grundgesetzes in der Tradition der neuzeitlichen Aufklärung steht[43], rechtfertigen es, die vernunftrechtlich deduzierten Rechtsprinzipien als teleologisches Auslegungskriterium zu verwenden.[44] Rechtsphilosophisches Begründungswissen kann auf diese Weise als argumentative Basis für Auslegungskontroversen des positiven Rechts dienen, ohne dabei die gängigen Auslegungskriterien zu ersetzen. Die Leitgedanken richtigen Rechts können auf diese Weise auch durch Gesetzgeber und Rechtsanwender in konkrete Entscheidungen umgesetzt werden.[45]

II. Die rechtsphilosophische Begründung der Sozialbindung des Urheberrechts

Zu den begründeten Prinzipien des Urheberrechts zählt auch seine *Sozialpflichtigkeit* im Hinblick auf seine vermögensrechtlichen Aspekte. Damit ist jedoch kein Begründungstopos gemeint, der zur gesetzgeberischen Beliebigkeit einladen würde. Stattdessen geht es um die dem äußeren Mein und Dein immanenten Grenzen privater Gegenstandszuordnung. Eigentum ist sozialpflichtig, wenn die private Exklusivität nur den Grundsatz bildet, jedoch zugunsten Dritter oder der Allgemeinheit begründete Ausnahmen möglich sind. Auch das (vor-) positive Immaterialgüterrecht kennt *Schranken der Exklusivität*, die diesem nicht von außen entgegentreten, sondern immanent sind.

1. Sozialbindung aufgrund der a priori vereinigten Willkür aller

Naheliegend ist es, die bloß beschränkte Exklusivität des Urheberrechts parallel zur Sozialpflichtigkeit des Sacheigentums zu begründen. Doch gerade die Frage, inwiefern sich aus der Privatrechtstheorie Immanuel Kants die Sozialbindung des äußeren Mein und Dein ableiten lässt, wird in der Sekundärliteratur kontrovers diskutiert. In der Schrift „Wohlgeordnete Freiheit" vertrat Kersting noch die Meinung, dass sich aus der Beschränkung des Rechtsbegriffs auf die freiheitsgesetzliche Koordination konfligierender Willküren ergebe, dass ein Sozialstaat und damit die Sozialität des Eigentums ausgeschlossen seien.[46] „Eine Rechtsgemeinschaft ist keine Solidargemeinschaft der Bedürftigen, sondern eine Selbstschutzgemein-

---

[43] Vgl. *Stern*, Staatsrecht III/1, § 60 III 5, *Ranft*, Grundrechte und Naturrecht, 8 ff.

[44] In diese Richtung argumentiert auch *Süchting*, Eigentum und Sozialhilfe, 221 ff.

[45] Zu dieser Zielrichtung *Stieper*, Rechtfertigung, Rechtsnatur und Disponibilität der Schranken des Urheberrechts, 21.

[46] *Kersting*, Wohlgeordnete Freiheit, 80.

schaft der Handlungsmächtigen."[47] Das nackte Bedürfnis sei als nicht handlungsmächtiger Wunsch rechtlich bedeutungslos. Mittlerweile räumt aber auch Kersting ein, dass der eigentumstheoretische Modalitätensprung vom Provisorischen zum Peremtorischen legislative Verteilungskorrekturen nicht ausschließe.[48]

Ausgehend von der praktischen Vernunftidee einer ursprünglichen Besitzgemeinschaft deduzierte Larenz andererseits ein „Grundrecht *auf* Eigentum"[49]. Dies sei Kant zwar nicht unbedingt bewusst gewesen, doch folge dies aus der immanenten Beschränkung individueller Freiheit durch die Gewährung gleicher Freiheitsbedingungen für andere.[50] Eine Gesellschaftsordnung, in der Menschen systematisch vom Zugriff auf Eigentum ausgeschlossen sind, wäre eine widerrechtliche Veranstaltung.[51] Ein wirklicher „Rechtszustand" setze nach Kant voraus, dass „jeder der miteinander Verbundenen Person und daher auch Eigentümer ist"[52]. Larenz liest Kant also keinesfalls als einen Befürworter einer ungelenkten liberalen Wirtschaftsordnung. Vielmehr trage der Staat die Pflicht, Bedingungen zu schaffen, unter denen jeder sein Grundrecht auf Eigentum realisieren könne.[53] Ohne ausdrücklichen Bezug auf Kant heißt es denn auch in dem von Wolf fortgeführten Lehrbuch Larenz' zum Allgemeinen Teil des Bürgerlichen Rechts: „Zur solidarischen Rücksichtnahme gehört (...) die Gewährung von Teilhabemöglichkeiten an den Grundlagen der sozialen Gemeinschaft."[54] Individuelle Freiheit sei immanent beschränkt durch die soziale Rücksichtnahme auf andere.[55]

Auch Luf misst dem praktischen Regulativ des „ursprünglichen Gesamtbesitzes" eine zentrale Bedeutung bei.[56] Nicht bloß deshalb, weil für Kant die „Idee eines ursprünglichen Gesamtbesitzes", „die einzige Bedingung (ist), unter der es allein möglich ist, dass ich jeden anderen Besitzer vom Privatgebrauch der Sache ausschließe"[57]. Entscheidend ist vielmehr, dass durch dieses „praktische Regulativ individuellen Eigentums" ein *Prinzip der Intersubjektivität* in den Eigentumsbegriff einfließe.[58] Mitgesetzt sei eine Aufforderung eines jeden Subjekts an alle anderen, einen

---

[47] *Kersting*, Wohlgeordnete Freiheit, 80.
[48] *Kersting*, Kant über Recht, 83.
[49] *Larenz,* in: Heckel (Hrsg.), Eigentum und Eigentumsverteilung, 21, 31.
[50] *Larenz,* in: Heckel (Hrsg.), Eigentum und Eigentumsverteilung, 21, 30.
[51] *Larenz,* in: Heckel (Hrsg.), Eigentum und Eigentumsverteilung, 21, 31.
[52] *Larenz,* in: Heckel (Hrsg.), Eigentum und Eigentumsverteilung, 21, 31.
[53] *Larenz,* in: Heckel (Hrsg.), Eigentum und Eigentumsverteilung, 21, 31.
[54] *Larenz/Wolf*, Allgemeiner Teil des Bürgerlichen Rechts, § 2 Rn. 22.
[55] *Larenz/Wolf*, Allgemeiner Teil des Bürgerlichen Rechts, § 2 Rn. 22.
[56] *Luf*, Freiheit und Gleichheit, 88 ff.
[57] *Kant*, MdS, Rechtslehre, § 11, AA VI, 261.
[58] *Luf*, Freiheit und Gleichheit, 89.

individuellen äußeren Bereich der Freiheitsentfaltung anzuerkennen.[59] Das rechtliche Anerkennungsverhältnis ist also im Begriff des ursprünglichen Gesamtbesitzes mitgedacht. Im ursprünglichen Gesamtbesitz als „Vernunfttitel der Erwerbung"[60] liegt die Anerkennung der Autonomie *jeder* Person.[61]

Ebenso wie Larenz und Luf stellt auch Michael Köhler die „Idee des ursprünglichen Gesamtbesitzes" in das Zentrum seiner Kant-Interpretation. Er kommt zu dem Ergebnis, dass nach Kant einem jeden ein *grundgleiches Teilhaberecht* auf Einbeziehung in den Vermögensbildungszusammenhang einer Volkswirtschaft zustehe.[62] In die geltende Eigentumsordnung sei permanent die ursprüngliche Aneignung als vernunftnotwendige Voraussetzung von Eigentum überhaupt hineinzudenken, um den Widerspruch immer nur abgeleiteter Erwerbsverhältnisse aufzuheben.[63] Die ursprüngliche Aneignung ihrerseits beruhe auf der „Idee eines ursprünglichen Gesamtbesitzes"[64]. In dieser Vernunftidee wird der Andere vernunfturprünglich in den Eigentumsbegriff einbezogen. Eigentum ist nur dann denkbar, wenn für jedermann Autonomiebedingungen mitgedacht sind. Diese dürften sich nicht auf eine abstrakte *Möglichkeit* beschränken. Vielmehr habe jeder ein vernunfturprüngliches *Recht* darauf, sich selbstbestimmt in den jeweiligen Stand des „allgemeinen Vermögens" einzubeziehen. Eine Privatrechtsordnung, die dieses Teilhaberecht auf selbstbestimmten Einbezug nicht garantiere, sei vernunftrechtlich nicht begründbar.

In der Tat folgt die sogenannte „soziale Bindung" des äußeren Mein und Dein aus dessen notwendiger Intersubjektivität. Einseitige Willkür kann nicht rechtsetzend sein.[65] Die Erweiterung der eigenen Freiheit durch den Erwerb eines äußeren Gegenstandes der Willkür geht einher mit einer Einschränkung der Willkürfreiheit aller anderen.[66] Die Verpflichtung, die allen anderen auferlegt wird, kann nicht auf dem einseitigen Willen des Subjekts

---

[59] *Luf*, Freiheit und Gleichheit, 90.

[60] *Kant*, MdS, Rechtslehre, § 15, AA VI, 264.

[61] *Luf*, Freiheit und Gleichheit, 90; ähnlich aber auch *Weinrib*, Notre Dame L. Rev. 78 (2002–2003), 795, 810 ff.

[62] *Köhler*, in: Engel/Möschel (Hrsg.), Festschrift für Mestmäcker, 317, 327; *ders.*,in: Landwehr (Hrsg.), Freiheit, Gleichheit, Selbständigkeit, 103, 104 ff; zu Köhlers Theorie der Teilhabegerechtigkeit siehe auch *Heinig*, Der Sozialstaat im Dienst der Freiheit, 205 ff.

[63] *Köhler*, in: Zaczyk/Köhler/Kahlo (Hrsg.), Festschrift für E.A. Wolff, 247, 262.

[64] *Köhler*, in: Zaczyk/Köhler/Kahlo (Hrsg.), Festschrift für E.A. Wolff, 247, 263.

[65] *Kant*, MdS, Rechtslehre, § 8, AA VI, 256.

[66] Wenngleich diese Einschränkung strukturparallel auch in einer besitzrealistischen Privatrechtsordnung bestünde. Denn auch dort werden die „Nicht-Besitzer" vom Sachgebrauch ausgeschlossen. Allerdings hat die Exklusion der „Nicht-Besitzer" in der besitzrealistischen Ordnung im Hinblick auf die fehlende Permanenz dieser Ordnung eine nicht so gravierende Qualität. Siehe hierzu näher oben: S. 64 ff.

beruhen, sondern setzt als Regulativ die Idee einer a priori vereinigten Willkür aller voraus.[67] Letztere stellt den Vernunftgrund des ursprünglichen Erwerbs dar.[68] Aus dieser vereinigten Willkür aller folgt, dass das Erwerbsgesetz allgemeingültig sein muss. Die Erstaneignung darf nicht zum permanenten Ausschluss aller führen. Äußeres Mein und Dein darf nicht bedeuten, dass ein *Einziger* seine Freiheit verwirklicht, allen anderen diese Möglichkeit aber infolge der Erstakkumulation nimmt. Der Andere ist in seiner Weltberechtigung anzuerkennen und in einen offenzuhaltenden Erwerbszusammenhang produktiv einzubeziehen. Nur unter der Bedingung, dass das „allgemeine Vermögen" für andere offenbleibt und ihnen folglich ein Erwerbsrecht zusteht, ist die Erstaneignung äußerer Gegenstände der Willkür mit der Freiheit anderer zu vereinbaren.

2. Übertragbarkeit auf das Urheberrecht

Im Kontext des Staatsrechts schreibt Kant, dass jeder an seinen eigenen Schöpfungen „ein unbestrittenes Eigentum" habe.[69] Das geschaffene Äußere wäre dann ein Teil des *inneren Mein und Dein*.[70] Der Eingriff in eine äußere Schöpfung müsste als Läsion einer jeweils anderen Ich-Welt angesehen werden.[71] Für Kühl ist dies ein möglicher Begründungsansatz einer kantischen Theorie des „geistigen Eigentums"[72], welches – da unbestritten – einer intersubjektiven Einbettung in die a priori vereinigte Willkür aller entbehren könnte. Ferner könnte gegen eine teilhaberechtliche Einbindung sprechen, dass die Freiheitserweiterung des Schöpfers auf der Schöpfung von etwas Neuem beruht.[73] Insofern könnte man einwenden, dass die Erstaneignung des Immaterialguts, im Gegensatz zur Erstaneignung von körperlicher Materie, nicht zur Folge haben kann, dass anderen dauerhaft die Erwerbsmöglichkeit genommen wird. Dies muss umso mehr gelten, wenn man von einer prinzipiellen Unendlichkeit geistiger Formschöpfungen ausgeht.

Für eine soziale Bindung des Urheberrechts spricht aber, dass der geistige Schöpfungsakt zwar neuartige Handlungsmöglichkeiten hervorbringt,

---

[67] *Kant*, MdS, Rechtslehre, § 15, AA VI, 264.

[68] *Kant*, MdS, Rechtslehre, § 15, AA VI, 264.

[69] *Kant*, MdS, Rechtslehre, § 55, AA VI, 344 f.; sich hierauf für das „geistige Eigentum" beziehend *Kühl*, in: Höffe (Hrsg.), Metaphysische Anfangsgründe der Rechtslehre, 117, 118.

[70] *Brandt*, Eigentumstheorien von Grotius bis Kant, 192.

[71] *Brandt*, Eigentumstheorien von Grotius bis Kant, 192.

[72] *Kühl*, in: Höffe (Hrsg.), Metaphysische Anfangsgründe der Rechtslehre, 117, 118.

[73] Auf dieser Überlegung beruht die Theorie von *Moore*, Intellectual Property & Information Control, 107 ff.

dies jedoch *nicht* aus dem Nichts heraus geschieht.[74] Der Schöpfer stützt sich in seinen Überlegungen auf das allgemein-menschheitliche Denkvermögen in seiner historisch-sozialen Entwickeltheit. „Selbst der originalste Schöpfer (ist) zumeist nicht ohne Vorläufer denkbar (...), ja das Genie (steht) auch noch auf den Schultern der Vergangenheit und im Geistesstrome der Mitwelt (...), so sehr es auch die Vorfahren wie die Zeitgenossen überragen mag."[75] Jedem individuellen Gedanken eines Menschen haftet das allgemein Menschliche an, das den besonderen Gedanken überhaupt erst intersubjektiv erfahrbar macht. Hierzu zählt insbesondere das menschliche Sprachvermögen (langage) und die konkret-allgemeine Sprache (langue).[76] Darüber hinaus baut der individuelle schöpferische Akt auf einem schon verfügbaren kulturellen und technischen Wissensstand auf.[77] Das allgemeine kulturelle und technisch-wissenschaftliche *acquis* ist ein „allgemeines Vermögen", auf das der einzelne Erfinder oder Urheber sich rezeptiv bezieht. Das neue Immaterialgut entsteht also nicht *ex nihilo*[78], sondern ist in seiner Entstehung schon in den allgemein-menschheitlichen Prozess der Vernunftentfaltung eingebunden. Trotzdem ist der einzelne Schöpfer für die Erweiterung des allgemein-menschheitlichen Handlungsvermögens *kausal*. Der Schöpfer *erweitert*, wenn auch mitursächlich mit Vordenkern, das allgemein verfügbare kulturelle Wissen. Die Schöpfungsleistung ist daher ein Zugleich von Besonderem und Allgemeinem.

Zudem erweitert der Urheber durch den Erwerb des Immaterialguts seinen durch Dritte zu respektierenden Freiheitsraum. Dritte müssen die Inhaberschaft anerkennen und bestimmte Handlungen in Bezug auf das Immaterialgut trotz dessen Veröffentlichung unterlassen. Deren Freiheitsrechte sind mit der Freiheitsverwirklichung des Urhebers in Ausgleich zu bringen. Das bedeutet, dass das Urheberrecht so ausgestaltet sein muss, dass Dritten der Zugang zum „allgemeinen Vermögen" offenbleibt. Der Urheber darf sich ein immaterielles Gut nur unter der Voraussetzung aneignen, dass auch Dritten die geistige Produktion noch möglich ist. Die Bedingungen der Möglichkeit geistiger Produktion müssen daher im Interesse aller anderen von Monopolrechten freigehalten sein. Das konstitutive Allgemein-

---

[74] *Hettinger*, Philosophy and Public Affairs, Vol. 18, No 1, 31, 38; *Axel Nordemann*, in: Fromm/Nordemann, Urheberrecht, § 2 Rn. 28; *Loewenheim*, in: Schricker, Urheberrecht, § 24 Rn. 2; *Stieper*, Rechtfertigung, Rechtsnatur und Disponibilität der Schranken des Urheberrechts, 28.

[75] *Elster*, GRUR 31, (1926), 493 494; vgl. auch *Renouard*, Traité des droits d'auteurs dans la littérature, les sciences et les beaux-arts, Bd. I, 436: „(...) l'écrivain le plus original est l'oeuvre de son siècle et des siècles antérieurs (...)".

[76] Terminologie nach *de Saussure*, Grundfragen der allgemeinen Sprachwissenschaft, 17 ff.

[77] BGH, GRUR 1987, 362, 363; *Sellnick*, Der Gegenstand des Urheberrechts, 84.

[78] *Hettinger*, Philosophy and Public Affairs, Vol. 18, No 1, 31, 38.

heitsmoment, das bereits im Rechtsgegenstand selbst angelegt ist, begründet Einschränkungen des besonderen Privatrechts des Schöpfers. Das Immaterialgüterrecht kann schon aus diesem Grunde nicht rein solipsistisch im Sinne des römischen Dominium-Begriffs[79] gedacht werden, sondern ist sozialpflichtig.

Das Subjekt, dem der abstrakte Gegenstand als Rechtsgegenstand intelligibel zugeordnet ist, kann folglich nicht jeglichen Gebrauch dieses Gegenstandes durch Dritte untersagen. Ein partieller Übergang ins Gemeingut ist hinzunehmen.[80] Die Einschränkungen erfolgen normlogisch auf zwei verschiedenen Ebenen. *Erstens* ist der Unterlassungsanspruch gegen die nachahmende Nutzung des Immaterialguts auf inhaltlich qualifizierte abstrakte Gegenstände beschränkt. Es muss sich hierbei um ein Werk i.S.v. § 2 UrhG handeln.[81] Diese Einschränkung wirkt also auf der Ebene der positiv-rechtlichen Definition des Rechtsgegenstandes.[82] *Zweitens* erfährt dieser Unterlassungsanspruch weitere Einschränkungen durch die sogenannten „Schranken des Urheberrechts"[83], von denen die zeitliche Befristung die wohl Prominenteste ist.

III. Unterlassungsanspruch gegen die Benutzung des Immaterialguts

Der römische Dichter Martial[84] nannte seinen Kollegen Fidentinus einen *plagiarius*, nachdem dieser seine Gedichte als die eigenen *Geisteskinder* ausgegeben und öffentlich vorgetragen hatte.[85] Seine Gedichte sah Martial als seine Sklaven an, die er mit der Veröffentlichung freilasse. Menschenraub (*plagium*) begehe der, der sich ihrer bemächtige. Über das französische *le plagiat* hat der Begriff in die deutsche Sprache Eingang gefunden. Er bezeichnet die *bewusste* Aneignung fremden Gedankenguts, wobei unter Aneignung die Behauptung eigener Urheberschaft verstanden wird.[86] Ein Plagiator ahmt das immaterielle Gut nach und behauptet, durch eigenes

---

[79] Siehe hierzu *Kaser*, Römisches Privatrecht, 86 ff.

[80] Siehe auch schon oben: S. 117 ff.

[81] Beziehungsweise um eine Erfindung im Sinne des Patentgesetzes.

[82] Siehe hierzu unten: S. 176 ff.

[83] Siehe *Schack*, Urheber- und Urhebervertragsrecht, Rn. 511 ff.

[84] Martial, I 52, zitiert nach *Bappert*, Wege zum Urheberrecht, 19, dort: „Assertor venias satisque praestes, Et, cum se dominum vocabit ille, Dicas esse meos manuque missos. Hoc si terque quateraue clamitaris, Imponens plagiario (Menschenräuber) pudorem."

[85] *Vinck*, in: Fromm/Nordemann, Urherberrecht, § 24 Anh. Rn. 1.

[86] *Bullinger*, in: Wandtke/Bullinger, Praxiskommentar zum Urheberrecht, § 13 Rn. 2; *Vinck*, in: Fromm/Nordemann, Urherberrecht, § 24 Anh. Rn. 1 f.

kreatives Denken diesen abstrakten Gegenstand hervorgebracht zu haben. Um dies zu tun, ist ein rezeptiver Gebrauch des immateriellen Gutes erforderlich. Der Plagiator gebraucht das immaterielle Gut als Grundlage seiner eigenen Handlung, ohne dass der Schöpfer mit diesem Gebrauch des ihm intelligibel zugewiesenen Gegenstandes einverstanden wäre. Im Unterschied zur Doppelschöpfung[87] besteht zwischen der Hervorbringung des immateriellen Gutes durch den Plagiator und der Hervorbringung durch den Schöpfer ein kausaler Zusammenhang. Die Kenntnis des Plagiators von dem immateriellen Gut des Schöpfers ist kausal für den eigenen Mitteilungsakt des Plagiators.

Von einer unbewussten Entlehnung wird gesprochen, wenn das fremde Geistesgut unvorsätzlich übernommen wird.[88] Die objektiven Merkmale des Plagiats – also die Bearbeitung, andere Umgestaltung oder unveränderte Übernahme eines fremden Werkes unter eigenem Namen – müssen jedoch erfüllt sein.[89] Auch die in diesem Sinne unbewusste Benutzung eines fremden Werkes ist widerrechtlich.[90]

Gleichwohl ist nach positivem Recht nicht jede nachahmende Benutzung fremder Mitteilungsobjekte per se rechtswidrig. Nach § 1 UrhG genießen die Urheber von Werken der Literatur, Wissenschaft und Kunst für ihre Werke Schutz. Zentralbegriff des Urheberrechts ist demnach der des *Werkes.* Werke im Sinne des Urhebergesetzes sind nach § 2 Abs. 2 UrhG nur *persönliche geistige Schöpfungen.* Eine solche persönliche geistige Schöpfung liegt vor, wenn der menschliche Geist seinen individuellen Inhalten eine vom konkreten Subjekt losgelöste Ausdrucksform gegeben hat.[91] Ein Werk ist von Inhalt oder Form her etwas Neues und Eigentümliches.[92] Es kommt darauf an, dass der „individuelle (..) Geist mit seinen einmaligen Anlagen und Fähigkeiten"[93] zum Ausdruck gebracht wird. Das Individuelle des Werkes hebt es ab von der Masse alltäglicher Sprachgebilde.[94] Das Mindestmaß, mit dem die Individualität des Werkes zutage treten muss, wird als *Gestaltungshöhe* bezeichnet.[95]

---

[87] Siehe hierzu unten: S. 198 ff.

[88] *Vinck,* in: Fromm/Nordemann, Urherberrecht, § 24 Anh. Rn. 10.

[89] *Vinck,* in: Fromm/Nordemann, Urherberrecht, § 24 Anh. Rn. 10.

[90] *Vinck,* in: Fromm/Nordemann, Urherberrecht, § 24 Anh. Rn. 10.

[91] *Axel Nordemann,* in: Fromm/Nordemann, Urheberrecht, § 2 Rn. 24 ff.; *Pierson,* in: Pierson/Ahrens/Fischer, Recht des geistigen Eigentums, 33.

[92] RegE UrhG – BT-Drucks. IV/270, 38; *Schulze,* in: Dreier/Schulze, Urheberrechtsgesetz, § 2 Rn. 18; *Rehbinder,* Urheberrecht, Rn. 146.

[93] *Rehbinder,* Urheberrecht, Rn. 146.

[94] *Ulmer,* Urheber- und Verlagsrecht, 119; *Eisenmann/Jautz,* Gewerblicher Rechtsschutz und Urheberrecht, Rn. 21; *Lettl,* Urheberrecht, § 2 Rn. 21.

[95] *Bullinger,* in: Wandtke/Bullinger, Praxiskommentar zum Urheberrecht, § 2 Rn. 22; *Axel Nordemann,* in: Fromm/Nordemann, Urheberrecht, § 2 Rn. 30; *Lettl,* Urheberrecht,

Dasjenige, was lediglich auf *allgemein*menschlichen Fähigkeiten beruht, bleibt vom Schutzbereich des Urheberrechts ausgenommen.[96] Zu diesem künstlerischen und literarischen Gemeingut zählen Stoffe und Gegenstände, die durch Natur, Geschichte oder Überlieferung vorgegeben sind.[97]

Das Individuelle des Werkes wurde früher ausschließlich in der konkreten Formgebung gesehen.[98] Der mitgeteilte Gedanke als solcher hingegen sollte von urheberrechtlichem Schutz freigehalten sein. So stünde es jedermann frei, denselben Inhalt in anderer Form wiederzugeben. Zu dieser allein geschützten Form zählte man aber nicht nur die konkrete Aneinanderreihung von Zeichen, sondern auch deren „innere Form"[99]. Die Übersetzung des Werkes in fremde Sprachen blieb daher ebenfalls dem Urheber vorbehalten.[100] Der Unterscheidung zwischen geschützter Form und ungeschütztem Inhalt lag das Interesse zugrunde, die inhaltliche geistige Auseinandersetzung von Privatrechten freizuhalten.[101] Gleichwohl konnte sich diese Trennung nicht – zumindest nicht in allen Bereichen geistigen Schaffens – durchsetzen. Die Dichotomie von Form und Inhalt wurde zunehmend durch die Kategorien „individuelle Züge" und „Gemeingut" ersetzt.[102] Auch der Inhalt des Werkes soll demnach – zusätzlich zu der Form – grundsätzlich dessen Individualität begründen können.[103] Normativ sei zu bestimmen, was an dem Werk als Gemeingut nicht dem urheberrechtlichen Schutz unterfalle.[104] Somit können auch die in einem Roman beschriebenen Charaktere urheberrechtlich geschützt sein.[105] Der Urheber des Romans kann daher eine inhaltliche Fortsetzung seines Romans durch

---

§ 2 Rn. 22; Die Einzelheiten sind – auch mit Blick auf rechtsvereinheitlichende EU-Richtlinien – umstritten. Sowohl die Software-Richtlinie, als auch die Schutzdauer- und Datenbank-Richtlinie fordern nämlich, dass jede eigene geistige Schöpfung als individuelles Werk anzuerkennen ist und schließen andere Kriterien zur Bestimmung der Schutzfähigkeit ausdrücklich aus; siehe hierzu näher *Lettl*, Urheberrecht, § 2 Rn. 23 ff.

[96] *Rehbinder*, Urheberrecht, Rn. 146.

[97] *Ulmer*, Urheber- und Verlagsrecht, 119.

[98] Im Anschluss an *Fichte*, hierzu unten: 35 ff.; vgl. auch *Ulmer*, Urheber- und Verlagsrecht, 119.

[99] *Kohler*, Urheberrecht an Schriftwerken und Verlagsrecht, 143.

[100] So auch immer noch im geltenden Urheberrecht: vgl. §§ 3, 23 UrhG; sowie *Jan Bernd Nordemann*, in: Fromm/Nordemann, Urheberrecht, § 31 Rn. 68.

[101] *Ulmer*, Urheber- und Verlagsrecht, 119.

[102] *Ulmer*, Urheber- und Verlagsrecht, 122 m.w.N.

[103] *Axel Nordemann*, in: Fromm/Nordemann, Urheberrecht, § 2 Rn. 47; *Ulmer*, Urheber- und Verlagsrecht, 123.

[104] *Ulmer*, Urheber- und Verlagsrecht, 123.

[105] LG Hamburg, ZUM 2003, 403, 405 ff; *Katzenberger*, in: Schricker, Urheberrecht, § 88 Rn. 15.

Dritte unter Zugrundelegung „seiner" Charaktere urheberrechtlich untersagen.[106] Die Dichotomie von Form und Inhalt bleibt aber für den Bereich des wissenschaftlichen und technischen Schaffens aufrechterhalten. Vom Schutz des Urheberrechts ausgeschlossen ist nämlich der dargestellte wissenschaftliche bzw. technische *Inhalt*.[107] § 2 Abs. 1 Nr. 7 UrhG schützt lediglich die konkrete Darstellung des abstrakten Inhalts. Die wissenschaftliche Lehre und das wissenschaftliche Ergebnis sind als geistiges Gemeingut frei und jedermann zugänglich.[108] In der Flughafenpläne-Entscheidung des Bundesgerichtshofs heißt es hierzu: „Das wissenschaftliche und technische Gedankengut eines Werkes – die wissenschaftliche und technische Lehre als solche – ist nicht Gegenstand des Urheberrechtsschutzes und kann daher auch nicht zur Begründung der Schutzfähigkeit von Skizzen, die die technische Lehre wiedergeben, herangezogen werden. Die Urheberrechtschutzfähigkeit solcher Skizzen kann allein ihre Grundlage in der – notwendig schöpferischen – Form ihrer Darstellung finden."[109] Der Bundesgerichtshof unterscheidet folglich zwischen dem nicht urheberrechtsschutzfähigen wissenschaftlich-technischen *Inhalt* als solchem und der schutzfähigen konkreten *Form* der Darstellung.

Ebenfalls nicht urheberrechtlich schutzfähig ist eine ganze Werk*art*[110], eine *Idee an sich*[111] oder ein neuartiges Stilmittel[112]. Das Urheberrecht grenzt damit nicht per se jeglichen Inhalt von seinem Schutzbereich aus. Wenn hingegen der Inhalt so abstrakt ist, dass er – wie ein wissenschaftliches Theoriegebäude oder eine Werkgattung – die konkrete Individualität transzendiert, ist er als gemeinfrei vom Schutz ausgenommen. Auch Patentschutz kann eine Erfindung nur genießen, wenn sie neu ist und auf einer erfinderischen Tätigkeit beruht (§ 1 PatG). Die Erfindung muss folglich über den Stand der Technik hinausgehen.[113] Was unterscheidet also die durch Originalität gekennzeichneten – vor Plagiaten geschützten – Werke

---

[106] *Bonneß*, Der Schutz von Figuren durch das Urheberrechtsgesetz, 150 ff.

[107] *Axel Nordemann*, in: Fromm/Nordemann, Urheberrecht, § 2 Rn. 43; *Ensthaler*, Gewerblicher Rechtsschutz und Urheberrecht, 12.

[108] BGH, GRUR 1979, 464 – Flughafenpläne; dazu *Ensthaler*, Gewerblicher Rechtsschutz und Urheberrecht, 18.

[109] BGH, GRUR 1979, 464, 465.

[110] *Rehbinder*, Urheberrecht, Rn. 147; *Schack*, Urheber- und Urhebervertragsrecht, Rn. 194.

[111] BGH, GRUR 1955, 598, 599 f.; *Axel Nordemann*, in: Fromm/Nordemann, Urheberrecht, § 2 Rn. 44; *Bullinger*, in: Wandtke/Bullinger, Praxiskommentar zum Urheberrecht, § 2 Rn. 39.

[112] *Axel Nordemann*, in: Fromm/Nordemann, Urheberrecht, § 2 Rn. 45; *Bullinger*, in: Wandtke/Bullinger, Praxiskommentar zum Urheberrecht, § 2 Rn. 40.

[113] *Asendorf/Schmidt*, in: Benkard, Patentgesetz, § 4 Rn. 10.

(und auch Erfindungen) einerseits von den nicht vor Plagiierung geschützten sonstigen Objekten einer Mitteilung andererseits?

1. Die Abgrenzung zwischen der kulturellen Einheit und dem individuellen Werk nach Sellnick

Sellnick betont zu Recht, dass die kommunizierte Bedeutung aufgrund der verwendeten Zeichenrelation eine bestimmte Komplexität erreichen muss.[114] Die durch die Komplexität des immateriellen Gutes vermittelte *Individualität* kann sich aus der Auswahl der Zeichen oder deren Kombination ergeben.[115] Von dem vor Reproduktion geschützten – durch Individualität geprägten – Mitteilungsobjekt einerseits seien andererseits die kulturellen Einheiten als gemeinfreie Elemente zu unterscheiden.[116] Unter kulturellen Elementen versteht Sellnick die Bedeutung eines sprachlichen oder nichtsprachlichen Zeichens, wobei er unter „Bedeutung" die Klasse der intersubjektiven Verwendungsweisen des Zeichens versteht.[117] Die Bedeutung des Zeichens wird daher als etwas notwendig Intersubjektives definiert, welches daher – mangels Individualität – nicht vor Reproduktion geschützt werden könne.[118] Die Freiheit des intersubjektiv bedeutsamen Zeichens versteht Sellnick als das „Apriori der Kommunikationsgemeinschaft".[119]

2. Das normative Prinzip hinter der Gemeinfreiheit: Die Reziprozität

Sellnick hat Recht, wenn er den maßgeblichen Unterschied zwischen urheberrechtlich geschützten Mitteilungsobjekten und sonstigen Mitteilungsobjekten in der *Individualität* sieht. Richtig ist auch, dass das *Besondere* – oder eben Individuelle – des geschützten Immaterialguts dem *Allgemeinen* entgegenzusetzen ist. Das Allgemeine des immateriellen Gutes sind, in Sellnicks Terminologie, die in ihm enthaltenen „kulturellen Einheiten"[120]. In der Tat ist ohne dieses Allgemeine eine individuelle Sachaussage nicht möglich. Denn wer anderen etwas mitteilen will, muss sich Zeichen bedienen, die intersubjektiv verstanden werden können. Die intersubjektive Bedeutung der durch das Individuum eingesetzten Zeichen ist in diesem Sinne nicht nur das „Apriori der Kommunikationsgemeinschaft", sondern darüber hinaus auch das Apriori des individuellen Sprechakts. Von Sellnick

---

[114] *Sellnick*, Der Gegenstand des Urheberrechts, 87.
[115] *Sellnick*, Der Gegenstand des Urheberrechts, 87 ff.
[116] *Sellnick*, Der Gegenstand des Urheberrechts, 77.
[117] *Sellnick*, Der Gegenstand des Urheberrechts, 78.
[118] *Sellnick*, Der Gegenstand des Urheberrechts, 78.
[119] *Sellnick*, Der Gegenstand des Urheberrechts, 78.
[120] *Sellnick*, Der Gegenstand des Urheberrechts, 77.

unausgewiesen bleibt, *weshalb* der Anspruch auf Unterlassung der Reproduktion durch die Originalität des immateriellen Gutes bedingt ist.

Der normative Grund für die an das immaterielle Gut anzulegenden inhaltlichen Kriterien besteht im Reziprozitätsgrundsatz. Wenn das immaterielle Gut schon als menschliches Handlungskonzept allgemein bekannt oder ganz naheliegend war, erweitert das Immaterialgut die menschlichen Handlungsformen nicht. Das wiederum bedeutet, dass das Immaterialgut in besonders starkem Maße auf dem *acquis* des schon vorhandenen Wissens und damit auf den persönlich-geistigen Formgebungen anderer aufbaut. Wer aber ganz überwiegend auf vorangegangenen persönlich-geistigen Formgebungen anderer aufbaut, kann nicht verlangen, dass Dritte ihrerseits sich nicht reproduzierend auf das Immaterialgut beziehen. Denn die Handlung, die sich der Schöpfer eines nicht originellen Immaterialguts selbst gestattet, muss er auch anderen gestatten. Dies folgt aus der im *allgemeinen Gesetz der Freiheit* angelegten Reziprozität.[121] Der Anspruch auf Unterlassung der nachahmenden Benutzung ist erst dann gerechtfertigt, wenn das immaterielle Gut so originell ist, dass das schöpfende Subjekt sich nicht wesentlich auf vorangegangene persönlich-geistige Formgebungen anderer gestützt hat. Nur dann kann der Schöpfer widerspruchsfrei verlangen, dass Dritte sich nicht wesentlich ausschließlich auf das immaterielle Gut beziehen.

Gleichzeitig ist damit aber auch die Reichweite des Anspruchs auf Unterlassung der Reproduktion vorgezeichnet. Diejenigen Elemente des immateriellen Gutes, die als gewöhnlich oder aber als „kulturelle Einheiten" anzusehen sind, können nicht vom Ausschließlichkeitsanspruch umfasst sein.

3. Beschränkung auf originelle Immaterialgüter aufgrund des Schemas des physischen Besitzes

Über den Reziprozitätsgrundsatz hinaus kann die Einschränkung des Plagiierungsschutzes auf originelle Mitteilungsobjekte auch mit dem Schema der physischen Beherrschung des Immaterialguts begründet werden.[122] Ein Geheimnis liegt vor, wenn die Kenntnis von der Information unter wenigen Geheimnisträgern verbleibt. Triviale Informationen werden jedoch als solche vorgestellt, die jedermann bekannt sind oder zumindest durch kurzes Nachdenken bekannt werden können. Sollte das immaterielle Gut in diesem Sinne banal oder trivial sein, wäre es widersprüchlich, es gleichwohl als ein Geheimnis des Schöpfers in diesem Sinne anzusehen. Denn dasjenige, was offenkundig ist, also von jedem Interessierten ohne

---

[121] Vgl. hierzu *Kant*, MdS, Rechtslehre, § 8, AA VI, 256.
[122] Siehe hierzu oben: S. 108 ff.

große Schwierigkeiten und Opfer in Erfahrung gebracht werden kann, kann nicht geheim sein.[123] Folglich ist eine faktische Beherrschung nicht origineller abstrakter Gegenstände nicht vorstellbar. Das immaterielle Gut kann dann nicht als Willkürgegenstand gedacht werden.[124]

4. Ausschluss gemeinfreier Elemente

Eine über den Utilitarismus hinausgehende Begründung für die Gemeinfreiheit von Lehren und Theorien lautet, dass diese nicht Ausdruck persönlichen Schaffens sein könnten.[125] Die wissenschaftlichen Erkenntnisse als solche seien nicht Teil des persönlichen Geistes, sie seien vielmehr vorgegeben und nur gefunden worden.[126] Der individuelle Geist gehe nicht in das Ergebnis mit ein.[127]

Hieran ist richtig, dass Lehren und Theorien einen die individuelle Besonderheit übersteigenden Richtigkeitsanspruch erheben.[128] Sofern aber die Theorie auch intersubjektiv wahr bzw. richtig zu sein behauptet, behauptet sie zugleich, dass die Lehre bzw. Theorie auch von anderen Subjekten kraft ihrer Vernunft als richtig eingesehen werden kann. Dann muss aber auch als möglich unterstellt werden, dass ein anderes Subjekt dieselbe Theorie oder Lehre von sich aus hätte schöpfen können. Daraus folgt, dass eine intersubjektiv-objektive Wahrheit oder Richtigkeit beanspruchende Lehre oder Theorie *als solche* gerade nicht Ausdruck des individuellen Geistes sein kann. Sie ist dann notwendig ein allen Vernunftwesen allgemein zugängliches Ideengebilde. Lediglich die konkrete Darstellung der Lehre ist in ihrer Form subjektiv geprägt und kann daher als persönlich-geistige Leistung angesehen werden.

Hinzu kommt, dass das immaterielle Gut auf dem menschheitlichen *Wissensacquis* aufbaut und nur durch die allgemein-menschlichen Denkstrukturen möglich ist. Die Bedingungen der geistigen Fortentwicklung dürfen nicht ihrerseits monopolisiert sein. Ganz allgemeine Konzepte ohne konkreten Anwendungsbezug müssen und können daher von Ausschließlichkeitsrechten freigehalten werden. Denn der Schöpfer kann nicht einerseits das Allgemeine für seine Kreation gebrauchen und gleichzeitig das Allgemeine als Bedingung weiterer Kreationen monopolisieren. Hierdurch

---

[123] BGH, GRUR 1963, 367, 370; *Ensthaler*, Gewerblicher Rechtsschutz und Urheberrecht, 308.

[124] Siehe hierzu oben: S. 91 ff.

[125] *Hubmann*, Urheber- und Verlagsrecht, 42; hierzu *Plander*, UFITA 76 (1976), 25, 35 ff.

[126] *Axel Nordemann*, in: Fromm/Nordemann, Urheberrecht, § 2 Rn. 43; *Hubmann*, Urheber- und Verlagsrecht, 42.

[127] *Hubmann*, Urheber- und Verlagsrecht, 42.

[128] *Ingarden*, Vom Erkennen des literarischen Werkes, 152.

nämlich unterminierte er die Bedingung der eigenen Kreation.[129] Wissenschaftliche Theorien, mathematische Formeln oder ganze Gattungen von Werken müssen daher gemeinfrei bleiben.

5. Exkurs: Die Erfindung im Sinne des Patentgesetzes

Das Patentgesetz schützt gem. § 1 Abs. 1 PatG *Erfindungen.* Diesen Zentralbegriff des Patentrechts definieren weder PatG noch EPÜ. Normiert ist lediglich eine Negativliste, § 1 Abs. 3 PatG. Unter anderem können demnach Entdeckungen, wissenschaftliche Theorien und mathematische Methoden nicht patentrechtlich geschützt werden.[130] Auch die Wiedergabe von Informationen ist nach § 1 Abs. 3 Nr. 4 PatG nicht als Erfindung anzusehen. Der Unterschied zwischen einer Entdeckung und einer patentfähigen Erfindung besteht darin, dass die Entdeckung die Natur beschreibt, während eine Erfindung sich der Natur zum technischen Handeln bedient.[131] Die Entdeckung betrifft demnach die bloß intellektuelle Reflexion über die Wirkzusammenhänge der Natur, während eine Erfindung auf die menschliche Praxis bezogen ist. Im Sinne eines pragmatischen Imperativs ist eine Erfindung konditional auf einen bestimmten menschlichen Handlungszweck bezogen. Sie hat die semantische Form: *Wenn* Du folgendes technisches Problem lösen möchtest, *dann* bediene Dich folgender Mittel. In diesem Sinne definiert der Bundesgerichtshof die Erfindung als die „planmäßige Benutzung beherrschbarer Naturkräfte außerhalb der menschlichen Verstandestätigkeiten zur unmittelbaren Herbeiführung eines kausal übersehbaren Erfolges"[132].

Die Nicht-Patentierbarkeit von Entdeckungen, wissenschaftlichen Theorien und mathematischen Methoden lässt sich ähnlich begründen wie der Ausschluss gemeinfreier Elemente aus dem urheberrechtlichen Schutz. Ausschließlichkeitsrechte dürfen nicht die Bedingung eigener wissenschaftlicher Kreation unterminieren. Das abstrakte Wissen um Naturzu-

---

[129] Siehe oben: S. 174 f.

[130] Zudem sind ausgeschlossen: ästhetische Formschöpfungen, Pläne, Regeln und Verfahren für gedankliche Tätigkeiten, Spiele, geschäftliche Tätigkeiten und Programme für Datenverarbeitungsanlagen. Der Ausschluss aus dem Anwendungsbereich des Patentgesetzes in § 1 Abs. 3 PatG hat jedoch nicht zwingend zur Folge, dass überhaupt kein immaterialgüterrechtlicher Schutz besteht; vgl. etwa *Bacher/Melullis*, in: Benkard, Patentgesetz, § 1 Rn. 149. So kann eine ästhetische Formschöpfung oder aber ein Programm für Datenverarbeitungsanlagen nach Maßgabe der §§ 69a ff. UrhG urheberrechtlichen Schutz genießen. Die in § 1 Abs. 3 Nr. 1 PatG ausgenommenen Entdeckungen, wissenschaftlichen Theorien und mathematischen Methoden sind einem immaterialgüterrechtlichen Schutz auch nach Maßgabe anderer Schutzregime nicht zugänglich.

[131] *Bacher/Melullis*, in: Benkard, Patentgesetz, § 1 Rn. 96; *Pierson*, in: Pierson/Ahrens/Fischer, Recht des geistigen Eigentums, 29.

[132] BGHZ 78, 98, 106.

sammenhänge ist Grundlage einer jeden wissenschaftlich-technischen Fortentwicklung. Entdeckungen können einer unbestimmten Vielzahl technischer Anwendungen zugrunde gelegt werden. Das Monopol auf eine bestimmte Entdeckung oder Theorie hätte die absurde Konsequenz, dass der Entdecker das Weiterdenken – und damit den wissenschaftlichen Fortschritt – untersagen dürfte. Dies wäre mit der Freiheit aller anderen Forscher nicht vereinbar, zumal sich auch der Entdecker das Recht eingeräumt hatte, bestehendes Wissen weiterzudenken.

Die Erfindung muss zudem auf einer *erfinderischen Tätigkeit* beruhen (§ 1 PatG). Die gefundene Lösung muss gem. § 4 PatG einen Schritt hinausgehen über das, was für einen Durchschnittsfachmann, dem der Stand der Technik bekannt ist, nahe liegt.[133] Als technische Regel muss die Erfindung wiederholbar Ergebnisse produzieren.[134] Die Patentierbarkeit setzt zudem die gewerbliche Anwendbarkeit der Erfindung voraus, was nach § 5 Abs. 1 PatG dann der Fall ist, „wenn ihr Gegenstand auf irgendeinem gewerblichen Gebiet einschließlich der Landwirtschaft hergestellt oder benutzt werden kann". Obwohl der Begriff der „gewerblichen Anwendbarkeit" weit zu verstehen ist, werden hierdurch insbesondere chirurgische und therapeutische Behandlungsverfahren von der Patentierbarkeit ausgeschlossen (§ 2a Abs. 1 Nr. 2 PatG).[135] Von der „Lehre zum technischen Handeln" sind die sogenannten Anweisungen an den menschlichen Geist zu unterscheiden. Diese in § 1 Abs. 3 Nr. 3 PatG angesprochenen Ergebnisse menschlichen Schaffens unterscheiden sich von den patentfähigen Erfindungen dadurch, dass sie keine Naturkräfte zur Anwendung bringen.[136] Zwar können auch Anweisungen an den menschlichen Geist konditional formuliert werden (wenn Zweck x gewollt ist, dann ...), doch ist die Zweckverwirklichung bei Verwendung des Mittels nicht notwendig. Denn bei Anweisungen an den menschlichen Geist sind in die Zweckverfolgung nicht beherrschbare Willensentschlüsse Dritter einbezogen. Bei Erfindungen hingegen werden notwendige Wirkzusammenhänge zur Anwendung gebracht. Folglich besteht der semantische Unterschied zwischen einer Erfindung und einer Anweisung an den menschlichen Geist im Modus des Konditionalsatzes. Die Erfindung verwirklicht den Zweck notwendig, die an den menschlichen Geist hingegen – abhängig von Willensentschlüssen Dritter – nur möglicherweise.

---

[133] BGH, GRUR 2010, 407, 409; *Asendorf/Schmidt*, in: Benkard, Patentgesetz, § 4 Rn. 1.

[134] *Bacher/Melullis*, in: Benkard, Patentgesetz, § 1 Rn. 72.

[135] Vgl. hierzu *Asendorf/Schmidt*, in: Benkard, Patentgesetz, § 5 Rn. 18; *Ensthaler*, Gewerblicher Rechtsschutz und Urheberrecht, 151.

[136] *Pierson*, in: Pierson/Ahrens/Fischer, Recht des geistigen Eigentums, 31.

6. Die auf dem Reproduktionsverbot aufbauenden Verwertungsrechte

Als Folge des Anspruchs auf Unterlassung der Nachahmung ist dem Schöpfer die Verwertung des immateriellen Gutes im Grundsatz ausschließlich zugewiesen. Die §§ 15 ff. UrhG sprechen daher dem Urheber das ausschließliche Recht zu, sein Werk in körperlicher und unkörperlicher Form zu verwerten, sei es durch Vervielfältigung, Verbreitung, Ausstellung oder in sonstiger Weise. Auch das Patentgesetz weist dem Inhaber des Patents nach § 9 PatG das ausschließliche Verwertungsrecht an der Erfindung zu. Benutzt jemand die Erfindung widerrechtlich, steht dem Patentinhaber hiergegen gem. § 139 PatG ein Unterlassungsanspruch zur Seite.

IV. Weitere Einschränkungen des Verwertungsrechts

Selbst wenn das Immaterialgut die inhaltlichen Anforderungen des Urhebergesetzes erfüllt, steht das Verwertungsrecht dem Schöpfer nicht ausnahmslos zu. Wie oben dargelegt, ist das Immaterialgüterrecht sozialpflichtig.[137] Die generell bestehende Sozialbindung wurde damit begründet, dass die Kreation des immateriellen Guts nicht *ex nihilo* erfolgt, sondern stets eingebettet ist in den allgemeinen Diskurs der Sprachgemeinschaft.[138] Zudem ist die Freiheitserweiterung durch den ursprünglichen Erwerb eines Ausschließlichkeitsrechts an immateriellen Gütern nur nach der Idee der *a priori vereinigten Willkür aller* möglich.[139] Die generell bestehende Sozialpflichtigkeit wird flankiert und konkretisiert durch weitere Einschränkungsgründe des Verwertungsrechts, auf die im Folgenden einzugehen ist.

1. Einschränkung aus der Versachlichung des immateriellen Gutes

Erstens ergeben sich aus der Versachlichung des Immaterialguts auf einem *körperlichen* Informationsträger Einschränkungen des intelligiblen Rechts am immateriellen Gut. Indem der Schöpfer die „Rede" mittels eines körperlichen Informationsträgers substantialisiert, lässt er sich auf den für körperliche Sachen geltenden Verkehrszusammenhang ein. Der Schöpfer kann nicht gleichzeitig wollen, dass die Information auf einem *körperlichen* Informationsträger (Sache im Sinne von § 90 BGB) verkörpert ist, diese Sache aber nicht wie eine Sache behandelt wird. Die rechtlichen Konsequenzen, die an die Verkörperung der Information *aufgrund* ihrer

---

[137] Siehe oben: S. 170 ff.
[138] Siehe oben: S. 174.
[139] Siehe oben: S. 174.

nunmehrigen Sachqualität anknüpfen, sind mit der Versachlichung vom Willen des Subjekts notwendig umfasst. Das subjektive Immaterialgüterrecht an der persönlich-geistigen Formgebung ist infolge der Versachlichung durch das Eigentumsrecht an dem Informationsträger beschränkt. Andererseits findet auch das Eigentumsrecht am Informationsträger seine Grenzen im intelligiblen Recht an dem immateriellen Gut.[140]

a) Zerstörung des Werkunikats

Brisant wird dieses Spannungsfeld zwischen Immaterialgüterrecht einerseits und Sacheigentum andererseits bei der Zerstörung des Werkoriginals.[141] Nach positivem Urheberrecht darf der Urheber zwar gem. § 14 UrhG die Entstellung des Werkes untersagen. Umstritten ist jedoch, ob der Sacheigentümer des Werkunikats berechtigt ist, dieses zu zerstören.[142]

aa) Auffassung der Rechtsprechung

In einem *obiter dictum* hat bereits das Reichsgericht ausgesprochen, dass man dem Sacheigentümer „für den Regelfall" das Recht nicht versagen könne, ein urheberrechtlich geschütztes Gemälde zu zerstören.[143] Denn durch eine Zerstörung greife der Sacheigentümer nicht in die „(…) künstlerische Eigenart des fortbestehenden Werkes und damit in das Persönlichkeitsrecht des Künstlers (…)"[144] ein. Der sein Werk veräußernde Urheber müsse zudem „von vornherein mit diesem möglichen Schicksale seines Werkes in der Hand des Besitzers rechnen"[145]. Auch das Landgericht Hamburg ist der Auffassung, dass die Vernichtung eines Werkes – hier eines aufgrund seiner besonders originellen Architektur urheberrechtlich geschützten Hochhauses – dem Eigentümer gestattet sei.[146]

bb) Kritik von Teilen der Literatur

Diese Entscheidungspraxis wird in der Literatur teilweise kritisiert.[147] Die Zerstörung würde es dem Urheber vereiteln, „durch sein Werk zu wirken

---

[140] Ähnlich schon RGZ 79, 379, 400; aber auch BGHZ 129, 66, 70.

[141] Vgl. hierzu *Schack*, GRUR 1983, 56, 57 f.

[142] Vgl. m.w.N. *Schulze*, in: Dreier/Schulze, Urheberrechtsgesetz, § 14 Rn. 27 ff.

[143] RGZ 79, 397, 401 – Felseneiland mit Sirenen.

[144] RGZ 79, 397, 401.

[145] RGZ 79, 397, 401.

[146] LG Hamburg, GRUR 2005, 672, 674 – Astra-Hochhaus; auch schon das KG in GRUR 1981, 742, 743 (obiter); insgesamt zustimmend *Bullinger*, in: Wandtke/Bullinger, Praxiskommentar zum Urheberrecht, § 14 Rn. 23.

[147] Vgl. etwa *Schack*, Urheber- und Urhebervertragsrecht, Rn. 397 ff.; *Claire Dietz*, in: Wandtke (Hrsg.), Urheberrecht, 2. Kapitel, Rn. 239; *Honscheck*, GRUR 2007, 944, 949 ff.; *Movsessian*, UFITA 95 (1983), 77, 83 m.w.N.

und in ihm fortzubestehen"[148]. Wenn sogar eine Entstellung des Werkes nach § 14 UrhG rechtswidrig sei, müsse dies erst recht für eine Vernichtung des Werkes gelten.[149] In Anlehnung an entsprechende Vorschriften aus dem schweizerischen Urheberrecht (Art. 15 Abs. 1 URG) wird daher davon ausgegangen, dass der Eigentümer das Werkunikat nicht zerstören dürfe, sondern dieses zuvor dem Urheber zur Rücknahme anbieten müsse.[150]

cc) Stellungnahme

Die Kritik ist im Ergebnis zwar teilweise berechtigt, doch kann ihr in der Begründung nicht uneingeschränkt gefolgt werden. Vor allem der vorgeschlagene Erst-Recht-Schluss zu § 14 UrhG erscheint bedenklich.[151] Denn § 14 UrhG gewährt lediglich ein Recht darauf, nicht als Urheber einer von ihm so nicht getätigten Sachaussage angesehen zu werden.[152] Durch eine Vernichtung wird dem Urheber hingegen keine inhaltliche Modifikation seiner originären Sachaussage untergeschoben.[153] Stattdessen wird das vernichtete Werk dem Kommunikationszusammenhang entzogen. Da die Sachverhalte insofern in unterschiedlicher Weise die Interessen des Urhebers betreffen, ist zumindest ein Erst-Recht-Schluss zu § 14 UrhG nicht möglich.

Versteht man Sinn und Zweck des § 14 UrhG dahingehend, dass der Urheber vor der kommunikativen Zuschreibung einer ungewollten Sachaussage geschützt werden soll[154], sollte man auch davon absehen, die Zerstörung *de lege lata* als „andere Beeinträchtigung" im Sinne von § 14 UrhG anzusehen.[155] Einer solchen Auslegung steht auch entgegen, dass der Gesetzgeber sich gegen einen *urheberrechtlichen* Schutz vor der Zerstörung des Werkes ausgesprochen hat.[156] § 14 UrhG kann daher weder in direkter

---

[148] *Schack*, Urheber- und Urhebervertragsrecht, Rn. 397.
[149] *Schack*, Urheber- und Urhebervertragsrecht, Rn. 397; *Claire Dietz*, in: Wandtke (Hrsg.), Urheberrecht, 2. Kapitel, Rn. 239.
[150] *Schack*, Urheber- und Urhebervertragsrecht, Rn. 398.
[151] Siehe *Schack*, Urheber- und Urhebervertragsrecht, Rn. 397; *Claire Dietz*, in: Wandtke (Hrsg.), Urheberrecht, 2. Kapitel, Rn. 239; kritisch auch *Honscheck*, GRUR 2007, 944, 950, der jedoch meint, dass die Zerstörung des Werkes als eine „andere Beeinträchtigung" i.S.v. § 14 UrhG eingeordnet werden müsse.
[152] *Dustmann*, in: Fromm/Nordemann, Urheberrecht, § 14 Rn. 1.
[153] In diese Richtung argumentiert auch *Dustmann*, in: Fromm/Nordemann, Urheberrecht, § 14 Rn. 32.
[154] Siehe oben: S. 134 f.
[155] So aber *Adolf Dietz*, in: Schricker, Urheberrecht, § 14 Rn. 38; *Schulze*, in: Dreier/Schulze, Urheberrechtsgesetz, § 14 Rn. 27; *Honscheck*, GRUR 2007, 944, 950. Wie hier: *Bullinger*, in: Wandtke/Bullinger, Praxiskommentar zum Urheberrecht, § 14 Rn. 25.
[156] RegE UrhG – BT-Drucks. IV/270, 45. Hierauf bezieht sich auch *Dustmann*, in: Fromm/Nordemann, Urheberrecht, § 14 Rn. 33.

noch in analoger Anwendung entnommen werden, dass die Zerstörung eines Werkunikats urheberrechtswidrig ist.

Das schließt es jedoch nicht aus, die Werkvernichtung als Verletzung des allgemeinen Persönlichkeitsrechts anzusehen.[157] Ansatzpunkt ist die Frage, inwiefern ein Werk überhaupt vernichtet werden kann. Das Werk ist schließlich nicht identisch mit dem Informationsträger, also beispielsweise der Leinwand oder dem Buch, sondern ein hiervon abstrakter – immaterieller – Gegenstand. Wie sollte ein solcher abstrakter Gegenstand überhaupt *vernichtet* werden können? Unter Vernichtung eines Gegenstandes kann die Beendigung seiner Existenz verstanden werden. Der abstrakte Gegenstand existiert jedoch in der Regel fort, auch wenn eine Verkörperung dieses abstrakten Gegenstandes zerstört wurde. Das immaterielle Gut besteht infolge der Entäußerung unabhängig von dem konkreten Informationsträger. Solange eine Reproduktion des abstrakten Gegenstandes möglich ist, kann nicht von einer Vernichtung desselben gesprochen werden. Sollte eine Reproduktion hingegen ausgeschlossen sein, ist von einer Vernichtung des abstrakten Gegenstandes auszugehen.[158] Denn die Sprachlichkeit der immateriellen Güter[159] bedingt, dass ihre Existenz vom Fortbestand im Kommunikationszusammenhang abhängt. Ist ein Werk nicht mehr reproduzierbar, fällt es aus diesem Kommunikationszusammenhang endgültig heraus. Zumindest in einem übertragenen Sinne endet dann die *Existenz* dieses Werkes.[160] Jedenfalls fehlt es im Falle fehlender Reproduktionsmöglichkeit an der intersubjektiven Zugänglichkeit des Werkes. Es ist dann kein den Subjekten gemeinsames Äußeres mehr und hört damit auf, Rechtsgegenstand zu sein.[161]

(1) Verletzung des Rechts an dem äußeren Immaterialgut

Folglich kann in der Zerstörung des Werkunikats – sofern eine Reproduktion nicht möglich ist – auch die Vernichtung des Immaterialguts zu sehen sein. Wer das Rechtsobjekt zerstört, vernichtet damit auch die sich hierauf beziehenden Rechte – also das Urheberrecht. Die Vernichtung des Urheberrechts hat der Urheber dem Sacheigentümer jedoch nicht bereits im Rahmen der Veräußerung gestattet. Denn Objekt der Veräußerung war nur das Eigentum, nicht jedoch das Urheberrecht. In diesem Falle muss –

---

[157] Vgl. hierzu *Bullinger*, in: Wandtke/Bullinger, Praxiskommentar zum Urheberrecht, § 14 Rn. 25.

[158] So im Ergebnis auch *Jänecke*, Das urheberrechtliche Zerstörungsverbot gegenüber dem Sacheigentümer, 46.

[159] Siehe hierzu oben: S. 101 ff.

[160] Ähnlich *Metzger*, Rechtsgeschäfte über das Droit moral im deutschen und französischen Urheberrecht, 11.

[161] Zu dieser Voraussetzung siehe oben: S. 108 ff.

Schack im Ergebnis folgend – das Urheberrecht dem Sacheigentum vorgehen.[162] Diese Argumentation betrifft jedoch nur den verwertungsrechtlichen Aspekt des Urheberrechts, also das Ausschließlichkeitsrecht an dem
äußeren immateriellen Gut.

(2) Verletzung des Urheberpersönlichkeitsrechts

Die Werkzerstörung kann jedoch auch das Persönlichkeitsrecht des Urhebers verletzen. Diesem wird nämlich die Möglichkeit genommen, „durch
sein Werk zu wirken und in ihm fortzuleben"[163]. Infolge der Werkzerstörung kann der Urheber sich nicht mehr durch sein Werk mitteilen.[164] Ähnlich wie in den Fällen des Rückrufsrechts wegen Nichtausübung eines ausschließlichen Nutzungsrechts (§ 41 UrhG)[165] kann die Werkzerstörung somit den Kommunikationserfolg des Urhebers vereiteln. Sollte das Werk
nicht reproduzierbar sein, greift der Werkzerstörer in die kommunikative
Selbstbestimmung des Urhebers ein.[166]

(3) Kasuistische Abgrenzungen

Ist jedoch eine Reproduktion des Werkes möglich, stellt die Vernichtung
des Informationsträgers keine Vernichtung des Werkes und damit des Urheberrechts dar. Hier sollte das Eigentümerinteresse vorgehen. Gleiches
gilt für die Zerstörung aufgedrängter Kunst[167], selbst wenn diese nicht
mehr reproduzierbar sein sollte. Denn die Sonderverbindung zwischen
Sacheigentümer und dem Inhaber des Immaterialgüterrechts ist gegen den

---

[162] Der Gesetzgeber hingegen hat sich gegen einen *urheberrechtlichen* Schutz des Urhebers vor Vernichtung des Werkunikats entschieden, vgl. RegE UrhG – BT-Drucks.
IV/270, 45, worauf sich historisch argumentierend *Dustmann*, in: Fromm/Nordemann,
UrhG, § 14 Rn. 33 bezieht. Ebenso *Bullinger*, in: Wandtke/Bullinger, Praxiskommentar
zum Urheberrecht, § 14 Rn. 23, der jedoch in Rn. 25 bei *gravierenden Eingriffen* in die
persönliche Sphäre des Urhebers einen Unterlassungsanspruch aus dem allgemeinen
Persönlichkeitsrecht ableitet.

[163] *Schack*, Urheber- und Urhebervertragsrecht, Rn. 397.

[164] *Schack*, Kunst und Recht, Rn. 185.

[165] Siehe hierzu oben: S. 138 ff.

[166] Im geltenden Monismus des Urheberrechts können die verwertungsrechtliche und
die persönlichkeitsrechtliche Argumentation nebeneinander bestehen und einander wechselseitig verstärken. Vertritt man jedoch – de lege ferenda – einen dualistischen Theorieansatz, in welchem Persönlichkeitsrecht und Verwertungsrecht unterschiedlichen Personen zugewiesen sein können, stellt sich die Werkzerstörung sogar als ein *Dreipersonen-
verhältnis* dar. Die Interessen von Sacheigentümer, Persönlichkeitsrechts- und Verwertungsrechtsinhaber sind dann miteinander in Einklang zu bringen. Siehe hierzu die Ausführungen unten bei: S. 129 ff.

[167] BGHZ 129, 66, 71; *Schack*, GRUR 1983, 56, 60.

Willen des Sacheigentümers zustande gekommen.[168] Er hat daher nicht die Beschränkung seines Sacheigentums durch das Urheberrecht – z.B. eines Sprayers – konsentiert. Es muss dem Sacheigentümer daher in diesem Fall freistehen, das Werk zu zerstören.

(4) Zerstörung durch den Urheber?

Es gibt Kunstwerke die für das öffentliche Kulturleben von herausragender Bedeutung sind. Nach den obigen Überlegungen sollte dem Urheber bei nicht mehr reproduzierbaren Werken ein Vetorecht gegen die Zerstörung durch den Eigentümer zustehen. Doch kann auch die Allgemeinheit berechtigterweise ihr Veto gegen eine Vernichtung durch den Urheber einlegen? Bei Hegel klingt an, die Allgemeinheit könne eine besondere Form von Eigentum an geistigen Produktionen gewinnen. „*Öffentliche Denkmale* sind Nationaleigentum, oder eigentlich, wie die Kunstwerke überhaupt in Rücksicht auf *Benutzung*, gelten sie durch die innewohnende Seele der Erinnerung und der Ehre als lebendige und selbständige Zwecke (…)."[169] Gegen eine solche Position spricht aber, dass der Begriff des Nationaleigentums das grundsätzliche Verhältnis zwischen Privatnützigkeit und Sozialbindung des Immaterialgüterrechts umkehrt. Er blendet zudem die persönlichkeitsrechtlichen Befugnisse des Urhebers aus. Dem Urheber kann nicht aufgezwungen werden, öffentlich für eine Sachaussage einstehen zu müssen, die er nunmehr nicht mehr teilt. Dieser Rechtsgedanke liegt auch § 42 UrhG zugrunde.

Ein allgemeines –auch den Urheber treffendes– Verbot könnte nur auf der Grundlage konkurrierender Rechte Dritter begründet werden. Denkbar wäre die Überlegung, dass Kulturschaffende eine Anwartschaft auf die Gemeinfreiheit erwerben. Ist das Werk einmal in der Welt, hängt der Übergang zur Gemeinfreiheit nur noch vom Zeitenlauf ab.[170] Sollte das Werk vernichtet sein, drohte ein neuer privater Zugriff, der den Übergang zur Gemeinfreiheit weiter hinausschieben könnte. Hieraus folgt jedoch nicht die Notwendigkeit, dem Urheber die Zerstörung des Werkoriginals zu untersagen. Als milderes Mittel wäre der sofortige Übergang in die Gemeinfreiheit anzusehen. Letzteres wäre auch vor dem Hintergrund des Originalitätserfordernisses konsequent. Wer nämlich ein bereits vernichtetes Werk erneut schafft, produziert in der Regel nichts Originelles. Die Zuerkennung eines Ausschließlichkeitsrechts wäre daher ohnehin nicht legitim. Der Urheber selbst darf sein Werk daher vernichten, selbst wenn es hierdurch

---

[168] *Schack*, GRUR 1983, 56, 60.
[169] *Hegel*, GPR, § 64 Anm.
[170] Siehe hierzu unten: S. 193 ff.

nicht mehr reproduzierbar wäre. Der Gesetzgeber darf hieran jedoch den sofortigen Übergang in die Gemeinfreiheit als Rechtsfolge anordnen.

b) Erschöpfung des Verbreitungsrechts

Die *Erschöpfung* des Verbreitungsrechts knüpft ebenfalls an die Versachlichung des immateriellen Gutes an. Wenn der Schöpfer ein körperliches Original oder ein Vervielfältigungsstück willentlich[171] in den Verkehr gebracht hat, kann er die Zweitveräußerung dieses Informationsträgers nicht mehr untersagen.[172] Dieser Erschöpfungsgrundsatz ist für das Urheberrecht in den §§ 17 Abs. 2, 69c Nr. 3 UrhG niedergelegt. Auch für das Patentrecht ist der Erschöpfungsgrundsatz anerkannt.[173] Geschützt wird hierdurch die Freiheit des Warenverkehrs.[174] Das Sacheigentum am Informationsträger wäre entwertet, würde dem Eigentümer die Befugnis genommen, über den Informationsträger zu verfügen. Dem Inhaber des Immaterialgüterrechts auf der anderen Seite ist dies zuzumuten, weil er bereits bei der Erstverbreitung des Informationsträgers eine entsprechende Vergütung erzielen kann. Außerdem wird den Interessen des Urhebers dadurch Rechnung getragen, dass die Vermietung von der Erschöpfung des Verbreitungsrechts ausgenommen ist, § 17 Abs. 2 a.E. UrhG. Die genaue positiv-rechtliche Konkretisierung kann freilich nicht a priori vorgegeben sein.

2. Einschränkung aus dem Veröffentlichungswillen

Die *zweite* Einschränkung folgt aus dem Veröffentlichungswillen. Wie oben[175] ausgeführt, führt die Veröffentlichung des immateriellen Gutes nicht zum Erlöschen des Rechts am Immaterialgut. Denn dem Schöpfer steht ein intelligibles – also veröffentlichungsresistentes – Recht hieran zu. Gleichwohl muss der Schöpfer hinnehmen, dass sich andere produktiv auf das immaterielle Gut beziehen. Oben[176] wurde dargelegt, dass – mit von Gierke – das Immaterialgut durch die Veröffentlichung „in einem gewissen Umfange" zum Gemeingut wird. Denn der Urheber kann unmöglich wollen, anderen etwas mitzuteilen und es doch für sich zu behalten.[177] Jeder-

---

[171] Vgl. bzgl. des Urheberrechts *Schack*, Urheber- und Urhebervertragsrecht, Rn. 431 f.

[172] *Heerma*, in: Wandtke/Bullinger, Praxiskommentar zum Urheberrecht, § 17 Rn. 19.

[173] BGH GRUR 73, 518, 520 – Spielautomat II; BGH GRUR 59, 232, 234 – Förderrinne; *Thomas Ahrens*, in: Pierson/Ahrens/Fischer, Recht des geistigen Eigentums, 92. Enthalten ist er zudem in Art. 32 (28) GPÜ.

[174] Für das Urheberrecht *Heerma*, in: Wandtke/Bullinger, Praxiskommentar zum Urheberrecht, § 15 Rn. 25; *Schack*, Urheber- und Urhebervertragsrecht, Rn. 429.

[175] Siehe: S. 116 ff.

[176] Siehe: S. 118 ff.

[177] *von Gierke*, Deutsches Privatrecht, 767.

mann muss es daher gestattet sein, das Werk „empfangend zu genießen" oder aber sich selbst produktiv auf das Werk zu beziehen.

a) Zitierrecht

In diesem Kontext ist das in § 51 UrhG niedergelegte Zitierrecht begründbar. Demnach können bereits veröffentlichte Werke in einem genauer festgelegten Umfang durch jedermann zitiert werden, ohne dass dem Urheber hiergegen ein Unterlassungsanspruch zusteht. Wichtig ist, dass das Werk nach dem ausdrücklichen Wortlaut von § 51 UrhG *veröffentlicht* sein muss. Hieran zeigt sich, dass die im Zitierrecht begründete Einschränkung des Verwertungsrechts an eine willentliche Handlung des Urhebers rückgebunden sein muss.[178]

b) Nutzungen im privaten Bereich

Zweifelhaft ist, ob man über die rein innere und daher notwendig erlaubte Nutzung hinaus, auch weitere als *privat* zu bezeichnende Handlungen vom Regelungsbereich des Immaterialgüterrechts ausschließen kann oder sogar muss. Nach § 106 Abs. 1 UrhG ist nur die *öffentliche* Wiedergabe eines urheberrechtlich geschützten Werkes strafbar. Zudem sind mit Ausnahme des Vervielfältigungsrechts (§ 16 UrhG) die Verwertungsrechte in den §§ 17–22 UrhG auf die *öffentliche* Verwertung beschränkt. Die daraus folgende Freiheit des privaten Werkgenusses sieht Schack lediglich als Reflex der gesetzgeberischen Entscheidung, die Verwertungsrechte bei den Handlungen der Werkvermittler anzusetzen, da diese sich besser als die Endverbraucher kontrollieren ließen.[179] Einen Grundsatz, dass das Urheberrecht vor der Privatsphäre haltmachen müsse, gebe es jedoch nicht.[180] Auch der Bundesgerichtshof deutet die Beschränkung der Auf- und Vorführungsrechte auf den öffentlichen Bereich nicht so, dass sich der Gesetzgeber hierdurch grundsätzlich für die Freihaltung des privaten Bereiches entschieden habe.[181]

Allerdings hat der private Werknutzer typischerweise ein Vervielfältigungsexemplar erworben oder aber durch mediale Verbreitung von dem Werk Kenntnis erlangt. Der Schöpfer hat dem Werknutzer hierdurch willentlich ein Nutzungsrecht eingeräumt, welches den privaten Werkgenuss umfasst. Die Reichweite des konsentierten Werkgenusses ist abhängig da-

---

[178] Siehe zu den positiv-rechtlichen Einzelheiten und der dortigen Differenzierung zwischen Klein- und Großzitaten und verschiedenen Werkarten: *Schunke*, in: Wandtke (Hrsg.), Urheberrecht, 4. Kapitel, Rn. 25 ff.

[179] *Schack*, Urheber- und Urhebervertragsrecht, Rn. 412.

[180] *Schack*, Urheber- und Urhebervertragsrecht, Rn. 412.

[181] BGHZ 17, 266, 279.

von, *inwieweit* das immaterielle Gut durch die Veröffentlichung zum Gemeingut wurde. Dies ist durch den Gesetzgeber festzulegen. Wenn die private Nutzung nicht durch den Schöpfer positiv-rechtlich untersagt werden kann, so reflektiert dies die Beschränkung des Ausschließlichkeitsrechts, die als Folge der Veröffentlichung eingetreten ist. Das dem Werknutzer eingeräumte Nutzungsrecht umfasst dann auch den Werkgenuss durch private Nutzung. Die Freistellung der nichtöffentlichen Aufführung hat vor diesem Hintergrund den weiteren Sinn, eine doppelte Leistung an den Urheber zu verhindern.[182]

In diesem Rahmen ist auch die Zulässigkeit von sogenannten Privatkopien nach § 53 UrhG zu würdigen. Danach sind einzelne Vervielfältigungen eines Werkes durch eine natürliche Person zum privaten Gebrauch auf beliebigen Trägern zulässig, sofern nicht zur Vervielfältigung eine offensichtlich rechtswidrig hergestellte oder öffentlich zugänglich gemachte Vorlage verwendet wird. Die private Werknutzung wird also auch im Zusammenhang mit der Vervielfältigung positiv-rechtlich anders behandelt als die öffentliche Nutzung. Allerdings kann der Urheber nach geltendem Recht die Privatkopie in beschränktem Maß durch technische Schutzvorkehrungen nicht nur faktisch, sondern vor allem *rechtlich* verhindern (§ 95a UrhG).[183]

3. Einschränkung aus der Notstandspflichtigkeit

Drittens folgt aus der oben[184] begründeten Sozialpflichtigkeit des Immaterialgüterrechts die Möglichkeit einer positivrechtlich zu normierenden Duldungspflicht bezüglich bestimmter Verwertungen zur Abwendung einer Notlage. Dem Rechtsgedanken des § 904 BGB gemäß ist das Ausschließlichkeitsrecht des Rechtsinhabers durch die Notlage eines anderen auflösend bedingt.[185] Der Unterlassungsanspruch muss dann zurücktreten; jedoch nicht entschädigungslos (vgl. § 904 S. 2 BGB).[186]

---

[182] BGHZ 17, 266, 280.

[183] *Kauert*, in: Wandtke (Hrsg.), Urheberrecht, 7. Kapitel, Rn. 23.

[184] Siehe: S. 170 ff.

[185] Vgl. hierzu näher *Köhler*, Strafrecht Allgemeiner Teil, 281 ff.

[186] Das positive Patentrecht kennt die Möglichkeit einer Zwangslizenz, welche nach § 24 PatG erteilt werden kann, wenn sich der Lizenzsucher erstens erfolglos bemüht hat, die Erfindung zu angemessenen Konditionen nutzen zu können und zweitens das öffentliche Interesse die Erteilung der Zwangslizenz gebietet. Nach § 24 Abs. 6 S. 2 PatG hat der Patentinhaber gegen den Inhaber der Zwangslizenz einen Anspruch auf Vergütung in angemessener Höhe. Dies entspricht der Regelung des § 904 S. 2 BGB. Patente an lebensrettenden Medikamenten können daher nicht kategorial zurückgehalten werden; vgl. auch *Süchting,* in: Klesczewski/Müller/Neuhaus (Hrsg.), Kants Lehre vom richtigen Recht, 83, 96.

V. Zeitliche Befristung

Anders als das Eigentum an körperlichen Gegenständen endet das Immaterialgüterrecht nach geltendem Recht im Grundsatz durch Zeitablauf.[187] Gem. § 64 UrhG erlischt das Urheberrecht siebzig Jahre nach dem Tode des Urhebers (*post mortem auctoris*). Das Patentrecht erlischt spätestens zwanzig Jahre nach dem Anmeldetag (§ 16 Abs. 1 S. 1 PatG). Nach dem Erlöschen des subjektiven Immaterialgüterrechts geht das Immaterialgut in das Gemeingut über.[188] Das gemeinfreie Werk unterliegt nicht der Aneignung durch jedermann, sondern ist für jedermann beliebig nutzbar.[189] Das Bundesverfassungsgericht hat die zeitliche Befristung des Immaterialgüterrechts als verfassungsgemäß angesehen.[190] Die Begründung für die zeitliche Beschränkung variiert je nach dem zugrunde gelegten Theorieansatz.

1. Konsequentialistische Begründung

Konsequentialistische Legitimationstheorien[191] stellen einerseits auf den hinreichenden Anreiz durch ein bloß befristetes Recht ab und betonen andererseits ein Interesse der Allgemeinheit auf möglichst weite Freihaltung des geistigen Schaffens von privativen Rechten.[192] Thomas B. Macaulay argumentierte bereits 1841 im britischen House of Lords: „Yet the monopoly is an evil. For the sake of the good we must submit to the evil; but the evil ought not to last a day longer than is necessary for the purpose of securing the good."[193] Die Gewährung eines Urheberrechts – und der Gedanke lässt sich auf das Patentrecht übertragen – ist in dieser Lesart nur ein widerwillig implementiertes Mittel, um einen bestimmten Zweck zu erreichen. Das Mittel, also das Monopolrecht, soll demnach nur in der Intensität eingesetzt werden, die unbedingt *erforderlich* ist, um den Zweck zu erreichen.[194] Hieraus wird abgeleitet, dass der Immaterialgüterschutz so lange andauern müsse, wie der Schöpfer typischerweise brauche, um hinreichen-

---

[187] Zum Ganzen *Seidel*, Die zeitliche Begrenzung des Urheberrechts. Eine fixe Schutzdauer gibt es anders als im Urheber- und Patentrecht im Markenrecht jedoch nicht; siehe *Fezer*, Markenrecht, § 47 Rn. 1.

[188] Für das Urheberrecht *Axel Nordemann*, in: Fromm/Nordemann, Urheberrecht, § 64 Rn. 18.

[189] *Axel Nordemann*, in: Fromm/Nordemann, Urheberrecht, § 64 Rn. 18; *Lüft*, in: Wandtke/Bullinger, Praxiskommentar zum Urheberrecht, § 64 Rn. 13.

[190] BVerfGE 31, 275, 287.

[191] Siehe hierzu oben: S. 8 ff.

[192] *Schäfer/Ott*, Lehrbuch der ökonomischen Analyse des Zivilrechts, 626.

[193] Parlamentsprotokoll vom 5. Februar 1841, abgedruckt in UFITA 135 (1997), 250.

[194] *Gilbert/Shapiro*, in: Merges (Hrsg.), Economics of Intellectual Property Law, Volume I, 86.

de Alimentation zu finden. Nur dann sei er angespornt, das Immaterialgut
überhaupt zu produzieren.

Die Begründung ist theorieimmanent schlüssig. Wenn das Immaterialgüterrecht nicht Zweck an sich selbst ist, sondern der Beförderung von
Technik und Kultur zu dienen bestimmt ist, so muss dieser Zweck den Einsatz des Mittels limitieren. Doch muss diese Begründung der zeitlichen
Befristung sämtliche Einwände gegen sich gelten lassen, die schon oben
generell gegen die Anreiztheorie erhoben wurden.[195]

2. Fehlende Aufwendungen für Erhalt der Sache

Ferner wird vorgebracht, dass der Urheber (und Gleiches muss für den Erfinder gelten) im Gegensatz zum Sacheigentümer keine Aufwendungen
zum Erhalt des Objekts machen muss. Dieser Vorzug gegenüber dem Sacheigentümer müsse durch eine zeitliche Befristung des Immaterialgüterrechts aufgewogen werden.[196] Zwar ist richtig, dass ungleiche Sachverhalte
ihrer Ungleichheit gemäß rechtlich unterschiedlich zu behandeln sind.[197]
Doch folgt hieraus nicht zwingend, dass diese unterschiedliche Behandlung gerade in der zeitlichen Befristung des Immaterialgüterrechts zu bestehen habe. Eine unterschiedliche Besteuerung der Einkünfte aus Sacheigentum und Immaterialgüterrecht wäre vor dem Hintergrund dieses Un-
gleichheitsarguments genauso schlüssig.

3. Persönlichkeitsrechtliche Begründung

Rehbinder sieht in dem persönlichkeitsrechtlichen Bestandteil des Urheberrechts den Grund für dessen zeitliche Befristung.[198] Das *droit moral* sei
Ausdruck des ideellen Bandes zwischen dem Urheber und dem Werk. Nach
dem Tode der Bezugsperson könnten deren persönlichkeitsrechtliche Interessen nicht ewig fortbestehen.[199] Die Fortdauer des Rechts wird von Rehbinder an die Fortdauer der Person im Diskurszusammenhang gekoppelt.
Ein solches Dasein der Person im Diskurszusammenhang ist notwendig
jedem lebenden Menschen zuzusprechen. Wenn er hingegen stirbt, endet
die Zugehörigkeit zum Diskurszusammenhang nicht sofort. Jedoch nimmt
seine Bedeutung im Diskurszusammenhang typischerweise zunehmend ab.
Nicht unschlüssig ist es daher, wenn Rehbinder fordert, das Urheberrecht

---

[195] Siehe oben: S. 13 ff.

[196] *Pahud*, Die Sozialbindung des Urheberrechts, 151; ähnlich *Hubmann*, Das Recht
des schöpferischen Geistes, 152 f., der auf die im Unterschied zum Sacheigentum fehlende Vertretbarkeit des Rechtsobjekts abstellt.

[197] BVerfGE 120, 1, 29; *Jarass*, in: Jarass/Pieroth, GG, Art. 3 Rn. 7.

[198] *Rehbinder*, Urheberrecht, Rn. 109.

[199] *Rehbinder*, Urheberrecht, Rn. 109.

müsse so lange fortbestehen, als die Erinnerung an den Urheber reicht.[200] Aus Gründen der Rechtsklarheit sei dieser Zeitpunkt nach politischem Ermessen pauschal zu bestimmen.[201] Der spätestmögliche Zeitpunkt ist also an das *typische* Entschwinden des Schöpfers aus dem Kommunikationszusammenhang geknüpft. Kritisch erscheint hier aber die Unterordnung des Urheberrechts unter ein *Interesse* des Urhebers. Da ein bloß subjektives Interesse nicht intersubjektiv-rechtsbegründend ist, kann es auch nicht hinreichend für die Begrenzung eines Rechts sein.

Richtig ist zwar, dass das immaterielle Gut als Rechtsgegenstand durch die Person des Schöpfers mit konstituiert wird.[202] Das Immaterialgüterrecht ist daher nach hiesiger Lesart ein „auf persönliche Art dingliches Recht". Da es jedoch von der Person des Sprechers ontisch unabhängig gesetzt ist, kann die Fortdauer des Immaterialgüterrechts als Recht nicht von der Fortdauer des Sprechers als Mensch abhängen. Problematisch an diesem persönlichkeitsrechtlichen Ansatz ist ferner, dass es höchst zweifelhaft ist, ob und wann ein Schöpfer aus dem Kommunikationszusammenhang entschwindet. Manche Schöpfer bleiben über Jahrhunderte im kollektiven Kulturgebrauch. Diese Begründung für die zeitliche Befristung ist daher von einer zweifelhaften empirischen Annahme abhängig.

4. Begründung mit dem faktischen Übergang ins kulturelle Gemeingut

Josef Kohler begründet die zeitliche Befristung des Urheberrechts – und entsprechend wäre für sonstige Immaterialgüterrechte zu argumentieren – mit der „eminent sozialen Natur des Autorgutes"[203]. Auch wenn das immaterielle Gut nur einem Einzelnen rechtlich zugeordnet ist, sende es „gewisse Reflexwirkungen in die ganze Kulturwelt"[204]. Es sei der Zweck des immateriellen Gutes, entweder mit der Zeit als belanglos unterzugehen oder aber „in das Fleisch und Blut der beteiligten Kreise (einzudringen) und zu Elementen des allgemeinen Kulturlebens (zu) werden"[205]. Die geistige Errungenschaft des Einzelnen solle zum Allgemeingut werden.[206] „Die Schöpfungen des Einzelnen sollen sich wie Ströme im Ozean des allgemeinen Kulturlebens vereinigen und verlieren."[207] Bei Erfindungen finde der Übergang ins Allgemeine schneller statt, als beim Autorgut, da diese

---

[200] *Rehbinder*, Urheberrecht, Rn. 109.

[201] *Rehbinder*, Urheberrecht, Rn. 109.

[202] Siehe oben: S. 161 ff.

[203] *Kohler*, Das Autorrecht, 41.

[204] *Kohler*, Das Autorrecht, 41.

[205] *Kohler*, Das Autorrecht, 47.

[206] *Kohler*, Das Autorrecht, 47.

[207] *Kohler*, Das Autorrecht, 47 f.

viel weniger individuell seien.[208] Das, was zum Gemeingut der Kultur geworden ist, solle auch zum Gemeingut des Rechts werden.[209] Für Kohler ist das immaterielle Gut also nur ein befristet Besonderes, dessen Verflüchtigung ins Allgemeine schon in sich angelegt ist.

Der empirischen Beobachtung, dass immaterielle Güter mit der Zeit zum Gemeingut der Kultur werden können, ist zuzustimmen. Das besondere Mitteilungsobjekt basiert zwar einerseits auf der allgemeinen Sprache und den in ihr enthaltenen „kulturellen Einheiten"[210]. Andererseits wirkt sie aber auf die allgemeine Sprachkultur zurück.[211] Das individuelle Sprechen – also auch das besondere Mitteilungsobjekt – gestaltet die allgemeinen Sprachgewohnheiten um.[212] Dieses Wechselverhältnis von besonderem Immaterialgut einerseits und dem allgemeinen Sprachvermögen andererseits ist im Einzelnen immateriellen Gut angelegt. Richtig ist es daher, wenn Sellnick sagt, dass es „in der Natur des kulturellen Fortschritts (liegt), dass wie im Fall der Mickey-Mouse durch persönlich geistige Schöpfungen neue kulturelle Einheiten geschaffen werden, die dann Gegenstand freier geistiger Auseinandersetzung sind"[213].

Der faktische Übergang in das allgemeine Vermögen[214] vermag aber nicht normativ zu begründen, weshalb die rechtliche Zuordnung des Immaterialguts zum Subjekt enden soll.

5. Begründung mit dem Wesen des Urheberrechts als Mitteilungsgut

Nach der amtlichen Begründung des UrhG soll der Grund der Befristung „im Wesen der geistigen Schöpfungen auf dem Gebiete der Literatur und Kunst" zu suchen sein.[215] Als Mitteilungsgut müsse die geistige Schöpfung „nach Ablauf einer gewissen Zeit gemeinfrei werden"[216]. In der Tat ist die zeitliche Befristung des Immaterialgüterrechts aus dessen prinzipieller Begründung zu folgern. Hierbei spielt –wie die Regierungsbegründung richtig ansetzt– das *„Wesen"* des immateriellen Gutes als Mitteilungsgut eine entscheidende Rolle. Es bleibt aber unausgewiesen, warum denn genau das Mitteilungsobjekt nach Ablauf einer gewissen Frist notwendig gemeinfrei werden müsse.

---

[208] *Kohler*, Das Autorrecht, 48.
[209] *Kohler,* Das Autorrecht, 48 in der Fußnote.
[210] *Sellnick*, Der Gegenstand des Urheberrechts, 80.
[211] *de Saussure*, Grundfragen der allgemeinen Sprachwissenschaft, 22.
[212] *de Saussure*, Grundfragen der allgemeinen Sprachwissenschaft, 23.
[213] *Sellnick*, Der Gegenstand des Urheberrechts, 80.
[214] Auch *Hegel* lässt diesen Gedanken anklingen; GPR, § 64 Anm.
[215] RegE UrhG – BT-Drucks. IV/270, 79.
[216] RegE UrhG – BT-Drucks. IV/270, 79.

6. *Eigener Ansatz: Zunehmender Wegfall der Originalität und bloß limitierte faktische Geheimhaltbarkeit als Grund für die Befristung*

Der Anspruch auf Unterlassung der Nachahmung erlischt dann, wenn die Voraussetzungen des Anspruchs nicht mehr gegeben sind. Voraussetzung des Unterlassungsanspruchs gegen Nachahmung ist, dass das immaterielle Gut originell, also nicht trivial ist. Diese Voraussetzung wurde oben erstens mit dem Reziprozitätsgrundsatz und zweitens mit dem Schema der bloß indirekten physischen Beherrschung des immateriellen Gutes durch Geheimhaltung begründet.[217] Die Originalität des Immaterialguts schwindet aber mit der Zeit. Ab einem bestimmten Zeitpunkt ist das immaterielle Gut durch die autonome Rezeption anderer Subjekte so sehr ins allgemeine Vermögen eingegangen, dass das Immaterialgut an relativer Originalität einbüßt. Die Rezeption durch Dritte ist das Handlungsziel des Subjekts, welches das immaterielle Gut veröffentlicht. Die Veröffentlichung ist gerade darauf ausgerichtet, dass andere Subjekte die persönlich-geistige Formgebung rezipieren und selbständig kognitiv verarbeiten. Mit anderen Worten: Der Schöpfer nimmt durch die Veröffentlichung das *Ende der Neuheit* in Kauf. Da aber die Neuheit bzw. Originalität Entstehungsvoraussetzung des Anspruchs auf Unterlassung der Nachahmung ist[218], muss der Anspruch wegfallen, wenn diese Neuheit infolge Zeitablaufs wegfällt. Das Erlöschen des Nachahmungsunterlassungsanspruchs ist also schon in dessen Entstehungsvoraussetzungen angelegt. Neuheit liegt dann nicht mehr vor, wenn die besondere Leistung in der Schaffung des Immaterialguts zurückgedrängt ist und das allgemeine Prinzip des menschheitlichen Vernunftfortschritts an Dominanz gewinnt. Anders formuliert: Maßgeblich ist, wie lange die Existenz des immateriellen Gutes in der intersubjektiven „Wissenswelt" dem schöpfenden Subjekt zugerechnet werden kann.

Insoweit kann das Schema der faktischen Beherrschung des Immaterialguts herangezogen werden. Die faktische Geheimhaltbarkeit des immateriellen Guts endet, wenn Dritte ihrerseits das Immaterialgut hervorgebracht und veröffentlicht haben. Das *Geheimwissen* kann folglich durch Zeitablauf auch ohne Mitteilung des Subjekts selbst seine Geheimheit einbüßen und generell bekannt werden. Folglich ist die physische Herrschaft über das Immaterialgut praktisch nur zeitlich begrenzt denkbar. Da die physische Herrschaft das Schema des intelligiblen Besitzes und damit dessen Darstellung ist, kann hieraus gefolgert werden, dass auch das intelligible – also veröffentlichungsresistente – Recht an dem immateriellen Gut zeitlich befristet sein muss.

---

[217] Siehe: S. 179 ff.
[218] Siehe oben: S. 176 ff.

7. Konkretisierung der Fristbestimmung

Ein exakter Zeitpunkt, in dem die intelligible Zurechnung enden sollte, lässt sich freilich nicht a priori angeben. Allerdings kann hypothetisch erwogen werden, wann denn sowieso ein Anderer in Abwesenheit des Schöpfers das Immaterialgut hervorgebracht hätte. Nach Nozick soll das Patent erlöschen, wann bei hypothetischer Betrachtung in Abwesenheit der Ersterfindung ein Zweiter die Erfindung sowieso gemacht hätte.[219] Von Nozick unausgesprochen liegt dem Erlöschen des Patents die dem deutschen Schadensrecht bekannte Zurechnungsfigur der hypothetischen Ersatzursache zugrunde. Ein Vermögensfolgeschaden soll dem Schädiger demnach nur insoweit zugerechnet werden, wie das beschädigte Objekt nicht durch ein hypothetisches Ersatzereignis ohnehin zerstört worden wäre, ohne dabei einen Ersatzanspruch gegen einen Dritten auszulösen.[220]

Dasselbe Gedankenexperiment, das im Schadensrecht die Ersatzpflicht insbesondere für entgangenen Gewinn zeitlich befristet, begrenzt nach Nozick auch die Dauer des durch das Patentrecht eingeräumten Ausschließlichkeitsrechts. Die Überlegung lässt sich entsprechend auf das Urheberrecht übertragen. Dann, wenn hypothetisch sowieso ein Dritter das Werk hervorgebracht hätte, endet die Originalität des immateriellen Gutes. Da aber die Originalität Voraussetzung für das Entstehen des Anspruchs auf Unterlassung der Nachahmung war, muss dieser Anspruch wegfallen, wenn die Originalität aufgrund der hypothetischen Ersatzschöpfung endet.

VI. Doppelschöpfung

Unter Doppelschöpfung ist die selbständige – also von den Vorarbeiten des Erstschöpfers unabhängige – Hervorbringung des immateriellen Gutes zu verstehen.[221] Die doppelte Hervorbringung einer identischen Sachaussage wird im positiven Patent- und im Urheberrecht unterschiedlich behandelt.

1. Doppelschöpfung im Urheberrecht

Im Urheberrecht erlangt der Doppelschöpfer trotz zeitlicher Nachrangigkeit ein selbständiges Urheberrecht.[222] Zwar wird eine vollständige Über-

---

[219] *Nozick*, Anarchy, State and Utopia, 182.

[220] Vgl. *Grüneberg*, in: Palandt, BGB, vor § 249 Rn. 55 ff; .*Looschelders*, Schuldrecht Allgemeiner Teil, Rn. 912 und 914.

[221] *Schack*, Urheber- und Urhebervertragsrecht, Rn. 189.

[222] Vgl. zur Doppelschöpfung KG, UFITA 14, (1941), 178, 182; KG, GRUR-RR 2002, 49; *Loewenheim*, in: Schricker, Urheberrecht, § 2 Rn. 42; *Axel Nordemann*, in: Fromm/ Nordemann, Urheberrecht, § 2 Rn. 26; siehe auch zu den Beweisfragen *Bullinger*, in:

einstimmung zweier Werke nach menschlichem Ermessen kaum eintreten.[223] Im Ähnlichkeitsbereich liegende Gestaltungen sind aber durchaus als Doppelschöpfung möglich, besonders wenn der Spielraum für individuelles Schaffen – wie insbesondere in Fällen der sogenannten „kleinen Münze" – begrenzt ist und die Individualität nur in bescheidenem Maße zutage tritt.[224] Hierin wird herkömmlich ein zu akzeptierender Bruch mit dem Prioritätsgrundsatz gesehen.[225] Begründet wird dies damit, dass es nicht auf die objektive Neuheit des Werkes ankomme.[226] Maßgeblich sei die *subjektive Neuheit* der Gestaltung für den konkreten Urheber. Unter dem Begriff der subjektiven Neuheit wird verstanden, dass der Urheber die Gestaltung noch nicht kannte.[227] Die bloße Übernahme einer bereits objektiv bekannten Gestaltung wird somit aus dem Werkbegriff ausgenommen.[228] Denn was lediglich nach einem Vorbild geschaffen wurde, könne keine individuelle Schöpfung sein.[229] Urheberrechtlich geschützt wird folglich „nicht das neue Ergebnis, sondern das individuelle Schaffen"[230].

Doch mit dem Prioritätsgrundsatz würde nur dann gebrochen,[231] wenn das zweitgeschöpfte Werk mit dem erstgeschöpften Werk *identisch* wäre. Wann ist aber ein Werk x mit einem Werk y identisch? Nominal könnte definiert werden, dass ein Werk x genau dann mit Werk y identisch ist, wenn es nicht der Fall ist, dass Werk y ein *Aliud* ist. Ein Aliud wäre Werk y dann, wenn die Instanzen von y keine Instanzen von x sind. Entscheidend hierfür ist, welche semantische Bedeutung dem Werk y im Vergleich zu Werk x zukommt.

Goodman engt den semantischen Gehalt des literarischen Werkes auf die Zeichenfolge in einer konkreten Sprache ein.[232] Eine Übersetzung von Werk x wäre folglich nicht mehr mit x identisch, sondern stellte ein Aliud dar. Ein zufälligerweise geschöpftes Werk y mit der identischen Zeichenfolge wäre hingegen mit dem Werk x identisch.

Wandtke/Bullinger, Praxiskommentar zum Urheberrecht, § 23 Rn. 20 f; *Schulze*, in: Dreier/Schulze, Urheberrechtsgesetz, § 2 Rn. 17.

[223] KG, GRUR-RR 2002, 49, 50.

[224] KG, GRUR-RR 2002, 49, 50; *Bullinger*, in: Wandtke/Bullinger, Praxiskommentar zum Urheberrecht, § 23 Rn. 21.

[225] *Loewenheim*, in: Schricker, Urheberrecht, § 24 Rn. 29; *Neuner*, AcP, 203 (2003), 46, 65.

[226] *Loewenheim*, in: Schricker, Urheberrecht, § 2 Rn. 41.

[227] *Axel Nordemann*, in: Fromm/Nordemann, Urheberrecht, § 2 Rn. 26; *Bullinger*, in: Wandtke/Bullinger, Praxiskommentar zum Urheberrecht, § 2 Rn. 22.

[228] *Loewenheim*, in: Schricker, Urheberrecht, § 2 Rn. 41.

[229] *Decker*, Der Neuheitsbegriff im Immaterialgüterrecht, 120.

[230] *Loewenheim*, in: Schricker, Urheberrecht, § 2 Rn. 41.

[231] So explizit *Loewenheim*, in: Schricker, Urheberrecht, § 24 Rn. 29; *Neuner*, AcP, 203 (2003), 46, 65.

[232] *Goodman*, Languages of Art, 209.

Die konkrete Zeichenfolge transportiert jedoch lediglich den Sinn des Werkes, obwohl auch andere Zeichenfolgen – etwa in einer anderen Sprache *denselben* Sinn vermitteln könnten. Die Identität des Werkes über die Zeichenfolge zu begründen, geht darüber hinweg, dass das Zeichen gegenüber dem transportierten Sinn lediglich eine untergeordnete Rolle einnimmt.

Plausibler erscheint es daher, auch Übersetzungen eines Werkes x als Instanzen gerade dieses Werkes anzusehen, wenngleich dies gerade bei Gedichten im Einzelfall bezweifelt werden könnte.[233] Die syntaktische Kongruenz ist folglich als notwendige Bedingung der Identität von Werk x und Werk y anzusehen, jedoch nicht im Sinne einer vollständigen Deckungsgleichheit der verwendeten Zeichen. Maßgeblich ist die den Zeichen und ihrer Folge innewohnende semantische Bedeutung.

In diesem Sinne stellt Künne[234] drei Kriterien für die Identität literarischer Werke auf: „X ist syntaktisch kongruent mit y & x und y gehören zur selben Sprache & x ist textgeschichtlich verwandt mit y."[235] Das Erfordernis einer „textgeschichtlichen Verwandtschaft" stelle ein Kausalkriterium dar. Das literarische Werk y müsse kausal aus dem literarischen Werk x hervorgegangen sein. Fehlt es an dem Kausalnexus zwischen Werk y und Werk x, seien die Werke nicht identisch. Die Doppelschöpfung thematisiert Künne an anderer Stelle auch am Beispiel der Musik.[236] Man könne sich vorstellen, so Künne, dass ein Marsmensch, ohne jemals mit Chopin in Berührung gekommen zu sein, ein Werk komponiert, dessen Klangfolge mit derjenigen von Chopins Trauermarsch identisch ist.[237] In diesem Falle sei es legitim, von *zwei* Werken zu sprechen.[238] Es sei stets logisch möglich, dass „ein Werk sich nicht als Klangfolge von einem anderen unterscheidet, sondern nur durch die positionale Eigenschaft, *dann-und-dann von dem-und-dem* geschaffen worden zu sein, und durch weitere Eigenschaften, die von dieser abhängen"[239]. Für die Doppelschöpfung würde dies bedeuten, dass kein Bruch mit dem Prioritätsgrundsatz vorläge. Zu begründen wäre aber, dass die semantische Bedeutung von Werk x gegenüber Werk y – trotz vollständiger Kongruenz der Buchstaben – verschieden ist, wenn die Werke von unterschiedlichen Personen als Sprechern herrühren. Die Bedeutung des Werkes wäre dann nicht lediglich in der Sachaussage x enthalten, sondern darin, dass „Sprecher A die Sachaussage x" mit-

---

[233] *Künne*, Abstrakte Gegenstände, 230.
[234] Siehe schon oben: S. 96 f.
[235] *Künne*, Abstrakte Gegenstände, 232.
[236] *Künne*, Abstrakte Gegenstände, 91 f.
[237] *Künne*, Abstrakte Gegenstände, 91.
[238] *Künne*, Abstrakte Gegenstände, 91 f.
[239] *Künne*, Abstrakte Gegenstände, 92.

teilt. Diese Bedeutung wäre dann notwendig verschieden von der Bedeutung von Werk y, die darin bestünde, dass „Sprecher B die Sachaussage x mitteilt". Das Werk wäre bei dieser sprecherzentrierten Betrachtung vollständig personalisiert.

Die sprecherzentrierte Betrachtung kann für sich ins Feld führen, dass die Bedeutung, die einer Zeichenfolge im intersubjektiven Diskurs gegeben wird, *auch* von ihrem semantischen Kontext abhängen kann. Zu diesem semantischen Kontext im weiteren Sinne zählt auch die Identität des Sprechers und seines sonstigen Oeuvres. Ob die Sachaussage x von Johann Wolfgang v. Goethe oder von Marc Twain getätigt wurde, hat eine interpretative Bedeutung, die sich auf den objektiven Sinn von x auswirken kann. Folglich erscheint es nicht unplausibel, die Person des Sprechers in die Definition des Werkes mit einzubeziehen.

Andererseits ist die Sachaussage auch einer Interpretation zugänglich, die von den Umständen der Äußerung und insbesondere der Person des Sprechers absieht.[240] Schon ihrer radikalen Heterogenität wegen müssten nach Ingarden[241] Autor und Werk völlig getrennt sein.[242] Denn es handele sich jeweils um zwei heterogene Gegenständlichkeiten.[243] Interpretiert man die in der Zeichenfolge enthaltene Sachaussage auf diese Weise, muss man bei Zeichen- und Sprachidentität auch von der Identität des semantischen Gehalts ausgehen. Das erst- und das zweitgeschöpfte Werk wären bei dieser kontextentbundenen Interpretation folglich *sinngleich* und damit *identisch*. Ob die Anerkennung eines eigenständigen Urheberrechts für den Doppelschöpfer gegen den Prioritätsgrundsatz verstößt oder nicht, hängt also letztlich davon ab, ob der Sinn einer Zeichenfolge kontextabhängig oder nicht kontextabhängig verstanden wird. Bei kontextabhängiger Interpretation muss die Person des Sprechers berücksichtigt werden, mit der Folge, dass ein Aliud und damit kein Bruch mit dem Prioritätsgrundsatz vorläge. Bei kontextentbundener Interpretation spielt die Person des Sprechers keine Rolle, sodass von einem identischen semantischen Gehalt und damit von Werk*identität* ausgegangen werden könnte. Mit dem Prioritätsgrundsatz wäre dann gebrochen.

2. Parallelschöpfung im Patentrecht

Im Patentrecht ist die Rechtslage hinsichtlich der Parallelschöpfung anders als im Urheberrecht. Zwar ist jeder, der die Erfindung unabhängig von ei-

---

[240] So vor allem *Ingarden*, Das literarische Kunstwerk, 19: „Vor allem bleibt vollständig außerhalb des literarischen Werkes der Autor selbst, samt allen seinen Schicksalen, Erlebnissen und psychischen Zuständen."

[241] Siehe schon oben: S. 94 f.

[242] *Ingarden*, Das literarische Kunstwerk, 20.

[243] *Ingarden*, Das literarische Kunstwerk, 20.

nem anderen gemacht hat, Erfinder i.S.v. § 6 PatG.[244] Das Patentrecht erlangt aber nur derjenige Erfinder, der die Erfindung zuerst dem Patentamt vorlegt (§ 6 S. 3 PatG).[245] Von dem durch Hoheitsakt zugewiesenen Patentrecht ist jedoch das durch den Realakt der Erfindung erlangte Recht *auf* das Patent zu unterscheiden. Dieses Recht auf Erteilung eines Patents steht bis zur Erstanmeldung jedem Parallelerfinder selbständig zu.[246] Es liegen zwei selbständige Vermögensrechte vor, die dem jeweiligen Erfinder gehören.[247] Die Anmeldung verändert die vorher gleichrangigen Rechte in dem Sinne, dass allein der Erstanmelder das Ausschließlichkeitsrecht gegenüber jedermann erlangt.[248] Auch dem Parallelerfinder gegenüber erlangt der Patentinhaber einen Anspruch auf Unterlassung der Verwertung der Erfindung.[249] Dieses Recht gegenüber dem Parallelerfinder ist aber gem. § 12 PatG durch das sog. „Vorbenutzungsrecht" beschränkt.[250] Derjenige, der – wie z.B. ein Parallelerfinder – in redlicher Weise von der Erfindung Kenntnis erlangt und schon vor der Patenterteilung die Benutzung begonnen oder hinreichend vorbereitet hat, darf die Erfindung auch im Fall der Patenterteilung weiterbenutzen. Der Unterschied des Vorbenutzungsrechts zur Doppelschöpfung im Urheberrecht besteht freilich darin, dass das Vorbenutzungsrecht nur relativ zum Inhaber des Ausschließlichkeitsrechts einen Anspruch auf Weiterbenutzung gewährt, während die Doppelschöpfer im Urheberrecht jeweils den vollen Sonderrechtsschutz erlangen.[251]

3. Das Prioritätsprinzip als Zentralbegriff des Zivilrechts

Das Prioritätsprinzip ist durch die treffende Sentenz „Wer zuerst kommt, mahlt zuerst" beschrieben.[252] Ein Verteilungskonflikt zwischen mindestens zwei Beteiligten wird durch den Prioritätsgrundsatz zugunsten des Schnelleren entschieden. Schon im römischen Recht war das Prioritätsprinzip für die Rangfolge konkurrierender Pfandrechte bestimmend.[253] Es gilt für den

---

[244] *Melullis*, in: Benkard, Patentgesetz, § 6 Rn. 21; *Claus Ahrens*, Gewerblicher Rechtsschutz, Rn. 147.

[245] Im US-amerikanischen Patentrecht wird hingegen auf den Zeitpunkt der Erfindung abgestellt; vgl. hierzu *Kraßer*, Patentrecht, § 19, IV.

[246] *Kraßer*, Patentrecht, § 19, IV; *Claus Ahrens*, Gewerblicher Rechtsschutz, Rn. 147.

[247] *Pfister*, Das technische Geheimnis „Know How" als Vermögensrecht, 50.

[248] *Kraßer*, Patentrecht, § 19, IV

[249] *Kraßer*, Patentrecht, § 1, IV.

[250] Siehe hierzu grundlegend *Sosnitza*, in: Pahlow/Eisfeld (Hrsg.), Grundlagen und Grundfragen des Geistigen Eigentums, 275 ff.

[251] *Sosnitza*, in: Pahlow/Eisfeld (Hrsg.), Grundlagen und Grundfragen des Geistigen Eigentums, 275, 285.

[252] *Neuner*, AcP, 203 (2003), 46, 47.

[253] *Neuner*, AcP, 203 (2003), 46, 47; Kaser, Römisches Privatrecht, 121: *prior tempore potior iure.*

Erwerb beschränkt-dinglicher Rechte an Grundstücken und Grundstücks-rechten gem. § 879 Abs. 1 BGB noch immer und kann sogar durch eine Vormerkung gem. § 883 Abs. 3 BGB vor Zwischenverfügungen des Eigen-tümers abgesichert werden.[254] Entsprechend gilt das Prioritätsprinzip auch für die Belastung einer beweglichen Sache mit einem Pfandrecht (§ 1209 BGB) sowie die Belastung von Rechten mit Pfandrechten gem. § 1273 Abs. 2 BGB.[255] Auch wenn bei einer Verfügung eines Nichtberechtigten durch Rückerwerb oder Beerbung die im Zeitpunkt der Verfügung vorlie-gende Nichtberechtigung gem. § 185 Abs. 2 S. 2 BGB geheilt wird (Kon-valeszenz), wird von mehreren Verfügungen die frühere dem Prioritäts-grundsatz gemäß wirksam.[256]

Die einzelzwangsvollstreckungsrechtlichen Regelungen (§§ 883 Abs. 1, 894 Abs. 1, 897 Abs. 1 ZPO) setzen den im materiellen Sachenrecht gel-tenden Prioritätsgrundsatz konsequent fort.[257] Im Insolvenzrecht hingegen wird der Prioritätsgrundsatz durch die Maxime *par condicio creditorum* abgelöst.[258] Dies ist durch die Handlungsunfähigkeit des insolventen Schuldners begründet.[259] Auch für die Erstaneignung körperlicher Gegen-stände setzt § 958 BGB das Prioritätsprinzip voraus.[260] Aber auch beim abgeleiteten Erwerb gilt der Prioritätsgrundsatz. Nur derjenige Zessionar, dem als Erstes die Forderung abgetreten wurde, kann die Forderung erwer-ben. Der Zweitzessionar geht – infolge des Prioritätsgrundsatzes – leer aus.[261] Gleiches gilt für Verfügungen über körperliche Gegenstände. Von der Möglichkeit eines gutgläubigen Erwerbs abgesehen, ist nur die zeitlich frühere Verfügung wirksam.[262]

Das Prioritätsprinzip durchzieht folglich, vom Insolvenzrecht abgese-hen, das materielle Privatrecht. Die Priorität der Erwerbung ist beim abge-leiteten Erwerb deshalb relevant, weil der Veräußerer durch eine wirksame Verfügung die Rechtszuständigkeit verliert und folglich zugunsten des Zweiten gar nicht mehr als Berechtigter verfügen kann. Ein Recht kann, von der Möglichkeit gutgläubigen Erwerbs (§§ 932 ff., 892, 405 BGB)

---

[254] *Neuner*, AcP, 203 (2003), 46, 56.

[255] *Neuner*, AcP, 203 (2003), 46, 56.

[256] *Neuner*, AcP, 203 (2003), 46, 54.

[257] *Neuner*, AcP, 203 (2003), 46, 61.

[258] *Bork*, Einführung in das Insovenzrecht, Rn. 2; *Neuner*, AcP, 203 (2003), 46, 61.

[259] *Neuner*, AcP, 203 (2003), 46, 61.

[260] *Neuner*, AcP, 203 (2003), 46, 65.

[261] Bei der Kollision einer Sicherungszession mit einem verlängertem Eigentumsvor-behalt wird teilweise eine Ausnahme vom Prioritätsgrundsatz befürwortet; vgl. *Esser*, JZ 1968, 281, 284. Vorherrschend wird jedoch auch hier am Prioritätsgrundsatz festgehalten, vgl. BGHZ 98, 303; *Busche*, in: Staudinger, BGB, vor §§ 398 ff. Rn. 179.

[262] *Neuner*, AcP, 203 (2003), 46, 54.

abgesehen, *rechtslogisch* nur an den zeitlich Ersten übertragen werden.[263] Aber auch der Ersterwerb eines Gegenstandes muss dem Prioritätsgrundsatz unterworfen werden, was schon aus dem Begriff der *Erst*aneignung folgt. Wenn nämlich der Erste den Gegenstand sich wirksam angeeignet hat, schließt er durch das hierdurch erworbene Recht andere Interessenten aus. Sollten diese nun auf den schon vom Ersten angeeigneten Gegenstand zugreifen, wäre dies aus deren Sicht keine *Erst*aneignung mehr, sondern ein Eingriff in ein fremdes Recht. Zu Recht heißt es daher bei Hegel: „Daß die Sache dem in der Zeit zufällig Ersten, der sie in Besitz nimmt, angehört, ist, weil ein Zweiter nicht in Besitz nehmen kann, was bereits Eigentum eines anderen ist, eine unmittelbar verstehende, überflüssige Bestimmung."[264] Auch der Erwerb des Urheberrechts durch die Schöpfung – also Hervorbringung des immateriellen Gutes – ist ein ursprünglicher Erwerb.[265] Denn der Urheber erweitert seinen Freiheitsraum um ein Ausschließlichkeitsrecht an einem Gegenstand, der zuvor weder ihm noch einem Dritten angehörte. Systemschlüssig müsste daher auch die Erstaneignung des Urheberrechts dem Prioritätsgrundsatz unterworfen werden.

4. Doppelschöpfung als ökonomisches Problem

Aus der Warte der ökonomischen Analyse des Rechts[266] stellt sich die Doppelschöpfung als problematisch dar.[267] Sollte nämlich auch auf dem „Ideenmarkt" das Prioritätsprinzip gelten, könnte es leicht entweder zu einer Unter- oder zu einer Überinvestition in die Generierung neuen Wissens kommen.[268] Zur Unterinvestition würde es kommen, wenn ein Wettbewerber um den Forschungsstand eines anderen Unternehmens wissend, wegen des Prioritätsgrundsatzes von eigener, möglicherweise erfolgversprechenderer Forschungsinvestition absieht.[269] Zur Überinvestition kommt es, wenn andererseits viele Wettbewerber jeweils größeren Aufwand betrieben haben, um eine Innovation zu erzielen. Nur der Erstanmelder würde aber infolge des Prioritätsgrundsatzes das Immaterialgüterrecht erlangen. Die Investitionen der übrigen Wettbewerber wären dann umsonst gewesen, obwohl der zeitliche Vorteil für die Gesellschaft minimal sei. Die

---

[263] *Neuner*, AcP, 203 (2003), 46, 70.

[264] *Hegel*, GPR, § 50.

[265] Siehe hierzu oben: S. 172 ff.

[266] Siehe oben: S. 8 ff.

[267] Diskutiert im Zusammenhang mit dem Prioritätsprinzip bei *Schäfer/Ott*, Lehrbuch der ökonomischen Analyse des Zivilrechts, 620 ff.; siehe auch *Reinganum*, Journal of Economic Theory 25 (1981) 21–41; *Harris/Vickers*, Journal of Industrial Economics 33 (1985), 461–481.

[268] *Schäfer/Ott*, Lehrbuch der ökonomischen Analyse des Zivilrechts, 621.

[269] *Schäfer/Ott*, Lehrbuch der ökonomischen Analyse des Zivilrechts, 621.

Lösung wird hingegen nicht darin gesehen, dem Zweitschöpfer ebenfalls
ein Nutzungsrecht zuzusprechen. Stattdessen wird erwogen, bereits ein
ausschließliches Forschungsrecht einzuräumen.[270] Auch Forschungspools
könnten das ökonomische Problem des Prioritätsgrundsatzes lösen.[271]
Der ökonomischen Problembeschreibung kann gefolgt werden. In der
Tat erscheint es als Verschwendung von Forschungsressourcen, wenn der
Zweitanmelder kein eigenständiges Nutzungsrecht erwerben können soll.
Die vorgeschlagenen Lösungsmodelle überzeugen jedoch – ungeachtet der
Grundlagenkritik an der Anreiztheorie[272] – nicht, weil sie lediglich zu einer
Problemverlagerung führen. Bereits die Forschung zu monopolisieren
kommt einem Denkverbot für Wissenschaftler gleich und dürfte mit Art. 5
Abs. 3 GG nicht vereinbar sein. Forschungspools hingegen lösen das Ver-
teilungsproblem nur für die hieran beteiligten Unternehmen. Die Investiti-
onen von unbeteiligten Unternehmen bleiben gleichwohl verschwendet.

5. Lösung nach dem hier vertretenen Theorieansatz

Das Problem der Doppelschöpfung wird im Urheber- und im Patentrecht
diametral gegensätzlich gelöst. Dies erscheint unsachgemäß, da beide
Rechte auf die einheitliche Wurzel eines veröffentlichungsresistenten
Rechts an immateriellen Gütern zurückgehen.[273] Unbefriedigend erscheint
zudem, dass im Patentrecht hinsichtlich des Rechts auf das Patent das
Prioritätsprinzip *nicht* gilt, wohl aber hinsichtlich des Patentrechts selbst.
Vorzugswürdig erscheint die Anerkennung eines eigenständigen Nutzungsrechts für unabhängige Innovatoren.[274] Nimmt man mit Künne unterschiedliche Werke an, liegt nicht einmal ein Anwendungsfall des Prioritätsprin-
zips vor.[275] Doch auch wenn man die Referenz auf den Schöpfer – möglicherweise nur im Bereich technischer Erfindungen – für irrelevant erachtet, kann in schlüssiger Weise vom Prioritätsgrundsatz abgesehen werden.
Denn die physische Beherrschung des immateriellen Gutes als Schema des
intelligiblen Verwertungsrechts ist insoweit eingeschränkt, als die unabhängige Hervorbringung des Immaterialguts durch Dritte durch Geheimhaltung faktisch nicht verhindert werden kann.[276] Das physische Beherrschungsschema präformiert die Reichweite des intelligiblen Besitzes. Ge-

---

[270] *Schäfer/Ott*, Lehrbuch der ökonomischen Analyse des Zivilrechts, 621.

[271] *Schäfer/Ott*, Lehrbuch der ökonomischen Analyse des Zivilrechts, 621 f.

[272] Siehe oben: S. 13 ff.

[273] Kritisch auch *Kopff*, GRUR Int 1983, 351, 354; sowie de Boor, UFITA 21 (1956),
129, 136.

[274] So auch *Schefczyk*, DZPhil 52 (2004), 739, 751; sowie aus libertärer Warte *Nozick*,
Anarchy, State and Utopia, 182.

[275] Siehe oben: S. 200.

[276] Siehe schon oben: S. 113 f.

währte das Immaterialgüterrecht auch Schutz vor unabhängiger Kreation durch Dritte, ginge die Exklusion Dritter über das im Besitzrealismus mögliche Maß hinaus. Die unabhängige Hervorbringung des Immaterialguts sollte daher nicht als Verletzung des Immaterialgüterrechts angesehen werden. Andererseits ist das immaterielle Gut im Zeitpunkt der Zweitkreation *in der Regel* nicht mehr originell. Denn es wurde schon vom Erstschöpfer veröffentlicht. Dem Zweitschöpfer sollte daher zwar ein originäres Nutzungsrecht, nicht aber notwendigerweise ein Unterlassungsanspruch gegenüber Dritten zustehen.

VII. Übertragbarkeit

Im geltenden (deutschen) Recht wird die Frage nach der Übertragbarkeit von Immaterialgüterrechten[277] in höchstem Maße widersprüchlich beantwortet. Während das *Recht aus dem Patent*[278] in vollem Umfang gem. § 15 Abs. 1 PatG i.V.m. §§ 413, 398 BGB übertragen werden kann[279], ordnet § 29 Abs. 1 UrhG an, dass das Urheberrecht unter Lebenden unübertragbar ist.[280] Es ähnelt insoweit dem Nießbrauch (vgl. § 1059 S. 1 BGB).

1. Die Einräumung von Nutzungsrechten im Urheberrecht

Zulässig ist jedoch nach § 29 Abs. 2 UrhG die Einräumung von Nutzungsrechten. Die Nutzungsrechte können vom Umfang her deckungsgleich mit den dem Urheber zustehenden Verwertungsrechten sein.[281] Einem Pfandrecht (§ 1204 BGB) oder Nießbrauch (§ 1030 BGB) vergleichbar, wird das Urheberrecht durch das vertraglich eingeräumte Nutzungsrecht mit einem dinglich wirkenden Recht eines Dritten belastet.[282] Das Urheberrecht bleibt

---

[277] Vgl. hierzu *Eggersberger*, Die Übertragbarkeit des Urheberrechts in historischer und rechtsvergleichender Sicht.

[278] Nicht umfasst ist das Erfinderpersönlichkeitsrecht. Dieses ist nicht übertragbar; vgl. *Osterrieth*, Patentrecht, Rn. 414.

[279] *Thomas Ahrens*, in: Pierson/Ahrens/Fischer, Recht des geistigen Eigentums, 96.

[280] Anders ist dies freilich in anderen Rechtsordnungen: Vgl. beispielsweise Art. 3, § 1 Abs. 1 des belgischen Urheberrechtsgesetzes vom 30. Juni 1994, wonach die Verwertungsrechte – der dualistischen Theorie entsprechend – übertragbar sind: „Les droits patrimoniaux sont mobiliers, cessibles et transmissibles, en tout ou en partie, conformément aux règles du Code civil. Ils peuvent notamment faire l'objet d'une aliénation ou d'une licence simple ou exclusive." Siehe hierzu *Berenboom*, Le nouveau droit d'auteur, 215 ff.

[281] *Schack*, Urheber- und Urhebervertragsrecht, Rn. 594.

[282] *Wandtke/Grunert*, in: Wandtke/Bullinger, Praxiskommentar zum Urheberrecht, vor §§ 31ff. Rn. 22; *Schack*, Urheber- und Urhebervertragsrecht, Rn. 603 f.; *Rehbinder*, Urheberrecht, Rn. 542; *Paschke*, GRUR 1984, 858, 858.

also in den Händen des Urhebers, doch muss er dulden, dass der Nutzungsberechtigte das Werk in dem eingeräumten Umfange nutzt. Der maximale Umfang an Nutzungsbefugnissen, die dem Lizenznehmer eingeräumt werden können, bestimmt sich nach den dem Urheber zustehenden Verwertungsrechten. Das weitestgehende Nutzungsrecht ist die ausschließliche Lizenz gem. § 31 Abs. 1, 3 UrhG. Der Inhaber eines solchen Rechts ist berechtigt, das Werk unter Ausschluss aller anderen Personen, *den Urheber selbst eingeschlossen*, zu nutzen und seinerseits von ihm abgeleitete Nutzungsrechte einzuräumen.[283] Das Verwertungsrecht steht in diesem Falle ausschließlich dem Lizenznehmer zu, obwohl das Urheberrecht noch beim Urheber verbleibt. Da der Inhaber einer ausschließlichen Lizenz aber auch dem Urheber gegenüber einen Anspruch auf Unterlassung der Werknutzung, z.B. durch Nachdruck, hat, kann der Urheber sein Werk nicht mehr autonom verwerten.[284] Er bleibt aber berechtigt, einer Urheberrechtsverletzung entgegenzutreten, soweit seine Interessen betroffen sind.[285] Wenn er jedoch sämtliche Nutzungsrechte einem Dritten eingeräumt hat, soll eine Aktivlegitimation für den Anspruch aus § 97 UrhG regelmäßig nur wegen der Gefährdung der persönlichen Interessen gegeben sein.[286] *De iure* steht ihm also zwar ein bedingtes Klagerecht wegen Verletzungen des Verwertungsrechts zu, welches er aber *de facto* nur geltend machen kann, wenn sein Urheberpersönlichkeitsrecht betroffen ist. Die Einräumung einer ausschließlichen Lizenz kommt daher einer (nach § 29 I UrhG ausgeschlossenen) Übertragung der Verwertungsrechte nahe, ist hiermit aber nicht identisch. Denn wenn die ausschließliche Lizenz erlischt, etwa durch Verzicht, endet die Belastung des noch beim Urheber verbliebenen Urheberrechts.[287] Die ausschließliche Lizenz ist daher mit einer Dienstbarkeit vergleichbar.[288]

Möglich ist aber auch eine einfache Lizenz, in der lediglich ein genauer bestimmtes Nutzungsrecht ohne Abwehrrecht gegenüber Dritten eingeräumt wird.[289] Dieser einfachen Lizenz kann, ebenso wie dem ausschließlichen Nutzungsrecht, eine dingliche Wirkung zukommen, wenn nicht bloß

---

[283] *Wandtke/Grunert*, in: Wandtke/Bullinger, Praxiskommentar zum Urheberrecht, § 31 Rn. 27; *Rehbinder*, Urheberrecht, Rn. 558.

[284] Siehe vor diesem Hintergrund die Ausführungen zum Rückrufsrecht wegen Nichtausübung eines ausschließlichen Nutzungsrechts oben: S. 138 ff.

[285] *Rehbinder*, Urheberrecht, Rn. 543.

[286] BGH, UFITA 25, 1958, 96; *Rehbinder*, Urheberrecht, Rn. 543.

[287] *Schulze*, in: Dreier/Schulze, Urheberrechtsgesetz, § 29 Rn. 16; *Schack*, Urheber- und Urhebervertragsrecht, Rn. 595.

[288] *Wandtke/Grunert*, in: Wandtke/Bullinger, Praxiskommentar zum Urheberrecht, § 31 Rn. 32; *Rehbinder*, Urheberrecht, Rn. 560.

[289] *Wandtke/Grunert*, in: Wandtke/Bullinger, Praxiskommentar zum Urheberrecht, § 31 Rn. 28.

eine vertragliche Lizenz gewollt war.[290] Gegenüber einem zeitlich später eingeräumten ausschließlichen Nutzungsrecht bleibt die einfache Lizenz gem. § 33 UrhG bestehen. Denn wenn der Urheber bereits durch Gewährung eines einfachen Nutzungsrechts zugunsten des Ersten verfügt hat, steht dem Urheber diesem gegenüber kein Unterlassungsrecht hinsichtlich der eingeräumten Nutzung zu. Dann kann er dieses Recht aber auch nicht mehr einem Dritten im Rahmen eines ausschließlichen Nutzungsrechts einräumen. Der Urheber kann nämlich nur so viel an Rechtsmacht verschaffen, wie ihm selbst zusteht.[291] Aufgrund des fehlenden Publizitäts- und Rechtsscheintatbestandes sieht das deutsche Urheberrecht keinen gutgläubigen Erwerb von Nutzungsrechten vor.[292]

2. Die monistische Theorie und die Nichtübertragbarkeit des Urheberrechts

Das Vollrecht ist folglich nicht übertragbar; wohl aber kann die Nutzungsbefugnis mit dinglicher Wirkung einem Dritten eingeräumt werden.[293] Der Grund für die Nicht-Übertragbarkeit unter Lebenden wird darin gesehen, dass das Urheberrecht zumindest auch ein Persönlichkeitsrecht ist.[294] Die Nichtübertragbarkeit des Urheberrechts sei insofern notwendige Folge der *monistischen Theorie des Urheberrechts*.[295] Die enge persönlichkeitsrechtliche Bindung an den Schöpfer des Werkes schlage wegen der Untrennbarkeit von Persönlichkeits- und Verwertungsrechten auf das Urheberrecht als Ganzes durch.[296] Andererseits ist das Urheberrecht nach § 28 UrhG i.V.m. § 1922 BGB vererblich.[297] Vererbbar soll es sein, weil der Rechtsverkehr gehemmt würde, wenn das Verwertungsrecht auf die Erben überginge, die Persönlichkeitsrechte hingegen von einem nahen Angehöri-

---

[290] *Schulze*, in: Dreier/Schulze, Urheberrechtsgesetz, § 31 Rn. 7 ff.; *Schack*, Urheber- und Urhebervertragsrecht, Rn. 604; *Pahlow*, Lizenz und Lizenzvertrag im Recht des Geistigen Eigentums, 358.

[291] *Wandtke/Grunert*, in: Wandtke/Bullinger, Praxiskommentar zum Urheberrecht, § 31 Rn. 30.

[292] *Wandtke/Grunert*, in: Wandtke/Bullinger, Praxiskommentar zum Urheberrecht, vor § 31 ff. Rn. 47; *Wandtke*, in: Wandtke (Hrsg.), Urheberrecht, 3. Kapitel, Rn. 59; *Schack*, Urheber- und Urhebervertragsrecht, Rn. 601; siehe hierzu auch *Paschke*, GRUR 1984, 858, 863 f.

[293] *Wilhelm Nordemann/Jan Bernd Nordemann*, in: Fromm/Nordemann, vor §§ 28 ff. Rn. 2; *Schulze*, in: Dreier/Schulze, Urheberrechtsgesetz, § 31 Rn. 7 ff.

[294] *Jan Bernd Nordemann*, in: Fromm/Nordemann, Urheberrecht, § 29 Rn. 7.

[295] *Schulze*, in: Dreier/Schulze, Urheberrechtsgesetz, § 29 Rn. 1; *Wandtke*, in: Wandtke (Hrsg.), Urheberrecht, 3. Kapitel, Rn. 18.

[296] *Jan Bernd Nordemann*, in: Fromm/Nordemann, Urheberrecht, § 29 Rn. 7.

[297] Vgl. auch *Kremer*, Das Persönlichkeitsrecht, 34.

gen wahrgenommen würden.[298] Da jedoch auch der Erbgang eine Rechtsübertragung darstellt, diese aber unter Lebenden nicht möglich ist, besteht ein Widerspruch.[299]

3. Kritik an der Nichtübertragbarkeit

Selbst auf der Grundlage der monistischen Theorie ist die Nichtübertragbarkeit des Urheberrechts keineswegs *zwingend*. Denn genauso wie man argumentieren kann, das Urheberpersönlichkeitsrecht sei nicht übertragbar und deshalb auch nicht das hiermit verbundene Verwertungsrecht[300], ist auch der gegenteilige Schluss denkbar: Aus der Übertragbarkeit der Verwertungsrechte würde dann die Übertragbarkeit des Urheberrechts im Ganzen folgen.[301] Ein Vorzug der Übertragbarkeit des Verwertungsrechts würde darin bestehen, dass ein höheres Maß an Systemschlüssigkeit mit dem übertragbaren Patentrecht erzielt würde. Zudem würde der Widerspruch behoben, der darin besteht, dass das Urheberrecht zwar von Todes wegen, nicht jedoch unter Lebenden übertragbar sein soll.[302]

Aus der *formalen* Parallele zum Forderungsrecht[303] kann aber eine Einschränkung der Verkehrsfähigkeit insoweit gefolgert werden, dass der Rechtsgedanke des § 399 2. Fall BGB entsprechend auf das Immaterialgüterrecht angewandt wird. Danach könnte jede weitere Übertragung des Immaterialgüterrechts von einer Zustimmung des Schöpfers abhängig gemacht werden, so sich denn der Schöpfer dies vorbehalten hat. Im positiven Urheberrecht findet sich eine entsprechende Bestimmung in § 34 Abs. 1 UrhG. Danach können Nutzungsrechte nur mit Zustimmung des Urhebers übertragen werden. Auch das Rückrufsrecht aus § 34 Abs. 3 S. 2

---

[298] *Rehbinder*, Urheberrecht, Rn. 537; *Schack*, Urheber- und Urhebervertragsrecht, Rn. 649.

[299] Nicht unter Lebenden veräußerlich, wohl aber vererblich ist auch das Recht, die Erbschaft auszuschlagen nach § 1952 Abs. 1 BGB. Dies mag darauf beruhen, dass es bei der Übertragung unter Lebenden zu einer Inhaltsänderung im Sinne des § 399 1. Fall BGB kommen würde. Der Zessionar würde nämlich darüber bestimmen, ob ein *fremdes* Vermögen mit einer (möglicherweise) negativen Erbschaft belastet wird, während der Erbe des Rechts darüber entscheidet, ob sein *eigenes* Vermögen mit einer negativen Erbschaft belastet wird. Widersprüchlich ist die Nichtübertragbarkeit des Urheberrechts auch mit Blick auf das Geschmacksmusterrecht, wo ebenfalls ein schwächer ausgeprägtes Urheberpersönlichkeitsrecht anerkannt ist; vgl. *Jänich*, Geistiges Eigentum – eine Komplementärerscheinung zum Sacheigentum?, 261.

[300] *Schulze*, in: Dreier/Schulze, Urheberrechtsgesetz, § 29 Rn. 1; *Wandtke*, in: Wandtke (Hrsg.), Urheberrecht, 3. Kapitel, Rn. 18.

[301] *de Boor*, Vom Wesen des Urheberrechts, 27.

[302] Siehe oben: S. 206.

[303] Siehe oben: S. 161 ff.

UrhG in Fällen der Unternehmensnachfolge ist in diesen Kontext einzuordnen.

Zudem ist an eine Einschränkung der einseitigen Aufhebung des Immaterialgüterrechts zu denken. Der Gläubiger kann durch einseitiges Handeln die Forderung nicht zum Erlöschen bringen. Hierzu ist gem. § 397 Abs. 1 BGB ein Vertrag mit dem Schuldner erforderlich. Aus der *Formgleichheit*[304] des Urheberrechts zur Forderung könnte man folgern, das Vertragserfordernis entsprechend auf das Urheberrecht zu übertragen. Das hieße, dass das Verwertungsrecht zwar übertragen werden könnte. Aber der Erwerber dieses Rechts könnte nicht einseitig ohne Zustimmung des Schöpfers auf das Urheberrecht verzichten.

---

[304] Siehe oben: S. 161 ff.

Kapitel 6

Zusammenfassung

Immaterialgüterrechte statten den Rechtsinhaber mit der Befugnis aus, immaterielle Güter unter Ausschluss Dritter gebrauchen zu dürfen. Sie ähneln insofern dem Sacheigentum, als auch dieses einen Unterlassungsanspruch gegenüber Dritten begründet (§ 1004 BGB).[1]

I. Immaterielle Güter

Die Besonderheit des immateriellen Gutes gegenüber materiellen Gegenständen besteht jedoch darin, dass das immaterielle Gut nicht räumlich lokalisierbar ist.[2] Das immaterielle Gut ist aus der ontologischen Perspektive ein Typ (*type*), der einer faktisch unbegrenzten Vielzahl von menschlichen Handlungen bzw. Produkten (*token*) zugrunde liegt.[3] Folglich umfasst das Immaterialgüterrecht nicht bloß einen Anspruch auf Unterlassung des Gebrauchs eines konkreten, räumlich fassbaren und beschränkten Gegenstandes, sondern einen Anspruch auf Unterlassung der Aktualisierung eines abstrakten Handlungsprogramms.

Zumindest Werke im Sinne des Urheberrechts haben zudem eine kommunikative Funktion. Sie sind Mitteilungsobjekte.[4]

II. Bisherige rechtsphilosophische Legitimationstheorien

Die Rechtfertigung eines solch weitgehenden Rechts bereitet Schwierigkeiten. Insbesondere die fehlende Knappheit vorhandener und bereits veröffentlichter immaterieller Güter veranlasst viele Autoren, die Legitimation

---

[1] *Jänich*, Geistiges Eigentum – eine Komplementärerscheinung zum Sacheigentum?, 201; *Claus Ahrens*, Gewerblicher Rechtsschutz, Rn. 2; *Eisenmann/Jautz*, Grundriss Gewerblicher Rechtsschutz und Urheberrecht, Rn. 5; *Beerenboom,* Le nouveau droit d' auteur, 103.
[2] *Schmidt*, DZPhil, 52, (2004), 755, 757.
[3] Siehe oben: S. 93 ff.
[4] Siehe oben: S. 101 ff.

von Immaterialgüterrechten zu bestreiten.[5] Andererseits kann ökonomisch argumentiert werden, dass in Abwesenheit eines wirksamen Immaterialgüterrechts *neue* immaterielle Güter nur suboptimal hergestellt würden.[6] Ohne Ausschließlichkeitsrechte an immateriellen Gütern kämen deren Vorteile der breiten Öffentlichkeit zugute, die Kosten hingegen verblieben allein beim Produzenten.[7] Die Immaterialgüterrechte haben insoweit die Funktion, die mit dem Gebrauch von immateriellen Gütern verbundenen Vorteile zu internalisieren und hierdurch einen Anreiz zur Produktion neuer immaterieller Güter zu schaffen. Diese ökonomische Analyse kann jedoch keine *normative* Legitimation des Immaterialgüterrechts begründen. Denn dies setzte die utilitaristische Prämisse voraus, dass die Neuproduktion immaterieller Güter im volkswirtschaftlichen Gesamtinteresse erstrebenswert ist. Die Wohlstandsmehrung muss dabei als ein den Subjekten vorangestelltes, objektives Gutes behauptet werden. Der Hauptkritikpunkt gegen eine in diesem Sinne utilitaristische Ethik besteht jedoch darin, dass eine Aggregation subjektiver Glückszustände die subjektiven Positionen miteinander verrechnet und hierdurch einem objektiven Zweck unterordnet.

Auch die Theorie vom Arbeitseigentum[8] ist durchgreifender Kritik ausgesetzt.[9] Die Vermengung eigener Arbeit mit bis dato herrenloser Materie kann nicht begründen, weshalb die Materie infolge der Verarbeitung ins Eigentum des Arbeitenden gelangt und nicht umgekehrt die verrichtete Arbeit normativ verloren geht. Zudem reflektiert die Theorie vom Arbeitseigentum nicht, dass die unilaterale Handlung des Ersterwerbs Dritte zur Unterlassung des Sachgebrauchs verpflichtet. Einseitige Willkür kann aber Dritten keine Verbindlichkeit auferlegen.[10]

Die Schwächen der bisherigen Begründungsansätze bestehen also darin, dass sie mit *Effizienz* bzw. *Arbeit* nur normativ unzureichende Kriterien für die Legitimation des Immaterialgüterrechts angeben.[11]

---

[5] Siehe nur *Hoppe*, A Theory of Socialism and Capitalism, 235 und 8ff. Siehe auch schon oben: S. 120 ff.

[6] Siehe hierzu oben: S. 11.

[7] Siehe oben: S. 11.

[8] Siehe oben: S. 19 ff.

[9] Siehe oben: S. 24 ff.

[10] *Kant*, MdS, Rechtslehre, § 11, AA VI, 261.

[11] Siehe zu weiteren Legitimationstheorien (wie beispielsweise jener Hegels) auch die Zusammenfassung oben: S. 50 ff.

III. Die Privatrechtstheorie Immanuel Kants als Grundlage für eine eigenständige Legitimationstheorie

Demgegenüber hat die kantische Privatrechtstheorie den Vorzug, ihr normatives Prinzip in der *vernunftgeleiteten Freiheit* zu finden. Das Recht wird nicht als Effizienzsteigerungs- oder gar Arbeitsordnung begriffen, sondern als eine *Freiheitsordnung*.[12] Auf die Begründung dieses normativen Prinzips wurde in dieser Arbeit bewusst nicht eingegangen.[13] Denn auch ohne moralische Letztbegründung ist eine auf der selbstzweckhaften Freiheit des Menschen aufbauende Rechtsethik im Hinblick auf Art. 1 Abs. 1 GG anschlussfähig.

Recht im Sinne der Privatrechtstheorie Immanuel Kants ist der „Inbegriff der Bedingungen, unter denen die Willkür des einen mit der Willkür des anderen nach einem allgemeinen Gesetz der Freiheit zusammen vereinigt werden kann"[14]. Die im potentiellen Konflikt miteinander stehenden privaten Regelungsvorstellungen sollen auf der Grundlage „allgemeiner Gesetze der Freiheit" vereinigt werden. Vor diesem Hintergrund hat Kant zwar in seiner Schrift über die Rechtswidrigkeit des Büchernachdrucks eine persönlichkeitsrechtliche Theorie des Urheberrechts entwickelt.[15] Diese kann jedoch nicht hinreichend begründen, weshalb das Werk dem Urheber ungeachtet der Veröffentlichung rechtlich zugeordnet sein soll.[16] Doch die Privatrechtstheorie Kants, welche er in den Metaphysischen Anfangsgründen der Rechtslehre entfaltete, kann als theoretischer Unterbau einer eigenständigen, kantisch-geprägten Legitimationstheorie herangezogen werden.[17]

1. Intelligibler und physischer Besitz

Zentrales Regelungsthema des Privatrechts ist die Zuordnung äußerer Gegenstände zu Subjekten, wobei zwei verschiedene Zurechnungsarten unterschieden werden. Der *physische Besitz* rechnet einem Subjekt den äußeren Gegenstand aufgrund fortdauernder faktischer Herrschaft zu. Der *intelligible Besitz* abstrahiert von fortdauernder faktischer Herrschaft und rechnet rein rechtlich zu.[18]

---

[12] Grundlegend *Kant*, MdS, Rechtslehre, § B, AA VI, 229 f.

[13] Siehe zum „Faktum der Vernunft " *Klein*, Gibt es ein Moralgesetz, das für alle Menschen gültig ist?

[14] *Kant*, MdS, Rechtslehre, § B, AA VI, 229 f.; siehe hierzu oben: S. 57 ff.

[15] Siehe hierzu oben: S. 38 ff.

[16] Siehe zur detaillierten Kritik oben: S. 46 ff.

[17] Dies ist das Thema von Kapitel 2; S. 53 ff.

[18] Siehe oben: S. 64 ff.

2. *Die Begründung des Besitzidealismus*

Im Wege eines Gedankenexperiments werden zwei Regelungsvorschläge daraufhin untersucht, ob sie sich als allgemeines Freiheitsgesetz eignen.[19] Der erste Regelungsvorschlag besteht im sogenannten Besitzrealismus. In einer besitzrealistischen Privatrechtsordnung gibt es keine intelligible Zuordnung eines äußeren Gegenstandes. Der Person steht nur jenes als das Ihre zu, welches sie faktisch in den Händen hält. Den zweiten Regelungsvorschlag bildet der sogenannte Besitzidealismus, der neben dem physischen Besitz auch einen intelligiblen Besitz kennt. Dies bedeutet, dass eine rechtliche Beherrschung auch dann noch möglich ist, wenn das Subjekt den ihm zugeordneten äußeren Gegenstand nicht (mehr) aktuell physisch beherrscht.

In beiden Privatrechtsordnungen sind Dritte von dem Gebrauch des Gegenstandes ausgeschlossen.[20] Der mögliche Einwand gegen eine intelligible Besitzordnung, diese schränke die Freiheit der „Nicht-Eigentümer" durch Exklusion vom Gegenstandsgebrauch ein, verfängt insoweit nicht. Denn auch in einer besitzrealistischen Privatrechtsordnung werden der physische Besitz und die dadurch bewirkte Exklusion hingenommen. Folglich ist der Ausschluss der „Nicht-Eigentümer" kein Spezifikum des Besitzidealismus.[21]

Letzterer vertieft jedoch die Exklusion Dritter insofern, als er eine *kontinuierliche*, intersubjektiv zu respektierende Zuordnung eines äußeren Gegenstandes zu einem Subjekt errichtet.[22]

Spiegelbildlich steht dem die Freiheitseinschränkung einer besitzrealistischen Ordnung gegenüber. Diese besteht darin, dass die kontinuierliche Zuordnung vereitelt und hierdurch die praktische Verfolgung komplexer gegenstandsbezogener Zwecke unmöglich gemacht wird. Beide Ordnungen erweisen sich daher relativ zu ihrem jeweiligen praktischen Gegenentwurf als rechtfertigungsbedürftig.[23]

Der besitzrealistischen Ordnung kann es jedoch im Rahmen eines freiheitsrechtlichen Systems nicht gelingen, den zulässigen Gegenstandsgebrauch auf diejenigen Gegenstände einzuschränken, die einer aktuellen physischen Herrschaft unterliegen.[24] Denn das Kriterium, an dem sich die besitzrealistische These messen lassen muss, ist der allgemeine Rechts-

---

[19] Dies ist der Kerngedanke des indirekten Beweises, der oben unter § 4, I, 3, b) vorgestellt wurde.

[20] Siehe oben: S. 64 ff.

[21] Siehe oben: S. 65.

[22] Siehe oben: S. 65.

[23] Siehe oben: S. 64 ff.

[24] Zum rechtlichen Postulat der praktischen Vernunft *Kant*, MdS, Rechtslehre, § 2, AA VI, 246 f. und hierzu vor allem oben: S. 68 ff.

begriff. Danach ist das „Recht (....) der Inbegriff der Bedingungen, unter denen die Willkür des einen mit der Willkür des andern nach einem allgemeinen Gesetz der Freiheit zusammen vereinigt werden kann"[25]. Das Prädikat eines „allgemeinen Gesetzes der Freiheit" kann jedoch der besitzrealistischen These nicht zugesprochen werden. Denn der Besitzrealismus gründet die Zuordnung eines Gegenstandes zu einem Subjekt auf der fortdauernden faktischen Herrschaft. Das empirische Faktum der fortdauernden Beherrschung ist hiernach der Geltungsgrund für ein rechtliches Herrschaftsverhältnis. Die im Recht zu ordnende äußere Freiheit der Subjekte wird dadurch dem empirischen Faktum der Herrschaft subsumiert. Wer jedoch die äußere Freiheit der faktischen Herrschaft subsumiert, konstituiert eine Macht- nicht aber eine Freiheitsordnung. Folglich darf es dem Subjekt nicht verwehrt sein, einen Gegenstand dann noch als den Seinen zu haben, wenn es ihn nicht mehr aktuell physisch beherrscht.[26]

Für das Urheberrecht drängen sich nun zwei entscheidende Fragen auf. Erstens: Nach welchen Kriterien entscheidet sich, welches Objekt möglicher Gegenstand eines intelligiblen Besitzrechts sein kann?[27] Und zweitens: Inwieweit erfüllen immaterielle Gegenstände diese Kriterien?[28]

3. Die faktische Beherrschbarkeit als Kriterium für das Prädikat der „Eigentumsfähigkeit"

Im Hinblick auf die erste Frage wird die These vertreten, dass nur *physisch beherrschbare* Objekte taugliche Gegenstände intelligibler Rechte sind.[29] Man muss sich mithin vorstellen können, dass der Gegenstand faktisch beherrscht wird, also Dritte tatsächlich vom Gebrauch des Gegenstandes ausgeschlossen werden. Dies folgt interpretatorisch daraus, dass Kant den physischen Besitz als *Schema* des intelligiblen Besitzes bezeichnet.[30] Das Schema ist ein vermittelndes Drittes, das die Anwendung eines Begriffs auf einen empirischen Gegenstand ermöglicht. Voraussetzung dieser Vermittlungsleistung ist, dass das Schema sowohl Elemente des Begriffs als auch des empirischen Gegenstandes aufweist.[31] Der Rechtsbegriff, dessen Anwendung in Frage steht, ist der des intelligiblen Besitzes. Er zeichnet sich durch eine von faktischer Beherrschung unabhängige *Exklusion* aus. Der Gegenstand als Bezugsobjekt dieses intelligiblen Rechts wiederum ist notwendig *empirischer* Art. Der physische Besitz eignet sich deshalb als

---

[25] *Kant*, MdS, Rechtslehre, § B, AA VI, 229 f.
[26] Siehe oben: S. 70 ff.
[27] Dieser Frage widmen sich die S. 80 ff.
[28] Siehe hierzu vor allem: S. 108 ff.
[29] Siehe oben: S. 88 ff.
[30] Siehe oben: S. 83 ff.
[31] Siehe oben: S. 85 f.

Schema des intelligiblen Besitzes, weil er strukturparallel zum intelligiblen Besitz *exkludiert*, dies aber andererseits auf *empirischer* Beherrschung beruht. Die empirische Exklusion des physischen Besitzes weist daher sowohl Elemente des Rechtsbegriffs als auch des empirischen Gegenstandes auf.

Ferner restringiert das Schema des physischen Besitzes den praktischen Anwendungsbereich des Privatrechts auf „Gegenstände der Willkür". Unter Willkür versteht Kant das handlungsmächtige subjektive Begehren.[32] Nur auf den möglichen Konflikt einer Vielzahl handlungsmächtiger subjektiver Begehren bezieht sich das praktische Regelungsthema des Rechts.[33] Würde nun auch ein Gegenstand mögliches Mein und Dein sein, von dem die faktische Beherrschung gar nicht denkbar ist, bestünde insoweit auch keine Handlungsmacht. Es handelte sich dann also nicht um einen „Gegenstand der Willkür", sondern um einen solchen des „Wunsches".[34]

Zudem sollten intelligible Rechte nur an faktisch beherrschbaren Gegenständen eingeräumt werden, weil anderenfalls die besitzidealistische Ordnung nicht bloß die Exklusionsstruktur vertiefen, sondern überhaupt erst konstituieren würde.[35] Sowohl die intelligible als auch die faktische Besitzordnung zeichnen sich durch die Exklusion der jeweiligen Nicht-Besitzer aus. Im Unterschied zur faktischen, also besitzrealistischen Ordnung hat die Exklusionsstruktur in der intelligiblen Besitzordnung aber eine andere Qualität. Denn sie ermöglicht eine von aktueller Beherrschung transzendente und hierdurch *kontinuierliche* Exklusion Dritter.[36] Nur im Hinblick hierauf erweist sich die intelligible Besitzordnung relativ zur besitzrealistischen Ordnung als rechtfertigungsbedürftig. Würde man jedoch intelligible Rechte auch an einem Gegenstand zulassen, dessen physische Beherrschung gar nicht denkbar ist, wäre in einer bloß besitzrealistischen Ordnung hinsichtlich dieses Gegenstandes überhaupt keine Exklusion Dritter möglich. Die Exklusion selbst würde also durch die intelligible Besitzordnung geschaffen.

Diese Freiheitseinschränkung der „Nicht-Eigentümer" wäre gesondert zu rechtfertigen und könnte keinesfalls darin bestehen, dass das Subjekt nicht von der kontinuierlichen faktischen Beherrschung abhängig gemacht werden darf. Denn die Notwendigkeit, von dem Faktum einer fortdauernden Beherrschung aus Freiheitsgründen abzusehen, kann sich nur dort ergeben, wo eine faktische Beherrschung überhaupt denkbar ist. Folglich

---

[32] *Kant*, MdS, Rechtslehre, Einleitung I, AA VI, 213.
[33] *Kant*, MdS, Rechtslehre, § B, AA VI, 230.
[34] Siehe oben: S. 90 f.
[35] Siehe oben: S. 91.
[36] Siehe oben: S. 64 ff.

kann die kantische Privatrechtstheorie keine intelligiblen Rechte an nicht faktisch beherrschbaren Gegenständen legitimieren.

Die physische Herrschaft darf somit zwar nicht Geltungsgrund der rechtlichen Gegenstandszuordnung sein, jedoch fungiert deren *Realmöglichkeit* als Erkenntnisgrund (*ratio cognescendi*) der möglichen Reichweite von intelligiblen Rechten.[37] Es ist also nur notwendig, sich von einem Gegenstand *denken* zu können, er werde von einem Subjekt faktisch beherrscht.

4. Geheimhaltbarkeit als faktische Beherrschung immaterieller Güter

Da immaterielle Güter als abstrakte Gegenstände nicht räumlich lokalisierbar sind, kann ihre faktische Beherrschung gewiss nicht analog zur Beherrschung körperlicher Gegenstände gedacht werden.[38] Ein immaterielles Gut lässt sich schließlich nicht in den Händen halten. Allerdings ist es denkbar, dass ein *neuartiges bzw. originelles* immaterielles Gut geheim gehalten wird.[39]

Das Geheimnis selbst ermöglicht es seinem Träger, Dritte von dem Gebrauch des abstrakten Gegenstandes auszuschließen. Gerade weil und insoweit das immaterielle Gut geheim gehalten werden kann, ist es als Gegenstand möglicher faktischer Beherrschung ein sog. „Gegenstand der Willkür.[40]

5. Das veröffentlichungsresistente Recht an immateriellen Gütern

Intelligibler Besitz an einem immateriellen Gut bedeutet, dass letzteres auch dann noch dem Subjekt zuzurechnen ist, wenn das immaterielle Gut veröffentlicht und damit aus der Geheimsphäre entlassen wurde. Genauso wie das Eigentumsrecht an Sachen *resistent* ist gegen den Verlust der tatsächlichen Sachherrschaft, ist der intelligible Besitz an dem immateriellen Gut resistent gegen den Verlust der durch die Geheimhaltung begründeten faktischen Informationsherrschaft. Es ist veröffentlichungsresistent.[41]

---

[37] Siehe oben: S. 91 ff.
[38] Siehe zum eigenen Anwendungsversuch oben: S. 108 ff.
[39] Siehe oben: S. 180 und S. 110 ff.
[40] Siehe oben: S. 108 ff.
[41] Siehe insgesamt oben: S. 53 ff.

6. *Das Schema des physischen Besitzes präformiert den Rechtsinhalt des Ausschließlichkeitsrechts*

Allerdings ist die durch das faktische Geheimnis begründete Herrschaft über den nicht-offenkundigen abstrakten Gegenstand beschränkt. Die Grenzen möglicher faktischer Herrschaft *präformieren* die Grenzen rechtlicher Herrschaft über das immaterielle Gut. Der intelligible Unterlassungsanspruch kann nur vor solchen Verhaltensweisen Dritter schützen, vor denen – hypothetisch – faktische Geheimhaltung schützen würde. Dies zeigt sich zunächst an der sogenannten Doppelschöpfung.[42]

Selbst wenn der immaterielle Gegenstand geheim gehalten wird, kann nicht faktisch verhindert werden, dass Dritte unabhängig von dem Erstschöpfer einen im Wesentlichen identischen Gedanken entwickeln. Da die Doppelschöpfung durch faktische Beherrschung (Geheimhaltung) nicht verhindert werden kann, ist es schlüssig, dass auch das intelligible Recht an dem immateriellen Gut vor Doppelschöpfung nicht schützen sollte – so wie es auch dem geltenden Urheberrecht, nicht jedoch dem Patentrecht, entspricht.

Ferner können nur solche abstrakten Gegenstände geheim gehalten werden, die nicht offenkundig sind. Die Beschränkung des positiv-rechtlichen Immaterialgüterschutzes auf neuartige bzw. originelle immaterielle Güter lässt sich hierdurch erklären.[43]

Schließlich ist auch die zeitliche Beschränkung der Immaterialgüterrechte dadurch begründbar, dass die faktische Herrschaft durch Geheimhaltung in dem Moment enden würde, in dem ein Dritter – hypothetisch – unabhängig vom Erstschöpfer den immateriellen Gegenstand hervorbringt.[44]

Der mögliche Inhalt eines intelligiblen Rechts an einem immateriellen Gut wird in dem eben skizzierten Sinne durch das faktische Beherrschungsschema des Geheimnisses präformiert. Zugleich besteht der normative Grund für die Legitimation des Immaterialgüterrechts darin, dass eine Rechtsordnung, welche die Zuordnung eines abstrakten Gegenstandes zu einem Subjekt von der fortdauernden Geheimhaltung – und damit der permanenten Beherrschung – abhängig machte, dem Subjekt die Verfolgung komplexer Zwecke mit dem Immaterialgut vereiteln würde.[45] Die Abhängigkeit von dem empirischen Faktum der permanenten Geheimhaltung stellte die äußere Freiheit des Subjekts rechtswidrig unter die Voraussetzung fortdauernder tatsächlicher Macht. Deshalb muss die Rechtsordnung eine von der fortdauernden faktischen Beherrschung losgelöste Zuordnung

---

[42] Siehe oben: S. 198 ff.
[43] Siehe oben: S. 180.
[44] Siehe oben: S. 198.
[45] Siehe oben: S. 64 ff.

eines immateriellen Guts zu einem Rechtssubjekt ermöglichen. Die Veröffentlichung des immateriellen Guts darf daher nicht zum (vollständigen) Rechtsverlust führen.

7. *Sozialpflichtigkeit und ursprünglicher Erwerb*

Die Rechtsordnung muss daher den Erwerb eines intelligiblen Rechts an immateriellen Gütern ermöglichen. Folglich muss ein *ursprünglicher* Erwerb immaterieller Güter rechtlich zulässig sein.[46] Durch diesen würde jedoch Dritten eine Verbindlichkeit auferlegt, welche sie vorher nicht hatten.[47] Sie müssten sich des Gebrauchs des immateriellen Gutes enthalten, obwohl dieses bereits veröffentlicht ist. Unilateral kann der Schöpfer Dritten diese Pflicht nicht auferlegen. Daher kann sich der ursprüngliche Erwerb nur nach Maßgabe der *Idee der a priori vereinigten Willkür aller* vollziehen. Aus dieser Vernunftidee folgt, dass das Erwerbsgesetz allgemeingültig sein muss. Dritte dürfen infolge der Erstaneignung nicht permanent vom Vermögenserwerb ausgeschlossen sein. Äußeres Mein und Dein darf nicht bedeuten, dass ein *Einziger* seine Freiheit verwirklicht, allen anderen diese Möglichkeit aber infolge der Erstakkumulation nimmt. Nur unter der Bedingung, dass das „allgemeine Vermögen" für andere offenbleibt und ihnen folglich ein Erwerbsrecht zusteht, ist die Erstaneignung äußerer Gegenstände der Willkür mit der Freiheit anderer zu vereinbaren. Hieran knüpft rechtsphilosophisch die Sozialpflichtigkeit der vermögenswerten Bestandteile des Urheberrechts an, die positiv-rechtlich aus Art. 14 Abs. 2 GG folgt. Ursprünglicher Erwerb und Sozialpflichtigkeit sind daher dem Grunde nach miteinander verzahnt.[48] Es lässt sich auch nicht einwenden, Immaterialgüterrechte beruhten auf der Produktion von etwas Neuartigem und könnten daher keiner Sozialpflicht unterliegen. Denn die Produktion immaterieller Güter erfolgt nicht aus dem Nichts heraus, sondern baut stets auf den Vorarbeiten Dritter sowie den allgemeinmenschlichen Denkstrukturen auf.[49]

8. *Die persönlichkeitsrechtlichen Elemente des Urheberrechts*

Der *intelligible Besitz immaterieller Güter* ist ein Recht an einem dem Subjekt *äußeren, abstrakten Gegenstand*. Die ontische Verschiedenheit vom Subjekt bedingt, dass das Immaterialgüterrecht nicht als ein Persön-

---

[46] Siehe oben: S. 116 ff.
[47] Zu dem sich aus dem Ersterwerb *scheinbar* ergebenden Dilemma siehe oben: S. 77 ff.
[48] Siehe oben: S. 170 ff.
[49] Siehe oben: S. 174.

lichkeitsrecht strengen Sinnes angesehen werden kann.[50] Hierzu zählt im
Rahmen der kantischen Privatrechtstheorie nämlich nur die Unabhängigkeit von nötigender Willkür Dritter.[51] Dieses Persönlichkeitsrecht bezeichnet Kant als das *innere Mein und Dein*.[52] Gebraucht ein Dritter das vom
Schöpfer ontisch verschiedene immaterielle Gut, wird Letzterer jedoch zu
nichts gezwungen.[53]

Persönlichkeitsrechte des Schöpfers sind betroffen, wenn in dessen
kommunikative Selbstbestimmung eingegriffen wird. Das ist in negativer
Hinsicht der Fall, wenn ihm eine Sprechhandlung als die Seine untergeschoben wird, die er nicht oder nicht so hat veröffentlichen wollen. Der
Urheber hat aber auch einen Anspruch darauf, dass Dritte nicht den beab-
sichtigten kommunikativen Erfolg zunichte machen. Veröffentlicht ein
Dritter das immaterielle Gut gegen oder ohne den Willen des Schöpfers,
wird Letzterem ein öffentlicher Diskurs aufgezwungen. Die nicht konsen-
tierte Aufhebung der Geheimsphäre verletzt den Schöpfer daher in seinem
Persönlichkeitsrecht. § 12 UrhG hat mithin eine persönlichkeitsrechtliche
Wurzel, sofern man dessen Anwendungsbereich mit der vorherrschenden
Auffassung auf die Erstveröffentlichung beschränkt.[54]

Ebenfalls wird das angeborene Freiheitsrecht des Schöpfers verletzt,
wenn eine veröffentlichte Sachaussage inhaltlich oder der Form nach
unkonsentiert wesentlich modifiziert wird. Denn dem Schöpfer wird eine
veränderte Sachaussage als die Seine zugeschrieben. Liest man § 14 UrhG
in diesem Sinne, besteht eine Parallele zum sogenannten *droit de non-
paternité*.[55] Die kommunikative Selbstbestimmung des Schöpfers lässt sich
rechtslogisch von dem intelligiblen Recht an dem äußeren abstrakten Gegenstand trennen.

---

[50] Siehe oben: S. 161 ff.
[51] Siehe oben: S. 129 f.
[52] *Kant*, MdS, Rechtslehre, Einteilung der Rechtslehre, AA VI, 238.
[53] Siehe oben: S. 47 ff.
[54] Siehe oben: S. 133 f.
[55] Siehe oben: S. 134 f.

Literaturverzeichnis

Abbott, Frederick M./Cottier, Thomas/Gurry, Francis: International intellectual property in an intergrated world economy, Austin (u.a.) 2007.

Ahrens, Claus: Gewerblicher Rechtsschutz, Tübingen 2008.

Ahrens, Heinrich: Die Philosophie des Rechts und des Staates, 1.Tl., Die Rechtsphilosophie oder das Naturrecht auf philosophisch-anthropologischer Grundlage, 4. Aufl., Wien 1852.

Alexy, Robert: Theorie der Grundrechte, Frankfurt/Main 1986.

Allfeld, Philipp: Das Urheberrecht an Werken der Literatur und Tonkunst, München 1928.

Ann, Christoph: Know-how – Stiefkind des Geistigen Eigentums?, GRUR 2007, 39–43.

Aristoteles: Metaphysik, zitiert nach der Ausgabe Stuttgart 1970.

–: Nikomachische Ethik, zitiert nach der Ausgabe Stuttgart 1969.

Bacon, Francis: Neues Organon, Teilband I, 1620, zitiert nach der Ausgabe Hamburg Jaco1990.

Badura, Peter: Zur Lehre von der verfassungsrechtlichen Institutsgarantie des Eigentums, betrachtet am Beispiel des „geistigen Eigentums", in: Lerche, Peter/Zacher, Hans F./Badura, Peter (Hrsg.), Festschrift für Theodor Maunz zum 80. Geburtstag, München 1981, 1–16.

Bappert, Walter: Wege zum Urheberrecht, Frankfurt/Main 1962.

Barwise, Jon/Etchemendy, John: Sprache, Beweis und Logik – Aussagen- und Prädikatenlogik, Paderborn 2005.

Basedow, Jürgen/Metzger, Axel/Heinze, Christian (u.a.): Intellectual Property and the Reform of Private International Law – Sparks from a Difficult Relationship, IPRax 2007, 284–290.

Baumol, William J./Blinder, Alan S.: Economics – Principles and Policy, 9. Aufl., Mason (u.a.) 2003.

Beck, Lewis White: Kants Kritik der praktischen Vernunft, 3. Aufl., München 1995.

Becker, Christoph: Die „res" bei Gaius – Vorstufe einer Systembildung in der Kodifikation? Zum Begriff des Gegenstandes im Zivilrecht, Köln (u.a.) 1999.

Beerenboom, Alain: Le nouveau droit d'auteur et les droits voisins, 4. Aufl., Brüssel 2008.

Benkard, Georg: Patentgesetz, 10. Aufl., München 2006.

Bentham, Jeremy: An Introduction to the Principles of Morals and Legislation (1781), Buffalo 1988.

Boldrin, Michele/Levine, David K.: Against Intellectual Monopoly, Cambridge (u.a.) 2008.

Bonneß, André: Der Schutz von Figuren durch das Urheberrechtsgesetz, Hamburg 1999.

de Boor, Hans Otto: Urheberrechtliche Grundsatzfragen in Schrifttum und Rechtsprechung, UFITA 21 (1956), 129–150.

–: Vom Wesen des Urheberrechts, Marburg 1933.

Bork, Reinhard: Einführung in das Insovenzrecht, 5. Aufl., Tübingen 2009.

Bouillon, Hardy: A Note on Intellectual Property and Externalities, in: Hülsmann, Jörg Guido/Kinsella, Stephan (Hrsg.), Property, Freedom, Society – Essays in Honor of Hans-Hermann Hoppe, Alabama 2009, 149–160.

Brandner, Hans Erich: Das allgemeine Persönlichkeitsrecht in der Entwicklung durch die Rechtsprechung, JZ 1983, 689–696.

Brandt, Reinhard: Eigentumstheorien von Grotius bis Kant, Stuttgart 1974.

Brecht, Berthold: Kaukasischer Kreidekreis, Frankfurt/Main 1980.

Breyer, Stephen: The Uneasy Case for Copyright: A Study of Copyright in Books, Photocopies, and Computer Programs, 84 Harv. L. Rev. (1970–1971), 281–351.

Brocker, Manfred: Arbeit und Eigentum – Der Paradigmenwechsel in der neuzeitlichen Eigentumstheorie, Darmstadt 1992.

–: Kants Besitzlehre, Würzburg 1987.

Brunner, Sibylle/ Kehrle, Karl: Volkswirtschaftslehre, München 2009.

Bühler, Karl: Sprachtheorie, Stuttgart 1999.

Calandrillo, Steve P.: An Economic Analysis of Property Rights in Information: Justifications and Problems of Exclusive Rights, Incentives to Generate Information, and the Alternative of a Government-Run Reward System, 9 Fordham Intell. Prop. Media & Ent. L.J. (1998–1999), 301–360.

Canaris, Claus-Wilhelm: Die Verdinglichung obligatorischer Rechte, in: Jakobs, Horst Heinrich (Hrsg.), Festschrift für Werner Flume zum 70. Geburtstag, Band I, Köln 1978, 371–427.

Cole, Julio H.: Patents and Copyrights: Do the Benefits exceed the Costs?, Journal of Libertarian Stud., 15 (2001), 79–105

Cooter, Robert/ Ulen, Thomas: Law & Economics, 5. Aufl., Boston (u.a.) 2008.

Decker, Andreas: Der Neuheitsbegriff im Immaterialgüterrecht, München 1989.

Deggau, Hans-Georg: Die Aporien der Rechtslehre Kants, Stuttgart-Bad Cannstatt 1983.

Demmler, Horst: Einführung in die Volkswirtschaftslehre, 7. Aufl., München 2001.

Desbois, Henri: Le droit d'auteur en France, Toulouse 1966.

Dietz, Adolf: Le droit d'auteur dans la Communauté européenne, Brüssel 1976.

Drahos, Peter: A Philosophy of Intellectual Property, Aldershot (u.a.) 1996.

Dreier, Thomas/ Schulze, Gernot: Urheberrechtsgesetz, 3. Aufl., München 2008.

Drexl, Josef: Is there a ‚more economic approach' to intellectual property and competition law?, in: Drexl, Josef (Hrsg.), Research Handbook on Intellectual Property and Competition Law, Northampton 2008, 27–53.

Dreyer, Gunda/ Kotthoff, Jan/ Meckel, Astrid: Urheberrecht, 2. Aufl., Heidelberg 2008.

Druey, Jean: Information als Gegenstand des Rechts, Zürich 1995.

Eberty, Felix: Versuche auf dem Gebiet des Naturrechts, Leipzig 1852.

Eggersberger, Michael: Die Übertragbarkeit des Urheberrechts in historischer und rechtsvergleichender Sicht, München 1992.

Eidenmüller, Horst: Effizienz als Rechtsprinzip, Tübingen 1998.

Eisenmann, Hartmut/Jautz, Ulrich: Grundriss Gewerblicher Rechtsschutz und Urheberrecht, 8. Aufl., Heidelberg 2009.

Eisler, Rudolf: Kant-Lexikon, Hildesheim 1961.

Elster, Alexander: Die wettbewerbliche und die immanente Begrenzung des Urheberrechts, GRUR 31, (1926), 493–502.

Emge, C. August: Das Eherecht Immanuel Kants. Ein Beitrag zur Geschichte der Rechtswissenschaft, Kant-Studien 29 (1924), 243–279.

Engisch, Karl: Auf der Suche nach der Gerechtigkeit – Hauptthemen der Rechtsphilosophie, München 1971.

Ensthaler, Jürgen: Gewerblicher Rechtsschutz und Urheberrecht, 3. Aufl., Berlin/ Heidelberg 2009.

Esser, Josef: Globalzession und verlängerter Eigentumsvorbehalt, JZ 1968, 281–285.

Fezer, Karl-Heinz: Markenrecht, 4. Aufl., München 2009.

Fichte, Johann Gottlieb: Beweis der Unrechtmäßigkeit des Büchernachdrucks. Ein Räsonnement und eine Parabel, Berlinische Monatsschrift 21, 1793, 443–483; Nachdruck in: UFITA Bd. 106 (1987), 155–172.

Forkel, Hans: Lizenzen an Persönlichkeitsrechten durch gebundene Rechtsübertragung, GRUR 1988, 491–501.

–: Zur Übertragbarkeit geheimer Kenntnisse, in: Hubmann, Heinrich/ Hübner, Heinz (Hrsg.), Festschrift für Ludwig Schnorr von Carolsfeld zum 70. Geburtstag, Köln u.a. 1972, 105–123.

Foucault, Michel: Was ist ein Autor?, in: Schriften zur Literatur, Frankfurt/Main 1988.

Freier, Friedrich von: Kritik der Hegelschen Formalismusthese, Kant-Studien Bd. 83 (1992), 304–323.

Fromm, Friedrich Karl/ Nordemann, Wilhelm: Urheberrecht – Kommentar zum Urheberrechtsgesetz, Verlagsgesetz, Urheberrechtswahrnehmungsgesetz, 10. Aufl., Stuttgart 2008

–: Urheberrecht – Kommentar zum Urheberrechtsgesetz, Verlagsgesetz, Urheberrechtswahrnehmungsgesetz, 9. Aufl., Stuttgart 1998.

Fulda, Hans Friedrich: Erkenntnis der Art, etwas Äußeres als das Seine zu haben, in: Höffe, Otfried (Hrsg.), Metaphysische Anfangsgründe der Rechtslehre, Berlin 1999, 87–115.

Gesang, Bernward: Eine Verteidigung des Utilitarismus, Stuttgart 2003.

Gierke, Otto von: Deutsches Privatrecht, 1. Band, Allgemeiner Teil und Personenrecht, Leipzig 1895.

Gilbert, Richard/Shapiro, Carl: Optimal patent length and breadth, in: Merges, Robert P. (Hrsg.), Economics of Intellectual Property Law, Volume I, 86–97.

Godt, Christine: Eigentum an Information – Patentschutz und allgemeine Eigentumstheorie am Beispiel genetischer Information, Tübingen 2007.

Goodman, Nelson: Languages of Art, Indianapolis 1968.

Granstrand, Ove: Patents and Intellectual Property: A General Framework, in: Cantwell, John (Hrsg.), The Economics of Patents, Volume I, Cheltenham (u.a.) 2006, 3–59.

Groppler, Burkart: Wider den Urheberrechtsmonismus, UFITA 25 (1958), 385–414.

Grotius, Hugo: De iure belli ac pacis, 1625, zitiert nach der Ausgabe Aalen 1993.

Halpern, Sheldon W./Nard, Craig Allen/Port, Kenneth L.: Fundaments of United States Intellectual Property Law: Copyright, Patent, Trademark, 2. Aufl., Alphen aan den Rijn 2007.

Hansen, Gerd: Warum Urheberrecht? Die Rechtfertigung des Urheberrechts unter besonderer Berücksichtigung des Nutzerschutzes, Baden-Baden 2009.

Harms, Jan Gaven: Philosophische Begründungen geistigen Eigentums, Hamburg 2005.

Harris, Christopher/Vickers, John: Patent Races and the Persistence of Monopoly, in: Journal of Industrial Economics 33 (1985), 461–481.

Hart, Herbert Lionel Adolphus: The Concept of Law, 2. Aufl., Oxford (u.a.) 2005.

Hegel, Georg Wilhelm Friedrich: Die Philosophie des Rechts – Vorlesung 1821/1822, zitiert nach der Ausgabe Frankfurt/Main 2005.

–: Grundlinien der Philosophie des Rechts, 1821, zitiert nach der Ausgabe Frankfurt/Main 1970, zitiert: GPR.

Heinig, Hans Michael: Der Sozialstaat im Dienst der Freiheit, Tübingen 2008.

Heinze, Christian: Einstweiliger Rechtsschutz im europäischen Immaterialgüterrecht, Tübingen 2007.

Helle, Jürgen: Besondere Persönlichkeitsrechte im Privatrecht, Tübingen 1991.

Henning-Bodewig, Frauke: Globalisierung und Europäisierung des gewerblichen Rechtsschutzes, in: Schricker, Gerhard/Dreier, Thomas/Kur, Annette (Hrsg.): Geistiges Eigentum im Dienst der Innovation, Baden-Baden, 2001, 125–139.

Herb, Karlfriedrich/Ludwig, Bernd: Naturzustand, Eigentum und Staat – Immanuel Kants Relativierung des „Ideal des hobbes", Kant-Studien 84 (1993), 283–316.

Hesse, Konrad: Grundzüge des Verfassungsrechts der Bundesrepublik Deutschland, 20. Aufl., Heidelberg 1999.

Hettinger, Edwin C.: Justifying Intellectual Property, Philosophy and Public Affairs, Vol. 18, No 1, 31–52.

Hilty, Reto M./Geiger, Christophe (Hrsg.): Impulse für eine europäische Harmonisierung des Urheberrechts – Urheberrecht im deutsch-französischen Dialog, Berlin 2007.

Hobbes, Thomas: Leviathan oder Stoff, Form und Gewalt eines kirchlichen und bürgerlichen Staates, 1651, zitiert nach der Ausgabe Frankfurt/Main 2006.

–: Vom Bürger, 1642 zitiert nach der Ausgabe: Vom Menschen/ Vom Bürger, Hamburg 1994.

Höffe, Otfried: Kants Kritik der reinen Vernunft – Grundlegung der modernen Philosophie, 3. Aufl., München 2004.

–: Kategorische Rechtsprinzipien – Ein Kontrapunkt zur Moderne, Frankfurt/Main, 1995.

–: Lexikon der Ethik, 6. Aufl., München 2002.

Hoffmann, Thomas Sören: Die Güter, das Gute und die Frage des rechten Maßes: Platon und das Eigentum, in: Eckl, Andreas/Ludwig, Bernd (Hrsg.), Was ist Eigentum?, München 2005, 29–42.

Honscheck, Sebastian: Der Schutz des Urhebers vor Änderungen und Entstellungen durch den Eigentümer, GRUR 2007, 944–950.

Hoppe, Hans-Hermann: A Theory of Socialism and Capitalism, Boston (u.a.) 1989.

Horn, Adam: Immanuel Kants ethisch-rechtliche Eheauffassung, Düsseldorf 1936.

Hornsby, Jennifer: Speech Acts and Performatives, in: The Oxford Handbook of Philosophy of Language, Oxford 2006.

Hubmann, Heinrich: Das Persönlichkeitsrecht, 2. Aufl., Köln u.a. 1967.

–: Das Recht des schöpferischen Geistes, Berlin 1954.

–: Immanuel Kants Urheberrechtstheorie, UFITA Bd. 106, (1987), 145–154.

–: Urheber- und Verlagsrecht, 6. Aufl., München 1987.

Husserl, Edmund: Erfahrung und Urteil, Hamburg 1938.

Ilzhöfer, Volker: Patent-, Marken- und Urheberrecht, 7. Aufl., München 2007.

Ingarden, Roman: Das literarische Kunstwerk, 2. Aufl., Tübingen 1960.

–: Vom Erkennen des literarischen Werkes, Tübingen 1968.

Jänecke, Alexander: Das urheberrechtliche Zerstörungsverbot gegenüber dem Sacheigentümer, Frankfurt/Main 2003.

Jänich, Volker: Geistiges Eigentum – eine Komplementärerscheinung zum Sacheigentum?, Tübingen 2002.

Jarass, Hans/ Pieroth, Bodo: Grundgesetz für die Bundesrepublik Deutschland – Kommentar, 10 Aufl., München 2009.

Kant, Immanuel: zitiert nach Preußische Akademie der Wissenschaften (Hrsg.), Akademie-Ausgabe; die Kant-Zitate wurden orthographisch verändert.

–: Beilage zu: „Welches sind die wirklichen Fortschritte, die die Metaphysik seit Leibnizens und Wolfs Zeiten in Deutschland gemacht hat?", Bd. XX.

–: Grundlegung zur Metaphysik der Sitten, 1785, Bd. IV, Berlin 1911, zitiert: GMdS.

–: Logik, Ein Handbuch zu Vorlesungen (von Kants Schüler Jäsche erstellt), 1800, Bd. IX, Berlin 1923.

–: Kritik der praktischen Vernunft, 1788, Bd. V, Berlin 1908, zitiert: KpV.

–: Kritik der reinen Vernunft, 2. Aufl., 1787, Bd. III, Berlin 1911, zitiert: KrV.

–: Metaphysik der Sitten, Metaphysische Anfangsgründe der Rechtslehre, 1797, Bd. VI, Berlin 1907, zitiert: MdS, Rechtslehre.

–: Reflexion zur Moralphilosophie Nr. 6586, Bd. XIX, Berlin 1934, 97.

–: Von der Unrechtmäßigkeit des Büchernachdrucks, Bd. VIII, Berlin 1912 (Nachdruck in: UFITA Bd. 106, (1987), 137 – 144).

–: Vorarbeiten zur Rechtslehre, Bd. XXIII, Berlin 1955.

–: Zum ewigen Frieden, Ein philosophischer Entwurf, 1795, Bd. VIII, Berlin 1912.

Kaser, Max: Römisches Privatrecht, 5. Aufl., München und Berlin 1966.

Kattanek, Wolfgang: Die Verletzung des Rechts am gesprochenen Wort durch das Mithören anderer Personen, Hamburg 2000.

Kaulbach, Friedrich: Schema, Bild und Modell nach den Voraussetzungen des kantischen Denkens, in: Gerold Prauss (Hrsg.), Kant – Zur Deutung seiner Theorie von Erkennen und Handeln, Köln 1973.

Kelsen, Hans: Reine Rechtslehre, 2. Aufl., Wien 1976.

Kersting, Wolfgang: Kant über Recht, Paderborn 2004.

–: Wohlgeordnete Freiheit, 3. Aufl., Paderborn 2007.

Kinsella, N. Stephan: Against Intellectual Property, Journal of Libertarian Stud. 15 (2001), 1–53.

Kirchhof, Paul: Der verfassungsrechtliche Gehalt des geistigen Eigentums, in: Fürst, Walther/Herzog, Roman/Umbach, Dieter C. (Hrsg.), Festschrift Wolfgang Zeidler, Bd. II, Berlin 1987, 1639–1661.

Klein, Patrick: Gibt es ein Moralgesetz, das für alle Menschen gültig ist?, Würzburg 2008.

Klippel, Diethelm: Der zivilrechtliche Schutz des Namens, Paderborn (u.a.) 1985.

–: Die Idee des geistigen Eigentums in Naturrecht und Rechtsphilosophie des 19. Jahrhunderts, in: Wadle, Elmar (Hrsg.), Historische Studien zum Urheberrecht in Europa – Entwicklungslinien und Grundfragen, Berlin 1993, 121–138.

–: Historische Wurzeln und Funktionen von Immaterialgüter- und Persönlichkeitsrechten im 19. Jahrhundert, ZNR 1982, 132–155.

Kohler, Josef, Das Autorrecht. Eine zivilistische Abhandlung, Jena 1880.

–: Urheberrecht an Schriftwerken und Verlagsrecht, Stuttgart 1907.

Köhler, Michael: Das angeborene Recht ist nur ein einziges..., in: Schmidt, Karsten (Hrsg.), Vielfalt des Rechts – Einheit der Rechtsordnung?, Berlin 1994, 61–84.

–: Das ursprüngliche Recht auf gesellschaftlichen Vermögenserwerb – Zur Aufhebung der „abhängigen Arbeit" in Selbständigkeit, in: Engel, Christoph/Möschel, Wernhard (Hrsg.), Recht und spontane Ordnung – Festschrift für Ernst-Joachim Mestmäcker zum achtzigsten Geburtstag, Baden-Baden 2006, 315–354.

–: Freiheitliches Rechtsprinzip und Teilhabegerechtigkeit in der modernen Gesellschaft, in: Landwehr, Götz (Hrsg.), Freiheit, Gleichheit, Selbständigkeit – Zur Aktualität der Rechtsphilosophie Kants für die Gerechtigkeit in der modernen Gesellschaft, Göttingen 1999, 103–128.

–: Strafrecht Allgemeiner Teil, Berlin (u.a.) 1997.

–: Ursprünglicher Gesamtbesitz, ursprünglicher Erwerb und Teilhabegerechtigkeit, in: Zaczyk, Rainer/Köhler, Michael/Kahlo, Michael (Hrsg.), Festschrift für E.A. Wolff, Berlin 1998, 247–272.

König, Peter: §§ 18–31, Episodischer Abschnitt, §§ 32 – 40, in: Höffe, Otfried (Hrsg.), Metaphysische Anfangsgründe der Rechtslehre, Berlin 1999, 133–153.

Kopff, Andrzej: Die Schutzsysteme im Immaterialgüterrecht, GRUR Int 1983, 351–356.

Kraßer, Rudolf: Grundlagen des zivilrechtlichen Schutzes von Geschäfts- und Betriebsgeheimnissen sowie von Know-how, GRUR 1977, 177–196.

–: Patentrecht – Ein Lehr- und Handbuch zum deutschen Patent- und Gebrauchsmusterrecht, Europäischem und Internationalen Patentrecht, 6. Aufl., München 2009.

Kreile, Reinhold: Die Sozialbindung des geistigen Eigentums, in: Badura, Peter/Scholz, Rupert (Hrsg.), Festschrift für Lerche, München 1993, 251–266.

Kremer, Ralf Bodo: Das Persönlichkeitsrecht – Geistiges Eigentums im Sinne des Art. 42 CISG?, Jena 2009.

Kruse, Vinding: Das Eigentumsrecht, Berlin 1931.

Kühl, Kristian: Eigentumsordnung als Freiheitsordnung, München 1984.

–: Von der Art, etwas Äußeres zu erwerben, insbesondere vom Sachenrecht, in: Höffe, Otfried (Hrsg.), Metaphysische Anfangsgründe der Rechtslehre, Berlin 1999, 117–132.

Künne, Wolfgang: Abstrakte Gegenstände – Semantik und Ontologie, 2. Aufl., Frankfurt/Main 2007.

–: Ausdrücke und literarische Werke als Typen, in: Schmücker, Reinhold (Hrsg.) Identität und Existenz: Studien zur Ontologie der Kunst, Paderborn 2003, 141–148.

Küsters, Gerd-Walter: Kants Rechtsphilosophie, Darmstadt 1988.

Larenz, Karl: Die rechtsphilosophische Problematik des Eigentums, in: Heckel, Theodor (Hrsg.), Eigentum und Eigentumsverteilung als theologisches, rechtsphilosophisches und ökonomisches Problem, München 1962, 21–41.

–: Richtiges Recht – Grundzüge einer Rechtsethik, München 1979.

Larenz, Karl/Canaris, Claus-Wilhelm: Lehrbuch des Schuldrechts – Zweiter Band Besonderer Teil, 2. Halbband, 13. Aufl., München 1994.

Larenz, Karl/Wolf, Manfred: Allgemeiner Teil des Bürgerlichen Rechts, 9. Aufl., München 2004.

Law, Iain: Rule-Consequentialism's Dilemma, in: Ethical Theory and Moral Practice 1999, 263–275.

Lehmann, Gerhard: Kants Besitzlehre, in: Beiträge zur Geschichte und Interpretation Kants, Berlin 1969.

Lettl, Tobias: Urheberrecht, München 2008.

Locke, John: Versuch über den menschlichen Verstand, Band II, 1690, zitiert nach der Ausgabe Hamburg 1981.

–: Zweite Abhandlung über die Regierung, 1689, zitiert nach der Ausgabe Frankfurt/Main 1977.

Looschelders, Dirk: Schuldrecht Allgemeiner Teil, 6. Aufl., Köln (u.a.) 2008.

Lorenz, Werner: Privacy and the press – A German experience, in: Butterworth Lectures, 1989–1990, London 1990, 79–119.

Luf, Gerhard: Freiheit und Gleichheit – Die Aktualität im politischen Denken Kants, Wien 1978.

–: Philosophische Strömungen und ihr Einfluß auf das Urheberrecht, in: Dittrich, Robert (Hrsg.), Woher kommt das Urheberrecht und wohin geht es?, Wien 1988, 9–19.

Machlup, Fritz: An economic review oft the patent system, Washington 1958.

Mahlmann, Matthias: Rechtsphilosophie und Rechtstheorie, Baden-Baden 2010.

Mankiw, Gregory: Principles of Economics, 2. Aufl., Mason (u.a.) 2004.

Marx, Karl: Das Kapital. Kritik der politischen Ökonomie, 1. Band, 1867, zitiert nach der Marx-Engels-Gesamtausgabe (MEGA), 2. Abteilung, Band 5.

Maunz, Theodor: Das geistige Eigentum in verfassungsrechtlicher Sicht, in: GRUR 1973, 107–115.

Maunz, Theodor/Dürig, Günter: Grundgesetz Kommentar, 56. Aufl., München 2009.

Medicus, Dieter/Petersen, Jens: Bürgerliches Recht, 22. Aufl., Köln (u.a.) 2009.

Meixner, Uwe: Einführung in die Ontologie, Darmstadt 2004.

Merges, Robert P./Nelson, Richard R.: On the complex economics of patent scope, in: Merges, Robert P. (Hrsg.), Economics of Intellectual Property Law, Volume I, Cheltenham (u.a.) 2007, 264–341.

Metzger, Axel: Europäisches Urheberrecht ohne Droit moral? Status quo und Perspektiven einer Harmonisierung des Urheberpersönlichkeitsrechts, in: Ohly, Ansgar/Bodewig, Theo/Dreier, Thomas (Hrsg.), Festschrift Gerhard Schricker zum 70. Geburtstag, München 2005, 455–471.

–: Rechtsgeschäfte über das Droit moral im deutschen und französischen Urheberrecht, München 2002.

Mill, John Stuart: Utilitarismus, 1863, zitiert nach der Ausgabe Stuttgart 2006.

Mises, Ludwig von: Liberalismus, 4. Aufl., St. Augustin 2006.

Moglen,Eben: The dotCommunist Manifesto, http://emoglen.law.columbia.edu/my_pubs/dcm.html, abgerufen am 14.8.2010

Molkentin, Wolf-Rüdiger: Das Recht der Objektivität: Hegels Konzept abstrakter Rechtsverfolgung zur Schuldigkeit von Welt und Individuum, Berlin 2003.

Moore, Adam D.: Intellectual Property & Information Control, Seattle (u.a.) 2005.

Movsessian, Vera: Darf man Kunstwerke vernichten?, UFITA 95 (1983), 77–90.

Münch, Ingo von/Kunig, Philip: Grundgesetz-Kommentar, 5. Aufl., München 2000.

Münchener Kommentar zum Bürgerlichen Gesetzbuch: Schuldrecht Besonderer Teil III, 5. Aufl., München 2009.

–: Band I, 5. Aufl., München 2006.

Netanel, Neil: Alienability Restrictions and the Enhancement of Author Autonomy in United States and Continental Copyright Law, Cardozo Arts & Entertainment Law Journal 12 (1994), 1–78.

Neumann-Duesberg, Horst: Das besondere Persönlichkeitsrecht der Nichturheberschaft (droit de non-paternité), UFITA 50 (1967), 464–467.

Neuner, Jörg: Der Prioritätsgrundsatz im Privatrecht, AcP, 203 (2003), 46–78.

Nikoletopoulos, Panajiotis: Die zeitliche Begrenzung des Persönlichkeitsschutzes nach dem Tode, Frankfurt a.M./ Bern (u.a.) 1984.

Nolte, Reinhard B.: Einführung in die Sprechakttheorie John R. Searles, Freiburg/München 1978.

Nozick, Robert: Anarchy, State and Utopia, Malden/Oxford/Carlton 1974.

Oberndörfer, Pascal: Die philosophische Grundlage des Urheberrechts, Baden-Baden 2005.

Osterrieth, Christian: Patentrecht, 3. Aufl., München 2007.

Ott, Konrad: Moralbegründungen – zur Einführung, Hamburg 2001.

Pahlow, Louis: Lizenz und Lizenzvertrag im Recht des Geistigen Eigentums, Tübingen 2006.

Pahud, Eric: Die Sozialbindung des Urheberrechts, Bern 2000.

Palandt, Otto (Hrsg.): Bürgerliches Gesetzbuch, 69. Aufl., München 2010.

Palmer, Tom G.: Are Patents and Copyrights Morally Justified?, in: Harvard Journal of Law & Public Policy, Vol. 13 (1990), 817–865.

Paschke, Marian: Strukturprinzipien eines Urhebersachenrechts, GRUR 1984, 858–868.

Peifer, Karl-Nikolaus: Individualität im Zivilrecht, Tübingen 2001.

Peirce, Charles: Prolegomena to an Apology for Pragmatism, The Monist, 16 (1906), 492–546.

Peperzak, Adriaan Theodoor: Hegels praktische Philosophie – Ein Kommentar zur enzyklopädischen Darstellung der menschlichen Freiheit und ihrer objektiven Verwirklichung, Stuttgart 1991.

Pfister, Bernhard: Das technische Geheimnis „Know How" als Vermögensrecht, München 1974.

Pierson, Matthias/ Ahrens, Thomas/ Fischer, Karsten: Recht des geistigen Eigentums, 2. Aufl., München 2010.

Piper, Henning/ Ohly, Ansgar/Sosnitza, Olaf: Gesetz gegen den unlauteren Wettbewerb mit Preisangabenverordnung – Kommentar, 5. Aufl., München 2010.

Phillips, Charles Palmer: The Law of Copyright, Littleton 1989.

Plander, Harro: Wissenschaftliche Erkenntnisse und Urheberrecht an wissenschaftlichen Werken, UFITA 76 (1976), 25–73.

Platon, Der Staat, zitiert nach der Ausgabe Stuttgart 1982.

Popper, Karl R./Eccles, John C.: Das Ich und sein Gehirn, München 1982.

Posner, Richard A.: Economic Analysis of Law, 7. Aufl., Austin (u.a.) 2007.

Prütting, Hanns/ Wegen, Gerhard/ Weireich, Gerd: BGB-Kommentar, 4. Aufl., Köln 2009.

Puster, Rolf W.: John Locke – Der Empirismus und seine Tücken, in: Beckermann, Ansgar/Perler, Dominik (Hrsg.), Klassiker der Philosophie heute, Stuttgart 2004, 272–291.

Radbruch, Gustav: Rechtsphilosophie – Studienausgabe, 2. Aufl., Heidelberg 2003.

Ranft, Eberhard: Grundrechte und Naturrecht, München 1965.

Rawls, John: Eine Theorie der Gerechtigkeit, 1971, Frankfurt/Main 1975.

Recht, Pierre: Le Droit d'auteur, une nouvelle forme de propriété, Paris/Gembloux 1969.

Rehbinder, Manfred: Urheberrecht, 16. Aufl., München 2010.

Reiner, Gregor Leonhard: Allgemeine Rechtslehre nach Kant, Landshut und Augsburg 1801.

Reinganum, Jennifer: Dynamic Games of Innovation, in: Journal of Economic Theory 25 (1981), 21–41.

Renouard, Augustin-Charles: Traité des droits d'auteurs dans la littérature, les sciences et les beaux-arts, Bd. 1, Paris 1838.

Repgen, Tilman: Abschied von der Willensbetätigung, AcP (200), 2000, 533–564.

Ricardo, David: Über die Grundsätze der politischen Ökonomie und der Besteuerung, 1817, zitiert nach der Ausgabe Marburg 1994.

Rigamonti, Cyrill: Geistiges Eigentum als Begriff und Theorie des Urheberrechts, Baden-Baden 2001.

Roelleke, Gerd: Das Kopieren zum eigenen wissenschaftlichen Gebrauch, UFITA 84 (1979), 79–145.

Rorty, Richard: Kontingenz, Ironie, Solidarität, Frankfurt/Main 1989.

Rousseau, Jean Jacques: Diskurs über die Ungleichheit, 1755, Schöningh 1997.

Saage, Richard: Eigentum, Staat und Gesellschaft bei I. Kant, Stuttgart 1973.

Sachs, Michael (Hrsg.), Grundgesetz Kommentar, 5. Aufl., München 2009.

Sala, Giovanni B.: Kants „Kritik der praktischen Vernunft" – Ein Kommentar, Darmstadt 2004.

Sänger, Monika: Die kategoriale Systematik in den metaphysischen Anfangsgründen der Rechtslehre, Berlin und New York 1982.

de Saussure, Ferdinand: Grundfragen der allgemeinen Sprachwissenschaft, 1916, 3. Aufl., Berlin 2001.

Schack, Haimo: Das Persönlichkeitsrecht der Urheber und ausübenden Künstler nach dem Tode, GRUR 1985, 352–361.

–: Geistiges Eigentum contra Sacheigentum, GRUR 1983, 56–61.

–: Kunst und Recht, Köln (u.a.) 2004.

–: Urheber- und Urhebervertragsrecht, 5. Aufl., Tübingen 2010.

Schäfer, Hans-Bernd/ Ott, Claus: Lehrbuch der ökonomischen Analyse des Zivilrechts, 4. Aufl., Berlin/Heidelberg 2005.

Schechter, Roger E./Thomas, John R.: Intellectual Property: The Law of Copyrights, Patents and Trademarks, New York 2003.

Schefczyk, Michael: Anmerkungen zur naturrechtlichen Begründung geistigen Eigentums, Juridikum 2004, 60–64.

–: Rechte an Immaterialgütern – eine kantische Perspektive, DZPhil 52 (2004), 739–753.

Schmidt, Christian: Die zwei Paradoxien des geistigen Eigentums, DZPhil, 52 (2004), 755–772.

Schmucker, Josef: Der Formalismus und die materialen Zweckprinzipien in der Ethik Kants, in: Lotz, Johannes B. (Hrsg.), Kant und die Scholastik heute, Pullach 1955, 155.

Schmücker, Reinhold: Kunstwerke als intersubjektiv-instantiale Entitäten, in: Schmücker, Reinhold (Hrsg.) Identität und Existenz: Studien zur Ontologie der Kunst, Paderborn 2003, 149–179.

Schönke, Adolf/Schröder, Horst: Strafgesetzbuch, 27. Aufl., München 2006.

Schricker, Gerhard (Hrsg.): Urheberrecht – Kommentar, 3. Aufl., München 2006.

Schwerdtner, Peter: Der zivilrechtliche Persönlichkeitsschutz, JuS 1978, 289–299.

Searle, John R.: Sprechakte, Frankfurt/Main 1971.

Seemann, Bruno: Ein Denkmalschutz für Prominenz – Gedanken zum droit de non-paternité, UFITA 128 (1995), 31–68.

Seidel, Christian: Die zeitliche Begrenzung des Urheberrechts, Frankfurt/Main 2002.

Sellnick, Hans-Joachim: Der Gegenstand des Urheberrechts, Sinzheim 1995.

Silber, John R.: Der Schematismus der praktischen Vernunft, Kant-Studien, Bd. 56, 253–273.

Smith, Adam: Der Wohlstand der Nationen: eine Untersuchung seiner Natur und seiner Ursachen, 1776, zitiert nach der Ausgabe München 2005.

Sosnitza, Olaf: Das Vorbenutzungsrecht als Baustein eines allgemeinen Immaterialgüterrechts, in: Pahlow, Louis/Eisfeld, Jens (Hrsg.), Grundlagen und Grundfragen des Geistigen Eigentums, 275–289.

Spencer, Herbert: The Principles of Ethics, Vol. II, New York 1898.

Spooner, Lysander: The Law of Intellectual Property; or An Essay on the Right of Authors and Inventors to a Perpetual Property in their Ideas, Boston 1855.

Stallberg, Christian Gero: Urheberrecht und moralische Rechtfertigung, Berlin 2006.

Staudinger, Julius v.: Kommentar zum Bürgerlichen Gesetzbuch: mit Einführungsgesetz und Nebengesetzen, Buch 2, Recht der Schuldverhältnisse (§§ 397 – 432), Berlin 2005.

Stein, Axel: Der Schutz von Ansehen und Geheimsphäre Verstorbener, FamRZ 1986, 7–18.

Steinvorth, Ulrich: Eigentumsrechte, Gemeineigentum, geistiges Eigentum, DZPhil 52 (2004), 717–738.

Stern, Klaus: Das Staatsrecht der Bundesrepublik Deutschland, Bd. III/1, München 1988.

Stieper, Malte: Rechtfertigung, Rechtsnatur und Disponibilität der Schranken des Urheberrechts, Tübingen 2009.

Strawson, Peter F.: Die Grenzen des Sinns, Königstein/Ts. 1981.

–: Individuals – An essay in descriptive metaphysics, New York 1959.

–: Logico-Linguistic Papers, London 1971.

Süchting, Gerald: Eigentum und Sozialhilfe – Die eigentumstheoretischen Grundlagen des Anspruchs auf Hilfe zum Lebensunterhalt gem. § 11 Abs. 1 BSHG nach der Privatrechtslehre Immanuel Kants, Berlin 1995.

–: Urheberrecht bei Kant? Grundlagen geistigen Eigentums in der Privatrechtslehre Immanuel Kants, in: Klesczewski, Diethelm/Müller, Steffi/Neuhaus, Frank (Hrsg.), Kants Lehre vom richtigen Recht, Paderborn 2005, 83–98.

Troller, Alois: Immaterialgüterrecht, Band I, Basel (u.a.) 1983.

Ulmer, Eugen: Urheber- und Verlagsrecht, 3. Aufl., Berlin/Heidelberg/New York 1980.

Unruh, Peter: Die vernunftrechtliche Eigentumsbegründung bei Kant, in: Eckl, Andreas/Ludwig, Bernd (Hrsg.), Was ist Eigentum?, München 2005, 133–147.

Vesting, Thomas: Rechtstheorie, München 2007.

Wadle, Elmar: Geistiges Eigentum – Bausteine zur Rechtsgeschichte, Band I, Weinheim 1996.

–: Geistiges Eigentum – Bausteine zur Rechtsgeschichte, Band II, München 2003.

Waldron, Jeremy: God, Locke and Equality, Cambridge 2002.

Wandtke, Artur-Axel (Hrsg.): Urheberrecht, Berlin 2009.

Wandtke, Artur-Axel/ Bullinger, Winfried: Praxiskommentar zum Urheberrecht, 3. Aufl., München 2009.

Weinrib, Ernest J.: Poverty and Property in Kant's System of Rights, Notre Dame L. Rev. 78 (2002–2003), 795–828.

Westermann, Harm Peter: Das allgemeine Persönlichkeitsrecht nach dem Tode seines Trägers, FamRZ 1969, 561–572.

Wittgenstein, Ludwig: Philosophische Untersuchungen, 1953 posthum veröffentlicht, zitiert nach der Werkausgabe 1, Frankfurt/Main 2006.

Wollheim, Richard: Are the criteria of identity for works of art aesthetically relevant, in: Art and its objects, 2. Aufl., New York 1980, 167–176.

Wortmann, Florian: Die Vererblichkeit vermögensrechtlicher Bestandteile des Persönlichkeitsrechts, Berlin 2005.

Wright, Brian D.: The Economics of Invention Incentives: Patents, Prizes and Research Contracts, in: Merges, Robert P. (Hrsg.), Economics of Intellectual Property Law, Volume I, Cheltenham (u.a.) 2007, 457–473.

Zeiller, Franz von: Das natürliche Privatrecht, Wien 1802.

Zimmermann, Reinhard: The Law of Obligations, Roman Foundations of the Civilian Tradition, Oxford 1996.

Zotta, Franco: Immanuel Kant, Legitimität und Recht, Freiburg/München 2000.

Sachregister

Geistiges Eigentum und Wettbewerbsrecht

Herausgegeben von

Peter Heermann, Diethelm Klippel, Ansgar Ohly und Olaf Sosnitza

Die Rechte des Geistigen Eigentums, insbesondere das Patentrecht, das Urheberrecht und die Kennzeichenrechte, haben im Informationszeitalter erheblich an Bedeutung gewonnen. Zugleich wird die Rechtspraxis mit zahlreichen neuen Fragen konfrontiert. Die Rechtswissenschaft konnte mit dieser stürmischen Entwicklung kaum Schritt halten. Nach wie vor wird die Literatur von vorwiegend praxisorientierten Darstellungen dominiert, in denen wissenschaftliche Grundfragen häufig zu kurz kommen. Während die allgemeine Zivilrechtswissenschaft das Sachenrecht als natürliches Betätigungsfeld ansieht, hat sie das Immaterialgüterrecht weitgehend aus den Augen verloren.

Die neue Reihe *Geistiges Eigentum und Wettbewerbsrecht* verfolgt das Ziel, zur dogmatischen Analyse des Rechts des Geistigen Eigentums und des Wettbewerbsrechts beizutragen, ohne dabei den Praxisbezug dieser Rechtsgebiete aus den Augen zu verlieren. Die Reihe steht offen für Habilitationsschriften, herausragende Dissertationen und vergleichbare Monographien, die sich mit dem Patentrecht, dem Urheberrecht, dem Kennzeichenrecht und angrenzenden Rechtsgebieten, insbesondere dem Lauterkeits- und Kartellrecht und den Persönlichkeitsrechten, befassen. Besonderes Augenmerk gilt dabei Schriften, die sich Grundlagenfragen des Rechts des Geistigen Eigentums einschließlich der historischen, philosophischen und ökonomischen Bezüge widmen und so zur Entwicklung eines „allgemeinen Teils des Geistigen Eigentums" beitragen, den es bisher nicht gibt. Da die europäische Rechtsangleichung im Immaterialgüter- und Wettbewerbsrecht besonders weit fortgeschritten ist und zudem zahlreiche internationale Übereinkommen diese Rechtsgebiete prägen, werden auch die internationalen Bezüge in der Reihe berücksichtigt.

18 *Förster, Achim:* Fair Use. Ein Systemvergleich der Schrankengeneralklausel des US-amerikanischen Copyright Act mit dem Schrankenkatalog des deutschen Urheberrechtsgesetzes. 2008. XXI, 263 Seiten. Fadengeheftete Broschur.

19 *Werner, Georg:* Entnahme und Patentierung menschlicher Körpersubstanzen. Eine zivil- und patentrechtliche Beurteilung am Beispiel von menschlichen Antikörpern und Genen. 2008. XVIII, 254 Seiten. Fadengeheftete Broschur.

20 *Ulrici, Bernhard:* Vermögensrechtliche Grundfragen des Arbeitnehmerurheberrechts. 2008. XIX, 450 Seiten. Fadengeheftete Broschur.

21 *Amschewitz, Dennis:* Die Durchsetzungsrichtlinie und ihre Umsetzung im deutschen Recht. 2008. XXX, 427 Seiten. Fadengeheftete Broschur.

22 *Timmann, Tobias:* Das Patentrecht im Lichte von Art. 14 GG. 2008. XVI, 385 Seiten. Fadengeheftete Broschur.

23 *Wolfrum, Anne Sophie:* Patentschutz für medizinische Verfahrenserfindungen im Europäischen Patentsystem und im US-Recht. Eine patentrechtliche und ordnungspolitische Analyse. 2009. XVIII, 311 Seiten. Fadengeheftete Broschur.

24 *Fröhlich, Stefan:* Düfte als geistiges Eigentum. 2009. XIII, 244 Seiten. Fadengeheftete Broschur.

25 *Mächtel, Florian:* Das Patentrecht im Krieg. 2009. XV, 413 Seiten. Fadengeheftete Broschur.

26 Geistiges Eigentum und Wettbewerb. Herausgegeben von *Knut Werner Lange, Diethelm Klippel* und *Ansgar Ohly.* 2009. X, 195 Seiten. Fadengeheftete Broschur.

27 *Görden, Jan:* Vorgezogener Werktitelschutz. 2009. XXI, 424 Seiten. Fadengeheftete Broschur.

28 Intellectual Property and Private International Law. Herausgegeben von *Stefan Leible* und *Ansgar Ohly.* 2009. VIII, 270 Seiten. Fadengeheftete Broschur.

29 *Grätz, Daniel:* Missbrauch der marktbeherrschenden Stellung durch Sportverbände. Eine rechtsvergleichende Untersuchung des europäischen, deutschen und schweizerischen Missbrauchsverbots. 2009. XX, 420 Seiten. Fadengeheftete Broschur.

30 *Pries, Thorsten Wilhelm:* Kampfpreismissbrauch im ökonomisierten EG-Kartellrecht. 2009. XIX, 219 Seiten. Fadengeheftete Broschur.

31 *Schmidt, Alexander K.:* Erfinderprinzip und Erfinderpersönlichkeitsrecht im deutschen Patentrecht von 1877 bis 1936. 2009. XIV, 300 Seiten. Fadengeheftete Broschur.

32 *Hofmann, Franz:* Immaterialgüterrechtliche Anwartschaftsrechte. 2009. XXIII, 313 Seiten. Fadengeheftete Broschur.

33 *Beckstein, Frank:* Einschränkungen des Schutzlandprinzips. Die kollisionsrechtliche Behandlung von Immaterialgüterrechtsversetzungen im Internet. 2010. XV, 380 Seiten. Fadengeheftete Broschur.

34 *Zwanzger, Sibylle:* Das Gemeinschaftsgeschmacksmuster zwischen Gemeinschaftsrecht und nationalem Recht. Zugleich ein Beitrag zur europäischen Zivilrechtsdogmatik. 2010. XXI, 327 Seiten. Fadengeheftete Broschur.

35 *Pfuhl, Fabian:* Von erlaubter Verkaufsförderung und strafbarer Korruption. Lauterkeitsrechtliche Analyse der Wertreklame gegenüber Weiterveräußerern und Leitfaden für die werbende Praxis. 2010. XIX, 193 Seiten. Fadengeheftete Broschur.

36 *Berberich, Matthias:* Virtuelles Eigentum. 2010. XXVII, 495 Seiten. Fadengeheftete Broschur.

37 *Wunderle, Timo:* Verbraucherschutz im Europäischen Lauterkeitsrecht. Theoretische Grundlagen, gegenwärtiger Stand sowie Perspektiven der Rechtsentwicklung. 2010. XXIII, 388 Seiten. Fadengeheftete Broschur.

38 Wissen – Märkte – Geistiges Eigentum. Herausgegeben von *Stefan Leible, Ansgar Ohly* und *Herbert Zech.* 2010. VIII, 216 Seiten. Fadengeheftete Broschur.

39 *Rieger, Sören:* Der rechtliche Schutz wissenschaftlicher Datenbanken. 2010. XIX, 306 Seiten. Fadengeheftete Broschur.

40 *Schröer, Benjamin:* Der unmittelbare Leistungsschutz. 2010. XII, 507 Seiten. Fadengeheftete Broschur.

41 Europäische Perspektiven des Geistigen Eigentums. Herausgegeben von *Matthias Leistner.* 2010. VIII, 247 Seiten. Fadengeheftete Broschur.

42 *Uhrich, Ralf:* Stoffschutz. 2010. XXVII, 466 Seiten. Fadengeheftete Broschur.

43 *Glimski, Nina Caroline:* Das Veranstalterleistungsschutzrecht. Eine Analyse des im deutschen UrhG verankerten Schutzrechts einschließlich vergleichender Betrachtungen der österreichischen und der schweizerischen Rechtslage. 2010. XXXI, 474 Seiten. Fadengeheftete Broschur.

44 *Thiering, Frederik:* Berufung auf ältere Marken Dritter. 2010. XVII, 278 Seiten. Fadengeheftete Broschur.

45 *Micsunescu, Somi C.:* Der Amtsermittlungsgrundsatz im Patentprozessrecht. Überlegungen zur Reform des Patentnichtigkeitsverfahrens. 2010. XX, 313 Seiten. Fadengeheftete Broschur.

46 *Jacob, Jan:* Ausschließlichkeitsrechte an immateriellen Gütern. Eine kantische Rechtfertigung des Urheberrechts. 2010. XIV, 232 Seiten. Fadengeheftete Broschur.

Einen Gesamtkatalog erhalten Sie gerne vom Verlag
Mohr Siebeck, Postfach 2040, D–72010 Tübingen.
Aktuelle Informationen im Internet unter www.mohr.de